普通高等教育"十一五"国家级规划教材
国家级一流本科课程 "教学理论与设计" 教材

Modern Instructional Design Theories

现代教学设计论

2020 年版

盛群力　刘 徽 ◎主编

ZHEJIANG UNIVERSITY PRESS
浙江大学出版社

图书在版编目（CIP）数据

现代教学设计论：2020年版 / 盛群力，刘徽主编
. — 杭州 ： 浙江大学出版社，2020.12
ISBN 978-7-308-20959-5

Ⅰ.①现… Ⅱ.①盛… ②刘… Ⅲ.①课堂教学－教学
设计－研究 Ⅳ.①G424.21

中国版本图书馆CIP数据核字（2020）第251211号

现代教学设计论 2020年版

盛群力 刘 徽 主编

责任编辑	陈丽勋	
责任校对	高士吟	
封面设计	春天书装	
出版发行	浙江大学出版社	
	（杭州市天目山路148号 邮政编码 310007）	
	（网址：http://www.zjupress.com）	
排　　版	杭州林智广告有限公司	
印　　刷	杭州杭新印务有限公司	
开　　本	787mm×1092mm 1/16	
印　　张	21.75	
字　　数	440千	
版印次	2020年12月第1版 2020年12月第1次印刷	
书　　号	ISBN 978-7-308-20959-5	
定　　价	65.00元	

前 言

　　《现代教学设计论》（2020 年版），系普通高等学校"十一五"国家级规划教材的修订版，也是国家级线上线下混合式一流本科课程"教学理论与设计"配套学习资源，主要着眼于介绍当代国际代表性教学设计理论。全书共分十章，分别为：教学设计定位论、普惠学习设计论、学习罗盘设计论、学习方式设计论、意义学习工具论、大概念教学设计论、算启方法教学论、分类教学设计论、发展专长教学论和系统设计教学论。本书既有国际视野，又考虑了国内教学与培训设计课程的实际需要，适合于本科高年级学生、研究生和有一定理论素养的各级各类教师阅读，也适合于各个行业的培训设计人员阅读。

　　从一定意义上说，作为一门学科，教学设计是从国外"传入"的。我国的教学论专著或者教科书，1995 年以前基本上没有一章甚至一节的标题是"教学设计"。很长时间以来，教学论中根本没有"教学设计"一说（尽管在教学实践中教师将自己的备课和上课看成是"教学设计"）。今天，情况已经有了很大的改变，教学设计研究与应用受到了一定的重视。在追踪国际教学设计发展动向的基础上，研究者开展了不同程度的自主创新实践与研究，如教学设计作为一门独立的课程已经在高等学校教育和心理专业普遍得以开设；已经有多本教学设计的教材面世；积极引进国际教学设计的专著和教材。教学设计与教学理论的关系受到关注，学科建设或者学科框架问题渐入佳境，硕士 / 博士生高层次人才培养硕果累累，有些学校开设了与教学设计（教学科学）相呼应的"学习科学"或者"学习技术"的研究领域和人才培养方向。

　　"教学理论与设计"课程于 20 世纪 80 年代末开设，1996 年被杭州大学列为首批"百

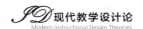
课工程”的 50 门课程之一，2005 年获“国家精品课程”荣誉称号（全国课程与教学论专业的首门国家精品课程），2016 年获“国家级精品资源共享课”荣誉称号，2019 年获浙江省本科院校首批“互联网＋教学”优秀案例特等奖，2020 年被教育部认定为首届“国家级一流本科课程”。

该课程自 2018 年春夏开始尝试混合式教学：第一轮线上线下混合式学习主要采用了自主开设的 MOOC（慕课，大型开放式网络课程）——“走向深度的合作学习”，该MOOC 获 2018 年“国家精品在线开放课程”荣誉称号；第二轮和第三轮线上线下混合式学习除“走向深度的合作学习”外，还新设了 MOOC“掌握教学设计”，以 SPOC（小规模在线课程）形式开展混合式教学。

国家精品课程和国家精品资源共享课“教学理论与设计”的主讲教师主要有盛群力、褚献华和马兰（该课程在杭州师范大学教育学院参与建设），褚献华还担任了该课程的中英双语授课教师。从 2015 年起，刘徽开始担任本科课程的主讲教师，并且主持了相关建设工作。

该课程的教材建设一直在路上。1998 年 12 月，《现代教学设计论》第 1 版以著作的形式呈现给了读者朋友。许多学校将该书作为教育与心理专业本科生或者研究生的教材，有些教师教育培训机构还将其作为培训教材提供给在职教师。此外，该书在中文简体字版出版后不久即被台湾五南图书出版公司收购版权，并于 2003 年出版了中文繁体字版。实际上，我们在 1998 年编写本书时，并没有想到它会有多次重印、版权转让和重新修订的机会。2006 年该书作为普通高等学校“十一五”规划国家级教材获得立项，2010 年由浙江教育出版社出版了修订版。2005 年，我们还编写了国家精品课程教材《教学设计》，由高等教育出版社出版，经全国教师教育课程资源专家委员会审定，该书入选全国教师教育优秀课程资源，印刷 9 次。2006—2008 年，我们在浙江教育出版社出版了“现代教学理论与设计丛书”（译丛）四本；2011 年，国家精品课程主讲教师盛群力和马兰共同主编的《意义学习设计》由浙江大学出版社出版；2012 年起，由盛群力和刘徽共同主编的“当代前沿教学设计译丛”1 ～ 4 辑在福建教育出版社陆续出版（目前已经出版了 20 余本），其中包括国际教学设计转型的代表作《首要教学原理》和《综合学习设计》（第 1 版、第 2 版、第 3 版）。

《现代教学设计论》（2020 年版）在读者对象的类别上是定位于教育和心理专业高年级学习者。但是，实际上目前由于学习方式的多样性和学习资源的开放性，本书既可以作为高年级本科生专业课程的参考书，同时也完全可以作为教育与心理类专业研究生相关专业课程的参考用书。当然，研究生的差异可能比本科生更大一些：有的研究生是教育与心理类专业毕业的，有的却是非教育与心理专业毕业的；有的有工作实践经验，有的根本没有。所以，除了教材编写上留有取舍余地之外，教师还应该考虑教学方式、评估方式等诸多实际情况进行灵活调整。

本书每一章都有引言、思考题和主要参考文献。尤其是思考题，大多是开放式的，只是提示思考，并不是全部可以在该章中寻找到"参考答案"——有的需要在不同章节之间综合思考，有的需要在工作实践或者后续学习中慢慢重新体悟。指望在一年半载中对教学设计理论有透彻的把握，这实在是低估了这门学科的复杂性。所谓掌握，并非一定要给出一个标准答案，也不是一点都没有心存疑虑。学习自然是希望解决问题或者疑惑，但是通过学习又会产生新的问题或者疑惑，所谓认识的提高就是在这样的曲线中实现的。

本书编写的形式是教材，但是未必说一点都没有"著作"的影子。在人们原来的认识中，教材和著作是泾渭分明的，教材反映的是已知的、成熟的和定论的经验，著作反映的是未知的、探索的和争议中的经验，所以教材属于"后端"产品因而学术价值稍低一些，著作则是"前端"产品因而学术品位更高一些。实际上，这样的划分往往同实际情况也有矛盾之处。本书亦是"教材"，亦是"著作"，我们不希望读者一定能从中找到很多定论的东西，找到立马可以套用在实践中的程序，这样大多会失望的。

本书与上一版相比较，替换了原来四章，增加了反映现代学习设计和大概念教学设计研究的新成果。当然，受篇幅限制，有些没有包括进来的内容读者朋友可以参阅姊妹篇《现代教学设计》(福建教育出版社，出版中)。

《现代教学设计》
简介

本书编写的具体分工是：第一章、第七章和第八章，盛群力；第二章，丁旭、盛群力；第三章，方向、盛群力、舒越；第四章，盛群力、丁旭、滕梅芳；第五章，孙爱萍；第六章，刘徽；第九章，王文智、盛群力；第十章，盛群力、马兰。全书由盛群力负责统稿。

我们要衷心感谢参加研究工作和教材编写的团队成员，感谢参与了学习与研究工作和教材编写的本科生、研究生；感谢浙江大学课程与教学论同人和教育技术学同人的一贯支持与帮助，感谢教育学院领导的鼓励与支持！感谢浙江大学出版社的支持！感谢责

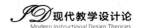
任编辑陈丽勋的精心编校和各种帮助！

教学设计在面向"新班级教学"情境，开拓教师专业发展的广阔道路中，大有用武之地，大有发展空间。确实，这十年来，我们在教学设计建设的道路上未敢懈怠。风物长宜放眼量，在下一个十年中，我们会继续追随教学设计研究的进展，与读者分享更多的认识。拭目新的十年！

盛群力　刘徽

2020 年 12 月 3 日

CONTENTS **目 录**

第一章

教学设计定位论

　　教学设计作为一个实践领域，有很长的历史；但是，作为一个研究领域，只有半个多世纪的历程。在我国，教学设计还是一门新兴学科。教学设计是什么呢？教学设计还有哪些不同的称呼呢？教学设计同教学理论和教学科学是不是可以作为同义词来使用呢？教学设计同"学习科学"或者"业绩技术学"之间又有什么联系呢？教学设计的结构和功能有什么样的性质？教学设计发展面临着怎样的转型？如此等等的这些基本问题，是我们了解现代教学设计各种理论、人物和流派之前需要予以探讨的。

　　本章主要介绍当代国际著名的教学设计理论家，美国印第安纳大学教育学院教授查尔斯·M. 赖格卢特（Charles M. Reigeluth）经 30 年研究，对教学设计的性质、地位和作用所做出的思考。赖格卢特在哈佛大学获得经济学学士学位，在杨伯翰大学获教学心理学博士学位，有在中学任教三年科学课程的经历，自 1988 年以来在印第安纳大学教育学院教学系统技术系任教，曾担任过该系主任和锡拉丘兹大学教学设计、开发和评价中心主任。他的专业特长和研究旨趣主要包括学校改革系统理论、精细加工与任务分析理论、基于计算机的模拟、教科书评价和教学策略研究等。赖格卢特长期致力于发展有关教学方法的知识，帮助学校与社区掌握积极参与系统变革的方法（例如他近年主持的"通向成功之路/Journey Toward Excellence"项目）。他的代表作是其主编的《教学设计理论与模式》（第 1 ～ 4 卷，1983，1999，2009，2017）。另外还著（编）有《教学应用理论》（1987）、《教学策略与方式》（1992）、《教育中的系统变革》（1994）、《综合性系统设计：一种新的教育技术》（1993）、《重塑学校》（2015）、《视界与行动：通过个性化基于能力的教育重塑学校》（2020）和《四元整体模式：教学设计过程与生本中心理论的融合》（2020）等。

　　赖格卢特的基本观点是：教学设计是一门关注理解和改进教学过程的学科。其基本主张是帮助学习者学习，即确定帮助学习者建构知识的途径。任何设计活动的目的均在

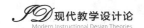
揭示达成预期目的之最优途径。因此，教学设计这门学科主要关注规定最优教学方法的处方（prescription，即手段、方法），从而促使学习者的知识和技能发生预期的变化。帮助人学习更加有效，这是教学设计的职责，它要说明不同的教学方法，以及何时使用和何时不使用这些方法。教学设计理论的变革涉及探索"面向学习者的教学设计理论"，这是一个充满生气活力而又不断生长扩展的领域，我们迫切需要澄清教学设计的不同术语和概念，需要更多的理论研究者齐心协力攻关和实践探索者去尝试应用，以迎接社会对培养新型人才的挑战。

第一节　教学设计的概念

一、教学设计的缘起

教学设计的演变主要来自两个领域：一是心理学尤其是学习理论领域；二是媒体和传播领域。不过，在媒体和传播领域中，其对教学设计的贡献是零散片断的策略和原理，并没有形成整合的模式或者理论。教学设计之所以得到了快速发展，主要得益于学习理论的传统，赖格卢特《教学设计理论与模式》第 1 卷中的全部理论都是来自这一传统。

提出"教学设计"这一概念主要是杜威和桑代克的贡献。不过这一学科的诞生还要归功于斯金纳、布鲁纳和奥苏贝尔。斯金纳积极推动了对教学的科学探究热情，而不仅仅局限于对学习做出探究，他将教学策略和原理的成分首次整合为实际经验可以检验的教学模式。与斯金纳的行为主义教学设计观（源于桑代克的研究）不同，布鲁纳和奥苏贝尔都采用了认知模式（源于杜威的研究）。布鲁纳依据发现法和智力发展阶段论提出了一种教学模式，他也是第一个倡导建立"教学理论"的人。奥苏贝尔依据接受法和认知结构（即知识储存在记忆中的方式）提出了另一种教学模式，即"意义学习"理论。

除了以上几人的贡献之外，赖格卢特认为对教学设计的早期研究还做出巨大贡献的机构和个人有：

（1）美国督导与课程开发协会（ASCD）在 1964 年推出的"评估教学理论的标准研究"。

（2）格拉塞提出了教学心理学的四个成分说，同时他也对"规则＋案例"的教学模式做出了重大贡献。

（3）加涅对早期的教学设计模式做出了巨大贡献，同时也吸引了不少人投入这一研究行列中。

（4）玛利亚·蒙台梭利（Maria Montessori）对教学模式也做出了巨大贡献，但是她对教学设计的贡献被主流的教学设计文献忽略了。

杜威在 1899 年美国心理学会年会上致辞时曾经提出，要在学习理论和教育实践之间建立一门纽带科学（link science）。泰勒也曾认为有必要建立类似的知识实体，他认为这样的学科可以扮演一个中间人的角色。教学设计就是这样一门纽带科学——反映达成最优的教学结果（学业成绩和情感态度培养）的教学行为之处方的知识实体。

但是我们真的需要这样一门纽带科学吗？为什么我们需要了解更多的教学知识呢？如果我们想达到更好的教学效果，那么我们就要设计更多有效果、有效率和有吸引力的教学方法。另外，除了学校教育之外，在成人教育领域、工商、军事和医疗培训领域，以及特殊教育领域等都需要有效的教学设计。社会的转型对优质教学提出了巨大的需求。教师不能再仅仅关注学科，还要重视人的发展，重视角色的转变——成为辅导者、激励者和促进者，通过精心设计教学，使学习者从无效的重复劳动中解放出来，从事更加富有创造性的工作。

教学理论的知识有助于教师改进自身教学设计的质量进而提升教学与培训质量。深刻理解教学理论的本质既有利于每一个教学设计人员，同时也有利于教学设计学科的发展。但是，在这一学科内，模糊不清和充满歧义的情况并不少见，如不同的理论运用同样的术语指称不同的事情，或者用不同的术语指称同样的事情。不仅是初次学习教学设计的研究生或者实践工作者，就是教学设计专家也会感到莫衷一是。所以，赖格卢特认为，教学理论的发展十分需要建立通用知识库，应该用一致的术语来规范并且推动教学理论的深化。

二、教学和教学设计的含义

赖格卢特在 2009 年探讨教学设计的性质时说道：近年来不少文献区分了"教学"与"建构"之间的区别。所谓教学是指为学习者做事（be done to learners），学习者处于比较被动的状态；而建构是指学习者自己做事，学习者发挥积极主动作用（be done by learners）。教学设计的基本主张是帮助学习者学习，即确定帮助学习者建构知识的途径。因此，如果教学没有起到帮助学习的作用，那就不是教学；更进一步说，如果教学没有起到促进建构的作用，那就不是教学。如果说"建构"是学习者自己所做的事情，那么，"教学"就是教师或者教材等其他"代理"促进建构所做的事情。所以，我们不妨将"教学"界定为有目的地促进学习的行为，它包括建构主义的方法和自我指导学习，也包括传统的教学方式，如讲解和直接灌输。

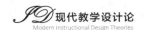
教学设计是一门关注理解和改进教学过程的学科。任何设计活动的目的均在揭示达成预期目的之最优途径。因此，教学设计这门学科主要关注规定最优教学方法的处方，从而促使学习者的知识和技能发生预期的变化。如何帮助人学习更加有效，这是教学理论的职责。教学理论主要说明不同的教学方法（促进人的学习与发展的不同条件），以及何时使用和何时不使用这些方法。

赖格卢特认为，对于"教学设计"这个术语，不同的人有不同的理解。一种是将它看作结果，一种是将它看作过程。将教学设计看成是结果的人，主要关注教学设计最后要形成的产品或者要实现的任务。例如梅里尔的"成分呈现论"就是一例，这一理论特别重视讨论如何做出概括、如何提供举例、如何安排练习等等。将教学设计看成是过程的人，把重点放在探讨如何指导教师制订计划，如何一步一步地达到目标。例如迪克等人的见解就是这方面的代表。这一理论中所讨论的"前景分析"，在教学（结果）理论中就不一定会涉及。

为避免混淆，赖格卢特建议使用"教学系统开发"来指称"过程"的含义，而用"教学理论"来指称"结果"的含义。"教学设计"常用于指称过程和结果中的任何一个。

赖格卢特进一步指出，过程观和结果观之所以会混淆还有另外一个原因，那就是持结果或产品观的人常常也会谈到"教学过程"，有人就会把它与教学开发过程混为一谈。应该指出的是，前者实际上属于"结果"范畴，后者才是真正的"过程"。

至于教学设计的根本作用是什么，这还是同"过程"观和"结果"观有联系。教学设计的过程观强调对教学开发人员进行指导；教学设计的结果观强调对教师如何施教进行指导。然而，实际情形并非如此简单。例如，教学开发人员也要考虑教学的内容问题，所以有交叉渗透，但无论将教学设计看成是结果还是过程，其根本作用都是为改进教学实践服务。

三、教学设计学科领域的构成

（一）教学设计学科领域的构成（1983 年的观点）

为了理解教学设计是什么，有必要看看教育的其他领域。一般来说，教育领域可以分为教学、课程、咨询、行政管理和评价。虽然课程与教学之间有一些交叉，但两者的主要差异在于：课程主要探讨教什么，教学主要关注如何教。教学设计是落在教学领域的。

那么，教学设计与教学中的其他领域有什么联系呢？一般说来，教学领域由五个方面的成分构成——设计、开发、实施、管理和评价（见图 1.1）。教学的五个领域都是一种专业的活动，但是也有一门学科是同这里的每一个领域联系在一起的，即理解和改进完成每一项活动的途径以实现最优的结果。

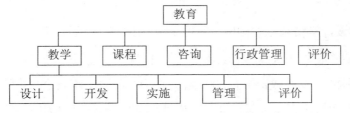

图 1.1　教学设计与其他教育学科的关系（Reigeluth，1983：7）

　　教学设计主要关注理解、改进和应用各种教学方法。作为一种专业活动，它是由教师和教学开发人员来完成的，它要做出的决策是在特定的学生和特定的课程内容中，什么样的教学方法效果是最优的。作为一种专业活动，教学设计的产品是提供一张教学的蓝图。这张蓝图就是在什么时候面对什么学生运用什么教学方法的处方。

　　另一方面，教学设计作为一门学科，它主要关注有关如何设计最优蓝图的知识，即各种教学方法的知识，各种教学方法如何最优结合的知识（即完整模式），以及每一种教学模式在运用的时候各自需要的情境条件。

　　教学开发主要关注理解、改进和应用教学编制方法（methods of creating instruction）。作为一种专业活动，它像是依据蓝图来做结构设计，它具体规定并运用最优程序来编制特定教学情境的教学。教学开发的最终成果是现成可用的教学资源、讲授提纲及课时计划等，就像一座毛坯房子已经可以交付给用户了。

　　教学实施主要关注理解、改进和应用将已经开发完成的教学产品投入实际使用中的方法。作为一种专业活动，教学实施就像一个用户拿到了毛坯房子后要根据自己的需要与喜好对房子进行装修。教学实施需要根据具体的教学方案或者教学机构的需求来调整教学程序，以保证取得最优的教学结果。

　　教学管理主要关注理解、改进和应用最优地管理已经实施过的教学方案的方法。作为一种专业活动，教学管理就像一个住宅小区的物业管理一样，涉及确定教学时间精力投入的程度、评分办法，教学方案的修订程序，等等。教学管理的产品是维护教学方案的正常运作。

　　教学评价主要关注理解、改进和应用最优地评估上述各项工作的效果和效率的方法。作为一种专业活动，教学评价就像一个置业顾问对你的住宅如何更好地加以利用和发挥其潜在优势提出建议。教学评估的产品就是指出该教学方案的优劣势、后果和改进建议等。

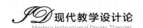
需要注意的是，教学开发、教学实施、教学管理和教学评价都有作为一门学科存在的可能与必要，其结果是形成多种开发、实施、管理和评价的程序、模式，以及情境要求的知识实体。教学中的五个学科领域之间的关系是彼此依赖、十分密切的。

（二）教学设计学科领域的构成（2006 年、2009 年的观点）

以上是赖格卢特在 1983 年对教学设计这门学科的性质提出的看法，他还指出了教学设计这一学科的主要组成部分。2006 年，在为《教学设计理论与模式》（第 3 卷）起草相关章节时，赖格卢特将教学设计过程中遇到的问题进一步做出了梳理。他指出，教学设计理论（instructional design theory）是一种容纳了教学活动各个层面的设计理论。这些层面包括（见图 1.2）：

反映教学应该是一个什么样子，这就是教学行为设计理论（instructional-act design-theory）；反映创设教学规划的过程应该是一个什么样子，这就是教学规划设计理论（instructional-planning design-theory）；反映创设教学资源的过程应该是一个什么样子，这就是教学开发设计理论（instructional-building design-theory）；反映创设教学实施的过程应该是一个什么样子，这就是教学实施设计理论（instructional-implementation design-theory）；反映创设教学评价的过程是一个什么样子，这就是教学评价设计理论（instructional-evaluation design-theory）。教学理论（instructional theory）这个术语最常见的是在"教学行为设计理论"意义上使用的，所以一般人们也就用"教学理论"这个术语来指称。《教学设计理论与模式》（第 3 卷）主要是讨论这种意义上的教学理论。

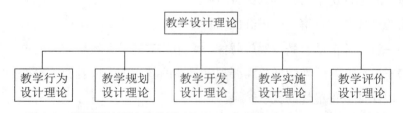

图 1.2　教学设计理论的类型（Reigeluth & Carr-Chellman，2006）

2009 年，《教学设计理论与模式》（第 3 卷）正式出版时，赖格卢特又对上述表述做出了适当修改，主要的修改是将"教学行为设计理论"改为"教学事件设计理论"，并增加了"教学分析设计理论"。

赖格卢特认为，教学设计理论是一组设计理论，主要关注教学的各个层面。这些教学的层面可以包括：

（1）教学应该像什么，不妨称之为"教学事件设计理论"（instructional-event design theory），或者"教学方案设计理论"（instructional-program design theory）或者"教学产品

设计理论"（instructional-product design theory）。

（2）为做出教学决策而收集信息的过程应该像什么，不妨称之为"教学分析设计理论"（instructional-analysis design theory）。

（3）编制教学规划的过程应该像什么，不妨称之为"教学规划设计理论"（instructional-planning design theory），有时候狭义的"教学设计"就是指的这种含义。

（4）创设教学资源的过程应该像什么，不妨称之为"教学开发设计理论"（instructional-building design theory），有时候人们也将其称为狭义的"教学开发"（instructional-development）。

（5）实施教学的准备过程应该像什么，不妨称之为"教学实施设计理论"（instructional-implementation design theory），有时候人们也将其称为"教学变革"或者教学革新的采纳、推广等。请注意，"教学实施"同"教学事件"并不是同义词。前者是指实施的准备而不是实施本身，包括落实教学资源和师资培训等。

（6）教学评价的过程应该像什么（包括总结性评价和形成性评价），不妨称之为"教学评价设计理论"（instructional-evaluation design theory）。

赖格卢特指出，以上六种称谓是描述教学设计实践的一种新尝试，希望在使用的过程中能够逐渐达成共识，减少歧义。由于均是"设计"理论，所以我们可以统称为"教学理论"（见图1.3）。教学事件设计理论只是对教学本身的性质做出指导的一种理论，其他五种类型的理论通常被人们称为"教学系统设计过程"或者"教学系统开发过程"。另外，六种理论之间存在着多种内在联系。这种联系除了相互之间的输入和输出联系之外，对教学分析设计理论和教学评价设计理论来说，还是其他设计理论不可或缺的组成部分。例如，在教学规划、开发和实施阶段，均离不开教学分析和教学评价。

图 1.3　教学设计理论的六种主要类型（Reigeluth & Carr-Chellman，2009：9）

赖格卢特仍然将教学设计理论与建筑设计做类比。他认为，首先有一组相关的建筑理论。这些理论涉及建筑物及其相关产品，其中有关建筑物及其常见形式的，就是建筑事件设计理论；有关在建筑过程中对每一个建筑如何设计和绘制蓝图的，就是建筑规划设计理论；有关建筑蓝图如何转换为施工、通过施工如何盖起大楼的，就是建筑施工设计理

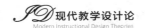
论；有关居住在已经建造好的房子中如何使用其中的设施等的，就是建筑实施（使用）设计理论；最后，人们会对这个建筑的使用做出效果评论，这就是建筑评价设计理论。

四、什么不是教学设计理论

赖格卢特曾经很明确地说道：要理解什么是教学设计理论，另一个方法是辨析什么不是教学设计理论。他特别指出，各种理论之间的联系是系统的和强有力的。许多在教学设计理论方面卓有成效的开创者，往往都是横跨两个领域的人，例如早期有杜威、斯金纳、加涅和奥苏贝尔等人，现在有布兰斯福德（Bransford）、麦科姆斯和惠斯勒（McCombs & Whisler）、帕金斯（Perkins）、香克（Schank）等人。所以，我们不仅要澄清什么是教学设计理论，还要知晓什么不是教学设计理论。

（一）学习理论

学习理论（learning theory），是一种描述性理论（descriptive theory）而不是一种设计理论或者工具理论（design or instrumental theory）。例如，图式理论和信息加工理论都属于学习理论，用来描述学习者头脑中发生的事情。如果我们能够找到一种方法来帮助学习者加工信息，这就是教学事件设计理论。学习理论能够帮助人们理解为什么某一种教学方法，即教学事件设计理论能够发挥良好的作用。也就是说，学习理论（解释现象）对教学理论（应用原理解决问题）的发展是大有益处的。

学习理论通常会与教学设计理论混淆起来。学习理论是一种描述性理论。它们要说明学习的过程是如何发生的。例如，"图式理论"（Rummelhart & Norman，1978）就是一种学习理论。这一理论主张新知识是通过对现有图式进行微调、转换和重构三种方式而获得的。"微调"发生于新知识与现有图式之间没有什么大的差别，只是添加一些新成分而已；"转换"出现在新知识与现有图式之间稍有不一致，需要对现有图式做出某种程度上的调整；"重构"是针对新知识与现有图式格格不入的情况，需要推翻现有图式从而纳入新知识。这样一种学习理论对教师的实际教学有什么具体帮助呢？这就需要寻找一种或者多种教学方法来促进相关的学习，这就是教学设计理论的用武之地了。

与学习理论不同，教学设计理论能够直接便利地用于解决教学问题。它通过说明采取哪些具体的外部教学活动来促进学习，而不需要再考虑此时学习者心理内部究竟发生了什么。同样的情况对心理发展理论而言也是适用的。教学设计理论对促进学习而言可以直接用于教学活动中，学习理论和心理发展理论对促进学习而言可以间接用于教学活动中。间接有用不是说没有用。确实，学习和发展理论能帮助教师理解教学设计理论为什么管用，更重要的是在适当的情况下，教师能够据此创造适合自己的教学设计理论。

总之，教学设计理论和学习理论与心理发展理论虽有区别，但同样是重要的，在有些情况下彼此之间联系十分紧密，以至于在阐述某一种教学设计理论时势必要讨论相关的学习理论。例如，梅耶（Mayer）的"SOI学习模式"是一种学习理论，而且"基于SOI学习模式提出的教学方法"就是一种教学设计理论，两者合起来说明才能够帮助教师不仅知道应该怎么做，同时也对为什么要这样做心中有数。

（二）学习科学

学习科学（learning sciences）是一个现在也开始流行的术语。教学科学（instructional science）这个术语原来也流行过，还被用来作为一个主流刊物的刊名。据此人们很容易联想到学习科学是学习理论发展的标记，教学科学是教学理论发展的印迹。然而，在当前的实践中，绝大多数学习科学家既关心学习理论，同时也关心教学理论。所以，学习科学的一个操作定义也许包括"学习理论和教学事件设计理论的交叉学科（hybrid discipline）"。也就是说，大部分学习科学家并不太在意关注教学规划设计理论、教学开发设计理论、教学实施设计理论、教学评价设计理论和课程设计理论等。有些人会关注学习者评估设计理论。学习科学这一领域很像认知科学这样一个交叉学科，并不很在意运用一些教学方法来完善学习过程。

（三）教学设计过程

教学设计理论与教学设计过程也是有区别的。教学设计理论主要关注教学应该像什么（即应该采用什么样的教学方法），并不涉及教师具体规划教学的过程。在教学设计理论中其他经常使用的术语还有"教学理论""教学模式""教学策略"等；教学设计过程经常采用的其他术语还有"教学开发模式"或者"教学系统开发"。不过，教学设计理论与教学设计过程也是密不可分的。实际上，不同的教学设计理论有时候也需要特定的教学设计过程。

（四）课程理论

课程与教学的基本区别在于：课程关注教什么；教学关注如何教。有关教什么的决策是课程理论要探讨的；有关如何教的决策是教学设计理论要说明的。不过，两者之间的联系是如此紧密，所以合二为一的情况也不少见。实际上，许多课程理论提供了有关教学方法的指导；许多教学设计理论则明示了教什么的要求。所以，虽然区分教什么和如何教是有益的，但是不少教学设计理论也涉及一些课程理论的成分。许多大学的教育学科都有"课程与教学系"（Department of Curriculum and Instruction）就是这种现象的反映。

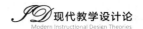
第二节 教学设计理论构成

一、教学设计理论的构成

（一）概念与原理的区分

教学设计这门学科（通常被称为"教学科学"）主要关注的是形成最优蓝图的知识——面对不同的预期即教学结果，什么样的教学方法是最优的。这种知识有两个成分：一个是概念；另一个是原理。概念是人工赋予的，所以带有人为性，而原理则是自然发现的。概念是对现象做出分类，而原理则表明事物变化的关系。一种事物的变化如何导致另一种事物的变化，这通常被表述为因果关系。

当我们说概念带有人为的或者任意的性质，是指现象本身可以用不同的方式加以分类。例如，一棵树可以按照其树龄长短、叶子形状、根茎特征、生长气候等进行分类，每一个分类又可以进一步细分。同理，教学方法也可以按照学科（数学教学方法）、学生类别（特殊教育类学生）和心理学定向（行为主义方法）等进行分类。

对教学现象做出有益的分类自然有助于改进教学认识，但它只是一个起步的台阶而已，教学科学研究工作者还希望有更深入的追求。教学科学研究工作者希望确定在什么时候使用什么样的教学方法。他们希望发现教学的原理，以便对最优的方法做出规定。由于对现象做出归类的方法存在差异，以及分类的概括水平存在差异，因此，并不是所有的分类框架在形成可信的教学原理方面是同样有效的。例如，按照学科的类别对教学方法做出归类就没有像依据学习结果领域做出归类来得可靠。又例如，许多对教学方法的研究并没有多大用处，可能的原因是概括水平太笼统（如接受与发现，归纳与演绎，讲授与讨论，等等），或者太细碎。如果我们想在改进教学方法方面有所进步，那么就应该将主要精力放在策略成分（strategy components）上，这些更加具体、清晰、基本和模块化的成分有助于形成教学模式或者教学理论。"策略成分"一般包括定义、事例和练习，还可以包括呈现的视觉和言语特征、编排的格式，事例区分的特征，等等（梅里尔的"成分呈现论"就是这方面的代表）。

我们在考察各种教学理论时，一定要做到心中有数的是：概念是任意的人为的划分，不同的教学理论之间对现象做出归类（诸如方法和使用方法的条件）是有相当差异的，其有用程度应当依据其能够在多大程度上做出预测（因果关系吻合的程度）来判断。

原理说明了两个行动或者变化之间的关系。这种关系可以是相关关系，也可以是因果关系。相关关系只是说明了两种行动之间有联系，但是并不能确切地指明是哪一种行动影响了另一种行动；因果关系不仅说明两种行动是有联系的，同时也指明了是哪一种行动影响了另一种行动。因果关系还可以分为决定论关系和概率论关系。决定论因果关系表明原因总是导致结果；而概率论因果关系则并非一定如此，它是指原因有时或者经常导致结果。一般来说，教学原理中的因果关系还包括确定性程度上的差别，即假设性因果关系（确认其真理性的证据不多或者暂无）和科学定律（确认其真理性的证据很充分）。

（二）教学理论的三个成分

格拉塞（Glaser，1965，1976）提出教学心理学的成分有四个，即分析学科内容、诊断起点行为、实施教学过程和检测教学结果。赖格卢特和梅里尔（1978，1979）则建议，一种教学理论包括三种主要成分：一是教学方法；二是教学条件；三是教学结果。

（1）教学方法是在不同教学条件下达成不同教学结果的不同方式。方法变量是教学设计者能够操纵的。

（2）教学条件是影响教学方法的效果的各种因素。因此，教学条件是这样一种变量：与方法变量发生互动从而影响教学效果；在特定的情境中是不能加以操纵的（即超出了教学设计者掌控的范围）。请注意，赖格卢特这里所说的教学条件同加涅的学习条件并不是同一个概念。加涅所指的学习的条件是指影响学习的内部条件和外部条件。学习的内部条件包括是否掌握了相关的旧知识。各种内部条件与教学方法的互动就是教学条件。学习的外部条件包括举例和概括等。由于这是教学设计者可以掌控的，因此，它们应该属于教学方法。

（3）教学结果反映了在不同教学条件下各种不同教学方法的效果。教学结果既可以是实际的，也可以是预期的。实际的教学结果是指在运用了特定教学方法得到的真实的结果；预期的教学结果则是一种目标，它通常会影响对教学方法做出的选择。

将教学方法、条件和结果作为教学原理或者教学理论的三种主要成分，这同西蒙（Simon）的观点是一致的。西蒙（1969）认为，所有的设计科学有三个主要成分：（1）不同的目标或者需求；（2）采取行动的可能性；（3）固定的成分或者约束条件。西蒙还指出这三个主要成分为达成目标提供了一个多样性的功能处方框架。赖格卢特提出的教学的方法条件和结果分别对应西蒙的成分观，同时，达成目标的功能处方就是处方性教学原理或者理论。另外，赖格卢特认为，ATI（性向—处理交互模型）也采用了类似做法。性向就是学生特征，而处理就是教学方法。不过，这一模式忽略了教学条件。

教学条件和方法并不是固定的类别。在有些学校中作为方法变量（因为能够掌控或

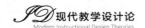
者改变），在另一些学校就可能作为条件变量（因为不能够掌控或者改变）。例如，当我们有讲授、讨论和视频手段同时可以选择时，那么它们就是教学方法变量；当我们只有讲授一种手段可以使用时，那么它只能作为条件变量（见图 1.4）。

这就是说，当"方法"在某一个特定情境中难以变通或者掌控时，这一方法就转化为"条件"；如果在某一个特定的情境中"条件"可以被掌控，那么，它就转化为"方法"了。另外，不能与"方法"发生互动的"条件"，即使对教学结果会产生影响，也不能称之为条件，因为它们无法对决定什么时候运用不同的方法提供价值判断。

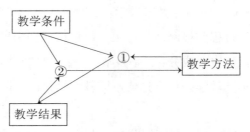

注：图中①②表示三个要素交互联结的路径

图 1.4　三种教学设计的变量与两组关系（Reigeluth，1983：22）

在赖格卢特看来，正是教学方法、教学条件和教学结果三者的互动构成了不同的教学原理。一项教学原理包括至少一种方法变量（如"采用多种呈现手段"）、至少一项结果变量（如"牢固地掌握知识"）和一个或几个条件变量（如"针对较难的学习内容而言"）。例如，我们可以提出一项有关"多样表征"的教学原理：如果所教的学科内容相对比较复杂（条件），那么就应该运用多种表征手段（方法），以便帮助学习者更好地掌握知识技能（预期结果）。

在各门学科中，原理的表达方式是相通的，即采用条件、方法和结果的形式。例如，物理学的原理因为其确定性程度高（通过实验能反复验证）就形成了定律：如果没有风的阻力，同时离地面的距离又较近（条件），那么物体的落下（方法）将导致产生 9.8 米 / 秒 ^{2} 的加速度（结果）。

（三）教学理论框架的扩展

教学模式与理论应该尽可能综合。这意味着它们应该包括各种影响教学结果的方法变量。赖格卢特和梅里尔（1979）对条件—方法—结果的框架进行扩展，以尽可能融入各种教学方法变量。这个扩展的框架对分析各种教学模式或者教学理论也是有益的。

在这个模型中，教学方法变量被分为三种类型，即组织策略、传递策略和管理策略（见图 1.5）。

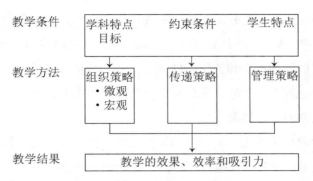

图 1.5　教学方法、条件与结果之间的互动关系（Reigeluth, 1983：19）

组织策略是组织学科内容的基本方法，其中包括运用举例、图表、内容排序、内容编排格式等。

传递策略是教师向学习者传递教学内容或者在输入—输出中接受与反应的基本方法。媒体、教师和教科书等都是传递策略需要仔细考虑的对象。

管理策略是对哪一种组织策略和传递策略在教学过程中何时使用做出决策的基本方法，其中包括个别化教学手段或者教学资源利用程序等。梅里尔的"成分呈现论"涉及微观组织策略的许多具体应用情况。

组织策略还可以细分为微观组织策略和宏观组织策略。微观组织策略是对单一的概念、规则或者原理等进行组织的基本方法，其中包括定义、举例和练习，还包括采用多样表征手段等。宏观组织策略是对两个以上的概念、规则或者原理等进行组织的基本方法，其中包括内容排序、整合、概览和小结等方法。赖格卢特的"精细加工论"涉及宏观组织策略中的许多具体应用情况。

总之，教学设计的理论与模式必须考虑以上各个教学策略成分以便具有广泛的适用性。

（四）处方性理论与描述性理论的关系

教学设计是一种处方性理论，这是因为其目的在于提出最有教学方法的处方。从这个意义上说，教学科学同学习科学旨趣相异，后者的宗旨是说明学习过程的性质。不过，教学设计的原理和理论既可以按照描述的方式来说明，也可以按照处方的形式来规定。描述性原理和理论是锁定条件变量和方法变量，看其结果变量有什么变化；而处方性原理和理论则是锁定条件变量和结果变量，看其方法变量有什么特征。

处方性原理和理论是目标定向的，即旨在达成某种预期的目标，它将最优的方法作为感兴趣的变量；描述性原理和理论则是目标不定的，即只是说明这个结果可能是什

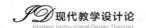
么，至于它是否一定能够达到并不在意，它将结果作为感兴趣的变量。

所以，作为一种理论，势必要求：（1）一组模式。（2a）如果是处方性理论，那么就要规定针对特定的预期结果和教学条件而言，哪一种模式是最优的（即最优的方法是什么）；（2b）如果是描述性理论，那么就要说明对该模式（教学方法）而言，在特定的条件下会发生什么样的学习结果。

教学设计和学习理论是很容易混淆的两个概念。教学设计聚焦教学方法，学习理论关注学习过程；教学设计关注教师做什么，学习理论关注学习者发生了什么。不过，需要指出的是，学习理论也可以区分为描述性和处方性。处方性学习理论并不等同于教学理论。例如：

（1）为了增强长时记忆，应确保对知识进行合理组织后进入稳定的认知结构中（处方性学习理论）。

（2）为了增强长时记忆，教学活动开始时应提供概览，以保证学习者对学习内容的结构有一个总体印象。当然，这种概览并不等同于小结活动。正是因为有了总体的结构框架，教学时可以循着这一结构层层扩展细化，每一次只突出一个方面并且不断保持各个层面的学习内容之间彼此联系，最后达到总体理解的效果（处方性教学理论）。

教学设计理论必须包括具体的教学方法变量，如果不能做到这一点，那就不是教学设计理论。这样说的原因在于，在实际工作中，许多人所谓的教学理论实际上是学习理论。教学理论因为有了方法变量，所以具体应用到课堂中是相对容易的，而学习理论则相对困难一些，因为它只包括条件变量，还需要教师自己来开发教学方法。

教学设计模式与教学开发模式也容易混淆。教学设计模式主要涉及"教学是什么"，而教学开发模式则关注"教学应如何"。教学设计模式是教学本身的一张"蓝图"，而教学开发模式则是规定了为了实施教学开发者应该遵循的开发步骤。两者有明显的和重要的差异。

二、教学设计理论的特点与构成（1999 年的观点）

赖格卢特鲜明地主张，教学设计理论是一种对更好地帮助人学习与发展提供实际指导的理论。学习与发展的类型包括认知、情感、社会交往、身体和精神等领域。例如，珀金斯（Perkins）在《聪慧的学校》（*Smart School*）一书中提到了一种教学设计理论，称为"首要理论"（*Theory One*），这一理论主张教学应该包括：

（1）清晰呈现内容——说明与举例目标、相关的知识和预期的业绩。

（2）深思熟虑操练——学习者积极参与和主动反思所学到的东西。

（3）提供信息反馈——对学习者的学业表现做出清晰的完整的反馈，帮助其不断取得进步。

（4）激发内外动机——提供能够不断鼓励学习者进步的各种机会与活动（Perkins，1992：45）。

这就是一种教学设计理论。那么，作为一种教学设计理论，其主要特征是什么呢？

首先，教学设计理论是一种设计取向（design oriented）的理论，即关注达成学习与发展的目标所需要的途径；而不是一种描述取向（description oriented）的理论，即主要关注特定事件所导致的结果。设计取向的理论使得教育工作者能够直接指导学习者如何达标，因此就更管用。所以，设计取向就是目标取向。这与大部分人通常对理论的看法是不一致的。理论被认为是处置因果关系或者某个自然过程的事件流程。也就是说，大多数人认为理论是描述性的，能够说明一个特定类别的原因事件会导致某个结果的发生，或者某些事件会按照一定的顺序发生演变。信息加工理论就是一种描述性理论。它说明了新信息进入短时记忆后才能储存到长时记忆中。但是信息加工理论并没有告诉人们应该如何做才能促进学习。描述性理论可以用来预测现象的发生（依据特定的原因或者过程，预测会发生什么结果或者步骤），也可以用来解释（依据特定的结果来说明什么肯定发生过）。

设计理论与说明因果关系的描述性理论是不一样的。设计理论是一种处方性理论，考虑如何去达成目标。当然，在社会科学中，描述性理论也是带有概率的性质，意味着原因并不一定总是导致结果的发生。设计理论旨在产生创造性的结果，即总是要创造出一些新的东西，而描述性理论主要寻求说明已经存在的现象。建筑设计、服装设计、教学设计等都属于设计领域，有着共同的特征。有些人不喜欢用"理论"，而建议采用"方法、模式、技术、技巧、策略、指南和启发式"等。但是，后面这些词没有完全把握教学理论的全部特征，因为教学理论不仅要考虑各种教学方法，同时还要设想何时使用、何时不使用这些方法。所以，用"设计理论"这一称呼是比较适宜的。

设计理论与描述性理论有很大不同。设计理论本质上是一种处方性理论，用来说明采用什么样的方法将有助于达成目标。例如，要想有助于长时保持（教学目标），应该努力做到新知识与相关旧知识相互联系（教学方法）。但是，这种处方也不是算法，不是事无巨细地样样做出规定。在社会科学中几乎不存在以决定论方式出现的处方。

西蒙（Simon，1969）将描述性理论和设计理论的差异比作自然科学和人工科学的差异。科龙巴赫等人（Cronbach et al.，1969）也将两者区分为"结论取向的探究"和"决策取向的探究"之别。不管称呼其什么，两者之间无非是体现了目的不同，研究类型不

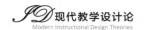
同。设计理论试图对实际工作者提供直接指导，把握什么样的方法有助于达标；描述性理论对因果关系做出深层次的理解。描述性理论对实际工作者也有一定帮助，可以帮助实践工作者理解为什么教学设计理论能够管用，自己能否创造一种适合的教学设计理论来。发展和检验描述性理论的焦点是"可靠性"；设计理论关注的则是"偏好性"（这种方法对达成这一目标而言是不是比其他方法更好呢？）。

其次，教学设计理论区分了教学方法（methods of instruction）和教学情境（situation of instruction）之别。教学方法是支持和促进学习的不同方式；教学情境是应该使用或者不使用那些方法的因素。在珀金斯的"首要理论"中，清晰呈现内容、深思熟虑操练、提供信息反馈和激发内外动机等都属于教学方法。按照他的看法，首要理论同阿德勒（Adler，1982）的三种不同的教学方式——授受教学、辅导支持和问答探究——相一致。

最后，在各种教学设计理论中，方法本身能够被分解为更具体的方式，从而提供更加直接的指导。更重要的是，方法是一种可能性事件而不是一种决定论事件。也就是说，能够增加达成目标的机会而不是说一定能够保证达标。

教学设计理论需要包括两种基本的成分：一种成分是促进学习与发展的方法；另一种成分是使用或者不使用该方法的情境（见图1.6）。教学设计理论的一个基本特征在于其方法是情境性的、可变的，而不是通用的、固定不变的。也就是说，一种方法在某个情境下起作用，在另一个情境下未必同样会起作用。

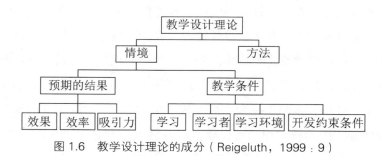

图 1.6　教学设计理论的成分（Reigeluth，1999：9）

教学情境有两个主要因素：一个是教学发生的条件；另一个是教学的预期结果。

教学发生的条件包括以下四个方面内容（请注意不要同加涅的学习条件相混淆）：

（1）将要学习任务的性质，例如理解知识与掌握技能需要不同的教学条件。

（2）学习者的性质，例如学习者原有的知识、学习方法掌握的情况和学习积极性状态。

（3）学习环境的性质，例如是在家学习还是在合作学习小组中学习。

（4）教学开发约束条件的性质，例如规划和开发某个教学系统需要投入多少时间和经费。

以上所有四个方面都会影响究竟哪一种方法是最管用的选择。不过，加涅的内部学习条件主要落在上面第 2 项条件中（学习者的性质），其外部学习条件实际上是教学方法，而不是教学条件。

教学情境的另一个方面是预期的教学结果。请注意，这并不是指具体的学习目标或者学习任务（这在教学的条件中第 1 项学习任务的性质中已经列出了）。预期的教学结果包括效果、效率和吸引力。

效果水平是考察教学的作用是否发挥理想，以学习目标达成度来衡量。换句话说，教学的效果不考虑学习的目标是什么，而考虑学习的目标达成得如何。所以，"准则"（criterion）这个词就经常被用来表示效果水平。例如，运用 $a^2+b^2=c^2$ 这一公式来计算 10 道应用题，正确率应该达到 80%。

效率水平是指教学效果与时间或者费用之间的比率，例如解答上述 10 道应用题花费了多少时间；吸引力水平是指学习者喜爱教学的程度，例如学习者关注如何去拓展知识，如何复习和预习等。

教学设计理论主要是考虑运用什么样的方法去实现目标。但是特别要指出的是，方法本身是可以做进一步分解的。也就是说，方法可以分解为子方法，子方法还可以分解成子子方法。这种分解有的涉及"种类"（kind），有的涉及成分（parts）。例如，基于问题学习（PBL）是一种教学方法，它可以分解为各种具体的方法，如呈现问题和场景，组建解决问题的小组，提供小组活动的支持，反思每个小组活动的效果，等等。这是对基于问题学习这一比较笼统的教学方法从"成分"上加以细分。如何呈现问题和场景，又可以具体细分为现场模拟、电子模拟、提问设计、案例说明等，这是从"种类"上做出区分。还有一种情况是既没有从成分，也没有从种类上细分，而是提供了教学方法必须满足的具体的要求（criteria）。例如，基于问题学习必须满足"亲临实境的感受"这一要求。

以上所说的种类、成分和具体要求是教学方法细分的三个方面。一种教学设计理论如果在相对一般的水平上说明了某种方法，那么，这一教学设计理论就是简单易懂的，但不一定好用，因为不够具体，不知道在什么样的具体情况下适用。所以，通达性强、易用性好的教学设计理论应该相对具体一些，而具体的理论不等于刻板机械。

教学方法的另一个特征是其概率性（probabilistic）。这就是说方法本身并不能保证达到预期的教学结果，只是增加了这一结果发生的可能性。当然，没有一种教学设计理论有 100% 的成功率，只是我们要尽可能地提高其可能性。我们难以明确说明某一种具

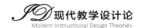

体的教学方法在特定的教学情境下有多大的成功概率。

教学设计理论的另一个重要特征是价值观或者说偏好性（preferability）。处方性理论通常带有不确定性，不能保证100%达成目标，只能增加达成目标的可能性。之所以如此，是因为价值观扮演了重要的角色：首先，选择什么样的目标要依据学习者的需求分析来确定，这被称为"数据驱动法"；其次，达成某一个教学目标总是存在着多种教学方法而不是一种教学方法的可能性。究竟是哪一种方法更管用，这需要依赖于"准则"，准则就是一种价值判断。所以，我们需要依据准则来过滤目标，依据准则来选择方法。

三、教学理论的性质：结构与术语（2006年、2009年的观点）

2006年、2009年，赖格卢特对教学理论的构成做出了一定的修改。他指出，教学理论家通常使用不同的术语来指称同样的结构，或者用同样的术语来指称不同的结构。研究者、实践者和学习者往往都会感到莫衷一是，无所适从。这就说明构建一个共通的知识库是多么紧迫。作为一项基础性的工作，如果我们对教学理论的本质和结构物的术语达成一致，那么对教学理论的建设是有益的。

（一）教学方法

教学方法（instructional method）是指有目的地促进学习和人类发展的任何事物。其他经常使用的术语还包括策略、技术、方式、途径（strategy, technique, tactic, and approach）等。

教学方法有一些不同的规定性。它们对教学理论的构成来说都是重要的。

一是教学方法的范围（scope）。这是指教学方法涉及的面。依据范梅里恩伯尔（van Merriënboer, 1997）的看法，可以分为微观教学方法、中观教学方法和宏观教学方法。微观教学方法是指教单一的知识技能，如事例和练习的排序；中观教学方法是指教一个单元中涉及的一组知识技能，如一个复杂的认知任务中不同事例的排序；宏观教学方法是指教一门课程，如复杂任务中不同类型任务的排序。

二是教学方法的概括性（generality）。这是指方法应用于某个教学情境的范围。其连续统一体是从高到低或者从通用性强到局限性强。

三是教学方法的精确性（precision）。这是指教学方法的成分属性。对教学方法做出说明，一般来说可以分为促进学习的各种比较具体细致的刻画。这个特点一般被称为从一般到具体的连续统一体。"一般性"并不是指"概括性"，所以我们还是称呼它精确性为好（即从不精确到精确）。精确性的水平受到三种结构物的影响：（1）部分（parts），越是精确的方法越是要具体说明由哪些方面的成分构成；（2）种类（kinds），越是精确

018

的方法越是要具体说明在使用该方法时有哪些替代方法可供选择；（3）准则（criteria），越是精确的方法越是要提供做出决策的标准。

四是教学方法的效力（power）。这是指教学方法对达成学习目标的贡献力。一般来说，特定的教学方法并不一定能确保学习目标的达成，这是因为有许多因素影响着目标达成程度。每一种方法对学习发生的概率都有不同程度的（从0到1）贡献。

五是教学方法的一致性（consistency）。这是指在特定的情境中所选择的教学方法对达成学习目标而言可信度多大，可重复的次数多少。某种教学方法在一些情境下对达成目标贡献度大，在另一些情境下对达成目标贡献度未必还是那么大。从高到低还是可以用0到1来表示。越是具体的方法，越是情境性强，也就是说越是会依据不同的情境发生效力上的变化。

（二）教学情境

教学情境（instructional situation）是指对何时使用或者何时不使用某一种教学方法有制约作用的任何情况。其他的术语还有背景和条件（context and condition）。

教学情境与教学的价值（values）直接相关。教学理论的价值观代表了一种教学哲学的信念。要确保不同的利益攸关者对教学价值观达成一致。使用者的价值和学习者的价值比设计者的价值更为重要。教学价值可以分为四种类型：

一是教学目标的价值（values about goals）。这是指对特定学习结果持什么样的看法。

二是优先程度的价值（values about priorities）。这是指在判断教学是否取得成功时采用什么样的准则。赖格卢特建议采用效果、效率和吸引力来作为标准。

三是方法的价值（values about methods）。这是指从哲学观的视角来看什么样的教学方法是有价值的。

四是效力的价值（values about power）。这是指谁拥有对目标、标准和方法做出决策的权力——教师、学习者还是其他人。

（三）教学条件

所有影响教学方法选择或者效果的因素都属于教学条件（instructional conditions）。教学环境（context）这个说法有时候是与其同义的，但是并不是所有的教学环境都会影响教学方法的选择和效果。教学条件主要有以下四种：

一是教学内容（content），不仅包括知识技能，同时还包括高层次思维能力培养，如元认知能力、态度、价值观等。

二是学习者（learner），包括原有知识经验、学习风格、学习策略、学习动机、学习兴趣等。

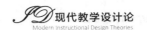

三是学习环境（learning environment），包括人的资源、教材资源、组织安排等。

四是教学开发制约因素（instructional development constraints），包括设计、开发和实施教学中的资源条件，如经费、时间和人力安排等因素。

以上这些教学理论的结构物可以进一步分解细化。如果教学理论家能够运用这些结构物和术语来说明教学理论，那就是在构建共通的知识库方面迈出了坚实的一步。

四、教学方法的分类（2009 年的观点）

我们在上面已经比较详细地说明了赖格卢特对教学设计功能定位的主要观点。概括起来说，赖格卢特认为，它包括两个大的方面：一是教学的方法（instructional method，教学应该看起来像什么）；二是教学的情境（instructional situation，在什么时候教学看起来像什么）。

教学的情境可以分为两个方面：一是教学的价值；二是教学的条件。教学的价值涉及学习的目标、学习的标准和学习的方法，以及谁有教学的决策权和主动性。教学的条件涉及教学的内容、学习者、学习环境和教学开发的约束条件。

教学方法的分类是非常困难的，主要的原因是很难按照一个维度来对教学方法做出分类。赖格卢特在 1983 年的时候将教学方法按照组织策略（包括宏观组织策略和微观组织策略）、传递策略（选择与使用媒体）和管理策略来划分。

1999 年，他按照六个维度进行分类。这六个维度是：

（1）学习的类型（记忆信息、理解关系、运用技能和运用一般技能）；

（2）学习的控制点（学习者自我控制、教学控制和教学设计人员控制）；

（3）学习的焦点（某一个主题或者问题、单一的学科领域、跨学科领域）；

（4）学习的分组（单干学习、配对学习、小组学习和全班学习）；

（5）学习中的互动（师生互动、生生互动、学生与其他人互动、学生与工具互动、学生与信息互动、学生与环境等互动）；

（6）学习的支持程度（认知支持和情绪支持）。

2009 年，赖格卢特建议用教学方式（instructional approaches）、教学成分（instructional components）和教学内容排序（instructional content sequencing）来对教学方法做出分类。他认为，教学方式比较宏观一些，例如问题教学、体验教学和直接教学等，均属于教学方式。教学成分主要指的是比较微观的教学方式，比如说先行组织者、指导性操练和辅导等。教学内容排序主要是指教学任务的组块大小及呈现序列。从具体到抽象排序和精细加工排序都是代表。关于教学方式、教学成分和教学内容排序的具体说明，可以参见表 1.1~ 表 1.3。

赖格卢特指出，面向信息时代的教学理论十分关注如何激励学生学习，以及调动学生学习积极性的方法和突出学习针对性的方法。可以通过设问对教学情境和教学方法做出选择：

（1）学习目标和学习结果的价值是什么？

（2）教学优先要考虑的是什么？

（3）在特定的教学情境下最有价值的教学方法是什么？

（4）在一个教学的互动情境中教学的决策权对学习主动性会有什么样的影响？

（5）教学内容的属性会对教学方法的选择产生什么样的影响？

（6）教学环境的特征会对教学方法的选择产生什么样的影响？

（7）教学开发约束条件会对教学方法的选择产生什么样的影响？

（9）应该使用什么样的教学方式？

（10）在特定的教学方式中采用哪些教学成分是最适宜的？

（11）应该如何对教学内容开展排序？

表 1.1　教学方式（Reigeluth & Carr-Chellman，2009：36-37）

锚桩教学 anchored instruction
组织在真实学习环境开展学习的一种方式，全部的学习活动组织均是围绕着学习者试图解决的某个真实问题。（同义词：情境学习 situated learning）

真实学习环境 authentic learning environment
当有教学设计人员控制时，真实学习环境主要旨在提供某种教学事件的逼真性或者临场感。在这种情境下，真实性就是现实世界的同义词。（同义词：建构学习环境 constructivist learning environment，情境学习 situated learning）

案例学习 case-based learning
围绕着实际情境来开展教学的一种比较宽泛的教学方法。

认知学徒 cognitive apprenticeship
新手和专家开展积极互动来组织教学活动的一种方法，很多情况下是师徒一对一进行学习。此时重点就往往放在思考过程上。（同义词：学徒学习 apprenticeship learning）

直接教学 direct instruction
这一教学方式的特点是仔细地安排教学以促进教学的效能，由西格弗雷德·恩格尔曼（Sigfried Engelmann）创立。

发现学习 discovery-based learning
教学围绕着帮助学习者发现预先设定的某一模型、概念或者命题进行。

操练 drill and practice
通过重复提示和矫正性反馈帮助学习者记忆和熟练的一种方法。

讲解教学 expository teaching
主要依赖教师的讲授来开展教学。（同义词：授受教学 didactic，教师中心 teacher-centered）

续表

做中学 hand on learning 聚焦通过活动和直接经验——做中学来发现原理和掌握技能或者概念的一种方法。 个别教学 individualized instruction 照顾到不同学习者的个别需要的一种方法。 探究教学 inquiry-based instruction 围绕着学习者的兴趣来组织教学的一种方法，鼓励学习者提问，寻找问题的答案就成了学习过程的核心。 教学游戏 instructional game 通过游戏活动来获得知识、技能和能力的教学活动。 教学模拟 instructional simulation 为了掌握技能和理解概念，选择同现实生活中复杂性相近的关键因素开展模拟。 学习者中心教学 learner-centered instruction 关注每一个学习者（知识背景、兴趣、能力和需要）和学习者的学习过程（采用哪一种方法能够最大限度地激发起学习动机和不同类型学习者的学习）。 问题学习或问题教学 problem-based learning/instruction 围绕着帮助学习者找到解决问题的办法来组织教学。 项目学习或项目教学 project-based learning/instruction 围绕着制作产品、完成任务或者提供服务来组织教学。 角色扮演 role play 通过让学习者承担一定的角色以及提供知识技能运用的情境来开展讲解或操练。 教师中心教学 teacher-centered instruction 教师是教学内容传递的主渠道，传递的方式主要是讲授。（同义词：讲解教学 expository，授受教学 didactic，传递教学 transmission-oriented） 辅导 tutorial 对教学事件进行适当的调整以满足学生的个别需要。

表 1.2　教学成分（Reigeluth & Carr-Chellman, 2009：37-38）

先行组织者 advance organizer 由奥苏贝尔提出的一种教学方法，主要用于教学活动的启动阶段，以帮助学习者在已知和将要学习的知识之间架起理解的桥梁。 类比 analogies 在熟悉的和不熟悉的知识之间进行比较，以帮助学习者理解。 真实任务 authentic tasks 强调和现实生活的密切联系，同时激发起学习者的学习兴趣。 辅导 coaching 提供操练指导，鼓励新手在教学或者学习练习的情境中积极参与。（同义词：促进 facilitating，监控 mentoring） 协作学习 collaborative work 主要是通过学习者的协同努力解决问题和完成任务，有助于发挥不同学习者的学习优势。（同义词：合作学习）

合作学习 cooperative work

通过小组成员的分工来完成学习活动，合作学习活动往往涉及的学习任务较为庞大、复杂。（同义词：协作学习）

示证 demonstration

由教师向学习者示证如何做某一事情，这一方法通常与学生尝试练习相配合使用。（同义词：示范 model）

精细加工 elaboration

从某一概念或者技能的简单事例扩展至复杂事例，以帮助学习者充分理解学习内容。

正例和反例 examples/nonexamples

运用某一概念的事例来说明这一概念的主要属性，同时与没有反映这一概念属性的事例进行对照，以帮助学习者理解概念，区分本质。

反馈 feedback

向学习者提供有关学习表现的质量信息，以及对错与否的学习指导。

指导性练习 guided practice

必要时在教师的指导和帮助下学习者开展操练的一种方法。

独立练习 independent practice

在没有教师的指导和帮助的情况下学习者开展自我操练的一种方法。

同伴辅导 peer tutoring

学习者帮助同伴掌握知识、技能，并在帮助过程中密切监督和反馈。

因人施教 personalization

依据每一个学习者的特定需要开展教学。（同义词：因人而异 customization，个别化教学 individualized instruction）

练习 practice

学习者与学习内容重复发生互动的一种学习方法。

预习 preview

通过让学习者概览即将开展的教学活动，来帮助建立教学目标、激发学习兴趣。主要用于教学的启动阶段。

互惠教学 reciprocal teaching

学生两两配对或者分成小组开展学习，轮流担任教师的职责，帮助同伴掌握学习内容。

反思 reflection

通过把自己的学习过程和学习要求进行比较或者分析自己的学习进度，以帮助学习者加深对学习活动的理解，并促进学习者做出自我评价。

复习 review

将某一学习活动中的要点加以整理以强化、把握关键的概念。

自我评估 self-assessment

指导学习者把自己的学习和学习要求进行比较，并做出反思。

团队学习 team work

以小组的形式开展学习，集体完成某一项活动（项目或者任务）。

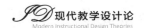

表 1.3　教学内容排序（Reigeluth & Carr-Chellman，2009：38-39）

从具体到抽象排序 concrete-abstract sequencing 一种微观的排序方法，旨在依据从具体的、有形的经验向抽象的、符号的经验演变来安排和组织教学内容。
演绎排序 deductive sequencing 一种微观的排序方法，旨在依据从一般到具体来组织教学内容。
由易到难排序 easy-to-difficult sequencing 一种微观的排序方法，旨在依据从难度最小的事例到难度最大的事例来组织教学内容。
精细加工概念排序 elaboration sequencing: conceptual 这是一种从一般概念到具体概念开展排序、组织教学内容的方法。（同义词：渐进分化排序progressive differentiation sequence）
精细加工程序排序 elaboration sequencing: procedural 从最简单的程序到最复杂的程序依次展开教学。（同义词：最短路径排序 shorter path sequence）
精细加工理论排序 elaboration sequencing: theoretical 从最宽泛、包容性最大的原理到最狭窄、包容性最小的原理开展教学。（同义词：螺旋课程 spiral curriculum）
层级排序 hierarchical sequencing 在教高级的、复杂的知识技能之前，先要掌握低级的、简单的知识技能。（同义词：学习先决条件排序 learning prerequisite sequence）
程序排序 procedural sequencing 按照实际完成任务的步骤先后顺序开展教学。（同义词：顺向连锁排序 forward chaining sequence）
支架作用 scaffolding 逐渐地减少或拆除各种教学支持，同时逐渐增加业绩表现的要求，两者结合我们称之为支架作用。（同义词：拆除 fading和修造 shaping）

第三节　教学设计理论的建设与变革

一、构建、研究和评价教学设计的程序

如何实现这种变革呢？这就涉及教学设计模式形成的方法、程序和评价标准，我们再来看看赖格卢特在这方面的观点。

（一）教学模式与理论

教学科学研究工作者不仅仅满足于通晓在特定的教学条件下一种方法比另一种方法好，也就是说不仅仅满足于单一的策略成分和孤立的教学原理。他们希望能够把握一组原理，也就是要掌握教学的模式与理论。

所谓模式，一般是指一组整合的策略成分，也就是说，它包括教学内容如何排序，如何提供教学概览和小结，讲解、举例和练习之间的联系，以及如何激发学习者的学习动机，等等。一份建筑的施工图纸应该细致地描绘工程的各个方面，同样，教学模式也

要说明教学活动的各个层面。所以，教学模式是一组教学策略成分，是一个带有实施细节的完整方法。

教学设计理论（通常简称为教学理论）是一组系统整合的原理，并且致力于解释和预测各种教学现象。就像条件和结果是原理的组成部分一样，它们同时也是理论的组成部分。实际上，当一个原理是一个单一的方法变量时，模式就转化为理论；当一个模式是单一的方法变量时，理论就转化为原理：

理论 / 模式 = 原理 / 方法变量　　理论 / 原理 = 模式 / 方法变量

这就意味着理论可以被看成是条件—模式—结果的形式，就像一个原理可以表述为条件—方法—结果的形式。这种区分在我们具体分析教学理论或者模式时十分重要。

（二）构建教学设计理论的程序

理论的构建有不同的程序。赖格卢特认为有一种相对普遍的程序特别有价值。这种程序的步骤与斯诺（Snow，1971）提出的理论的"不同水平"大体一致，不过赖格卢特觉得还是称它为理论建构程序中的"不同阶段"更好。具体的阶段名称如下：

第一，提出形成性假设。这一阶段是依据数据资料、经验、直觉和逻辑推理来提出有关教学设计的形成性假设。开始时，这种假设可能比较具体狭隘，只适应某些特定的情境（基本上是自下而上的归纳）；也可能是大而无当，非常笼统（基本上是自上而下的演绎）。

第二，提出与教学设计相关的变量的分类办法。这一阶段包括对那些重要的教学设计理论的变量进行识别、描述和分类（此时许多变量是通过形成性假设来提出的）。一般最好从说明预期的教学结果开始，然后再生成达成预期目标的各种方法，最后，再明确影响教学方法发挥作用的条件。这一阶段对理论构建而言至关重要。

第三，导出教学设计的原理。这些原理通常说明了在第二阶段中明确的和从第一阶段的形成性假设中得出的变量之间的因果关系。这一决断十分依赖于经验、直觉逻辑推理及实证研究。实证研究一般都采用控制组对照组的做法。这一阶段中还很难形成各个原理之间的内在联系。

第四，提出教学设计的模式和理论。通过将各种策略成分整合到不同的模式中，教学设计的理论得以开发成功。此时还要强调实证研究的重要性，注意运用不同的统计检验手段来验证研究结果。

（三）教学设计的研究方法

前面已经反复提及，设计理论提供了达成目标的手段。对教学教育这一类应用性领

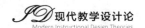

域而言，设计理论比学习理论更有用，更易把握。虽然现在的理论远远没有达到完善的地步，但至少已经可以对不同的教学情境提供一定的具体指导了，包括利用新的信息技术工具。这就提出一个问题，什么样的研究方法适宜于提出和改进教学设计理论呢？

赖格卢特建议采用"形成性研究"方法，这是一种开发研究或者行动研究，旨在改进设计教学实践或者教学过程的教学设计理论。赖格卢特和罗米索斯基曾经在 20 世纪 80 年代末建议采用这种方法作为扩展教学设计理论知识库的途径；纽曼（Newman，1990）、格利诺等人（Greeno，Collins & Resnick，1996）都提出了相似的观点，希望研究人员、实践人员尤其是教师在设计、实施和评价教学时通力合作。形成性研究一直被看成是教育中系统变革的知识创新的重要途径。

赖格卢特认为传统的定量研究方法（例如实验、调查和相关分析等）对改进教学设计理论并不是特别管用，尤其是在开发的早期阶段更是如此。相反，形成性评价和案例研究等倒是很实用的方法。

在描述性理论研究中，所采用的方法论主要是效度，即描述的东西在多大程度上与实际是什么相吻合的。与之相对的是，设计理论（例如教学指导程序、模式等）主要考虑的是偏好性，其选择的标准主要依赖于使用教学设计理论的价值观。一般我们将教学的价值观定位在三个维度，即效果、效率和吸引力。

效果主要指的是运用某一个教学设计理论在特定的情境下达到目标的程度。通常可以采用常模参照评估或者标准参照评估的方式，也可以采用"时间进展分析模式"（APT）来考察反复使用过程中成功的可能性有多大，还可以看其使用的情境的多样性程度。效率主要是看其在达成效果的目标中所付出的代价多大，包括人力、物力和财力的投入。吸引力是指最终的设计结果的喜爱程度，包括教师和学生、教学辅助人员、教学行政人员、家长等。

这三个维度在不同的情境下，面对不同的利益人的想法和需求都可能是不同的。有人注重效果，有人注重效率，还有人注重吸引力。要知道，发展和检验教学设计理论绝不是一劳永逸的事情，需要不断深化和改进。蒙台梭利教学法就是一个很好的例子。

形成性评价有时候也称为"现场检验"或者"有用性检验"。它所提出的问题是"是什么起着作用""需要做出什么样的改进"及"如何才能做出改进"，也就是遵循着从使用到改进的自然进程。

案例是形成性研究常用的一种途径，案例可以分为自然案例和设计案例。自然案例是指研究者本来没有特别设计某一个案例运用于一种教学设计理论或者模式；设计案例是指特别设计的案例应用于某一教学设计理论或者模式。不管是哪一种案例，都要分析哪些地方取得了预期的效果，哪些地方的效果不理想，如何去改进。所以，赖格卢特建议可以采取这样几个步骤：（1）选择一个设计理论；（2）设计一个符合该理论的案例；（3）选择和分析该案例的形成性数据；（4）修订该案例；（5）再次选择和分析该案例的形成性数据；（6）提出该设计理论的尝试性结论。

如果是设计一个案例来帮助开发一个新的教学设计理论，那么，步骤大体为：（1）设计一个有助于提出一种设计理论的案例；（2）选择和分析该案例的形成性数据；（3）修订该案例；（4）再次选择和分析该案例的形成性数据；（5）提出一个尝试性的教学设计理论。

（四）评价教学设计理论

如何评价教学设计理论的优劣呢？赖格卢特认为主要从两个方面去考察。

首先，要考察其是不是教学设计理论，即它应该关注教学而不是学习；它应该是一种理论而不仅是一种模式或者一组命题。如果是一种教学设计理论，那么，它就应该关注教学的方法——处置教学环境的具体方式，而不是去关注学习过程。学习过程的知识对教学理论的发展当然是有用的，但是它并不直接构成教学理论。赖格卢特主张教学设计理论必须包括三件事情：（1）一个或者一组教学模式；（2）使用每一个模式所涉及的一组教学条件；（3）在特定的条件下每一种模式所要达到的结果（对处方性教学设计模式而言是预期的结果，对描述性教学设计理论而言是实际的结果）。因此，一个理论可以被看成要么是一组原理，要么是一组模式，它们都包括相关的教学条件和教学结果。

其次，要考察教学设计理论是否适用。按照斯内贝克（Snelbecker，1974）和斯诺（Snow，1971）等人的研究，适用的教学设计理论包括以下几条标准：（1）内在一致性，即本身不矛盾；（2）边界和限制清晰；（3）与经验性事实不相抵触；（4）简单易懂，变量越少越好；（5）有用性，能够帮助人们总结现有的经验并做出新的预测；（6）综合性，要考虑各种策略的协同效果，如组织策略、传递策略和管理策略，效果、效率和吸引力之间的平衡等；（7）最优化，是否可靠，是否有助于达到预期的或者实际的教学结果；（8）应用面广，就是所涉及的条件面要宽。

二、教学设计理论的变革

（一）走向信息时代的教育新范式

变革有两种基本的类型：一种是片断零散的变革；另一种是系统完整的变革。片断零散的变革并不对系统本身伤筋动骨，通常只是寻找更好的办法来解决老问题，满足旧需求；相反，系统完整的变革则是需要对系统的结构进行大的调整，解决新问题，满足

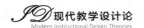
新需求。例如，你如果发现现在的学生的起点水平很不一致，需求更加多样化了，你就要考虑是否应该采取定制目标、团队协作解决问题和探究学习，并且加大教育技术应用的力度。

教学设计理论需要片断零散的变革还是系统完整的变革？教学设计理论是指导教学实践促进学习的知识体系，教学实践是整个教学系统和教育系统的一个子系统。系统观点认为，当一个社会系统发生重大变革时，子系统也需要发生相应变革才能赢得生存。

教育系统或者教学系统发生了哪些重要的变革呢？赖格卢特认为，许多社会科学家已经注意到工业时代和正在崛起的信息时代之间所存在的巨大差异。总之，现有的教育体制绝大部分都是工业时代标志性特征的反映（参见表 1.4）。

表 1.4　工业时代与信息时代的若干标志性特征（Reigeluth，2002：9）

工业时代	信息时代
标准化	个性化
服从性	首创性
划一性	多样性
门类化	整体论
部分定向	过程定向
科层组织	团队组织
集中控制	责任自主
对手关系	合作关系
权威决策	分享决策
单向沟通	网络联系
预设期限	全面质量
主管至上	客户至上

以"标准化"这一特征为例，现有的教育体制基本上是将学生按年龄分班，在同样的时间内教同样的内容。为什么呢？因为正是这样才便于对学生做出相互比较，这种比较迎合了工业时代的一个重要需求：将学生分成三六九等，分成管理人员和生产员工。毕竟，我们无法让也压根儿不想让一般的生产员工懂得太多，否则他们就不会愿意从事单调重复的工作，就不肯再"埋头苦干"了。如果我们认真反思一下现有的教育体制，就会意识到它不是为学习而设计的，倒是为了方便分等选拔。时至今日，流水线一类的工作大多已风光不再，即使在制造业，招聘员工的要求已经转向善于在团队中解决问题、萌发创意和提出不同的看法。

为了满足新的教育需求，现有的教育体制必须从重分等选拔转向重促进学习——从达尔文的"适者生存"转向更人道的"人人成才"。因为我们已经认识到：不同的孩子有不同的学习速度，也有不同的学习需要，我们再也不能让"时间固定统一而却允许成就（绩）参差不齐"的现象继续下去了。相反，我们要做到的是：成就（绩）维持在稳定的掌握水准上，但是允许学习者有足够的时间去达到这样的标准。这就意味着允许学习者有不同的进步速度，因而在同一时间的目标要求是有差异的；这也意味着从关注呈现了多少教学内容转向了看重是否满足了学习者的需要。简言之，我们要求的是一个以学习为焦点的教育体制，能够提供个性化而非标准化的教育服务。对不同的学生能够在相同的时间里学习不同的东西而言，教师必须是一个"协力指导"者，而不是"讲坛圣贤"。

同样，我们也可以循此思路来分析其他标志性特征，以此更好地理解现有的基础教育体制必须做出哪些改革以满足信息时代的需求。例如，现有的教学方法不仅要从被动学习转向主动学习，而且还要促进学习者在学习中富有首创精神和责任感，应该从脱离具体情境的学习转向有真凭实据的任务，对不同的学习者应在不同的时间运用多种不同的方法。

为了更好地理解新教育范式的性质，我们不妨看看学校的"成绩报告单"。现有的做法是列出课程名录并提供相应的成绩等级，以此来比较每一门课程下不同学生各自的成绩。采用这种基于常模评估的办法——比如一个学生的历史课成绩是"B"——并不能告诉别人他究竟学会了什么。更好的评估办法是采用"达标清单"。依据这份清单，我们就可以对照一定的标准来检查学生的掌握程度。这种基于标准或标准参照的评估办法是一种完全不同的教学模式之写照，也是以学习为焦点的新教育范式的重要特征。

工业时代出现了新的运输需求：用轮船将大批量的原材料及制成品运送（出）至生产基地。但是，新的制造技术不仅有可能生产更多更大的马车，更重要的是产生了完全新颖的运输方式——铁路，使之满足新的运输需求的能力得以极大提高。同样，信息时代已经提出了新的教育需求：面向全体学习者培养解决问题、富有首创精神、运用元认知技能、在团队中合作共事等等。这种需求也提供了各种新的信息技术手段，使之不仅能够支持我们一直使用的教育方式，同时也创造了一种脱胎换骨的教育范式，能够使满足新教育需求的能力得到极大提高。

赖格卢特认为，教育的新范式标志着我们需要从关注分等向聚焦学习转变，从达尔文的"适者生存"到更人道的"人人成才"，即发挥每个人的潜能。这就意味着"教学的范式"（paradigm of instruction）必须从划一标准到量身定制，从覆盖教材到满足学习者需要，从灌注倾倒到帮助学习者用心思考与专注理解，这是聚焦学习的范式（learning-focused paradigm）。这种范式要求学习者从被动学习转向主动学习，从教师中心转向学习者中心（或者共同分享），从教师主导、控制和反应转向师生共同主导、控制和反应，

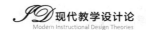
从脱离具体情境的真空状的学习转向掌握真情实境、富有意义的学习任务。最重要的是，它要求从时间固定而成绩参差不齐的模式中摆脱出来，走向因人而异、灵活多样的达标时间。

这种教学范式的转变，意味着不可能再由教师面向全班在相同的时间相同的地点教同样的事情，意味着教师应该是一个"协力指导"者，而不是"讲坛圣贤"。除了教师之外，精心设计的学习资源，教学设计理论和教学技术，学习同伴、地方资源和远程资源都可以成为教学的有力武器。更进一步说，新的教学范式要求我们对教学（instruction）的定义将认知心理学家所指的"建构"（construction）含义包括进来，这就是帮助学习者构建自己的知识，而不是仅仅向他们传递信息。各种有目的、有意义的事情都应该包括在教学这个概念中。

显而易见的是，这种新的教学范式需要教学设计理论也有新的范式。那么，这样是否意味着我们需要抛弃现有的教学设计理论呢？为了回答这个问题，我们来看看现有理论的主要贡献。如果学习者想要掌握一项技能，那么，这就离不开示证、讲解和操练并给予反馈（demonstration，generality/explanation and practice with feedback），这样做保证了学习更加便捷和有效。带有行为主义色彩的教学理论将它们称为"举例、规则和配有反馈的练习"（example，rules and practice with feedback），认知主义色彩的教学理论也不否认这样做，只不过换了另外一个名词，称为认知学徒和支架作用（cognitive apprenticeship and scaffolding），建构主义色彩的教学理论也不例外，只不过他们实际做的是一套，说的又是另一套而已。我们难道应该丢弃这些教学理论吗？显然不应该；同时，我们应该满足于此吗？显然更不应该。

教学设计人员和其他教育工作者应该认识到有两种主要的教学方法：一种是"基本方法"（basic methods）；另一种是"变通方法"（variable methods）。基本方法已经被实践证明在给定的条件下（即针对特定的学习者和学习类型）总是能够提高学习成功的可能性，例如"讲解、示证和练习"（tell，show，and do；or generality，examples，and practice with feedback），总是适用于教授掌握一项技能的。而变通方法（如问题教学、辅导学习和学徒制等），则是以基本方法为载体（vehicles）的。虽然这样说明基本方法和变通方法之间的关系有点简单化，但是我们确实应该认识到两者之间的重要区别。传统的教学设计理论在提供变通方法方面缺乏足够的办法。

（二）教育新范式的四项基本原理

赖格卢特教授认为，应对信息时代新兴的教育需求，新的教育范式或教学理论必须遵循以下"四项基本原理"。

1. 个性化和多样性

首先，不同学生的学习速率是不一样的。一些学生已经掌握了学习过的知识，却要等待班级里其余学生，这本身就是对其潜力的一种浪费。同样的，如果学生还没有掌握现阶段的知识就让他进入下一个学习阶段，这也是一种浪费。其次，当今的信息时代社会比起工业时代更加复杂多变，所培养的公民需要成为拥有多专业知识的交叉复合型人才。因此，我们必须做到因材施教，根据学生的兴趣和能力帮助他们掌握不同的东西，从而拥有不同的造诣。最后，不同学生的最佳学习方式也有差异。因此，我们在保持学生个性化的基础上，要采取多样化的教学，根据学生个体的实力和智力水平，帮助他们以不同的方式、以不同的速度学习，以教学多样化实现学生成就的多样化。

2. 主动性和自导性

据研究表示，如今的学生在其一生中预计将会换超过 10 份的工作。众所周知，在知识型工作中，技术和信息变化速率非常之快，劳动者必须在不断学习和创新中适应社会的需求。简言之，社会需要终身学习者。这意味着我们培养的学生不仅要热爱学习，而且要乐于提升学习的技能。因此，我们必须帮助学生成为自我指导的学习者，由被动转变为主动、依赖性转变为独立性，无论是解决问题还是自主学习，都要养成积极主动的心态，只有这样才不致被社会淘汰。

3. 协作性和情感性

在信息时代，越来越多的雇主将知识工人编入协作团队中，而且，研究表明，在一个人一生的成功中，情商所发挥的作用比智商更重要。因为情感是一种巨大的力量，如果一个人的内心有积极、高尚的情感，工作时就会有奉献的激情和忘我的投入；反之，若时常产生"被雇佣"的感觉，精神状态便会大不一样，缺少内心的追求和依恋，成功自然变得困难。因此，学生必须培养自己人际交往和内省的能力。服从性、划一性是工业时代"隐性课程"的基本价值观，但是，在新范式下的隐性课程中，学会与人友好相处，了解自己的情绪、长处和弱点等会被作为新的价值观。教学理论必须回答如何促进学生这些素质的发展。

4. 整体性和一体化

鉴于整个社会在信息时代变得日益复杂，形成系统的思维就显得比以往任何时候都更为重要了。这就是说，要依据各个系统——如生物系统、社会系统、生态系统、组织系统、物质系统和技术系统等——所表现出来的动态因果变化来考虑问题。所有不同的学校科目都是相互关联、不可分割的，若将各学科分离，在一个孤立的情境中教授知识，必会给他们带来严重的弊端。同样，仅仅关注学生的认知能力发展水平也是一个重

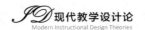
大的失误，因为社会交往能力发展、情感发展和身体发展等所有其他方面都是相互联系在一起的。每一项都非常重要，不能简单以成绩来划分学生的水平，像暴饮暴食、吸毒、恐吓、暴力、少女怀孕只是片面发展所带来的少数负面结果而已。总之，在信息时代的教育范式中，我们既要关注学生的全面发展，同时也要关注学生的全面学习。这就需要探讨各种综合学习的方式。

这就是"面向学习者的教学设计理论"（learning-focused instructional-design theory）或者说面向信息时代教育系统的主要教学特征。这是教学理论需要给予密切关注的。它在平衡风险挑战、指引导向、支架协助、自主激励和自主定向等方面巧妙结合，从而提供了强有力的学习环境的设计指南。面向学习者的教学设计理论将对以往教学设计理论没有充分关注的变通方法提出指导，包括问题教学、项目学习、团队学习、模拟学习和辅导学习等（参见表 1.5），对如何合理评估学习也做出了重要思考。

表 1.5　信息时代教学理论的若干特征

（依据 Reigeluth & Carr-Chellman，2009：392-395，2002：10 整理）

基于达标评估（attainment-based progress）。 也许最重要的变革发生在从死盯着分等分类中摆脱出来，专注于学生的学习状态。学业进步的模式从基于时间转变为基于达标。不是简单地追赶学习进度时间表，学生只有在掌握了现有的课程内容之后，才能进入新的学习。实际上，这就是"掌握学习"（mastery learning），每个学生在掌握某一技能或学习某一主题时都应该达到掌握的要求为止。

个性化达标档案（personal record of attainments）。 为了实现达标模式的转型，必须追踪每个学生的学习状况。可以通过电子档案等方式，用各种作品证据记录学生掌握技能或主题的情况，以此作为"最近发展区"的重要依据。个性化达标档案为每一个人进入下阶段的学习提供依据。

基于标准的评估（criterion-based assessment）。 为了实现基于标准的评估，通过个性化达标档案改变以往重在横向比较的常模参照评估做法，采用标准参照评估，以此来衡量学生的进步状况。

基于业绩评估（performance-based assessment）。 每个学生都应该通过尽可能是现实生活世界中典型要求的方式做出评估。

因人而异、灵活多样的达标路径（customized, flexible progress）。 学生在未掌握现有的技能或学习主题之前不强迫他们进入后续学习；一旦他们达到了掌握要求之后允许其随时随地进入下一项技能或学习主题。每一个人都能取得学业成功，尽管所得到的"实惠"是各不相同的，但是各自都尽了最大的努力。通过新的技术手段予以支撑，可以使得这种达标路径的优势凸显。

因人而异、灵活多样的达标要求（customized, flexible goals）。 依据社会对人才培养要求的差异和学习者自身潜能、兴趣的多样性，我们在提出达到作为一个公民的核心要求之外，应该允许学校有充分的时间用以保证发展个性特长。

因人而异、灵活多样的达标支持（customized, flexible methods）。 教师应提供各种不同的学习机会（各种不同的教学方法）以照顾每个学生不同的学习风格和学习方式。这是一个扬长避短和扬长补短的过程，也使教学设计理论大有用武之地，教师十分迫切地需要了解使用什么方法和什么时候使用哪一种方法。

个性化学习计划（personal learning plan）。为了实现因人而异、灵活多样的达标路径、达标要求和达标支持，每个学生都应该有适合他自身特点的学习计划。这一计划具体规定了他学什么、按照什么顺序学，以及用什么方法来学，通常采取合约形式（大约2个月为一个周期），由学生、父母及导师来共同制定目标、达标方式和时限。这样的计划也有利于培养学生自我规划的专长。

教师作为指导者（teacher as coach）。教师的角色必须从"讲坛圣贤"转变为"协力指导"，他是一位充满爱心的良师益友，是一位善于设计学生学习活动的行家里手，更是一位学习过程的促进者。每个教师都应该在帮助学生掌握具体学科领域技能和学习任务的同时，指导他们成为有自学能力的人。

意义学习（meaningful content）。每个学生都应该关注掌握那些对个人最有用的技能或主题，包括高层次思维技能和决策能力。

真实情境学习（authenticity）。每个学生所学习的任务或主题都应该与他自身的生活密切联系，应尽可能在一个真凭实据或真情实感的情境中学习。

自我指导与同伴指导学习（self-directed & peer-assisted learning）。学习本身是一个积极主动的建构过程，每个学生都应该全身心投入学习，并且随着能力的不断发展，逐渐地增强自我指导和自我激励的本领。每个学生都应该有充分的机会与同伴开展合作协同学习，同时，也乐意从"教"中学习。

父母作为伙伴参与学习（parents as partners in learning）。父母要参与到创设孩子的个性化学习计划或合约中，并通过与导师或其他服务机构的合作来不断提高自己的抚育技能。

基于社区的学习（community-based learning）。社区以多种方式参与教育服务，例如组织志愿者服务，提供各种资源和场所，促成家校联系和家校-社区联盟等，使得教育与社区组织产生一种特殊的关系。

技术的新角色（new roles for technology）。个性化学习不仅需要教师、学生、家长和社区转型，也要求技术进步的支持。实际上，如果没有新技术的支持，在未来学校中实现个性化学习是不可能的。

　　教学设计理论是一个充满生气活力同时又是在不断生长扩展的领域（a vibrant and growing field），它将帮助我们改变教育与培训系统的需求。我们急切需要更多的理论研究者齐心协力攻关，需要更多的实践探索者去尝试应用，需要得到更多的经费支持。形成性研究是促进进步的一种可能的方法论，因为其注重如何改进现有的设计理论而不是在不同的理论之间进行比较（这是实验研究感兴趣的事情）或者去描述运用一个理论发生了什么（这是质性研究欣赏的事情）。

（三）技术在个性化学习中的作用

　　在信息时代，技术的发展将教育范式推到了改革的前沿，它在教育的新范式中将发挥关键作用。比起工业时代的教学范式，技术可以极大地改善学生的学习，并有可能降低培养学生的成本。赖格卢特教授认为技术在信息时代发挥的新作用主要有以下四个。

　　1. 记录学习进步

　　动态实时记录每个学生的个人成绩对教师来说可能是一个噩梦。但技术却非常适合扮演这个角色，它可以帮助教师节省大量的时间。新的记录单替代了原有的成绩报告单，它由三部分组成。第一，"标准清单"，其中包含必要的教育标准（如国家、州和地

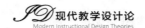

方）和可选的教育标准供教师、学生和家长参考。第二,"个人达标清单",它记录着学生已经掌握的技能或知识的个人成绩。从本质上讲,它描绘了学生在标准清单中所列的每一项成就(绩)的进步状况(也许有些还尚未列出)。它不仅表明了每一项成就(绩)达到的时间,下一个需要达到的成就(绩)等,并且联结到每个成绩的证据(汇总数据和/或原始作品的形式)。第三,"个性特点清单",追踪影响学生学习的个性特质,如学习风格、多元智能分布、学习兴趣和重大生活事件。

2. 规划学习蓝图

对教师来说,给所有学生制订个性化学习计划或合约也是非常困难的。在这里,技术再一次发挥了其作用。技术可以帮助学生、父母和教师:(1)确定长期目标;(2)查明学生目前已经达到的各方面水准;(3)综合考虑学业要求、长期目标、学习兴趣和机遇等因素,从中选择他们现在希望去追求的东西(短期目标);(4)确定达成短期目标的各项学习方案(或其他手段);(5)确定其他有兴趣参与该学习方案的学生(如果有需要);(6)明确教师、父母及其他可能支持学生学习该方案的人各自起着什么样的作用;(7)制订一份合约,明确学习目标、学习方案、学习团队、家长和教师的作用,以及每个学习方案的时限。

3. 提供学习指导

如果教师必须像工业时代范式中那样亲力而为的话,那么,由一个教师试图"指导"25位学生按照各自的速度以不同的方式学习不同的东西,这在任何时候都是非常困难的。然而,技术可以为学生个人(或小组)引进学习项目,提供支持项目学习的教学工具(如模拟、个别指导、操练、研究工具、通信工具和学习对象),提供监测和支持学生进步的工具,甚至帮助教师和其他人开发新的学习项目和教学工具。

4. 评估学习效果

实施形成性和总结性评价可能是教师的又一个噩梦,因为学生并不总在同一时间接受测试。技术可以再次大显身手。第一,评估与教学相整合。用于培养技能和理解力的丰富的课堂表现也同样可以用于形成性及总结性评价。第二,学生在展示所学知识和理解程度时,面对的是真实的学习任务。第三,无论是模拟、辅导、实践,均要求评价学生每一次的表现是否达到了标准,并立即给学生提供形成性反馈。当 X 表现达到的成功标准超过了过去的 Y 表现,就完成总结性评估,相应的成绩记录在学生个人成绩清单中。只有在少数情况下,无法采用新技术进行评估时,请一位观察员用带评价量规的手持设备来评估,对学生的表现提供个人即时反馈。手持设备提供的信息上传到计算机系统后,也将被记录在学生的个人成绩清单里。技术为帮助教师开发评价手段提供了便利，并且与课程标准或者学习要求相关联。教学评价理论对于技术在这方面可实现的潜在贡献有至关重要的作用。

值得注意的是，技术的这四项角色天衣无缝地形成相互联系：记录保存工具自动为规划工具提供信息，规划工具确定可用的教学工具，评估工具融入教学工具，评估工具自动给记录保存工具提供信息。与这种全面综合的工具最接近的说法是"学习管理系统（LMS）"。当然，这样一个学习管理系统还有很多其他的功能，如通信（电子邮件、博客、讨论版、维基百科、白板、即时通信、播客和视频广播等）、学习管理系统、学生常用信息、学校人员信息等。可以看出的是，技术在转变教学方式使之更好地满足信息时代的学习需求方面是不可或缺的。这里描述的 LMS 将使教师的工作更快、更容易，花费更低。但是，要让技术实现其潜在的贡献，必须依靠运用技术的人来实现。

三、教学设计理论的建设——四卷本的贡献

近 40 年来，赖格卢特一直致力于建设教学设计理论，为奠定学科基础、勾勒学科基本理论和完善共通知识库不遗余力。1983 年，赖格卢特主编了《教学设计的理论与模式》（第 1 卷：现状之考察），全书共三编 12 章，努力反映了 20 世纪 80 年代早期的教学理论发展现状，包括学习条件论、成分呈现论、动机设计论、算启教学论、精细加工论、探究教学论、结构学习论和行为教学论等流派。

教学理论已经发生了巨大变化（这部分是因为教育与培训领域的需求发生了变化，部分是因为关于人的大脑和学习过程的知识有了进步，还同教育哲学和信念发生改变有关。另外，信息技术也导致新的教学方法不仅有可能，同时也有必要）。这些变化是如此明显，所以可以认为已经构成了一些新的教学范式，这就需要新的教学理论范式的支撑。1999 年，赖格卢特的《教学设计的理论与模式》（第 2 卷：教学理论新范式）应运而生，对当时正在形成中的各种新教学方法做出概略的介绍，同时也注意挖掘它们之间的内在联系，勾勒出教学设计的新趋势和新主题。同第 1 卷相比，在每一种理论（方法）的篇幅上有较大压缩，但是整本书的章节增加了近两倍。第 1 卷介绍了 8 种著名的教学设计理论与模式，第 2 卷介绍了 21 种，更加注重论述的通俗易懂。全书共分为 5 编。第一编主要讨论教学设计的含义与价值，当前的热点与趋势；第二至第四编主要讨论认知、心理动作和情感领域的教学设计理论与模式；第五编对各种教学方法进一步做出综合性讨论，探讨教学设计的方法论问题。

在第 2 卷中，赖格卢特用"设计理论"取代了第 1 卷中使用过的"处方理论"。主要的原因在于"处方"一词比较刻板机械，对许多教学设计理论来说，其表述不够准确。

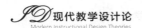
另一个方面，这一变化也表明，教学设计理论很显然是属于一种设计理论。有时候，不妨直接将教学设计理论简称为教学理论。第2卷主要回答的问题有：

（1）"新范式"的关键特征是什么？

（2）什么是"教学理论"，它同学习理论有什么差别？同教学开发过程有什么差别？

（3）"教学的价值"在教学设计中扮演了什么样的角色？

（4）教学理论和课程理论应该"整合"到什么程度？

（5）教学应该在什么程度上用一种整合的方式实现全部三个领域的目标——"认知、情感和心理动作，即行为"（思考、感受和行动）？

（6）应该在什么程度上向一线教师提供"多种教学方法"，而不是局限于从一种教学理论视角中挑选方法？

（7）提供给教学实践工作者的教学理论应该具备怎样的"灵活性"？在"细节指导"方面应该达到什么程度？

（8）"文化"或者学习环境的"气氛"在什么程度上应该成为教学理论中的一种方法？

（9）"激励学生"的方法在新教学范式中起到了什么样的作用？

（10）"自我调节"和"学习反思"在新教学范式中起到了什么样的作用？

（11）"学生评估"在新教学范式中应该具有什么样的特征？

（12）什么是"系统思维"？在设计教学理论新范式中为什么是十分重要的？

（13）简单的"是或否"一类的思维方式在教学理论新范式中管用吗？

（14）在教学理论新范式中需要增加哪些新的"学习类型"？

（15）在教学理论新范式中教师和学生各自不同的角色是什么？这些新角色对在职教师和新教师的"专业发展"有什么启示？

2009年2月，赖格卢特等人主编的《教学设计的理论与模式》（第3卷：构建共通知识库）出版了。如果说第1卷提供的是一张"快照"（snapshot in time），帮助读者了解20世纪80年代初教学理论的现状，形成教学理论的意识；第2卷是对面向信息时代的教学理论新范式在20世纪90年代所取得的成就做出检阅，其主要目的在于在促进人的学习与发展中，提供学习者中心或者因人而异的学习体验，使教学理论取得了长足的进步并且日益体现出其应有的价值；那么，第3卷则旨在构建有关教学理论的共通知识库，推动教学理论建设深入发展。全书共分四编18章，主要强化了教学设计理论本身的建设反思和总结（包括探讨教学理论的框架和构建共通知识库的工具等主题），同时继续沿着面向不同教学方式（直接教学方式、讨论教学方式、体验教学方式、问题教学方式和模拟教学方式）和不同教学结果（技能发展、认知理解、情感陶冶和综合素养）两个教学设计的最主要方向集中攻关。

2017 年，赖格卢特等人主编的《教学设计的理论与模式》（第 4 卷：生本中心教育范式）又出版了。如果说《教学设计的理论与模式》第 1 卷关注理论创设，第 2 卷关注理论发展，第 3 卷关注建立共通知识库，现在第 4 卷关注从师本教学范式转向生本教学设计理论、评估与课程的一体化。第 4 卷各章可以分为三个部分：第一部分是教育与培训的生本观；第二部分涉及对中小学和高等学校各级各类教育的新认识；第三部分讨论如何在师本范式下向生本范式转型。《教学设计的理论与模式》第 4 卷，旨在探索促进人的学习与发展的更强有力方式，寻找在各种不同学习情境中满足不同学习者需求的创新方式。

2020 年 10 月，赖格卢特出版了《四元整体模式：教学设计过程与生本中心理论的融合》一书（Reigeluth & An，2020）。该书将教学设计过程与以学习者为中心的理论相结合，将以前划分的两个过程——学习设计策略 / 理论和教学系统开发——融为一体，采用包括顶层、中层和底层设计在内的整体方法而不是零散的方法，为主要的论题提供了指导，该书为下一代教学设计提供了崭新的视角，这些视角综合并超越了设计和开发的基础。四元整体模式提供了许多新颖的功能，可以极大地提高教学设计流程最终教学的效果、效率和吸引力。它对教学设计过程采取整体方法，并分为四个主要活动：界定、设计、开发和配置。该模式最显著的特点包括：（1）整体设计过程；（2）分析 / 设计 / 评价（ADE）循环和配套模板；（3）整合多种教学设计理论；（4）兼顾掌握主题与任务专长；（5）整体教学排序；（6）生本中心教学；（7）提供非教学干预；（8）快速原型设计；（9）提供教学与示证两类目标；（10）结果评估与过程评估统一。《四元整体模式》有自己的特色，同《综合学习设计》和《首要教学原理》一样，标志着教学设计理论与模式的转型队伍继续扩大，最顶尖的专家都拿出了自己的成果。

从 20 世纪 80 年代初开始，赖格卢特就开始对"教学设计 / 教学理论 / 教学科学"这一新兴学科的性质与特征进行探讨。1980 年，赖格卢特发表了一份讨论稿《共通知识库之探讨：教学科学的演进》，此文作为斯坎特拉大学教育学院发布的"教学设计、开发与评价第 3 号讨论文件"征求意见，后来在《教育技术》杂志上发表（1984），题目调整为《教学科学的演进：共通知识库之探讨》。将近 30 年的时间里，赖格卢特孜孜不倦地做好这一项工作，在其主编的《教学设计理论与模式》的前三卷中用了近 30% 的篇幅给予关注。前三卷六约共有 57 章，其中探讨教学设计学科性质的就有 17 章（在每卷本中的

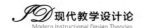
比例分别是 $\frac{4}{12}$、$\frac{4}{27}$ 和 $\frac{9}{18}$），赖格卢特独立撰写了 3 章，与人合写了 6 章，还约请了其他著名教学设计理论家专章写作参与贡献。如果我们想要提高教学的效能，肯定离不开追问教学设计理论是什么、有什么用。探索无止境，在介绍赖格卢特对教学设计的性质、地位、功能和变革等观点之后，似乎有必要重温他近 40 年前说的那一段话作为开场白，这有助于逐步创建我们自己的教学设计理论：

> 教学科学作为一门应用科学尚十分年轻，各种理论观点都带有某些合理性，但每一种理论只能部分地把握教学的本质。这好比是人们进入一座未曾到过的深宅大院，透过每一扇窗户只能窥见一斑。有些理论透过不同的窗户看到的是同一个房间，而另外一些理论则看到的是不同的房间。对于教学科学家来说，目前最迫切的需要之一是认识到在这座大院里有不同的房间，我们应该透过多扇窗户看清每一个房间以把握其完整面目。唯此，我们才能构筑有关教学的"一般理论"或者"共通知识库"（common theory or common knowledge base）。为了达到这一目的，教学科学家应做到：（1）只就描述每一个房间发表意见而不是声称已经看清了整座大院；（2）明确说明所描述的是哪一个房间；（3）利用某一房间中的各扇窗户对其做出透彻的描述；（4）把对各个房间的描述综合起来以说明整座大院的面目。

本章思考题

1. 什么是学习？什么是教学？建构意义和促进建构反映了学习与教学之间的联系吗？

2. 学习理论和媒体技术教学设计的发展各自起到了什么作用？

3. 教学设计在教学的其他领域中的位置如何？

4. 教学设计主要关注理解、改进和应用各种教学方法，这里所说的教学方法主要包括哪些方面？

5. 教学理论的三个成分——教学方法、教学条件和教学结果，各自有什么含义及相互关系如何？

6. 为什么说教学设计理论是一种设计（处方）取向的理论，而不是一种描述取向的理论，两者之间的联系与区别有什么意义？

7. 从教学设计理论构成的探讨中你体会到了什么？

8. 采用什么样的途径和方法有助于发展教学设计理论？

9. 面向信息时代和生本教育，教学设计理论应该有什么样的转型？

10. 新教育（教学）范式的基本特征是什么，教育技术有何作为？

11. 从《教学设计的理论与模式》四卷本的目录中，我们可以体会到这一理论发展的哪些特点？

本章主要参考文献

[1] Adler, M. (1982). *The Paideia Proposal: An Educational Manifesto*. New York: Macmillan.

[2] Cronbach, Lee J. & Suppes, P. (Eds.) (1969). *Research for Tomorrow's Schools: Disciplined Inquiry for Education*. New York: Macmillan.

[3] Glaser, R. (1965). Toward a Behavioral Science Base for Instructional Design. In Glaser, R. (Ed.) *Teaching Machines and Programed Learning, II: Data and Directions*. Washington, DC: National Education Association, 771-809.

[4] Glaser, R. (1976). Components of a Psychology of Instruction: Toward a Science of Design. *Review of Educational Research* 46(1), 1-24.

[5] Greeno, J. G., Collins, A. M. & Resnick, L. B. (1996). Cognition and Learning. In Berliner, D. C. & Calfee, R. C. (Eds.) *Handbook of Educational Psychology*. New York: Macmillan, 15-46.

[6] Newman, D. (1990). Opportunities for Research on the Organizational Impact of School Computers. *Educational Researcher* 19(3), 8-13.

[7] Perkins, D. N. (1992). *Smart Schools: From Training Memories to Educating Minds*. New York: Free Press.

[8] Reigeluth, C. M. (1980). Toward a Common Knowledge Base: The Evolution of Instructional Science. *IDD & E Working Paper* No. 3. http://eric.ed.gov/.

[9] Reigeluth, C. M. (1983). Instructional Design: What Is It and Why Is It? In Reigeluth, C. M. (Ed.) *Instructional Design Theories and Models: An Overview of Their Current Status*. Hillsdale, NJ: Lawrence Erlbaum Associates, 3-25.

[10] Reigeluth, C. M. (1984). The Evolution of Instructional Science: Toward a Common Knowledge Base. *Educational Technology* 24(11), 20-26.

[11] Reigeluth, C. M. (1999). What Is Instructional Design Theory and How Is It Changing? In Reigeluth, C. M. (Ed.) *Instructional Design Theories and Models: A New Paradigm of Instructional Theory*. Hillsdale, NJ: Lawrence Erlbaum Associates, 5-29.

[12] Reigeluth, C. M. & An, Y. (2020). *Merging the Instructional Design Process with Learner-Centered Theory: The Holistic 4D Model.* New York: Routledge.

[13] Reigeluth, C. M., Bunderson, C. V. & Merrill, M. D. (1978). What Is the Design Science of Instruction?. *Journal of Instructional Development* 1(2), 11-16.

[14] Reigeluth, C. M., Bunderson, C. V. & Merrill, M. D. (1994). Is There a Design Science of Instruction? In Merrill, M. *Instructional Design Theory.* Englewood Cliffs, NJ: Educational Technology Publication, 5-16.

[15] Reigeluth, C. M. & Carr-Chellman, A. (2006). A Common Language and Knowledge Base for ID. http://it.coe.uga.edu/itforum/paper91/Paper91.html.

[16] Reigeluth, C. M. & Carr-Chellman, A. (2009). *Instructional-Design Theories and Models* (Vol. III: Building a Common Knowledge Base). New York: Routledge

[17] Reigeluth, C. M. & Frick, T.W. (1999). Formative Research: A Methodology for Creating and Improving Design Theories. In Reigeluth, C. M. (Ed.) *Instructional Design Theories and Models: A New Paradigm of Instructional Theory.* Hillsdale, NJ: Lawrence Erlbaum Associates, 633-651.

[18] Reigeluth, C. M. & Joseph, R. (2002). Beyond Technology Integration: The Case for Technology Transformation. *Educational Technology* 42(4), 9-13.

[19] Reigeluth, C. M. & Merrill, M. D. (1979). Classes of Instructional Variables. *Educational Technology* 19(3), 5-24.

[20] Rummelhart, D. E. & Norman, D. A. (1978). Accretion, Tuning, and Restructuring: Three Models of Learning. In Cotton, J. W. & Klatzky, R. L. (Eds.) *Semantic Factors in Cognition.* Hillsdale, NJ: Lawrence Erlbaum Association.

[21] Simon, H. A. (1969). *The Sciences of the Artificial.* Cambridge, MA: The MIT Press.

[22] Snelbecker, G. E. (1974). *Learning Theory, Instructional Theory, and Psychoeducational Design.* New York: McGraw-Hill.

[23] Snow, R. E. (1971). Theory Construction for Research on Teaching. In Travers, R. M. W. (Ed.) *Second Handbook of Research on Teaching.* Chicago: Rand McNally, 77-112.

[24] van Merriënboer, J. J. G. (1997). *Training Complex Cognitive Skills: A Four-Component Instructional Design Model for Technical Training.* Englewood Cliffs, NJ: Educational Technology Publications.

[25] 段敏静，裴新宁，李馨（2009）. 教育系统的范式转变——对话国际教学设计专家 Charles M. Reigeluth 教授. 中国电化教育（5）:1-6.

[26] 盛群力（2008）. 教学设计的涵义与价值. 浙江教育学院学报（3）:45-49.

[27] 盛群力，程景利（2003）. 教学设计要有新视野——美国赖格卢特教授访谈. 全球教育展望（7）:3-5.

附:《教学设计的理论与模式》第1~4卷篇目与作者

《教学设计的理论与模式》（第1卷：现状之概览）

Instructional-Design Theories and Models

Volume I: An Overview of Their Current Status

Charles M. Reigeluth

Unit 1 Instruction: What the Discipline Is Like

第一编 教学：学科的性质

1. Instructional Design: What Is It and Why Is It?

第一章 教学设计：是什么以及为什么？

Charles M. Reigeluth

2. A Metatheory of Instruction: A Framework for Analyzing and Evaluating Instructional Theories and Models

第二章 一种教学的方法论：分析与评价教学理论与模式的框架

George L. Gropper

3. Descriptive and Prescriptive Theories of Learning and Instruction: An Analysis of Their Relationships and Interactions

第三章 学习与教学的描述性理论和处方性理论：相互关系与互动影响的分析

Lev N. Landa

Unit 2 Models and Theories of Instruction

第二编 教学的模式与理论

4. Contributions of Gagné and Briggs to a Prescriptive Model of Instruction

第四章 加涅与布里格斯对教学处方模式的贡献

Dennis T. Aronson & Leslie J. Briggs

5. A Behavioral Approach to Instructional Prescription

第五章 教学处方的行为方式

George L. Gropper

6. The Algo-Heuristic Theory of Instruction

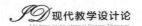
续表

《教学设计的理论与模式》（第 2 卷：教学理论新范式）

Instructional-Design Theories and Models

Volume II: A New Paradigm of Instructional Theory

Charles M. Reigeluth

续表

《教学设计的理论与模式》（第 3 卷：构建共通知识库）

Instructional-Design Theories and Models

Volume III: Building a Common Knowledge Base

Charles M. Reigeluth & Alison A. Carr-Chellman

续表

《教学设计的理论与模式》（第 4 卷：生本中心教育范式）

Instructional-Design Theories and Models

Volume IV: The Learner-Centered Paradigm of Education

Charles M. Reigeluth, Brian J. Beatty & Rodney D. Myers

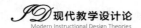

续表

第十章 设计教学辅导

David S. Knight, Mike Hock & Jim Knight

11. Designing Technology for the Learner–Centered Paradigm of Education

第十一章 设计生本教育范式的技术

Charles M. Reigeluth

Unit 3 Steps Toward the Learner–Centered Paradigm

第三编 走向生本范式

12. Designing Instruction for Flipped Classrooms

第十二章 设计翻转课堂教学

Jeremy F. Strayer

13. Gamification Designs for Instruction

第十三章 设计游戏化教学

Karl M. Kapp

14. Design Considerations for Mobile Learning

第十四章 设计移动学习

Thomas Cochrane & Vickel Narayan

15. Designing Just–in–Time Instruction

第十五章 设计即时教学

Gregor M. Novak & Brian J. Beatty

第二章

普惠学习设计论

　　教育在促进个人价值的实现、国家的发展和社会的安定等方面的作用，已经取得了共识。1990 年，联合国教科文组织提出了 "全民教育目标"（Education for All Goals），2000 年又通过行动框架予以落实，其中第六个目标宣示：要改进教育质量的方方面面，确保学习结果的各个方面，尤其对读写、数学和基本生活技能是否达到优质程度，能够予以识别与测量（转引自 LMTF，2013b : 3）。虽然世界各国对提供教育机会均等化方面都曾做出承诺，并取得了长足的进展，不过，根据联合国教科文组织每年针对学习效果衡量的调查，现有学生的学习水平仍然不尽如人意。例如，2012 年《普惠教育全球监测报告》的统计显示，全世界至少有 2.5 亿小学生无法满足读、写、数学等技能的最低学习标准，甚至在校学习四年的小学生也无法达到应有的水平（UNESCO，2012）。事实上，这种情况的严重后果往往会被低估，因为全球对儿童和青少年学习效果的评估标准非常有限，在全球范围内统一进行综合素质的评估，更是难上加难。

　　基于这个教育评价的困境，联合国教科文组织通过统计研究所（Institute for Statistics : UIS）和布鲁金斯学会的全民教育中心（Center for Universal Education : CUE）共同组建了 "学习指标体系特别工作组"（Learning Metrics Task Force : LMTF）。目的在于提高国际通用的教育目标，确保学习活动成为全球教育发展议程的核心组成部分，促进全球教育对话的转变，提供平等学习机会，促进有效学习，实现全球在学习效果评估上的进展。特别工作组在世界各国政府、各地行政机构、全民教育组织机构、民间慈善机构等多方代表的努力下，围绕三个问题——（1）什么样的学习对所有儿童和青少年都很重要？（2）如何评估学习成果？（3）学习的评价如何促进教育质量的提高？——进行了长达 18 个月的全球调查研究，联合国教科文组织先后发布了《走向普惠学习——面向普惠学习者》三份关联报告：《孩子应该学什么》《全球评估学习框架》《完善评估机制促进学习》。在报告中提出了《学习指标体系》，帮助国际组织和包括发

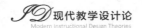
达国家、发展中国家等各国自身评估和提高儿童和青少年的学习成果。《学习指标体系》不仅强调全球整体学习水平，同时也重视各国内部的教育公平和教育发展。本章介绍的是联合国教科文组织在普惠学习领域与指标方面取得的重要进展及价值愿景。

第一节 普惠学习指标体系研究综观

一、学习指标体系的学段标准

在研制普惠学习指标体系之前，联合国教科文组织对儿童—青少年接受教育的时间进行了调研和统一。表2.1描述了学习群体（儿童—青少年）学习的阶段（学前教育、小学教育和中学教育）、学校教育水平和大致的年龄跨度。这些阶段的分组因不同的国家或儿童的差异而不尽相同。学校教育水平基于1997年修订的国际标准教育分类（International Standard Classification of Education：ISCED）（UNESCO，1997）。年龄跨度中有重叠部分，说明儿童开始和结束学校教育时的年龄在全球范围内具有一定的差异性。最后一列"在全球范围内评估学习的大致时间"，对应小学入学、初级教育结束和中级教育结束三个关键时间点。

表2.1 评估学习成果的不同阶段、学校教育水平、大致年龄跨度（UNESCO，2012）

学段	学校教育水平	大致年龄跨度	在全球范围内评估学习的大致时间
学前教育	出生至小学入学，国际标准教育分类0（学前，正式/非正式）	0~8岁	小学入学
初级教育	国际标准教育分类1（小学和初中）	5~15岁	初级教育结束
中级教育	国际标准教育分类2（中学）	10~19岁	中级教育结束

二、普惠学习领域的总体框架

由于人类学习结构的多样性，学习地点和学习时间大相径庭，在全球范围内确定哪些学习结果能够进行统一评估一直是教育界的难题。主要利益相关者的反馈意见和全球教育界的反复讨论的结果表明：人们越来越需要在多个领域以不同的方式衡量学习，而不能仅限于读写算的标准化测试。因此，工作组确定了与学习结果相关的最重要的七个领域及子领域（详见图2.1），分别为：身体健康、社交与情绪、文化与艺术、读写与沟通、主动学习与认知、数字与数学、科学与技术。

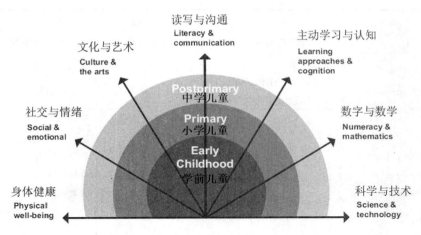

图 2.1　普惠学习领域的总体框架（LMTF，2013a1∶4）

　　图 2.1 中的每个箭头指向一个学习维度区域，随着孩子在特定区域扩展或发展各项能力，学习领域向外辐射。半圈代表三个阶段：学前（出生至小学入学前一段时间）、小学和中学。箭头向外延伸超出图表，表明个人可以继续在高等或技术／职业水平的特定区域或通过非正式学习机会更深入地学习。

　　普惠学习领域的框架是学习指标特别工作组为统一衡量学习结果而确定的七个维度，适用于学前教育到中学教育。在不同的学习阶段七个维度的相关性，因为国家和地域的差异而不尽相同。表 2.2 简要介绍了普惠学习每个阶段（学前教育、小学教育和中学教育）的学习领域和子域。

表 2.2　普惠学习领域总体框架概览（LMTF，2013a1∶9-10）

领　域	子　域		
	学前教育	小学教育	中学教育
身体健康 （Physical well-being）	◇身体健康和营养 ◇健康知识和行为 ◇安全知识和行为 ◇躯体动作、精细动作、 　知觉动作	◇身体健康和卫生 ◇食物和营养 ◇运动 ◇健康的性别知识	◇健康与卫生 ◇健康的性和生育知识 ◇疾病预防
社交与情绪 （Social & emotional）	◇自我调节 ◇情感意识 ◇自我概念和自我 ◇效能感 ◇同理心 ◇社交关系和行为 ◇处理矛盾与解决冲突 ◇道德价值	◇社会和集体价值 ◇公民价值 ◇身心健康	◇社交意识 ◇领导力 ◇公民参与 ◇积极的自我和他人价值观 ◇修复力、坚毅 ◇道德观和伦理价值观 ◇社会科学

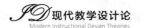

续表

领　域	子　域		
	学前教育	小学教育	中学教育
文化与艺术 （Culture & the arts）	◇创意艺术 ◇自我认同和团体认同 ◇多元化意识和尊重	◇创意艺术 ◇文化知识	◇创意艺术 ◇文化研究
读写与沟通 （Literacy & communication）	◇语言接受 ◇语言表达 ◇基本词汇 ◇书写意识	◇口头表达流畅 ◇口头理解力 ◇阅读流畅 ◇阅读理解力 ◇词汇接受 ◇词汇表达 ◇书面表达/写作	◇听说能力 ◇写作能力 ◇阅读能力
主动学习与认知 （Learning approaches & cognition）	◇好奇心和参与 ◇坚持和专注投入 ◇独立和主动性 ◇合作 ◇创造性 ◇推理和解决问题 ◇初步批判性思维能力 ◇符号表达	◇坚持和专注 ◇合作 ◇自主 ◇知识 ◇理解 ◇应用 ◇批判性思考	◇协作 ◇自我指导 ◇掌握学法 ◇坚持 ◇问题解决 ◇关键决策 ◇灵活性 ◇创造性
数字与数学 （Numeracy & mathematics）	◇数感和运算 ◇空间感知和几何 ◇范式和分类 ◇测量和比较	◇数字概念和运算 ◇几何和模式 ◇数学应用	◇数字 ◇代数 ◇几何 ◇日常计算 ◇个人理财 ◇知情消费者 ◇数据
科学与技术 （Science & technology）	◇探究技能 ◇自然界和物质世界的意识 ◇技术意识	◇科学探究 ◇生命科学 ◇物理科学 ◇地球科学 ◇数字技术意识和 应用	◇生物 ◇化学 ◇物理 ◇地球科学 ◇科学方法 ◇环境意识 ◇数字化学习

第二节　学习指标体系的领域框架述要

一、身体健康领域学习指标

身体健康领域的学习指标描述了儿童和青少年如何使用自己的身体、如何发展运动控制，以及理解和展示适当的营养，如何运动、讲究卫生和安全实践。对于年龄较大的儿童和青少年而言，身体健康领域是指个人需要学习关于自身、家庭和社区的健康幸福的知识。

在学前教育时期，身体健康包含四个子域，指标内容涉及营养充足、远离疾病；在饮食、洗手、刷牙、如厕等方面养成良好的健康和卫生习惯；能够识别并躲避环境危险，如冲突、交通、水、动物、陌生人可能带来的危险；能够完成大运动、精细动作与感知动作技能（如手眼协调）（UNICEF，2012）。在小学教育阶段，身体健康的指标在于确保营养充足，但同时要控制饮食量，以保持健康的体态。学生要继续养成良好的卫生习惯，学会讲卫生，能够正确预防传染性疾病，能选择健康的行为方式预防非传染性疾病。在此基础上，学生在初级阶段应参与相应的体育运动，通过运动、游戏发展个人才能（St. Leger et al.，2010）。此外，学生应了解基础的性健康知识，主要是要理解人类繁衍生育的基本概念。中学教育中身体健康的学习不仅限于营养、保健等内容，而应了解并采用健康的行为方式和卫生习惯，其中也包括心理健康，能通过健康饮食、锻炼身体等途径，有效预防疾病（Packer et al.，2007）。对于性健康与生育知识而言，学生不仅要了解性健康基础知识，而且更为重要的一点是要能理解组建家庭、怀孕和分娩等与社会关系相关的基本的性概念。表 2.3 展示了身体健康领域三个学习时期的指标。

表 2.3　身体健康领域三个学习时期的指标描述（整理自 LMTF，2013a1：12-14）

学　段	子　域	描　述
学前教育	身体健康和营养	既是学习维度又是个人发展维度，营养充足、远离疾病；知晓食物的利弊
	健康知识和行为	在饮食、洗手、刷牙、如厕等方面养成良好的健康和卫生习惯
	安全知识和行为	能够识别并躲避环境危险，如冲突、交通、水、动物、陌生人可能带来的危险
	躯体动作、精细动作和知觉动作	能够完成大动作（如跑、跳和爬山）、精细动作（如手选物件、操作仪器、绘图、写字、键盘操作）与感知动作技能（如手眼协调）
小学教育	身体健康和卫生	继续养成良好的卫生习惯，学会讲卫生，能够正确预防传染性疾病，能选择健康的行为方式预防非传染性疾病
	食物和营养	了解食物对大脑和身体的作用，确保营养充足，但同时要控制饮食量，以保持健康的体态

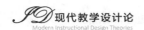

续表

学　段	子　域	描　述
小学教育	运动	参与相应的体育运动，通过运动、游戏发展个人才能
	健康的性别知识	了解基础的性健康知识，主要是要理解人类繁衍生育的基本概念
中学教育	健康与卫生	了解并采用健康的行为方式和卫生习惯，其中也包括心理健康
	性健康和生育知识	了解性健康基础知识，理解组建家庭、怀孕和分娩等性概念
	疾病预防	能通过健康饮食、锻炼身体等途径，有效预防疾病

二、社交与情绪领域学习指标

社会性成长是指儿童和青少年如何培养、维持与成年人及同龄人的关系，包括如何看待自己与他人的关系。情绪方面的成长与社会性紧密相连，指的是儿童和青少年如何理解与调节自身的行为、情绪。这个领域也包括性格和其他社交技能，包括沟通和价值观的培养，这些品质在儿童和青少年培养认知与非认知技能时都很重要。联合国儿童权利公约第 29 条多次提到作为儿童教育方向的社交和情绪效果。德洛尔报告（DeLors Report）中所说的"学会共同生活"就包含在社会交际中换位思考、好奇心和非常扎实的人际交往技能（UNESCO，1996）。

在学前教育阶段，儿童应培养自我调节、情绪意识、自我概念和自我效能、同理心、社会关系和行为、解决冲突和道德价值观方面的能力。小学教育阶段学生要形成初步的社会和集体价值观，能了解并运用沟通、决策、确定、对等、自我意识、友谊、自尊等生活技能，倡导包容、反对歧视。学生还应开始形成自己的公民价值观，理解社会和政治概念，如民主、公正、公平、公民等，能够尊重与捍卫学校、家庭和集体环境提出的规则，并根据具体情况提出适当的修订建议（Ross & Spielmacher，2005）。此外，非常重要的一点是要培养学生的身心健康。中学教育阶段应在社会意识、领导力、公民参与、自我与他人概念、顺应力与毅力、道德伦理价值以及社会科学等方面均有所发展（Williams，2007）。表 2.4 展示了社交与情绪领域三个学习时期的指标。

表 2.4　社交与情绪领域三个学习时期的指标描述（整理自 LMTF，2013a1：17–20）

学　段	子　域	描　述
学前教育	自我调节	自我调节是指根据相应的发展阶段和文化、社会环境，调节与控制一个人的情绪、行为、冲动及注意力的能力；对于年龄较大的儿童，指遵循简单规则、遵从指挥和常规的能力，并在大人最少的引导下参与活动的能力
	情绪意识	情绪意识包括理解情绪如何影响个人行为和与他人的关系；情绪表达是一种表现或体验情绪状态的方式；情绪调节是识别和控制情绪的能力

学　段	子　域	描　述
学前教育	自我概念和自我效能	自我概念是指孩子对自己的偏好、感受、思想和能力的认识；自我效能指培养对一个人完成任务能力的信心，包括承认能力局限而不失自尊；这还包括在活动和任务中展示与年龄相符的独立性
	同理心	同理心是指通过将他人与自己的情感联系起来进而理解他人感受的能力
	社会关系和行为	社会关系和行为是指儿童如何与熟悉的成年人及同伴进行互动和沟通；理想情况下，儿童与受信任的成年人建立符合年龄的安全依附关系，并与同龄人建立友谊，能够回应情绪线索，并在与成人和同伴互动时使用与年龄相符的、适当的社会行为；这个年龄段的社会关系还可能包括合作和共同学习、积极分享，轮流负责和互相帮助；儿童开始意识到妥协和谈判的必要性
	解决冲突	解决冲突指标是指儿童能够使用非侵略性和适当的策略来解决人际关系的挑战和差异的程度；冲突可以单独解决，也可以在成年人、年龄较大的孩子或同伴的干预下解决
	道德价值观	道德价值观是指通过培养儿童道德行为建立起的道德观念，是评估人类行为和道德认同的体系，以及道德价值观如何影响决策；儿童能反映出个人和他人的各种行为（如正确或错误的行为），考虑各种行动背后的动机，并确定可能的后果
小学教育	社会和集体价值观	了解并运用沟通、决策、确定、对等、自我意识、友谊、自尊等生活技能，倡导包容、反对歧视；培养情商
	公民价值观	理解社会和政治概念，如民主、公正、公平、公民等，能够尊重、捍卫学校、家庭和集体环境提出的规则，并能够提出修订建议
	身心健康	形成积极的应对机制以应对创伤和其他负面环境因素
中学教育	社会意识	培养理解和适应社会环境的能力
	领导力	培养决策力，并对这些决策采取自主行动或适当采取合作的能力
	公民参与	公民应主动参与集体活动和社会活动，并参与社会管理
	自我与他人概念	积极的自我与他人的观点反映了个人对高质量生活、家庭和集体的愿望
	顺应力和毅力	顺应力和毅力是克服失败和坚持下去的能力，从失败和错误中学习的积极态度和理解力
	道德伦理价值	理解道德价值源于政治、宗教或文化的信仰体系；知晓伦理价值是指人们对自身价值观的反应
	社会科学	理解社会和社会行为，能够分析自己、价值观、信仰和归属感以及他者文化

三、文化与艺术领域学习指标

教育领域的艺术通常被描述为创造性的艺术表现，可以包括音乐、戏剧、舞蹈或创造性动作、视觉、媒体和文学艺术等领域的活动。历史和社会科学学习建立在儿童对家庭、学校、社区与国家的文化体验的基础之上。

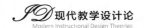
许多国际组织的文献都指出，艺术提供了一种改进教学质量的手段，有助于学习者通过经常参与艺术活动提高入学率。将文化与艺术教育纳入国家课程和教育政策是为了让人对自己的社会和文化而感到骄傲；是在多元文化背景下传授历史和开展社会研习；是在儿童和青年中培育理解、尊重和容忍的态度；鼓励公民义务和公民参与；促进和平。文化和艺术的学习机会对所有国家来说都是十分关键的。联合国教科文组织关于文化与艺术的全球学前教育的学习指标包括在创意艺术、自我认同和团体认同、多元化意识和尊重方面有所发展。小学教育阶段就要求具有一定的创意艺术水平，能够理解不同的艺术过程，学习如何创造、表演、回应或评价一种或多种艺术形式的作品，如舞蹈、音乐、戏剧、视觉艺术、媒体艺术等；学习如何将艺术过程应用到学习和个人发展的其他邻域，如语言、数学、科学或批判性思维等。此外，学生还应增加对本文化和其他文化的知识，了解文化之间存在的异同，懂得尊重和与来自不同背景的人和平共处（Dube & Moffat，2009；Abdi，2011）。中学教育阶段要求能够在个人、社会、文化和历史背景下理解、表达、创造、感知并评价相应的艺术活动。同时，中学生应开始学习如何研究文化，实现从文化认识到文化认同的过程，寻找社会与文化的内在关联，能够将艺术活动与文化、历史和环境联系起来。表 2.5 展示了文化与艺术领域三个学习时期的指标。

表 2.5 文化与艺术领域三个学习时期的指标描述（整理自 LMTF，2013a1：24-26）

学　段	子　域	描　述
学前教育	创意艺术	通过音乐知识表达创意，知晓戏剧、舞蹈等创意活动，接触视觉、媒体和文学艺术；艺术通过身体、思想和感官促进儿童在认知、身体、社交和情感方面的发展；儿童一出生就开始通过观察、倾听和回应来体验艺术；小学入学后，他们可以讨论和分享思想和观点，并评估艺术
	自我认同和团体认同	自我认同是指对个人的特征、属性以及身份的认识（包括身体特征、年龄、性别、文化等）；团体认同是指将自己视为群体的一部分，并意识到儿童与他人共享的信仰和特征（包括文化、宗教、价值观等）
	多元化意识和尊重	培养儿童看待个人或群体属性（如年龄、身体特征、性别、种族、宗教、能力水平、家庭结构等）差异的能力；儿童开始表现出适合年龄的能力，尊重和认同具有不同属性的人
小学教育	创意艺术	培养学生理解不同的艺术过程，学习如何创造、表演、回应或评价一种或多种艺术形式的作品，如舞蹈、音乐、戏剧、视觉艺术、媒体艺术等；学习如何将艺术过程应用到学习和个人发展的其他领域，如语言、数学、科学或批判性思维等
	文化知识	增加对本文化和其他文化的知识，了解文化之间存在的异同，懂得尊重和与来自不同背景的人和平共处

学　段	子　域	描　　述
中学教育	创意艺术	创意艺术是在个人、社会、文化和历史背景下理解、表达、创造、感知与回应的艺术
	文化研究	文化研究使人们对身份、社会和文化之间的相互联系有了共同的理解，涉及文化与历史的艺术背景和环境背景

四、读写与沟通领域学习指标

读写与沟通要求儿童运用语言进行交流，通过书面文字获取知识。学前教育的指标主要是掌握接受性语言、表达性语言和基本词汇。小学教育则包括口语流畅、口语理解、阅读流畅、阅读理解、词汇接受、词汇表达、书面表达和写作等多个方面。中学教育要求达到听、说、读、写四会：学生能够用适当的语言有效地理解和表达思想；能够根据不同的目的，撰写有意义的书面文本；能够理解书面文本的内容、结构，以及文本意图和效果（OECD，2010）。

在过去 20 年中，出现了不少针对成年人的读写能力的全球性评估，包括国际成人读写素养调查（The International Adult Literacy Survey，简称 IALS）、读写素养评估与监控项目（Literacy Assessment and Monitoring Programme，简称 LAMP）和国际成人能力评估项目（Programme for the International Assessment of Adult Competencies，简称 PIAAC）。事实清晰表明，在全球范围的巨大努力下，最不发达国家、新型经济体国家和工业化国家人口中有很大一部分仍然仅掌握有限的读写能力。有人估计，这将影响到全球约十亿没有文化的青年和成年人。在欧洲，每五个青年和成年人中就有一个达不到经济和社会可持续发展所需的充分的读写能力。在美国，约 930 万 16 岁及以上人口只具有基本的读写能力（UNESCO，2012）。表 2.6 展示了读写与沟通领域三个学习时期的指标。

表 2.6　读写与沟通领域三个学习时期的指标描述（整理自 LMTF，2013a1：29–32）

学　段	子　域	描　　述
学前教育	语言接受	培养基本听说能力和理解口语；早期接受的语言能力是后来口语理解技能发展的基础
	语言表达	培养孩子用语言表达事物；孩童时期的语言表达越来越流畅
	基本词汇	词汇习得在语言能力中不可或缺，思想、情感、想法的沟通和理解可以越来越复杂
	书写意识	对书写概念和惯例的认识（例如，书写方向、理解印刷符号对应的口语）是后来识字技能的基础

续表

学　段	子　域	描　述
小学教育	口语流畅	儿童能够在自己的生活环境中流畅运用语言
	口语理解	儿童能够在自己的生活环境中准确理解语言
	阅读流畅	儿童能够流畅阅读，包括速度、准确性和韵律（表达），因此有时通过阅读的速度和准确度来衡量；当儿童遇到生词时，为了能够流利地阅读，可以使用策略，包括解码（字母）、文字知识（如：印度尼西亚语和英语的前缀和后缀，或中文字符）、上下文线索及背景知识
	阅读理解	儿童能够理解阅读材料，可以通过回答有关文本段落或复述的方法来衡量
	词汇接受	儿童掌握的词汇能够帮助理解读到和听到的话
	词汇表达	儿童在说话或写作时能够很好地使用富有表现力的词语
	书面表达和写作	儿童能够通过写作来捕捉想法；学生最初会专注于书面符号，从简单的文本逐渐开始写作
中学教育	听说能力	能够用适当的语言有效地理解和表达思想
	写作能力	能够根据不同的目的，撰写有意义的书面文本
	阅读能力	能够理解书面文本的内容、结构，以及文本意图和效果；书面文本包括书籍、其他纸质材料，以及计算机/数字媒体

五、主动学习与认知领域学习指标

主动学习与认知是指投入、动机和参与学习，能够主动解决工作和娱乐中出现的问题，利用现有资源，并形成经验。主动学习包括很多具有"执行功能"的技能，如：抑制性控制、工作记忆，以及在学习中组织、计划和反思的能力。认知是思考和处理信息的机制，具体的过程包括理据、推断、解决问题、分类、关联、创建、生成计划和策略、概念化和思考。

学前教育包括培养学生好奇和参与、坚持和专注、独立和主动性、合作、创造力、推理和解决问题、初步批判性思维能力及符号表达。在学前教育结束的基础上，小学教育将继续培养坚持和专注、合作、独立自主的品质。学生同时要开始了解各种不同的知识，包括事实性知识、程序性知识和概念性知识（Siegler，2006）。除了要继续发展坚持和专注、合作的能力之外，中学教育要求能够自主地去收集并理解相关信息（Roberts，2010），能够研究问题，分析并应对不断变化的生活环境，打破常规思维，通过寻找证据，权衡利弊，找到有效的问题解决之道。此外，学生还要树立起学习意识，愿意通过学习来满足日益进步的社会需求。

主动学习与认知包含有助于其他类型学习的基本能力，也包括主动学习与认知本身。这就是知识经济社会中所说的"学会学习"。德洛尔报告中所说的"学会学习"，就是指个体通过一生中的学习机会获得益处，并增加学习者对变化的适应能力和应变能力（UNESCO，1996）。此外，国际学生评估项目（PISA）开始注重学习过程，学习态度、学习习惯、兴趣、动力、参与和师生的关系都已经考虑其中，因此对学习的评估已超越内容学习的范围，还需了解青年是怎样学会利用信息的，以及哪些因素有助于这种学习。为人们发现和促进学习方法提供帮助大有益处，如：推动经济革新、制定有见地的个人决策、提高生活质量，乃至更易于融入文化（UNESCO，2012）。表 2.7 展示了主动学习与认知领域三个学习时期的指标。

表 2.7　主动学习与认知领域三个学习时期的指标描述（整理自 LMTF，2013a1：35-38）

学　段	子　域	描　述
学前教育	好奇和参与	儿童对主题和活动充满兴趣，并通过提问、联想、学习渴望或承担新任务表现出来
	坚持和专注	儿童能够在活动中，尤其是挑战性的任务中表现出毅力；过程中每一步骤都能反映儿童的思考能力（例如用木块或木棒搭建结构）
	独立和主动性	能独立学习，知道何时以及如何寻找资源来完成任务并坚持完成任务
	合作	儿童能与成人和同伴互动，包括他们在学习环境中对小组体验的兴趣和参与；理解某些任务需要多人合作才能完成；儿童可以计划和发起团体活动，或加入其他团体合作
	创造力	创造力是超越常规解决问题的方法而产生创新解决方案的能力；儿童能够通过创意艺术（视觉艺术、音乐、舞蹈、戏剧表演）表达想法，展示创造力
	推理和解决问题	能够使用新信息和已知信息来得出新结论的头脑活动，包括演绎和归纳推理
	初步批判性思维能力	初步批判性思维能力包括能够思考和表达个人的观点或解决方案，以及批评他人的意见和结论；它包含元认知技能，因为儿童能够超越现有任务或活动进行思考，找出行动和解决方案的特性，检验之前的结论，并应用这些知识解决手头的问题
	符号表达	能够使用符号或对象来表达；通过儿童参与模拟游戏，或通过艺术加工扮演人物、显示地点或展示事物来培养
小学教育	坚持和专注	学生能够在活动中表现出持久性，尤其是应对挑战性任务；培养学习技能具有挑战性
	合作	儿童在各种群体环境中互动，既有助于完成任务，也可以向更有知识的同龄人和成年人学习
	独立自主	能独立学习，知道何时及如何寻找资源来完成任务并坚持完成任务
	知识	包括事实性知识、程序性知识和概念性知识；能回忆起以前学过的事实、解决问题的程序，并借鉴对问题或主题的概念性理解，这些知识是解决更多更复杂问题的基础
	理解	从数据和材料中构建意义，包括理解、分类、总结和比较
	应用	应用先前的知识来解决新的和/或具有挑战性的问题

续表

学 段	子 域	描 述
小学教育	批判性思考	理解、分析或推理能够产生理据或判断；需要元认知的能力，即一个人对自己认知过程的了解（问题解决的策略、推论、概括、利用已知事实来产生新知识等）
中学教育	协作	培养与他人合作解决共同关注的问题的能力；能够研究问题，打破常规思维，通过寻找证据，权衡利弊，找到有效的问题解决之道；还要树立起学习意识，愿意通过学习来满足日益进步的社会需求
	自我指导	能够自主地去收集并理解相关信息
	掌握学法	能够分析并应对不断变化的生活环境
	坚持	能够在活动中表现出持久性和专注力
	问题解决	能够研究问题，寻找创新和有效的解决方案
	关键决策	查找证据，权衡利弊，评估可能的问题解决方案
	灵活性	能够以一种心理弹性和实现成功承诺的方式来分析和应对不断变化的生活环境
	创造性	能够以意想不到的方式观察环境并找到满意结果的方法，做到审美和实用兼顾

六、数字与数学领域的学习指标

数学是一种通用的定量语言，用于表示在环境中观察到的现象。在学前教育阶段，幼儿的数字和数学教育包括数字的感知和相关的数学技能，如运算、空间感知和几何，以及模式和分类。在小学教育阶段，儿童学习数字概念和运算、几何和模式，并应用数学知识和运算来解决问题（Sarama & Clements，2009）。在中学教育阶段，学生应使用定量思维来理解周围世界，并做出明智的财务和生活选择（OECD，2009）。

数字与数学领域始终服务于两个重要的政策目标：一是经济发展，研究表明有更多工程类学生的国家比有更多律师的国家经济发展更快（Hanushek & Woessmann，2007），具有更强计算能力与数学技能的人口占比将使国家的经济和工业明显受益；二是个人每日生活所需的计算能力，除了能够满足每日计算的需要，还将有助于做出有见地的决定。

国际学生评估项目（Programme for International Student Assessment，简称 PISA）和国际数学与科学学习成就趋势调查（Trends in International Mathematics and Science Study，简称 TIMSS）等许多跨国评估都公认计算能力和数学能力是衡量学习结果的重要领域。在 PISA 的评估框架中就包括测量数学内容、数学过程和将数学概念理论与运算的过程综合应用于实际生产实践中的基本数学技能（UNESCO，2012）。表 2.8 展示了数字与数学领域三个学习时期的指标。

表 2.8　数字与数学领域三个学习时期的指标描述（整理自 LMTF，2013a1：41–44）

学　段	子　域	描　　述
学前教育	数字感知和运算	具备数字意识与基本的运算能力，能够正确数数，了解数字的顺序，能将数字和事物一一对应并完成加减运算
	空间感知和几何	具备相应的空间意识与几何能力，能够认识图形并说出图形的名称，了解不同形状的属性（如有几条边，几个角），能判断自己所在的位置、距离并判断方向，理解"下面""那边""远处"等方位名词
	模式和分类	能够进行排序和分类，观察模式、预测模式有助于培养儿童识别关系和基本结构
	测量和比较	儿童使用非标准测量工具来确定长度或高度等属性（如："看，需要6列火车来填充轨道！"），逐渐能够使用标尺等标准工具来更精确地确定数值；测量需要确定属性和最适合的测量单位
小学教育	数字概念和运算	学生能够具有数字概念和运算能力，了解数字能够代表大小，能够排序、运算，可以被归为不同的类型，如自然数字、整数、有理数等；能够熟练地计算不同类型的算式，并判断计算结果是否合理
	几何和模式	识别几何形状以及模式的演变。例如，儿童可以展示对数字、形状和物体的排序，或者识别和绘制常见的二维和三维几何图形
	数学应用	应用数字知识和运算来解决问题
中学教育	数字	继续深入地学习有关数字、代数、几何和统计方面的知识，能够理解数字、数字之间的关系，以及数字系统之间的关系，掌握整数、分数、小数、百分比等数字运算的技能
	代数	能够运用代数符号来表示数学关系，解决线性方程
	几何	能够理解不同几何图形的属性，理解并运用几何测量
	日常计算	能够将所学的知识与日常生活中的实践结合起来，如能够有效地运用我们对数字的理解，用代数模型来解决现实生活的问题
	个人理财	能够通过非正式的方式管理个人和家庭的财富
	知情消费者	能够根据数字信息选择商品，并判断收益
	数据和统计	能够理解数据和统计的概念，学会用图形组织并呈现数据，了解平均数、中数等，能读懂统计表格

七、科学与技术领域的学习指标

科学是指包括特定领域（如物理定律和一般真理）的知识体系。儿童和青少年从在自然环境中获得自发知识转向通过正规学校教育获得科学知识。技术是指创建和使用解决问题的工具，包括物理技术（如机器）、方法或系统的应用，以及基于计算机的解决方案。

在全球政策对话中，科学与技术领域的重要性日益凸显。《联合国儿童权利公约》

第 29 条将"培养对自然环境的尊重"作为所有儿童教育的目标。"里约 + 20"峰会文件中指出跟可持续发展和信息与交流技术（ICTs）相关的学习结果愈发突出。

国家经济的发展需要科学与技术的高水平发展，这一领域的教学是非常关键的。正如美国总统拨付 1 亿美元的举措，以支持科学、技术、工程和数学（STEM）教师，并建立 STEM 名师团队。在国际教育竞争中，这一政策解释了美国为什么长期处于竞争优势（UNESCO，2012）。

在联合国教科文组织的学习指标中，学前教育的标准要求儿童具备一定的提问技能，能够认识到要解决问题还缺乏什么知识，该如何获取这些知识；还应开始认识自然和物理世界，通过儿童日常与物理世界的互动行为，初步了解时间、速度、力、温度和重量等概念。在小学教育中，学生能够提出问题，了解如何获取知识，知晓问题解决的基本的科学方法，以及如何运用这些方法。学生还应系统学习有关生命科学、物理科学和地球科学的知识，如生物、生命周期、繁殖、遗传、物质、运动、能量、地球、地质、海洋、天气和气候及资源等等。另外，这一阶段的学生应具有良好的数字技术意识和运用能力，即儿童健康、自如地运用各种信息通信技术，如手机、电脑、平板电脑等（IEA，2011）。中学教育在以往学习的基础上进一步深化、拓展生物、化学、物理和地球科学的学科知识。此外，学生更应了解问题解决的基本的科学方法，以及如何运用这些方法；培养环境意识（Tabuti & van Damme，2012：30）；并能在学习的过程中有效地运用数字通信技术。表 2.9 展示了科学与技术领域三个学习阶段的指标。

表 2.9　科学与技术领域三个学习阶段的指标描述（整理自 LMTF，2013a1：46–49）

学　段	子　域	描　述
学前教育	探究技能	能够提出与解决问题相关的问题；能够识别缺乏哪些知识，以及知道如何获取知识
	自然界和物质世界的意识	对自然和物质世界有基本的了解，包括时间、速度、力、温度和重量等概念。这些知识通过物质世界中的互动体验获得（岩石比花朵重，蚂蚁爬行的速度比鼻涕虫快，等等）
	技术意识	广义上讲，技术是指儿童用来解决问题或执行任务的工具；儿童在环境中可用的技术包括从铲子或简单玩具到计算机、移动电话、平板电脑和游戏设备等

续表

学　段	子　域	描　述
小学教育	科学探究	能够提出问题，知道缺乏哪些知识及如何获取知识，包括对基本问题解决的科学观点（包括科学方法）及其应用方式
	生命科学	对生物、生命周期、繁殖、遗传和互动的研究；生命科学还涉及与环境和生态系统的互动；健康通常包括在生命科学中
	物理科学	包括物质、运动和能量的领域；物理科学是研究物质构成、物质如何相互作用，以及能量如何从一处转移到另一处
	地球科学	研究太阳系中的地球、地质、海洋学、天气和气候及资源
	数字技术意识和应用	数字技术是指学生与可用信息通信技术互动的各种方式；可以使用手机、电脑、平板电脑等
中学教育	生物	了解生物体的结构、生命过程、多样性和相互依赖性
	化学	理解物质分类和组成、物质特性及与化学变化有关的概念
	物理	理解物理状态、物质变化、能量转换、热量和温度、光和声、电和磁力，以及力和运动等相关概念
	地球科学	研究地球及其在太阳系和宇宙中的位置
	科学方法	了解科学的解决基本问题的方法及其应用方式
	环境意识	了解生态和其他自然因素，以及应对这些因素的能力
	数字学习	在学习过程的每个步骤中有效参与数字通信技术的能力

第三节　学习指标体系的价值分析

我们已经有了全民教育的愿景，有了普及教育（尤其是普及义务教育或者基本教育）的举措，为什么我们还要提出"普惠学习"（universal learning）呢？"普惠学习"这个术语，以前我们一般也翻译为"通用学习"，如"通用教学设计""通用学习设计"。这本来是为不便利儿童，尤其是有某些身体障碍的儿童（如听力、言语、视觉、动作、注意力等障碍，甚至身体更严重障碍）设计更加多样化的便利学习途径，就像我们设置无障碍交通设施一样提供便利。但是，现在联合国教科文组织所采用的"普惠学习"这个词，我们认为不只是面向不便利儿童的无障碍学习，更是面向所有学习者的21世纪基本达标学习，其价值体现在以下几个方面。

1. 树立"普惠学习"理念

经济与社会发展、教育的进步要惠及不同年龄、不同种族和民族、不同肤色、不同宗教和信仰、不同学习能力和知识准备的全体儿童，面向全体，为了全体，发展与赋能全体。全民教育如何真正实现与落地，不是仅仅做到经济发展保障和物质投入先行，更重要的是要树立"普惠学习"的意念，教育不等于学校，上学或者上课不等于学习，入

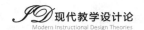
学率达到了指标，学校大门都敞开了迎接学子，课堂上齐刷刷坐满了人，教师在讲台上"开讲了"，这一切表明此学习（study）准备就绪，但是结果是彼学习（learning）却一点儿没有发生。入学率不等于扫盲率，年级不等于学习成就，如何破除这样的魔咒或者陷阱，就是摆在我们面前的真正问题。无独有偶，世界银行2018年发布的发展报告所用的标题是"学习：实现教育的承诺"（World Bank，2018），这是世界银行几十年来所发布的发展报告中第一次在标题中使用"学习"与"教育"这两个术语，不仅是同时使用，而且揭示了两者的关系，足以引起我们的充分重视：学生成为焦点，学习位于中央，不学习，无教育！

2. 坚信"标准为先"价值

发展教育事业、推进教育改革，必须首先有愿景和目标，尤其是需要有到达目的地的路线图和标准。"以终为始"，是一切设计与决策工作的核心理念。学习指标体系为全球教育事业的工作者、政府部门、社会人士、家长、用人单位等深入对话创造了前提。从一定意义上说，学习指标体系还不是一个水平类指标，它规定了学习的七大领域以及各个子领域，即要学习什么，但没有具体规定学到什么程度和要求，更没有规定如何去学。所以，看起来目前还没有提供直接的衡量学习的指标，但是七个学习领域为我们打开了新的视野和范围，让我们知道原来的基础教育"读写算"老三样已经远远难以满足扫盲的标准，也不足以支撑后续进一步学习的需要。简言之，"标准为先"让我们看到了基础教育的课程设置应该有哪些重要的充分的改革，传统的学科如语文、数学、科学可以怎样改，新兴的学科如技术、数字（化）、社交与情绪、主动学习与认知，应该怎样积极创造条件尽快落地。普惠学习领域和子领域的确定及其描述，是课程研究、教学研究的一个重大成果，完全值得广大课程研究者、教学研究者的充分重视，为我国基础教育课程建设与改革提供了一个参照。

3. 开辟"学校转型"通路

传统的学校或者教育概念是上学读书的地方，其实质是按照年龄来实施按部就班的学习管理，所以，班级、年级是两个基本的标配。赖格卢特在论证信息社会教育的本质时一直强调：信息社会教育要脱胎换骨，最重要的是要从"时间取向"（年龄、年级）向"学业取向"（达标、掌握）转变；要从"补齐短板"向"找寻长板"转变。联合国教科文组织在提出学习指标时，特别规定了学前教育、小学教育和中学教育的年龄跨度，不是采用原来一刀切的做法，而是有足够的跨度。这样就符合了世界各国不同年龄的入学要求，更是依照发展中国家和贫困落后地区儿童入学延误、入学后又辍学、复学，以及非连续在校学习、在校学习与校外学习（包括在家学习、在线学习等情况）的交替等情况。本报告在回答学习结果是按照年龄还是年级进行衡量时，倾向于按照年级来进行衡量。但是要知道，这个年级不是我们理解的循序渐进入学升学的年级，而是实际的学习水平和程度。因为在全球范围内年龄与年级存在着不一致性，所以，按照年级来进行评估，实际上就意味着应该按照学业结果水平来进行评估，逐渐淡化按照年龄进行评估的做法，这样就为实行走班制和无年级化学校，真正走向个性化学习打下了基础。在回答"学习评估是否应关注所有的儿童和青少年，无论他们在学校还是其他地方学习？"这一问题时，也是倾向于建议将学习的评估延伸到正规学校以外的儿童，这为在家上学或者通过社会培训机构、网络化学习等途径学习的儿童，衡量自己的学习水平提供了可能。

4. 争取"全球评估"落地

自从有了一些地区性的评估实践和成功经验之后（如 PISA），摆在联合国教科文组织面前的一项任务就是，有没有必要和可能创建一种既富有权威又切实可行的"国际化可比测试"？也就是说，普惠学习目标是否应该以国际化可比的方式进行衡量？工作组在报告中指出，需要对这些可比性的测试如何影响政策和实践进行更多分析。具有国际可比性的评估在经过世界各国在教育政策上达成共识并成功引发全世界对课程和教学差距的关注之后，被许多国家整体乃至学校用于设计教学改革工作。按照学习阶段或年级来评估，特别是在国际可比测试中，是衡量学习更公平的方式（UNESCO，2012）。依据广泛的调查与咨询，特别工作组提出了 10 条重要的指标。学前教育时期涉及：（1）入学准备（包括五个领域——身体健康、社交与情绪、读写与沟通、数字与数学、主动学习与认知）。小学教育时期涉及：（2）社交与情绪；（3）阅读；（4）数学；（5）科学。中学教育阶段涉及：（6）公民；（7）阅读；（8）合作解决问题；（9）数学；（10）科学（LMTF，2013b：9）。工作组还建议在全球范围从六方面跟踪调查学习指标：（1）抓住机遇实施学习指标的评估；（2）七个领域的学习成果评估；（3）在多领域促进学习和个人发展的学前儿童教育评估；（4）阅读能力的评估；（5）数字运用能力的评估；（6）对 21 世纪人才需求的适应能力和灵活性的评估（LMTF，2013b：11–12）。当然，这些评估在范围和方法上实施起来难易度是大有差别的。很明显，国际可比评估在某些情况下是可行的，但是显然还有很长一段路要走，需要做更加充分、更加具体的各项前期准备工作。我们可以预期，将来会有一种检测或者评估全球普惠学习结果的具体方式出台。

最后，我们可以引用普惠学习报告摘要版的一段结语作为本文结语，它确实很好地概括了普惠学习标准以及实施的价值所在：

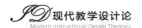
仅仅通过确保儿童上学不能实现人的受教育权；他们在学校也必须学习。据此来设定目标和衡量进展有可能在全球范围内加速学习，围绕这些目标和学习措施建立共识，这是确保全球聚焦"入学 + 学习"（access plus learning）的关键一步。学习领域总体框架代表了工作组对每个孩子在某一个学习阶段应该学习和能够做什么的愿景，无论是在课堂、学校系统还是全球层面。（LMTF，2013a2：9）。

本章思考题

1. 为什么在提出"全民教育"之后，要进一步贯彻"普惠学习"？

2. 普惠学习框架的七个领域中，哪些领域是我们目前教育中比较欠缺的？你认为还需要增加其他领域吗？

3. 你对普惠学习七个领域的学习指标描述有什么自己的看法？

4. 对普惠学习设计的实施与评估你有什么建议？

本章主要参考文献

[1] Abdi, A. A. (2011). Decolonizing Philosophies of Education. *Decolonizing Philosophies of Education*, 1-13.

[2] Dube, O. & Moffat, P. (2009). The Teaching and Learning of Cultural Studies at Lower Primary School Level in Botswana. *Journal of Education and Human Development* 2(1): 1-12.

[3] Hanushek, E. A. & Woessmann, L. (2007). The Role of Education Quality for Economic Growth. *World Bank Policy Research Working Paper* 100: 86-116.

[4] IEA (International Association for the Evaluation of Educational Achievement) (2011). Trends in International Mathematics and Science Study 2011. http://www.iea.nl/studies/iea/timss/2011.

[5] LMTF (2013a1). Toward Universal Learning: What Every Child Should Learn. Report No.1 of 3. Learning Metrics Task Force, Brookings Institution.

[6] LMTF (2013a2). Toward Universal Learning: What Every Child Should Learn—Executive Summary. Report No.1 of 3. Learning Metrics Task Force, Brookings Institution.

[7] LMTF (2013b). Toward Universal Learning: A Global Framework for Measuring Learning. Report No. 2 of 3. Learning Metrics Task Force, Brookings Institution.

[8]　LMTF (2013c). Toward Universal Learning: Recommendations from the Learning Metrics Task Force. Learning Metrics Task Force, Brookings Institution.

[9]　LMTF (2014). Toward Universal Learning: Implementing Assessment to Improve Learning. Report No. 3 of 3. Learning Metrics Task Force, Brookings Institution.

[10]　OECD (2009). PISA 2009 Assessment Framework: Key Competencies in Reading, Mathematics and Science. http://www.oecd.org/pisa/pisaproducts/44455820.pdf.

[11]　OECD (2010). Strong Performers and Successful Reformers in Education: Lessons from PISA for the United States. https://www.oecd.org/pisa/46623978.pdf.

[12]　Packer, C., Labonté, R. & Spitzer, D. (2007). *Globalization and Health Worker Crisis*. Geneva and Ottawa: WHO Commission on Social Determinants of Health & University of Ottawa Globalization Knowledge Network.

[13]　Roberts, D. (2010). Learning to Learn. *Adults Learning* 21(6): 19.

[14]　Ross, H. S. & Spielmacher, C. E. (2005). Social Development. In Hopkins, B. (Ed.) *The Cambridge Encyclopedia of Child Development*. Cambridge: Cambridge University Press, 227-233.

[15]　Sarama, J. & Clements, D. H. (2009). *Early Childhood Mathematics Education Research*: *Learning Trajectories for Young Children*. New York: Routledge.

[16]　Siegler, R. S. (2006). Microgenetic Analyses of Learning. In Kuhn, D. & Siegler, R. S. (Eds.) *Handbook of Child Psychology*. Volume 2: Cognition, Perception, and Language. 6th ed. Hoboken, NJ: John Wiley & Sons, 464-510.

[17]　St. Leger. L., Young, I., Blanchard, C. et al. (2010). Promoting Health in Schools: From Evidence to Action. Paris: International Union for Health Promotion and Education. https://www.iuhpe.org/images/PUBLICATIONS/THEMATIC/HPS/Evidence-Action_ENG. pdf.

[18]　Tabuti, J. R. S. & van Damme, P. (2012). Review of Indigenous Knowledge in Uganda: Implications for Its Promotion. *Afrika Focus* 25 (1): 29-38.

[19]　UNESCO (1996). Learning: The Treasure Within. Report to UNESCO of the International Commission on Education for the 21st Century (DeLors Report). Paris: UNESCO.

[20]　UNESCO (1997). International Standard Classification of Education. Paris: UNESCO.

[21]　UNESCO (2012). Education for All Global Monitoring Report. Youth and Skills: Putting Education to Work. Paris: UNESCO.

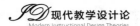
[22]   UNICEF (2012). EFA Global Monitoring Report 2012. Youth and Skills: Putting Education to Work. Paris: UNESCO.

[23]   Williams, R. B. (2007). *Multiple Intelligences for Differentiated Learning*. Thousand Oaks, CA: Corwin.

[24]   World Bank (2018). World Development Report 2018: Learning to Realize Education's Promise. Washington, DC: World Bank.

第三章

学习罗盘设计论

当今世界有着众多不稳定的、复杂的而且含糊不清的因素，教育是帮助人类应对未来的机遇和挑战的重要途径之一。然而，面对日新月异的社会，教育也急需变革发展途径及解决问题的方案。

2018 年 4 月 5 日，OECD（经济合作与发展组织）在官网发布了《教育与技能的未来：教育 2030》（The Future of Education and Skills: Education 2030）的简要正式报告，概述了 OECD 近几年启动的"教育与技能的未来：教育 2030"项目（也称"OECD 2030 学习框架"）的框架与相关进展，该项目重新审视新时代背景下的个人与社会发展需求，拓展核心素养的内涵，以求就构建 2030 新未来所需知识、技能和态度达成共识。2019 年 6 月，OECD 官网又陆续公布了更多的改革报告和文件，全面勾勒了学习罗盘设计的宗旨、内容、框架等，为实施这一设计奠定了基础。

OECD "2030 学习罗盘设计"为未来生活和教育构建了一个共同愿景，其宗旨是创造幸福生活，致力于帮助每个学习者发展成为"完人"，发展主体性，聚焦新的核心素养，特别是面向幸福 2030 的变革能力，即突出创造新价值、勇于担责任和学会破难题，在个人、社区和全球幸福的基础上实现其潜能。本章根据 OECD 发布的报告和项目进展报告，对学习罗盘设计做一介绍，有利于实现"全球倡导，地方融入"（globally informed and locally contextualised）的愿景。

第一节　学习罗盘设计综观

从历史上看，教育对社会变化的反应往往很慢。在 19 世纪和 20 世纪，教育体系有时会因社会迅速扩张和重组而发生变化，但是课程结构和传递方式经常保持着静态、线性和僵化的特点。工业化的学校教育形式中学生通常是课堂的被动参与者。如今，面对

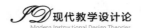
深刻而广泛的变革，人们日益认识到需要重新考虑教育目标及发展学生高阶能力。数字化、气候变化和人工智能的进步等全球趋势对教育的目标和方法构成了根本性挑战。从工业 1.0 到工业 4.0，社会发展的轨迹清晰地印证了教育必须大踏步地往前迈进。

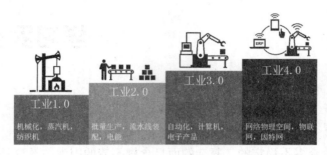

图 3.1　工业 1.0 到工业 4.0（McLellan，2018)

OECD 启动的"教育与技能的未来：教育 2030"项目，其目的是与世界各国一起共同探讨两个深远问题的答案：

第一阶段（2015—2018 年）：解决"是什么"问题——当今的学生需要什么样的能力（知识、技能、态度和价值观）才能蓬勃发展并塑造未来；

第二阶段（2019 年及以后）：讨论"如何做"问题——如何设计可以培养这种能力的学习环境，即如何有效实施课程。

为了使教育与技术及其他社会经济变化保持同步，我们必须首先认识到计算机擅长和计算机不擅长哪些事情。包括人工智能在内的计算机在抽象任务、动手任务、需要复杂的上下文信息的任务，以及需要道德判断的任务上都不如人类。但是，它们擅长常规手动、非常规手动和常规认知任务。自 1960 年以来，人们将大量的工作时间用于执行非常规任务，这些任务需要更高层次的分析思维和人际交往能力（图 3.2）。这只是社会和经济领域发生的许多变化之一，即便如此，也导致我们要认真思考教育应该培养什么样的能力，应该注重什么样的课程内容。

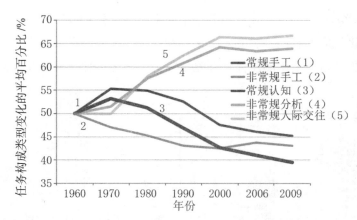

注：本图描述了 1960—2009 年间美国工人完成工作时任务构成类型的变化

图 3.2　社会发展与工作类型的变化（Bialik & Fadel，2018：7）

以下三张教室图片（图 3.3）分别反映的是 19 世纪教室、20 世纪教室和 21 世纪教室，从中我们也许可以体会到学校教育同社会发展之间的关系。实际上，20 世纪的教室在 21 世纪头 20 年仍然是一统天下。（OECD，2018a）

图 3.3　教室物理空间的变与不变（OECD，2018a）

2030 学习罗盘设计是一种"学习框架"，主要为学生在 2030 年之前需要发展的能力类型提供了广阔的视野。"学习罗盘"的隐喻是强调学生需要学习如何在不熟悉的环境中自我导航，并以有意义和负责任的方式找到方向（OECD，2019a）。因此，培育主体精神是 2030 学习罗盘设计的最重要特征（图 3.4 和 3.5）。图中显示了一名持有 2030 学习罗盘的学生，他或她在学习如何影响周围的人、事件和环境并使其变得更好的同

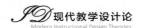
时，树立目标意识并发挥责任感。当然，个体都是在社会环境中学习、发展和行使主体性的，所以，该生周围有同伴、老师、家庭和社区，他或她需要与人互动并协同走向幸福。也就是说，学习罗盘中的主体精神除了发挥个体主体性之外，还强调了个体间的协作主体性。

图 3.4　OECD 2030 学习罗盘设计　　图 3.5　OECD 2030 教育愿景

"学习罗盘设计"包括三大主题七个元素：2030 能力——个人主体精神（student agency）与变革能力（transformative competencies）；课程能力——核心基础（core foundations）、知识（knowledge）、技能（skills）、态度与价值观（attitudes and values）；能力发展循环圈——预期—行动—反思（a cycle of anticipation，action and reflection）。其中，核心基础是为了锻炼学生的主动性并实现自我导航，因此它是指基本条件和核心知识、技能、态度与价值观，它不仅包含读写和算术，还包括数据和数字素养，以及身体、心理健康与社交、情感技能。能力建立在核心基础上，是一个整体的概念，包括知识、技能、态度与价值观。学生的学习能力不仅意味着获得知识和技能，还包括调动知识、技能、态度与价值观以满足复杂的未知情境的需求。

每个学生都应"持有"自己的学习罗盘。学生所处的位置（其先验知识、学习经历和天性、家庭背景）因人而异；因此，不同学生的学习路径和迈向幸福的速度也将是因人而异的。然而，即使我们追求的未来有多种可能性，但"目的地"却只有一个，即个人和社会的幸福感。

第二节　共同愿景——教育的使命

一、我们追求的未来——幸福 2030

技术变革（如人工智能、3D 打印、生物技术等）、全球化和多样化趋势、日益突出的社会不平等问题、人口变化、气候变化、资源枯竭、生态失衡、生物多样性消失、新的交互模式、大规模的价值变化、规范不稳定、冲突和新形势暴力、贫困和人口流动、经济、社会和环境发展不平衡等因素，都正在急剧地对当下生活及重塑未来世界产生多方面的影响，其中有些全球趋势并非新兴出现的，早已存在几十年，只是近年来显得愈加突出，相互之间也逐渐产生了错综复杂的内在联系。这些因素对未来而言，既是机遇也是挑战，OECD 教育 2030 项目将这样的未来世界称为"VUCA 世界"，即一个充满波动性（volatility）、不确定性（uncertainty）、复杂性（complexity）和模糊性（ambiguity）的世界。

OECD 教育 2030 项目不仅取决于未来趋势和需求，同时也取决于社会愿景（societal aspiration）。OECD 教育 2030 项目成员大多是政策制定者、思想和行动领袖，他们聚集在一起旨在创造一个强有力的变革愿景，并且渴望激励身边的群体携手促成变革的发生。所有人一同用新的视角去创造这个愿景，去实现"我们追求的未来"（future we want）和"我们渴望的教育"（education we want），以及将我们所追求的未来变为现实所需的"变革能力"（transformative competencies）。

近年来，OECD 致力于将发展视角从经济增长转向包容性增长，而这个新视角将"幸福生活（well-being）"置于发展核心位置。过去若干年来，谈论教育的话语大多围绕着"知识经济"展开，也就是专注于培养学生促进经济增长、提高生产率和效率的知识与技能。然而今天，以经济增长为目的的视角已经远远无法匹配社会发展的步伐，我们急需一个新视角，跳出单纯的经济增长，帮助重新建设能够为个人、社会和环境发展创造更好未来的国家或地区。不仅 OECD 强调寻找新视角的重要性，欧盟委员会（European Commission）也将视角转变提上日程，他们寄希望于新视角的产生"赋予艺术、文化、科学和智慧领域发声权"，通过他们的角度"阐述欧洲的今天与明天"。其目的在于拉近与欧洲公民的距离，并且通过文化与科学复兴"欧洲精神"，其核心是通过新视角的确定，考虑到欧洲大陆不断发展变迁的现实，强调欧盟不仅关注经济和增长，而且在全球化进程下重视文化统一和共同价值。这些组织在视角转换上做出的努力，无一不体现了在新时代变革的浪潮下人类共同福祉的核心地位。OECD 曾经从 11 个维度

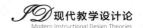
去衡量个人幸福，并且强调个人幸福有助于社会整体幸福指数的提高，反之，社会幸福指数的提高也将回馈并增强个人福祉（图3.6）。

图 3.6　OECD 测量幸福生活的指标框架（OECD，2017）

不可否认在追求全人类幸福的过程中，必然面临诸多威胁和挑战，包括：科技发展对于人类存在意义的威胁、不公平现象恶化、生态生存与再生、工作保障缺乏、民主代表效率低下、恐怖主义与观念战争、隐私终结等，而教育无可厚非地将是帮助全人类应对这些威胁和挑战的主要方式，通过教育的系统变革，让"我们追求的未来"——"幸福2030"成为现实，这也就需要未来教育担负起面对未来挑战的使命。

二、我们渴望的教育——未来教育使命

教育之所以能够通过系统性变革打造更为美好的未来，是因为其能够塑造年轻一代的思想，从而改变过去几代人争取和奋斗而建立的制度。把建设"我们追求的未来"变为现实，教育将在此过程中肩负重任。但是现行的教育系统是为了满足19世纪工业革命的需求而建立起来的，学校系统范式也就此固定了下来，并没有随着社会变革发展做出相应调整。根据大量研究可以确定，无论是发达国家还是发展中国家，教育都集中在学业表现上，而忽视了学生个人幸福的诸多方面，更谈不上对未来繁荣和社区、国家和世界持续发展的关注。在许多层面上，教育依旧沿用"涛声依旧"的方式，然而世界已经沉浸在无法预见的21世纪现实中，就学生"学什么""怎么学"做出转型变革势在必行。全球共同面对着变革的紧迫，"转变教育范式"（shift the paradigms of education）也成为当务之急，OECD 教育2030项目就此提出了"未来教育的使命"（见表3.1）。

表3.1　未来教育的使命一览表（OECD，2018b）

未来教育目标	解　读
教育要面向更广阔的目标——2030幸福生活	不仅包括针对就业与掌握技能的教育，还覆盖了国家和全球层面上的"公民"教育，以及数字/数据智能教育。
教育为了获取共同利益	在一些国家，个人自主权、个人成就和个人技能发展面临巨大压力，有必要重申作为一个"人"的社会性质。此外，教育系统不应只注重卓越和创新，导致脱离弱势群体。教育系统不应加剧现在已存在的社会不平等现象。
教育要发展"主体性"	以负责且有意义的方式采取行动，培养"主体性"，这也是OECD学习框架的核心概念，将在下文中具体阐述。
教育要塑造完人	这里的"完人"教育，包括培养社会和情感技能，陶冶道德价值，而不是单纯强调学业成就。比如亚洲国家提倡的"德智体"全面发展教育。
教育要培育终身学习的热情	包括培养自学能力，激励好奇心和内在驱动力。
教育要确立成长心态，摒弃盯住缺陷的做法	教师和学生都应该相信学生本身具备学习能力，并对其抱有较高期待，而不只是关注其不足。
教育应解决真实世界问题	当学生长大后，他们可能会面临现实生活中的问题，这是教师或教科书可能不曾提供答案的。当学习者感受到"真实性"时，很可能会激发其内在动机。提供从现实生活中开展学习的机会，能够帮助学生发展抓住新机遇、识别新问题的技能与洞察力，并根据特定情境选择解决方案。
教育要抓深度学习，避免超负荷学习	教育系统应该为所有学生提供高质量的学习机会，避免课程和评估超载。
教师角色实现从"讲台圣贤"到"俯身指导"的转变	教育系统不应假定教师或教科书可以提出解决学生在课堂上所遇到所有问题的解决方案。
重新思考"学生成功"的内涵——从学习结果到学习过程的转变	学生的成功往往被理解为"学生学习的成果"，特别是学业成果。然而，近年来，"过程"被认为存在其本身的内在价值。学生的学习经历或学习过程与学生的结果同等重要。

　　为将"我们追求的未来"和"我们渴望的教育"变为现实，让教育履行其面向2030新未来的使命，我们应当聚焦新时代的素养问题。幸福2030显然已成为全球的共同愿景，为达此目的，孩子和学生应当具备何种素养？

第三节　2030能力：主体精神与变革能力

　　OECD"学习罗盘设计"的宗旨是创造幸福生活。要实现这样的教育宗旨，必须培养学生的"个人主体精神"（student agency），其内涵是为了实现"我们追求的未来"，让

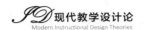
学生从教育中完成蜕变，成为有目标、有反思意识的主体，能积极地投身到学习过程中以实现自我理解和认可的目标。

一、个人主体精神 / 协作主体精神

个人主体精神是学习罗盘设计的核心，是一种能设定目标、能反思并负责任地采取行动以实现变革的能力（OECD，2019b）。它强调主动做出负责任的决定或选择，而不是被动地接受别人的决定。学生主体精神具有可塑性和可习得性，类似于"学生自治""学生选择""主动学习"，但又远不止这些内容。发展主体精神既是学习目标，也是学习过程。作为学习目标，主体精神是指学生需要培养生活的目标感，并相信自己可以通过设定目标并采取行动而予以实现；作为学习过程，主体精神与学习之间存在着循环激励关系，当学生认识到自己是学习的主体时，往往会表现出更大的学习动机，更有可能为学习定义目标。学生主体精神的发展，需要依靠动机、自我效能和成长心态支持有目标的行动，并且能够在课堂上和更广泛的生活环境中表达出来，包括道德的、社会的、经济的、创造的等各种情境。主体精神是发展学生塑造未来能力的基础，帮助学生理解自己在变革过程中的作用，以及教育在这种理解过程中的作用，都能促进其主体精神的发挥。因此，学生主体精神——学生在教育中发挥积极作用的能力——是 2030 学习罗盘设计的核心。

在鼓励"个人主体精神"的教育系统中，教育不仅体现为教学和评价，还包括共同建构。因此，OECD 还提出了"协作主体精神"概念，它是指学生与他人的关系，包括父母、教师、同伴和社区成员，彼此之间存在着相互影响。一个有效的学习环境建立在"协作主体精神"之上，学生、教师、家长和社区成员共同合作，因此学生不仅可以在学校，还能在家庭和社区找到所需要的资源。其中，教师起着关键作用，不仅要指导和评价学生的学习，而且还要实现师生共同建构。在这个过程中，师生成为教学过程中的共同创造者，学生从中获得了一种目标感，并成为学习的主人。

协作主体精神还发生在学生与学生之间。当学生在课堂过程中发挥积极作用时，他们更有可能参与、提问、进行公开坦诚的讨论、表达反对意见和发表挑战性声明（Salmela-Aro，2017）。家长也是学生学习的共同主体，研究表明，负责任和积极的家庭参与可以提高学生成绩，降低缺勤率，增强家长对孩子教育的信心（Davis-Keen，2005）。当社区成员加入教育后，儿童可以从中了解自己的未来，了解自己如何成为主动的、负责任的公民；而社区也可以了解年轻成员的需求、兴趣和关注点。除了协作主体精神外，还有更高一层的"集体主体精神"，是指个人为一个社区、一项运动或全社

会而共同行动，如针对气候变化、移民等问题，需要整个社会共同应对。

二、变革能力

OECD 将"变革能力"定义为学生用于改变社会、塑造未来美好生活所需的知识、技能、态度和价值观，主要有创造新价值、学会破难题、勇于担责任三种能力（OECD，2019c）。这三种能力高度迁移，终身适用。

1.创造新价值

需要创造性能力的工作在未来几十年内不太可能实现自动化（Berger & Frey，2016）。创造新价值是指个人通过采取多样化和负责任的行动，在一般意义上进行创新和创业的能力（Grayling，2017）。创造的新价值既可以是经济价值，也可以是社会和文化价值（Rychen，2016）。只有创新才能创造出新工作、新产品和新服务，才能发展新的知识、见解、技术、战略和解决方案，并将它们应用于新旧问题。

为了创造新价值，学生需要有"目标感""好奇心"和对新想法、新观点和新经验的"开放态度"。创造新价值需要"批判性思维"和"创造力"，以找到解决问题的不同方法，并与他人"合作"以找到复杂问题的解决方案。在评估他们的解决方案是否有效时，学生可能需要一定的敏捷性来尝试新想法，并且可能需要有与这些新想法相关的"管理风险"的本领。学生还需要"适应能力"，因为他们要根据新出现的见解和发现改变自己的方法。当学习者创造新价值时，他们会提出问题，与他人合作，并尝试"跳出框框"思考，从而更好地适应未来的不确定性和不断的变化。

2.学会破难题

调和紧张关系、摆脱困境与解决冲突需要读懂和理解复杂的、模糊的情境，到目前为止，人工智能还不太容易实现这样的算法。并且，人工智能没有自己的意志，也没有道德情感，不可能自己做出负责任的决定。而个体不仅能应用人工智能巨大的、不断增长的力量造福于人类，而且还能考虑其行为道德和伦理影响。要发展这些能力，需要将其纳入现有的课程和教育中，通过学校教授和学习这些能力。

在一个相互依存的世界里，要想找到应对全球挑战的解决办法，就必须有能力处理难题，包括缓和紧张局势或应对困境。这类能力需要协调多个可能相互矛盾的想法或立场，并认识到或许有不止一个解决方案或方法。在相互竞争的需求之间取得平衡，思考看似矛盾或不相容的思想、逻辑和立场之间可能有的相互联系，并从短期和长期需求考虑其行动的结果。学习者可以通过深入了解对立方的观点，提出支持自己立场的论据，并找到解决困境和冲突的方法。

学会破难题，学生首先需要具有"认知灵活性"和"观点捕捉能力"，以便从不同的角度看问题，并理解这些不同的观点如何导致紧张和困境。学生还需要对他人持不同看法，表现"同情"和"尊重"。他们可能还需要"创造力"和"问题解决"能力，能针对看似棘手的问题设计出新的或不同的解决方案，尤其是"解决冲突"。学会破难题可能涉及做出复杂的甚至是困难的决定；因此，学生需要培养一种"修复能力"，包括对复杂性和歧义的"容忍度"及对他人的"责任感"，抱着对自己和他人负责任的态度，接受并容忍他人的观点（即使有些是对立的），这样才能多维度地去思考并破解难题。

3. 勇于担责任

勇于担责任意味着个体需要根据自己的经验、个人和社会目标、所学知识及是非观来反思与评价自己的行为（Canto-Sperber & Dupuy，2001）。负责任的行为意味着经过深刻的反思，与规范、价值观、意义和约束相关，也体现了"批判性思维"能力。因此，勇于担责任需要有强大的道德准则，有"控制"和"诚信"意识，能根据所产生的行动是否会为他人带来更大的利益进行决策，这也体现了"同情"和"尊重他人"的品质。勇于担责任也需要具有"自我意识"，其中"自我调节"和"反省思维"尤为重要。此外，在承担责任之前建立信任也很重要。当学生得到同龄人、老师和父母的信任时，他们更有可能对自己的行为负责。

如表 3.2 所示，这三项变革能力具有变革性，一是因为它们能帮助学生发展和反思自己的观点，二是因为它们有助于学习如何创造并致力于不断变化的未来世界。并且，这三项变革能力可以在各种环境和情况下使用，能帮助学习者适应未来的复杂性和不确定性，这是人工智能做不到的。本特利认为，它们属于更高水平的能力，可以帮助学习者在一系列不同的情况和经历中导航（Bentley，2017）。从这个意义上讲，它们具有高度的可移植性，且终身适用。

表 3.2　关键能力 2.0 版：三种变革能力

三种变革能力	作　用	包含的主要品质
创造新价值	促进包容性增长和可持续发展	好奇心、开放心态、创造性、合作能力、适应能力
学会破难题	平衡竞争、矛盾、冲突的需要	认知灵活性、观点捕捉能力、预判能力，解决复杂问题或冲突、尊重他人，修复力
勇于担责任	考虑行动的伦理道德规范	道德准则、诚信、同情心、尊重他人、自我调节能力、反思能力、批判性思维

第四节　课程能力

一、核心基础

OECD "2030 学习罗盘设计" 将 "核心基础" 定义为基本条件和核心知识、技能、态度与价值观。核心基础是发展学生主体精神和变革能力的基础，也是未来学习中所有课程的先决条件。"教育与技能的未来：教育 2030" 的国际利益相关者强调了三个特别重要的基础：认知基础，包括读写和算术，以及在此基础上建立的数字素养和数据素养；健康基础，包括身心健康和幸福；社交和情感基础，包括道德和伦理。此外还有基于 2030 特定背景的能力基础，如金融素养、全球素养或媒体素养（OECD，2019d）。

1. 认知基础

读写素养的定义很复杂，并随着所处的文化和环境的变化而变化。从本质上说，读写素养是 "一种能让人们有效地交流和感知世界的听、说、读、写能力"（OECD，2019d）。因此，也是人类交流的基础。算术素养是指在日常生活中，包括在数字环境中，使用数学工具、推理和建模的能力，是 "能够访问、使用、解释和交流数学信息和思想，以参与并处理各个情况下的数学需求"（PIAAC Numeracy Expert Group，2009）。当然，算术能力不仅是能够在练习册上做算术题，而且还要在日常生活和专业情境中找寻、解释及计算各种数据，并与数据交流。为了在现代社会中有效地发挥作用，人们需要能够读写，从各种数字符号和语言符号中获得意义，并通过各种媒体进行有意义的交流。因此，读写能力和计算能力在 2030 年（及以后）也一样重要。

并且，新时代所需的数字素养和数据素养也将成为未来的核心基础。数字素养是指阅读、解释数字化文本和各种在线媒体资源并进行交流及赋予其意义的能力。当前，信息的获取和呈现方式更多元化，因此学生需要会搜索、评价并解释各种数字化材料，学会批判性地评价和过滤信息。数字素养的核心基础和传统素养一样，只不过数字素养应用在数字化情境中并能运用数字化工具和技术。数据素养是指从数据中获得有意义信息的能力，包括读数据、分析数据、处理数据的能力，并能理解数据代表的含义，如，正确读取图表，从数据中导出正确的结论，并能意识到什么时候数据的使用方式出现了错误（Carlson et al.，2011）。当数据经过处理、解释、组织或以有意义的方式呈现时，数据就被称为信息。随着大数据时代的到来，数据爆炸式产生，数据素养也成了未来必备能力。

2. 身体健康基础

要想有效地学习，需要有一个健康的身心。在这里，健康素养不仅包括保持良好

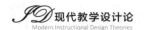
的身心健康，还需要适应不断发展的健康问题，如获取、理解和应用健康信息，并能就医疗保健、疾病预防等做出有效的判断和负责任的决策，以提高其质量。正如 OECD 21 世纪儿童项目所发现的那样，"经常锻炼、营养充足、睡眠良好的儿童更有可能在学校表现出色"（Burns，2018）。同时，虽然适度的新技术使用可以带来积极的结果，但也带来了新的风险，例如网络欺凌、潜在的在线有害行为、体育活动时间缩减等（Hooft，2018）。因此，还需要更多的研究。

3. 社交和情感基础

社交和情感基础包括情绪调节、协作、开放的心态和与他人交往，这些基础影响着个体如何适应和融入所处的环境，包括家庭、学校和工作环境。可以说，个体的适应能力、学习能力、合作能力都建立在社交和情感基础上。越来越多的证据表明，社交和情感技能会对一系列生活成果产生影响，包括教育、工作、人际关系甚至健康（Kankaras，2017）。因此，社交和情感基础有助于儿童和年轻人迎接未来的挑战。儿童和年轻人需要不断适应新环境，学习新技能，迎接和克服挑战，并协作解决在个人和集体生活中面临的重大问题。

此外，当前生活的数字化世界里，一方面是交流日益密切的世界，另一方面是社交能力薄弱的"后真理"文化出现，媒体资源数量和范围几乎无限。数字技术改变传统新闻媒体的同时，也出现了较多的"假新闻"，因此学校也需要培养学生的媒体素养，如批判性能力、从多个媒体来源中获得意义并评估其可信度的能力。同时，随着"创业"文化的爆炸式发展，以及对传统劳动力模式和职业道路的相应破坏，越来越多的人要求学生发展他们的创业技能。OECD 将这些放入学习罗盘中考虑，尽管这些"新"能力适用于不同的情况和环境，但都是基于核心基础的。

二、知识

知识包括既定事实、概念、观念和理论，如基于经验完成某些任务的理论性概念与观念及实践的理解（OECD，2019e）。2030 学习罗盘设计划分了四种不同类型的知识。

1. 学科知识

学科知识（disciplinary knowledge）包括特定学科的概念和详细内容，它是理解的基本组成部分，它提供了基本结构和基本概念，也是学习和发展其他类型知识的基础。

掌握学科知识是确保公平的基础。"所有学生都有机会获得高质量的课程，至少达到基本的知识和技能水平，并且该课程不会因社会经济地位、性别、族裔或地理位置原因而设置障碍或降低期望。"（Voogt et al.，2018）

学科知识是理解世界所必需的，它是一种结构，通过它可以学习和发展其他类型的知识。学科知识包含特定学科的概念及学生在特定学科中学到的详细内容。随着学生获得学科知识，他们还能够横跨不同学科连接知识（跨学科知识），学习从业人员如何在不同情况下应用知识（认识性知识），并了解使用该知识的不同过程和方法（过程性知识）。因此，学科知识是促进理解和形成专业知识概念结构的基础（Gardner，2006）。当学生学习学科知识达到基本水平时，便能将其进一步发展为专业知识或创造新知识。学习科学与教学科学的研究已经从将学科和课程知识作为事实的集合，逐渐转变为相互关联的系统。

学生所学的学科知识及其详细内容也受到当时社会主流知识、技能、态度和价值观的影响。数字经济和社会的一个主要趋势是人工智能（AI）方兴未艾。人们应该理解基本的 AI 概念，具有数字素养和数据素养，了解在线安全，了解基本的 AI 编程和道德规范，对某些更高水平的人来说，还要知道如何构建 AI 系统（Luckin & Issroff，2018）。

2. 跨学科知识

跨学科知识（interdisciplinary knowledge）主要用于理解和解决复杂问题，涉及将一门学科 / 主题的概念和内容与其他学科 / 学科的概念和内容联系起来。

学生可以学习跨学科迁移的关键概念或"大观念"。大观念是广泛的，跨学科的概念超越了特定的学科领域，并具有更深刻的理解（Harlen，2010）。教授大观念可以促进更深入的学习，以及更有效的知识和技能迁移。每个主题中都存在关键概念或大观念，在不同主题中又称为"元概念"或"宏观概念"（Erickson et al.，2017）。

学生可以学习明确跨学科的各种概念之间的"相互联系"。在教育和生活中，一切都是相互联系的。由于各学科之间会相互影响，因此可以相互关联的方式介绍知识，以反映我们所生活的世界的复杂性。学生可以通过"主题学习"来学习将不同学科联系起来。为了避免课程过多，一些国家为学生提供了探索跨学科问题 / 现象 / 主题的机会时，会将其嵌入现有课程中，而不是创建新课程。学生也可以通过"重组相关主题"或"创建新主题"来组织和促进跨学科学习。"学科重组"是用来落实跨学科知识重要性的策略之一，同时解决了课程设置过多和学科竞争的挑战，如，将特定学科重组到关键学习领域。在课程中为"基于项目学习"创造空间也可以促进跨学科研究，因为学生需要结合不同学科的知识来从事复杂的课题。基于项目的学习不仅涉及教学法，而且是处理课程的一种方法。

跨学科知识可以帮助学生将知识从一种环境迁移到另一种环境。根据梅斯特（Mestre，2002）的看法，"我们可以广义地定义学习的迁移，以表示将在一种环境下学

习到的知识或程序应用于新环境的能力"。如果这种迁移发生在相对相似的环境中，则称为"近迁移"；如果此迁移发生在不同的环境中，则称为"远迁移"。远迁移比近迁移更加困难，也更需要学习者的高阶能力。为了实现远迁移，可以在设计课程时跨越不同情境呈现需要传递的知识。在许多国家已经在努力应对"课程负荷超载"（Voogt et al.，2017）的背景下，适合远迁移的知识（例如大观念中使用的概念）与不同的主题或科目相互关联，因此具有减少课程负荷并鼓励加深理解的潜力。

3. 认识性知识

认识性知识（epistemic knowledge），即有关从业者如何思考和行动的知识，促进学生明确学习目的并能在学习中发现理论和实践的相关性。

将知识与现实问题联系起来，可以提高学生的积极性，也有助于其扩展学科知识，帮助其解决问题。理解如何运用知识，思考价值观和道德规范，让学习和生活联系在一起，更具真实性。诸如：在我的生活中，我能用这些知识做什么？这个专业领域的专家是怎么想的？医生、工程师、艺术家和科学家等专业人员遵循什么样的道德行为准则？这些问题的提出和思考都有助于学生成为批判性思考者和优秀的问题解决者。

4. 程序性知识

具备程序性知识（procedural knowledge）的学习者，善于把握任务执行方式及通过结构化流程进行工作和学习，尤其是对复杂问题的解决。

有些程序性知识是具体领域的，有些是跨学科的。程序性知识需要"系统思维"（systems thinking）和"设计思维"（design thinking），以帮助学生开发思维模式和结构化过程，使他们能够明确问题并解决。例如，了解某事是如何完成或做出的，可能涉及为实现某个目标而采取的一系列步骤或行动，这些步骤或行动就称为一项策略（Byrnes & Wasik，1991）。当学生学习系统思维时，他们能将什么是系统、系统如何运行的学科知识和程序性知识进行迁移，去认识并理解真实环境中的系统（Benander，2018）。设计思维与系统思维非常类似，也关注解决复杂问题。除了要从整体上关注问题，还需要集中到具体的视角。

戈德曼（Goldman，2017）将设计思维描述为"一个过程，一组技能和思维方式，可帮助人们通过新颖的解决方案解决问题。目的不局限于简单地讲授过程的步骤，还包括为学生提供经验，例如，发展同理心，参与团队合作，致力于以行动为导向的问题解决，有效的意识及对失败和毅力的理解"。设计思维与解决问题的方法有关：该解决方案是否真正起作用；解决方案的潜在用户需要什么；解决方案的当代社会和文化适用性；以及解决方案的美学吸引力（Pourdehnad et al.，2011）。

程序性知识和学科知识共同发挥作用，以形成对新情境的相互了解。教育面临的挑战，是促进培养学生的学科性知识和程序性知识，并使他们与知识、技能、态度和能力相联系，从而加深理解（Benander，2018）。OECD 2030学习罗盘设计强调了可迁移的程序性知识，即学生可以在不同的环境和情况下使用这些知识从而确定问题的解决方案。只有将知识的不同方面联系起来并加以整合，促进学科知识、跨学科知识、认识性知识和程序性知识之间相互作用，每个学习者才能将其所学知识应用到不断变化的环境中。

三、技能

技能是执行过程的能力，是指能够负责任地运用自己的知识实现目标的能力，包括动员知识、技能、态度和价值观从而满足复杂的需求（OECD，2019f）。2030学习罗盘设计区分了三种技能：认知与元认知技能、社交与情感技能、身体与实践技能。

1. 认知与元认知技能

认知技能是一套能够运用语言、数字进行推理并获得知识的思维策略，包括语言、非语言和高阶思维技能。鉴于当今和未来世界的高度连通性，认知发展的另一个关键领域是对其他文化的了解和理解。当学生置身新环境时，深入了解多种文化的学习者适应性更强。

元认知技能包括学习技能和判断知识、技能、态度和价值观的能力（OECD，2018b），这种技能有助于认识自己的学习和思维过程，并有意识地将具体的学习技术应用到不同的情况（Bialik & Fadel，2018）。

2. 社交与情感技能

社交与情感技能是一组个人能力，体现为一致的思想、感觉和行为模式，这些模式使人们能够发展自己，也能在家庭、学校、工作和社区中发展彼此的关系，并履行其公民责任（OECD，2018b，2017）。当前，社交和情感技能越来越重要。首先，需要社交与情感技能的工作不会被技术取代。人工智能不太可能取代那些需要创造力的工人；同样，人工智能也不可能取代那些需要进行复杂社会互动的工人。一些学者（Turkle，2017）认为，面对日益依赖复杂机器的现状，部分个体价值会被贬低。因而认识到自己和他人的价值，学会与人沟通和谈判的技能必不可少。再加上人口和社会的变化，如人口老龄化、物质生活日益丰富，更需要一些关怀、尊重类的工作，如医疗保健、心理咨询等职业。

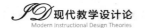
3. 身体与实践技能

身体技能是使用手工工具操作并发挥其功能的一组能力。这些技能包括手工技能，例如使用信息和通信技术设备与新机器、演奏乐器、制作艺术品、开展体育运动；生活技能，例如穿衣、准备食物和饮料、保持自身清洁；以及调动自身机能的能力，包括力量、肌肉柔韧性和耐力（OECD，2018b，2016）。

"实践技能"是使用和操作材料、工具、设备和人工制品以实现特定成果所需的技能（OECD，2016）。这些技能有助于学生发展其他类型的技能，如通过音乐和艺术发展身体技能有助于提高认知和元认知技能。艺术教学生"想象"，可以思考他们看不见的东西，这些技能可以迁移到各个领域中去。身体实践技能对学生的整体能力和健康至关重要。越来越多的研究表明，年轻时养成的习惯会一直延续到成年，因此尽早养成健康习惯有助于年轻人作为成年人做出健康的选择。而且，学龄前基础运动技能的发展可预测儿童升学时的认知效率和学业成就（Roebers et al.，2014）。

四、态度和价值观

态度和价值观是指在追求个人幸福、社会及环境和谐的过程中影响个体选择、判断、行为与行动的原则和信念（OECD，2019g）。根据社会和文化背景的差异，可以使用不同的术语代替"态度和价值观"。这些术语包括"情感结果""天资""特性""信仰""性格""伦理""道德""心态""社交和情感技能""软技能""美德"（或"道德品质"）等等。尽管这些表达价值观的术语并不完全相同，但在重视某些价值观（例如人的尊严、尊重、平等、正义、责任、全球意识、文化多样性、自由、宽容和民主）上体现了共同点。因为这些价值观将有助于塑造基于个人、社区和地球的幸福未来。

加强和重塑对机构与社区的信任需要努力发展公民的核心共享价值观，以建立更包容、公平和可持续发展的经济与社会。态度以价值观和信仰为基础，对行为产生影响（UNESCO IBE，2013）。它反映了对某件事或某个人做出积极或消极反应的倾向，并且态度可能因具体环境和情况而有所不同（Haste，2018）。价值观是指导原则，决定人在做出判断时将优先考虑什么，以及在寻求改进时将努力追求什么。这些态度和价值观不仅出现在各国的文件中，也出现在课程内容框架中。通常，课程内容以一套明确或隐含的价值观为基础，最常见的有尊重、同情、正直。当然，最关键的是学生在学校文化和学习环境中的体验。态度和价值观并非在真空中习得，需要落实到具体的学科中，同时开设特定学科，如小学阶段的道德课程。

具体看，2030学习罗盘设计将"价值观"分为四类：（1）个人价值观（personal

values），指个体认识到自己是谁，并希望如何定义并导向有意义的生活及实现自己的目标。（2）人际价值观（social values），与影响人际关系质量的原则和信念有关，反映了个体如何对待他人，如何处理包括冲突在内的人际互动，也反映了有关幸福社会的文化假设，如，社区和社会如何有效运作。（3）社会价值观（societal values），定义了文化和社会的共同原则和准则，这些原则和准则构成了社会秩序和制度。这些价值观存在于社会和机构的结构、文件和民主实践中，并通过公众舆论予以认可。（4）人类价值观（human values），与社会价值观有许多共同之处，又超越了国家和文化，面向全人类的幸福。可通过一些跨国、跨代的文本体现，如《世界人权宣言》和《联合国可持续发展目标》等国际商定的公约。

第五节　能力发展循环圈

学生主体精神和变革能力、课程能力（核心基础、知识、技能、态度与价值观），都是我们要培养的面向未来社会所需要的品质。但是，这些能力和品质如何培养呢？需要什么样的流程呢？ 2030 学习罗盘设计提出了"预期—行动—反思能力发展循环圈"（anticipation–action–reflection cycle，OECD，2019h）。其所基于的学习过程是"建构主义"取向的，从某种意义上说，计划、体验和反思（planning, experience and reflection）的循环圈会导致学习者的视野、理解和能力（perspective, understanding and competence）的变化。

1. AAR 循环圈的三个阶段

在预期阶段，主要是培养学生预判能力，即认识到当前采取的行动可能对未来产生什么影响。预期不仅仅是设问，而是预测做一件事情要比做另一件事情或什么都不做的后果和潜在影响。在进行预测时，学习者会利用自己的能力来理解问题、处理紧张局势和困境，并考虑其作为（或不作为）所造成的短期和长期后果（Rychen，2016）。预期使学习者能够考虑和预测其潜在行为的不同结果，增强孩子与未来自我的心理联系，强化行为的动力（Prabhakar et al.，2016）。在预期阶段深入思考，确立行动的目标。

通过预期，学习者确定了行动的目标和目的。在行动阶段，学生愿意并有能力为幸福而行动。"行动"（action）是为实现有价值的结果而开展的活动，可能是调查性的活动，也可能是承担责任、创造新价值，或者做出改变。行动可以是个人的，也可以是集体的。行动可能会对个人、社会或环境产生积极或消极的影响，因此需要有责任感。如果采取的行动是负责任的，那么就需要考虑究竟哪些可以创造新价值和学会破难

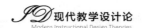
题。可以说，行动是学习者已经知道的和他们想要实现的东西之间的桥梁（Leadbeater，2017）。学习者既需要在行动之前进行预期，又需要在行动之后进行反思。

"反思"（reflection）是一种严谨精准的、训练有素的思维方式，植根于探究。反思意味着结合使用自我导向技能和创造性思维技能，包括动机、伦理、社会和行为成分及认知成分。在反思阶段，学生会改进他们的思维，从而更好地为造福个人、社会和环境而采取行动。反思能促使学习连续发生，能提高学习者的思维能力，从而使学习者采取更好的行动，也能使其不断增加对自我、他人和社会的认识。通过反思，学习者对自己的未来行为有力量感和方向感，能优化主体精神发展。并且，先前的变革能力也需要通过反思而发展并深化。

2. 三个阶段之间的相互联系

学习者采取行动的意愿和能力源于预期。如果采取行动时没有预期，那么，学习者就不会考虑该行动可能对本人或他人造成的后果。没有对行动进行预期，会使学习者对未来充满不确定性。在期望与行动之间可以通过设定目标来架起一座桥梁，并且，预期或预测可有助于将目标转化为行为动机。

反思性实践涉及"行动的反思"和"行动中反思"，这两者之间并不相同。行动的反思是指个体对自己已有经历的反思；行动中反思则是指个体在反思自己行为时的想法（Schön，1983）。反思概念的区分不仅表明行动和反思两个周期阶段相互关联，而且说明这两个阶段几乎可以同时发生。此外，通过反思可以发展元认知、自我意识、批判性思维和决策能力（Rolheiser et al.，2000）。而这些能力也是有效预期所必须具备的。因此，任何一个阶段的实践都应该有助于促进其他阶段的发展。反思可以通过积累知识和经验来增强学习者的预期行为意识，预期可以激发负责任的行为，从而将预期转化为现实。

3. AAR 循环圈是发展主体精神和变革能力的催化剂

当学习者积极地参与预期、行动和反思周期的迭代时，他们会获得一种责任感，因为他们觉得自己与所研究的论题与问题更加紧密地联系在一起。有了这样的责任感，才会取得他人和社会的认可，从而获得幸福感。AAR 循环圈使学习者能够在课堂环境和更广泛的生活中表现和发展能力。在一个复杂的、高度网络化的系统中，人们需要适应从气候到经济的多种不同情境。这种适应性方法的核心是预期、行动和反思的迭代过程。在勇于担责任、学会破难题与创造新价值的三个变革能力中，每一个都取决于学习者的适应能力和反思能力，取决于采取相应行动并不断改善思维的能力。勇于担责任意味着要洞察与各种利益相关者有关的任何行动方案，并且需要在 AAR 循环圈的预测和反思阶段中完善相关的看法。学会破难题可能涉及通过描绘当前系统来预期采取行动的效果，目的是找到做出改变的杠杆点（Meadows，2008）。创造新价值不仅意味着发展新的创新，而且还意味着确保这些创新有益于他人和更广泛的社会。

第六节　对当前教学系统的启示

"学习罗盘设计"以未来的学习时间和空间为导向，希望能够让学生建立个人追求的意识，对未来或者有意义的人生计划进行正确的定位，这对于我国当前的教学改革有重要参考价值。

一、以幸福感为教育目标，设计未来时代的学习

具体来看，"学习罗盘设计"展示了未来教育的教学内容，指出了未来学生需要具备的关键素养及其形成过程，即"三大主题七个元素"：2030 能力——个人主体精神与变革能力；课程能力——核心基础、知识、技能、态度与价值观；能力发展循环圈——预期—行动—反思。从整体上看，OECD 从不断变化的时代背景和全球面临的挑战出发，提出了更广泛意义上的教育目标——个人和集体的幸福感。"学习罗盘设计"以未来的学习时间和空间为导向，希望能够让学生建立个人追求的意识，对未来或者有意义的人生计划进行正确的定位。这也是学习罗盘之于个体应对未来时代的核心价值。每个学生都应持有自己的学习罗盘。即使我们追求的未来有多种可能性，但"目的地"却只有一个，即个人和社会的幸福感。

近几十年来，计算机控制的设备已经逐渐取代了各个行业中做常规任务的工人，与其他技术相比，人工智能的应用范围前所未有。因此，未来学习的设计应考虑人类智能如何与人工智能协同工作、相互补充，才能应对技术进步、网络安全等带来的挑战。学习罗盘将主体精神和变革能力放在核心位置，注重创新能力、解决复杂问题能力并强调责任心，这也是未来人工智能时代学生所必备的。知识需要加入人工智能的基础概念、数字化素养、数据素养、在线安全协议，技能指基本的人工智能编程、人工智能系统搭建，态度与价值观指人工智能伦理。当然，尽管计算机正在进入许多领域，但它不太可能取代那些从事创造新思想工作的工人。尽管人工智能能够有效地完成特定的任务，但是如果任务的目标和背景是模糊不清或变化的，那么就会经常发生"故障"。人工智能没有自己的意志，也没有道德情感，不可能自己做出负责任的决定。因此，人类只有与人工智能协同互补，才能将人工智能巨大的、不断增长的力量造福于人类，而且还能考虑其行为道德和伦理影响。要发展这些能力，需要将其纳入现有的课程和教育中，通过学校教授和学习这些能力。

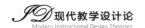
二、以学习罗盘为导航，发展积极主动的核心素养

"核心素养"的出现，主要是为了适应后工业信息时代的科技发展、经济竞争、全球化发展的需要，不仅关注学生当前的能力培养，更关注未来学生要适应的社会时代发展，以此提升教育质量，建设人类命运共同体。自 2016 年起，我国正式发布《中国学生发展核心素养》，其目标是使学生适应个人终身发展和社会发展的要求。这与 OECD "学习罗盘设计"设计目标是一致。相比较而言，通过学习罗盘设计未来所需的核心素养，将个体放入未知环境，具体考虑需要哪些素养才能适应未知环境并走向幸福，这样一来，就赋予了核心素养这一抽象概念无限的情境性，从而更加清楚形象。学习罗盘就是一个隐喻，它强调学生需要学习如何在不熟悉的环境中自我导航，并以有意义和负责任的方式找到方向。这就体现了核心素养积极主动的一面，强调学生的主体精神和责任心，而不是被动地接受学校和教师的灌输。

学生发展主体精神时，需要依靠动机、自我效能和成长心态支持有目标的行动，并且还能够在课堂上和更广泛的生活环境中表达出来，最终能在社会情境中实现知识和技能迁移。并且，不同学生所处的位置（其先验知识、学习经历和天性、家庭背景）因人而异；因此，不同学生的学习路径和迈向幸福的速度也将是因人而异的。此外，学习罗盘不仅注重基本知识、技能素养，强调批判性思维、创造性思维、问题解决能力和合作能力、沟通能力等，还需要学生能够发展更广泛的知识、技能、态度与价值观，如数字素养、数据素养、媒体素养，以帮助他们应对新现实和新需求。此外，由于学校、工作场所、社区在种族、文化和语言上变得越来越多样化，就更强调知识、技能、态度与价值观之间的相互关系。

三、以跨学科知识为连接点，促进融合性课程建设

跨学科知识有助于知识的迁移。将已学的知识和程序迁移到相似的情境，称为"近迁移"；如果是不同的情境，称为"远迁移"。远迁移更具有挑战性，需要从更抽象的概念和结构上找到新旧知识间的相似性，因而更能促进深度学习。OECD "学习罗盘设计"强调了可迁移的程序性知识，即学生可以在不同的环境和情况下使用这些知识从而确定问题的解决方案。只有将知识的不同方面联系起来并加以整合，促进学科知识、跨学科知识、认识性知识和程序性知识之间相互作用，每个学习者才能将其所学知识应用到不断变化的环境中。培养学生的学科性知识和程序性知识，并使他们与知识、技能、态度和能力相联系，从而加深理解，这是教育面临的挑战。因此，在设计课程时，那些可以在不同情境中迁移的知识才具有更高的价值，在一定程度上也能减少课程负担。

发展跨学科能力不等于创造一门新学科，也不等于在原有基础上增加基本知识和技能的教学，它在一定程度上需要通过重新设计课程来解决。第一，可以围绕大概念和问题解决来组织课程，关注跨学科内容，实现远迁移。第二，明确不同学科概念之间的相互联系，通过主题学习将不同学科连接在一起，或是在课程中为基于项目的学习创建空间以促进跨学科学习。第三，通过整合相关学科或者创建新学科促进跨学科学习。此外，还要增强元认知学习能力的培养，学校需要将推理、调节和反思等元认知技能与课程融为一体，让学生掌握恰当的学习方法，增加自我效能感。另外，"学习罗盘设计"注重人的全面发展，这也可以体现在课程设计中。除了体现新知识和技能与已有知识和技能的融合外，还需要将德行放在首位，培养学生正确的人生观、价值观和良好的道德品质。关注身体，增强综合素养，树立健康第一的教育理念。基于此，建设融合式课程，促进学生发展更广泛的知识、技能、态度与价值观，以帮助他们应对新现实和新需求。

当前，我国的基础教育课程改革已经进入学生核心素养目标阶段。很明显，立德树人、培养全面发展的人不仅是我国教育的价值追求，也是全球教育发展的趋势。学会学习、健康生活、责任担当、实践创新与"学习罗盘设计"中的内容不谋而合。此外，学习罗盘将最终的教育目标放在个人和集体的幸福感上，有助于导向更积极、更多样的评价方式和评价标准，而不是简单的学业成绩或工作成就。并且，用学习罗盘导向幸福的终点，在这个过程中个体主动积极地学习所需的知识、技能、价值观等，有助于培养其积极的人生态度，也能更快地适应未来。在这个过程中，作为学校，不仅需要展开基本知识和技能的教学，还需要与时俱进，将人工智能、数字媒体等其他新兴技术的知识、技能和价值观融入课程教学中。这些也是"学习罗盘设计"对于我国围绕核心素养展开课程与教学改革中最重要的启示。

本章思考题

1. 对教育的使命你有什么自己的认识？

2. 学习罗盘设计由哪些部分构成，其设计的宗旨是什么？为什么要用学习罗盘自主导航做比喻？

3. 学习罗盘设计中的知识技能分类同以往的知识技能分类相比较有哪些新意？

4. 学习罗盘设计中的变革素养（关键能力）有什么特点？为什么要将其看成是新的核心素养，这些同社会发展有什么关系？

5. 从学习罗盘设计中分析教学设计理论与模式的新特征。

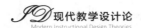

本章主要参考文献

[1]   Benander, R. (2018). A Literature Summary for Research on the Transfer of Learning. https://www.oecd.org/education/2030-project/about/documents/A-Literature-Summary-for-Research-on-the-Transfer-of-Learning.pdf.

[2]   Bentley, T. (2017). Brief Comments on "Creating New Value" and "Taking Responsibility". Section of Education 2030—Conceptual Learning Framework: Background Papers. https://www.oecd.org/education/2030-project/contact/Conceptual_learning_framework_Conceptual_papers.pdf.

[3]   Berger, T. & Frey, C. B. (2016). Structural Transformation in the OECD: Digitalisation, Deindustrialisation and the Future of Work. OECD Social, Employment and Migration Working Papers, No. 193. Paris: OECD Publishing.

[4]   Bialik, M. & Fadel, C. (2018). Knowledge for the Age of Artificial Intelligence: What Should Students Learn?. Boston, MA: Center for Curriculum Redesign.

[5]   Burns, T. (2018). Is Physical Health Linked to Better Learning?. https://oecdeducationtoday.blogspot.com/2018/02/is-physical-health-linked-to-better.html.

[6]   Byrnes, J. P. & Wasik, B. A. (1991). Role of Conceptual Knowledge in Mathematical Procedural Learning. *Developmental Psychology* 27(5): 777-786.

[7]   Canto-Sperber, M. & Dupuy, J. P. (2001). Competencies for the Good Life and the Good Society. In Rychen, D. S. & Salganik, L. H. (Eds.) *Defining and Selecting Key Competencies.* Seattle: Hogrefe & Huber, 67-92.

[8]   Carlson, J. R., Fosmire, M. , Miller, C. et al. (2011). Determining Data Information Literacy Needs: A Study of Students and Research Faculty. *Portal Libraries and the Academy* 11(2): 629-657.

[9]   Davis-Keen, P. E. (2005). The Influence of Parent Education and Family Income on Child Achievement: The Indirect Role of Parental Expectations and the Home Environment. *Journal of Family Psychology* 19(2): 294-304.

[10]   Erickson, H., Lanning, L. & French, R. (2017). *Concept-Based Curriculum and Instruction for the Thinking Classroom.* 2nd ed. Thousand Oaks, CA: Corwin.

[11]   Gardner, H. (2006). *Five Minds for the Future.* Cambridge, MA: Harvard Business School Press.

[12]   Goldman, S. (2017). Design Thinking. In Peppler, K. (Ed.). *The SAGE Encyclopedia of Out-of-School Learning.* Los Angeles: Sage Publishing.

[13]　Graafland, J. H. (2018). New Technologies and 21st Century Children: Recent Trends and Outcomes. *OECD Education Working Papers*, No. 179. Paris: OECD Publishing.

[14]　Grayling, A. (2017). Creating New Value. Section of Future of Education and Skills 2030: Reflections on Transformative Competencies 2030, OECD. https://www.oecd.org/education/2030-project/contact/EDU-EDPC(2017)16-ANN5.pdf.

[15]　Harlen, W. (2010). Principles and Big Ideas of Science Education. Hatfield: Association for Science Education.

[16]　Haste, H. (2018). Attitudes and Values and the OECD Learning Framework 2030: A Critical Review of Definitions, Concepts and Data. https://www.oecd.org/education/2030- project/contact/Draft_Papers_supporting_the_OECD_Learning_Framework_2030.pdf.

[17]　Kankaras, M. (2017). Personality Matters: Relevance and Assessment of Personality Characteristics. *OECD Education Working Papers*, No. 157. Paris: OECD Publishing.

[18]　Leadbeater, C. (2017). Student Agency. Section of Education 2030—Conceptual Learning Framework: Background Papers. https://www.oecd.org/education/2030-project/contact/Conceptual_learning_framework_Conceptual_papers.pdf.

[19]　Luckin, R. & Issroff, K. (2018). Education and AI: Preparing for the Future. https://www.oecd.org/education/2030/Education-and-AI-preparing-for-the-future-AI-Attitudes-and-Values.pdf.

[20]　McLellan, S. (2018). University 4.0: Is the UK Doing Enough to Prepare Students for the Fourth Industrial Revolution? http://blogs.brighton.ac.uk/thedigitalrevolution/2018/04/03/uk-preparing-students-fourth-industrial-revolution/.

[21]　Meadows, D. (2008). *Thinking in Systems: A Primer.* London: Earthscan. https://wtf.tw/ref/meadows.pdf.

[22]　Mestre, J. (2002). Transfer of Learning: Issues and Research Agenda. National Science Foundation Reports. https://www.nsf.gov/pubs/2003/nsf03212/nsf03212.pdf.

[23]　OECD (2016). Preliminary Reflections and Research on Knowledge, Skills, Attitudes and Values Necessary for 2030. https://www.oecd.org/education/2030-project/about/documents/PRELIMINARY-REFLECTIONS-AND-RESEARCH-ON-KNOWLEDGE-SKILLS-ATTITUDES-AND-VALUES-NECESSARY-FOR-2030.pdf.

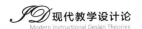
[24]   OECD (2017). Education 2030—Conceptual Learning Framework: Background Papers. https://www.oecd.org/education/2030-project/contact/Conceptual_learning_framework_ Conceptual_papers.pdf.

[25]   OECD (2018a). Future of Education and Skills 2030 Project Background. https:// www.oecd. org/education/2030-project/about/E2030%20Introduction_FINAL.pdf.

[26]   OECD (2018b). The Future of Education and Skills: OECD Education 2030. https://www. oecd.org/education/2030/E2030%20Position%20Paper%20%2805.04.2018%29. pdf.

[27]   OECD (2019a). Future of Education and Skills 2030. Conceptual Learning Framework: Learning Compass 2030. http://www.oecd.org/education/2030-project/teaching-and-learning/ learning/learning-compass-2030/OECD_Learning_Compass_2030_concept_note. pdf.

[28]   OECD (2019b). Future of Education and Skills 2030. Conceptual Learning Framework: Student Agency for 2030. https://www.oecd.org/education/2030-project/teaching-and-learning/learning/student-agency/Student_Agency_for_2030_concept_note.pdf.

[29]   OECD (2019c). Future of Education and Skills 2030. Conceptual Learning Framework: Transformative Competencies for 2030. https://www.oecd.org/education/2030-project/teaching-and-learning/learning/transformative-competencies/Transformative_ Competencies_for_2030_concept_note.pdf.

[30]   OECD (2019d). Future of Education and Skills 2030. Conceptual Learning Framework: Core Foundations for 2030. https://www.oecd.org/education/2030-project/teaching-and-learning/ learning/core-foundations/Core_Foundations_for_2030_concept_note.pdf.

[31]   OECD (2019e). Future of Education and Skills 2030. Conceptual Learning Framework: Knowledge for 2030. http://www.oecd.org/education/2030-project/teaching-and-learning/ learning/knowledge/Knowledge_for_2030_concept_note.pdf.

[32]   OECD (2019f). Future of Education and Skills 2030. Conceptual Learning Framework: Skills for 2030. http://www.oecd.org/education/2030-project/teaching-and-learning/learning/ skills/Skills_for_2030_concept_note.pdf.

[33]   OECD (2019g). Future of Education and Skills 2030. Conceptual Learning Framework: Anticipation-Action-Reflection Cycle for 2030. https://www.oecd.org/education/2030-project/teaching-and-learning/learning/aar-cycle/AAR_Cycle_concept_note.pdf.

[34] OECD (2019h). Future of Education and Skills 2030. Conceptual Learning Framework: Attitudes and Values for 2030. https://www.oecd.org/education/2030-project/teaching-and-learning/learning/attitudes-and-values/Attitudes_and_Values_for_2030_concept_note.pdf.

[35] PIAAC Numeracy Expert Group (2009). PIAAC Numeracy: A Conceptual Framework. *OECD Education Working Papers*, No.35. Paris: OECD Publishing.

[36] Pourdehnad, J., Wexler, E. & Wilson, D. (2011). System and Design Thinking: A Conceptual Framework for Their Integration. *Organizational Dynamics Working Papers* 10: 10-16.

[37] Prabhakar, J., Coughlin, C. & Ghetti, S. (2016). The Neurocognitive Development of Episodic Prospection and Its Implications for Academic Achievement. *Mind, Brain, and Education* 10(3): 196-206.

[38] Roebers, C. M. , Röthlisberger, M. , Neuenschwander, R. et al. (2014). The Relation between Cognitive and Motor Performance and Their Relevance for Children's Transition to School: A Latent Variable Approach. *Human Movement Science* 33: 284-297.

[39] Rolheiser, C., Bower, B. & Stevahn, L. (2000). *The Portfolio Organizer: Succeeding with Portfolios in Your Classroom*. Alexandria, VA: Association of Supervision and Curriculum Development.

[40] Rychen, D. (2016). Education Conceptual Framework 2030: Key Competencies for 2030, OECD. http://www.oecd.org/education/2030-project/about/documents/E2030-CONCEPTUAL-FRAMEWORK-KEY-COMPETENCIES-FOR-2030.pdf.

[41] Salmela-Aro, K. (2017). Co-agency in the Context of the Life Span Model of Motivation. Section of Education 2030—Conceptual Learning Framework: Background Papers. https://www.oecd.org/education/2030-project/contact/Conceptual_learning_framework_Conceptual_papers.pdf.

[42] Schön, D. A. (1983). *The Reflective Practitioner: How Professional Think in Action*. New York: Basic Books.

[43] Taguma, M. (2018). Future of Education and Skills 2030: Conceptual Learning Framework. http://www.oecd.org/education/2030/Education-and-AI-preparing-for-the-future-AI-Attitudes-and-Values.pdf.

[44] Turkle, S. (2017). *Alone Together: Why We Expect More from Technology and Less from Each Other*. New York: Basic Books.

[45] UNESCO IBE (2013). Glossary of Curriculum Terminology. http://www.ibe.unesco.org/
fileadmin/user_upload/Publications/IBE_GlossaryCurriculumTerminology2013_eng.pdf.

[46] Voogt, J., Nieveen, N. & Klöpping, S. (2017). Curriculum Overload: A Literature Study.
Report prepared under the auspices of the OECD Future of Education and Skills 2030
project. Amsterdam: University of Amsterdam.

[47] Voogt, J., Nieveen, N. & Thijs, A. (2018). Ensuring Equity and Opportunities to Learn in
Curriculum Reform. https://www.oecd.org/officialdocuments/publicdisplaydocumentpdf/?co
te=EDU/EDPC(2018)14&docLanguage=En.

第四章

学习方式设计论

　　"转变学习方式"，在我国十余年来的课程与教学改革中受到了充分的重视，甚至到了一种挂"金字招牌"的程度。如果你问一个一线教师，你怎么看待课程与教学改革？最常见和最直接的回答可能就是"落实三维目标"和"转变学习方式"。如今，"三维目标"已经迭代为"核心素养"，那么，在实现学习方式转变上有什么新的研究值得我们认真总结与关注呢？

　　2017年，顾明远教授在中国教育学会"教师专业发展研究中心"成立大会上这样说道："当前，中国教育存在的最主要的问题就是，要把教转向到学。要充分认识学生的主观能动性，认识学生的潜在的能力，把学生放在学习的中心地位，从教转变到学，要改变当前学生被学习、被教育的局面，使他们能够自主地学习、自主地探索、有兴趣地学习、愉快地学习。"（顾明远，2017）这样的告诫或者号召确实是常讲常新，但是为什么大家似乎无动于衷或者知易行难呢？虽然我们大家都同意课程与教学改革要从被动学习走向主动学习，要聚焦课堂甚至决战课堂，积极倡导"主动、探究与合作"，但是，这些名词的含义究竟是什么呢？具体的活动方式有哪些呢？如何做到从扶到放？如何看待"少教不教不管用"和"多教多学好处多"之间的争论呢？如何依据教学目标和具体的评估要求来选择学习方式？如何指导教师去实施这些新学习方式？这些都是值得我们深入探讨的。

　　本章将介绍一项在国际教育心理学界已经取得认可与好评的创新研究——"ICAP学习方式分类学"。这项研究的结果已经得到了不同学习活动、不同学科领域和不同年龄学生的实证研究支持，正逐渐对教学理论和实践产生重要影响。本章主要对学习方式分类学的基本要素与结构框架做一梳理，介绍其循证依据，同时对这一分类学的价值做出分析。

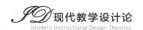

第一节 学习方式分类学提出的若干背景

"学习方式分类学"（Taxonomy of Learning Modes），也是一种"深度学习分类框架"（A Framework for Deeper Learning），或"主动学习分类框架"（A Framework for Active Learning），当然，还可用其他的名称，如"学习活动分类框架"（A Framework for Learning Activity）、"学习参与分类框架"（A Framework for Learning Engagement）等。

"ICAP 学习方式分类学"是由美国亚利桑那州立大学玛丽·卢·富尔顿教师学院教育领导与革新部教授季清华（Michelene T. H. Chi）新近总结提炼的，其间经过了 10 多年大胆猜想和系列实证分析及实验验证。季清华目前担任美国亚利桑那州立大学教学与学习科学研究院学习和认知实验室主任。季清华的主要研究兴趣与专长是揭示复杂学习的机制和探索有效学习的方式。学习方式分类学在她个人学术简历中列出的四个研究兴趣与项目中排在第一（其他三项是：概念理解错误与转变的统一理论；科学过程的教学方式；自我解释学习、合作学习、辅导学习和在观察学习中对话等有效学习方式研究）[1]。季清华教授原是生活在印度尼西亚的华人，从卡内基－梅隆大学获得博士学位后在大学任教。她于 2015 年获得美国心理学会（APA）颁发的"桑代克职业成就奖"、美国教育研究协会（AERA）颁发的"教育研究杰出贡献奖"；她还是 2016 年美国艺术与科学学院新入选的院士。季清华还曾担任美国教育研究协会研究咨询委员会主席（2015—2018），麻省理工学院在线教育政策创意顾问团成员（2014—2016）等社会服务学术兼职。

作为一位享有国际声誉的认知科学家和现代学习科学的创始人，季清华在认知心理学、实验心理学、儿童发展和教育心理学等主导性刊物上发表了众多论文。近 40 年来，她的主要研究主题是探究学生如何学习问题。她对儿童的学习能力和问题解决能力等做过专门研究，还投入了大量精力研究不同的学习方式，如自我释义、辅导学习、合作学习、对话学习、观察学习等。在对一些具体学科的学习方式进行了必要的先行研究积累之后，季清华在 2009 年发表了有关学习方式与学习效果之间关系研究的初步论文，描绘了学习方式分类学的基本轮廓。这篇论文是《主动—建构—交互：差异性学习活动的一种概念框架》（Chi，2009a）。在这篇长达 30 多页的论文中，季清华通过概念论证和实验分析初步建立起了三种学习方式与增强学习效果之间关系的框架。2013 年，季清华联合匹兹堡大学学习研究与发展中心专家、麻省理工学院评估专家和亚利桑那州立大学材料科学与工程专家，发表了几乎同样篇幅的论文《有效工程教学中差异性外显学

---

① Projects. http://chilab.asu.edu/projects.html.

习活动》（Menekse et al.，2013），进一步通过实验研究来验证大学工程教育中应用学习方式分类学的可行性和科学性。在发表这篇论文时，季清华将这一框架命名为"差异性外显学习活动"（Differentiated Overt Learning Activities，DOLA）。2014 年，季清华和威利（Wylie）合作在国际教育心理学著名刊物《教育心理学家》发表了 24 页的论文——《ICAP 框架：认知参与和主动学习结果的联系》（Chi & Wylie，2014），正式将这一学习方式分类学命名为"ICAP 框架"。

在亚利桑那州立大学网站的教师个人档案页面中，季清华列出了其自 2008 年至 2018 年十年主持和参与研究的十项课题，其中与学习方式分类学 ICAP 最相关的三项课题分别是：《开发与调整教学活动，优化认知参与》（2016—2018，主持）;《优化学生外显参与活动的教学指南》（2011—2015，主持）;《运用差异性外显学习活动的一种认知框架，设计材料科学等学科中的有效课堂》（2009—2013，参与）[①]。从中可见，季清华涉足有关学习方式分类学的直接项目研究还是八年前的事情，至少还有两年的后续研究任务。看来真是应了"十年磨一剑"或者"一万小时效应"之誉。

ICAP 是一个框架（framework），也是一种分类学（taxonomy），这个框架或者分类学产生了一个可检验的假设（Chi，2009a：75）。"ICAP 学习方式分类学"这一研究成果的取得，被认为是"一项开创性工作，改变了人们对儿童如何发展和运用知识的看法，提出了一种综合性教学理论（a comprehensive theory of instruction）和重要的实证结果，对教育实践的启示意义十分重大"。可惜这一重要研究成果在我国几乎没有得到相关介绍和评论。季清华已经发表了 120 篇以上论文和书的章节，其作品的引用次数已经达到 31000 次以上。但是，国内教育学术界对"ICAP 学习方式分类学"所知甚少；国内各级教学实践领域，同样对此寥无知音。

第二节　学习方式分类学的基本要素与结构

在 2014 年的论文中，季清华提出了一个"ICAP 学习方式分类学"的综合性图示，该图示从定义与假设、知识变化过程与结果、学习结果（程度）和学习方式猜想等几个方面概括说明了学习方式分类学的要素及结构（见图 4.1），以下我们就对此做一简要说明。

---

① Projects. http://chilab.asu.edu/projects.html.

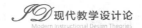
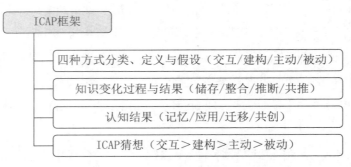

图 4.1　学习方式分类 ICAP 框架（Chi & Wylie，2014：221）

一、学习方式的类别

学习者在参与学习的过程中，会采用不同的外显行为加以体现。尽管外显行为无法完美地反映参与的不同方式，但它仍然是一个用来帮助教师确定学生参与学习程度的良好指标。学生学习的方式依据参与程度或者活动方式可以分为四种：一是被动学习方式；二是主动学习方式；三是建构学习方式；四是交互学习方式。每一种方式之间的变化是清晰可见的，但是每一种方式内部的变化却是相对模糊的。四种具体的学习方式从以下简要说明中可见一斑。

（一）被动学习

被动学习很明显是学生在趋向教学或者接受信息时所出现的参与方式，这种情况有时候教师称为"集中注意"。但是，除了"集中注意"之外，实际上在被动学习中就很少有其他外显的表现了。比如，听课时不记笔记，看视频或者看演示，默读，等等。有的人认为"集中注意"本身已经是主动的学习行为了，但是在季清华的定义中，集中注意是被动学习，因为除了接受信息和趋近关注之外，并没有发生其他的学习心理活动。当然，在学习活动中更加糟糕的是心不在焉或者无所用心，这显然会比被动学习更差，学习者将一事无成。在梅耶的"生成学习模式"中，集中注意（选择）和不集中注意（无选择）都被归入了"无效学习"（no learning）的情形，但是在季清华的定义中，通过被动学习还是能够学到一些有限的东西或者说是表层东西的。

特别要指出的是，被动学习在目前的数字化学习或者网络化学习中也是司空见惯的。季清华曾经指出，在线课程典型的做法是通过两种基本方式呈现材料：一种方式是教师屏幕前主讲（Talking Head），甚至不采用 PPT；另一种方式是教师借助 PPT 来讲解。不管怎样，这两种在线学习环境或方式与教师在实体课堂中讲课没有什么大的区别，学生都是注意听而已，显然是被动的学习方式（Chi，2012）。一项有关数字化学习中应用学习方式分类学做学习分析的研究，请学习者对自己的学习方式进行自我评估，82% 的学习者选择被动学习方式，10% 选择主动学习方式，6% 选择建构学习方式，只有 2% 选择交互学习方式（Marzouk et al.，2016）。这说明在实际学习情境中，即使采用了在线学习或者数字化学习、多媒体学习等平台或者手段，我们在高级学习方式的道路上还有很远的路要走。

（二）主动学习

主动学习很明显是学生积极参与教学，通过实际学习行为来操控学习材料。具体做法比如抄写黑板上的习题解法，对重要的句子画线，测量检测试管，释义或者重复定义，等等。

（三）建构学习

建构学习是学生建构性地参与学习，其特征是学生能超越教材或者教师所提供的学习材料，生成一些新知识。例如，画概念图或者示意图，自我解释或者通过实例具体解释文本、解释样例中的解法，引发问题，提供证明，形成假设，比较或者对照，等等。

建构学习包含主动学习。如果说在主动学习中采取了画线方法的话，那么，建构学习就需要对文本进行自我解释。特别需要强调的是，必须包含自己的独立见解，这些见解超出教材本身或者在教材中是没有明确得到解释的，这样的学习方式才是"建构"的，否则就是属于"主动"学习（Chi，2009：78）。

（四）交互学习

交互学习是指两个以上的学生协同努力，通过对话开展学习。具体来说有：与搭档共同讲解知识；在 WIKI 中与人合作撰写材料；与同伴开展辩论；互相做小先生；与同伴合作探讨概念图；等等。需要指出的是，交互不是仅仅指对话本身，更不是仅仅采取主动学习。交互是指伙伴间彼此都要开展建构学习，都要敞开心扉，互相启发和补充，既要善于倾听和欣赏别人，同时也要坚持自己的合理意见，说服或者影响别人。正如季清华指出的，交互对话中的互动涉及三种类型：自我建构——整合搭档的贡献；指导建构——与教师或者专家互动；序列建构和协同建构——与搭档分别依次发表意见或者协同发表意见。不管是哪一种情况，学习者所经历的不同活动方式，将导致不同类型的建构（从教师、专家、同伴中整合所得；与同伴依次轮流建构及与同伴共同建构），产生不同的学习效果。总之，交互学习与建构学习也是既有联系又有区别的。交互学习强调必须在自我建构、序列建构和协同建构上做出选择，才真正具有交互的性质（Chi，2009：97）。

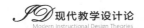

总体来说，四种学习方式有不同的特征。所谓特征，主要是指在行为上有一些什么样的表现：第一种学习方式的特征是"趋近"与"接受"，第二种学习方式的特征是"选择"与/或"操控"，第三种学习方式的特征是"生成"或"产生"，第四种学习方式的特征是"对话中合作"（协同创新）。

二、知识的变化

学习方式不是自娱自乐的行为，学习方式的差异实际上首先代表了"知识变化的过程"（knowledge change process）。知识变化是什么呢？知识变化是学习过程或者认知过程带来的，所以，知识变化过程就是认知变化过程或者学习变化过程。与四种学习方式相对应，有四种知识变化过程：第一种知识变化过程是"储存"；第二种知识变化过程是"激活"或者"选择"，实际上可以用"整合"来概括；第三种知识变化过程是"推断"；第四种知识变化过程是"协同推断"，包括"激活""推断"或者"储存"。

经过了一系列知识变化的过程，接着会形成相应的"知识变化的结果"（knowledge change outcomes）。如果说知识变化的过程是体验、是历练，那么，知识变化的结果是达标、是积淀、是收获。季清华指出，学习方式分类学这一猜想所表达的主张是：正是基本的心理过程存在差异，所以在不同类型活动中产生了不同的学习效果（Chi，2009：97-98）。

与四种学习方式（活动）和四种知识变化过程（学习过程）相对应的四种知识变化结果是：第一种知识变化结果是"记忆"；第二种知识变化结果是"应用"；第三种知识变化结果是"迁移"；第四种知识变化结果是"共创"。

三、学习方式的猜想

学习方式分类学最后得出了一个大胆的猜想，即假设四个要素之间存在着由低到高的连续体性质，前者为后者所包容，高级的水平吸纳了低级的水平。这一猜想的具体表述是："学习活动"有不同的方式（modes）或者类别（categories），与之相一致的外显行为（overt behavior）会引发不同的知识变化过程或者学习过程（knowledge change or learning processes）。基于一组知识变化过程，每一种学习方式能够预测不同的学习水平（learning levels），交互方式水平高于建构方式水平，建构方式水平高于主动方式水平，主动方式水平高于被动方式水平（I>C>A>P）。学习方式中交互水平的高低，能够预测学习效果（learning effectiveness）的大小或者学习程度的高低。即从总体上说，交互方式的学习效果要优于建构方式，建构方式的学习效果要优于主动方式，主动方式的学习效果要优于被动方式。可以采用季清华在美国教育研究学会举办的专场学术报告会上提供的两张 PPT 图示来做形象说明（见图 4.2 和图 4.3）。

图 4.2 专注任务的参与行为：四种学习方式（Chi，2016）

ICAP学习结果：交互＞建构＞主动＞被动

参与就是能力

图 4.3 高级学习方式与深度学习之间的演进（Chi，2016）

现在，我们可以用表 4.1 来直观表达参与活动方式、认知过程与学习结果之间的关系，用表 4.2 来直观表达学习方式分类学的要素和结构之间的关系。

表 4.1 参与活动方式、认知过程与学习结果（Chi，2012）

针对每一种参与活动方式得到的预期认知结果，会转化成不同的学习结果，这就是 I＞C＞A＞P 或称 ICAP 假设

特　征	被动（接受）	主动（操控）	建构（生成）	交互（协作）
外显活动举例	听讲课，看视频，读课文	逐字逐句记笔记，对句子画线	自我解释，提问	对搭档的贡献具体加以说明
可能经历的认知过程	"集中注意"的过程，此时的信息是没有镶嵌在一定的结构中孤立地储存起来的，没有做整合的工作	"填补空缺"的过程，此时选择材料进行操控，激活原有知识和图式；新知识能够在激活的图式中进行同化	"推断与创造"的过程，此时能够做到新旧知识结合，精细加工，互相联系，比较对照，类比、概括、演绎、反思程序的条件，解释因果关系	"共同做出推断"的过程，此时需要与搭档一起经历生成过程，如互相说明对方的贡献，整合反馈意见与观点，协调解决冲突与矛盾，对已有的解决方案提出质疑和挑战

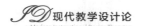
续表

特　征	被动（接受）	主动（操控）	建构（生成）	交互（协作）
预期的认知结果	惰性的知识，没有适当的情境无法激活回忆；能够回忆死记硬背的知识	图式更加完整或者得到强化；提取更加便利和能更加有意义地回忆知识；能够解决相同或者相似的问题	产生新的推断，或者修复已有的图式，或者丰富刚刚完成的东西；程序有意义、有理性并且得到证明	能够产生1+1大于2的效果，得出两个人都不知道的东西或者原来一个人不可能得出的认识
预期的学习结果	最浅层理解，死记硬背	浅层理解，浅尝辄止	深度理解，实现迁移	最深度理解，达成创新

表 4.2　ICAP 框架（Chi，2009b）

假设一组不同的认知过程带来了不同的知识变化，那么，四种学习方式都可以采用外显的参与行为作为标志

类别特征		被　动	主　动	建　构	交　互
		趋近与接受	选择与/或操控	生成或产生	对话中合作
教学或学习任务	认知过程	以孤立单一的方式储存信息	激活原有相关知识；新旧知识结合的方式来储存	激活原有相关知识，推断新知识；使用激活的和推断的知识来储存新知识	激活、推断、储存以他人的知识为基础整合和建构
	知识变化（作为认知过程的结果）	记忆	应用	迁移	共创
		同一情境中	相似的问题或情境中	解决或解释不同问题	发明或发现新方法和解释
	理解学习材料	最浅	＜浅层	＜深度	＜最深
		被动方式	＜主动方式	＜建构方式	＜交互方式

四、学习方式分类学猜想的验证

ICAP 学习方式分类学框架是一种根据经验得出的猜想，这一猜想是不是合理可靠呢？季清华通过四类研究来予以验证。这四类研究分别是：（1）四种参与方式的实验室研究；（2）文献中获取的参与方式的二项比较研究；（3）针对记笔记、概念图和自我解释三种参与活动的两两对比研究；（4）真实的课堂研究。应该说，ICAP 学习方式分类学研究十分重要的一个特色是实证分析和实验验证。也许在以往的课程与教学论，甚至教育技术学等学科的研究中，学习方式的变革——主动、参与、建构、合作等，都不是猜想而是结论，因为我们可以从某一流派、某一思潮、某一权威人物的讲话或者观点推

演出来；当然，我们也不会否定从实践中得到启发或者听从呼唤，考察实际课堂改革的现状和理想形态。但是，我们确实很少有系统的实证分析和实验验证。限于篇幅，下面对季清华选取的三种学习参与活动的相关实证研究和课堂观察研究进行简要的梳理，以期促进对学习方式分类学的理论理解，厘清其研究循证。

（一）在参与活动时不同学习方式的学习效果之两两比较

季清华教授在近几年的研究中，做了许多 ICAP 学习方式相关的实证验证。比如，在具体的三种参与活动，即记笔记、概念图和自我解释中，对学生的学习方式两两进行比较，考察学习效果的高低程度与学习方式的对应性（Fonseca & Chi，2011：296–321）。

1. 参与活动之一——记笔记

在文本学习中，记笔记是一种常见的学习策略，教师无须建议，学生会自行采用。如果学生逐字誊抄笔记，就是被动的学习方式，因为此时学生的关注点并没有真正聚焦于笔记中重要的部分。如果学生进行选择、复制、粘贴的方式来总结一篇文本或是一堂课的讲义，则可以认为其是主动参与了学习，因为学生学习并关注了关键的信息。如果学生用自己的语言进行总结，就是建构方式，因为学生通过总结，进行推理，创建结论。记笔记的方式会影响学习效果，在实验研究中，采用主动学习方式的学生在记笔记时画出每段中关键语句，学习效果比被动地阅读段落要好，使用在线视频学习，进行形式自由的记笔记，以解决具体问题，可以看成是建构方式，要比被动学习的效果更好，也比简单复制、粘贴文本进行记录的主动方式学习效果好。引导学生开展小组或同伴合作性记笔记，是交互的学习方式，表现出了更愿意反馈、更愿意提问题的外显学习特征。因此，此时的学习效果是最好的（见表 4.3）。

表 4.3　记笔记活动学习效果的两两比较（Chi & Wylie，2014：231）

方式	被动学习方式	主动学习方式	建构学习方式	交互学习方式
被动	无相关研究			
主动	记笔记>不记笔记 画线重点>阅读	标识记录=粘贴记录 过程即时总结=完成总结		
建构	用电子记事本记录>不记笔记	自由形式记笔记>剪切、粘贴	无相关研究	
交互	无相关研究	无相关研究	合作式记笔记>单独记笔记，在笔记的质量上，而不是学习差异上	无相关研究

注：浅灰色阴影涉及的对角线格子是采用了同一种学习方式；深灰色阴影是指对无阴影部分来说是冗余研究；">"代表前者学习效果优于后者；"="代表前者学习效果和后者相等。

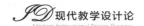
2. 参与活动之二——概念图

概念图是指将所学概念作为节点，并依据知识之间的关系，把节点有序连接起来的图示。概念图经常用于课堂笔记以帮助理解听课内容和文本材料。例如：在生态系统的概念图里，有两个节点"狼"和"鹿"，中间可以用箭头连接，并标识"捕食"。创建概念图需要选择相关的概念，有条理、有层次地进行排列，并确定概念之间的关系。实验表明，学生照着图示重新画一个概念图，这是主动学习方式，比仅仅读出概念图被动的方式学习效率高。创建概念图或修订概念图，通常归为建构方式，因为学生通过对学习材料进行整合、推断或通过对原有概念图进行修改，可以生成新的概念图。研究发现这种方式产生的学习效果比阅读文本、听讲或是课堂讨论等被动方式的学习效果更好。合作绘制概念图（交互方式）则比单一的听讲，不画概念图（被动方式）的学习效果更好。合作绘制概念图比个人完成概念图的效果好，因为交互方式比建构方式更能促进学习成效（见表 4.4）。

表 4.4　概念图活动学习效果的两两比较（Chi，2014：231）

方式	被动学习方式	主动学习方式	建构学习方式	交互学习方式
被动	无相关研究			
主动	复制图>读图	无相关研究		
建构	修订概念图>读图画概念图+听讲>听讲高难度主题+低参与画概念图>阅读+讨论	画新的概念图>选择概念图	无相关研究	
交互	听讲+合作画概念图>听讲座	无相关研究	合作绘制概念图>个人单独绘制概念图	合作绘制概念图=2个资源合二为一

注：浅灰色阴影涉及的对角线格子是采用了同一种学习方式；深灰色阴影是指对无阴影部分来说是冗余研究；">"代表前者学习效果优于后者；"="代表前者学习效果和后者相等。

3. 参与活动之三——自我解释

自我解释是指在学习过程中对概念或想法进行阐释的行为。季清华教授将自我解释带来的更好的学习效果称为自我解释效应。学生通过自我解释明确概念，产生新的思路或想法，通常可以看成是建构方式，这是因为生成了新的推理或是以原有知识生成新知识。实验研究中，教师让学生解释如何平衡一根木材（建构方式），比仅仅通过教师示范木材的平衡（被动方式）能更有效地促进学生的理解和认知。以四人一组训练九年级学生数学题的求解时，要求学生自问自答，如："我的答案是什么？"或"我解释清楚了吗？"这样的学习方式归为建构方式。如果学生关注其他组员的结论，并提出问题，互相回应，如："他（她）的解释对吗？我怎么回答呢？"或是"我如何修正他（她）的解题方式和解释？"这就是交互方式。实验证明，在解题的准确性和问题的解决上，交互方式组的分数明显高于建构方式组。表 4.5 说明了自我解释活动在不同学习方式中的各自效果。

表 4.5　自我解释活动学习效果的两两比较（Chi & Wylie，2014：232）

方式	被动学习方式	主动学习方式	建构学习方式	交互学习方式
被动	无相关研究			
主动	菜单式自我解释>仅仅研究案例	无相关研究		
建构	解释句子>重复句子即兴自我解释>读两遍解释问题解决的方法>观察他人的方法	无相关研究	解释自己的答案=解释他人的答案	
交互	无相关研究	无相关研究	阐释其他组员的成果>小组内自我解释与同伴解释>单独解释	无相关研究

注：浅灰色阴影涉及的对角线格子是采用了同一种学习方式；深灰色阴影是指对无阴影部分来说是冗余研究；">"代表前者学习效果优于后者；"="代表前者学习效果和后者相等。

（二）不同学习方式的课堂观察研究

在课堂观察研究中，ICAP 学习方式分类对学习效果的影响也有据可依。例如，两个学生听课，其中一个学生得到一份只有部分内容的讲课提纲，另一个学生则得到了详细的课堂记录。观察两人在课堂中记笔记的表现和学习的效果发现，得到讲课提纲的学生在记录速度和记忆效果上比提供了详细课堂记录的学生具有明显优势。利用部分提纲，补充完善笔记，即"主动"学习；而提供了完整课堂记录的学生则会放弃主动参与，只靠被动聆听。同样，在课堂观察中，要求学生绘制概念图（建构方式）能够比单纯让学习者参与全班讨论（被动方式）效果更好。这是因为全班讨论中实际上只有个别的学生参与讨论（建构方式），大多数的学生只是被动聆听。亨德里克斯在一个研究因果关系的课堂观察中发现，学生和同伴讨论要比仅仅观察教师直接给出解释的学习效果好。与同伴探讨的过程是交互性的参与，而仅仅观察教师给出解释是被动的学习。

另外两个课堂观察则对比了交互学习方式和主动学习方式。在一个课堂中，应用合作学习中的"切块拼接法"（即不同小组指派一成员临时组成一个"专家学习小组"，共同协作讨论主题，然后解散"临时专家小组"，各自回到自己原来的学习小组中，将自

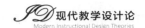

己在专家组得到的理解解释给小组其他成员，这一过程为"交互学习方式"）比每个学习者独自收集信息（主动学习方式）更能促进学习的效果。在另一个课堂里，同伴间的指导（交互）比记笔记（主动）的学习效果更好。在科拉玛斯奇和杜戴的课堂研究中，自我解释并接受其他同伴反馈的学生（交互方式）比仅仅会自我解释但不接受反馈的学生（仅仅建构方式）学习表现更优秀。表 4.6 是对被动、主动、建构和交互四种参与方式进行两两对比的课堂研究总结。

表 4.6　ICAP 四种参与方式两两对比的课堂观察研究（Chi，2014：234）

方式	被动学习方式	主动学习方式	建构学习方式	交互学习方式
被动				
主动	提供辅助笔记>提供完整讲义			
建构	绘制概念图>全班讨论	指导性的提示+问题解决>问题解决 比较+对比+写作+问题解决>问题解决		
交互	合作小组>传统讲课 生生讨论+小组活动+反馈>传统讲课 与同伴讨论因果关系>观察教师确认因果关系	同伴指导>填写指导性笔记 切块拼接小组>个人收集信息 与同伴生成新信息>与同伴选择已有信息	自我解释+接受反馈>自我解释但不接受反馈	

注：浅灰色阴影涉及的对角线格子是采用了同一种学习方式；深灰色阴影是指对无阴影部分来说是冗余研究；">"代表前者学习效果优于后者。

　　以上循证从不同角度的文献、实验研究及课堂观察研究，为我们展现了 ICAP 学习方式分类在教学中的可行性和科学性。为教师和教学设计人员从学习方式的分类出发，进行教学环节的设计和改革提供了大量的第一手资料和借鉴。

第三节　学习方式分类学的价值分析

　　在报道季清华入选 2016 年美国艺术与科学学院院士消息时，亚利桑那州立大学教师教育学院做出了这样的评价：季清华最重要的贡献是提出了一个 ICAP 理论框架——交互、建构、主动和被动四种学习方式及其关系。ICAP 为学生参与教学和掌握教学材料提供了操作定义，这些定义能够转化成具体的教学行为（Mitchell，2016）。我们认为，学习方式分类学的价值和贡献是多方面的。

一、提出并且验证了一个新的革命性理念：参与就是能力

季清华认为，"参与"或"参与活动"是指学生在教学或学习任务中学习材料的方式，反映学生在进行活动时所表现出来的行为（Chi & Wylie，2014：219）。那么，为什么参与活动会与能力挂起钩来呢？

我们知道，本杰明·布卢姆（Benjamin Bloom，1913—1999）对"学习的程度"（degree of learning）的解释是必要学习时间与可用学习时间之间的合理比例。他提出了一个著名的公式：学习度 $=f$（实际学习时间 / 必要学习时间）。布卢姆"掌握学习"模式的所有操作措施都是从"时间就是能力"这一革命性理念衍生出来的。与布卢姆不同的是，合作学习的倡导人物约翰逊兄弟（David Johnson & Roger Johnson）等人也提出过另一个革命性理念，即"关系就是能力"，由于在合作学习中创设了一种能力多样互补与命运休戚相关的学习小组，共同体不同成员能各得其所，协同发展。那么，学习方式分类学的倡导者有没有这样的革命性理念呢？答案是有的。学习方式分类学的研究实际上提出了这样一个认识，"参与就是能力"。实际上这句话也可以表述为，"活动就是能力""交往就是能力"。依据学习活动的四种方式（被动、主动、建构与交互），知识变化的四个过程（储存、选择、推断与协同推断），知识变化的四种结果（记忆、应用、迁移与共创），相应地产生了四种不同的学习程度：第一种学习程度是最浅层理解；第二种学习程度是浅层理解；第三种学习程度是深层理解；第四种学习程度是最深层理解。

二、提出了有其鲜明特色的 ICAP 学习方式分类学框架

被动—主动—建构—交互框架体现了"生本中心"的理念，揭示出学习结果是学习者所经历的不同活动所带来的。这一框架确实依据外显活动及相一致的心理过程来区分不同的学习方式（Chi，2009a：98）。

我们知道，在行为主义逐渐走向衰落，认知主义和建构主义大行其道的当下，主流的研究方式是将心理内部过程作为重要的分析焦点。例如，理查德·梅耶（Richard Mayer）提出的 SOI 意义学习模式，就是将心理内部的三个运作阶段——选择、组织和整合作为其标志性要素。但是，季清华将外显的学习活动或者参与方式作为划分学习方式的依据，同时也将其同学习目标和学习成效联系起来考察。

我们往往将 20 世纪教育理论最大的创新之一归功于布卢姆的教育目标分类。如今，认知目标经过长达十年的修订之后自然是更加完善可用了。但是，因其没有同学习方式匹配起来指导实践，这也是一大遗憾。ICAP 的面世，在解决这一难题上有了重大突破。布卢姆认知目标分类主要从内部心理结果的获得程度上进行划分，通过知识类别（事实、

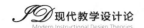
概念、程序和元认知）和认知过程（记忆、理解、应用、分析、评价和创造）两个维度的结合，实现优化选择。ICAP 是学习方式分类学，它不同于目标分类学，也主要不是依据内部心理结果的获得来做出划分，而首先是依据外显的学习活动或者参与程度来进行分类。当然，我们也要强调，这一分类有外也有内，是内外结合、表里贯通的。这一分类综合考虑了认知过程中知识变化的梯度，从记忆逐渐走向应用、迁移和创造。如果说布卢姆的分类主要是适用于确定教学目标和教学评价方式选择，其表达的方式是揭示心理结果的内隐变化，那么，ICAP 分类则是从外显行为的变化同心理结果内隐的变化结合起来加以分析，这样内外结合的方式使得教师在实践中能够更加客观地加以把握和灵活运用。为什么布卢姆的分类这么好，但是在教学实践中却很难加以落实呢？其中一个原因就是这一分类太专注心理结果的内隐变化，却没有外显行为加以明示；而学习方式分类学研究注重由外到内，内外一体，连贯统一，逐渐演进，这是非常难能可贵的贡献。当然，我们还要这样强调，布卢姆的分类是学习目标或者结果分类，是要达成的"目的"，而 ICAP 则是学习方式分类，是达成目的的手段，所以两者之间不是替代关系而是互补关系（Chi & Wylie，2014：240）。

三、为交往领域的深化研究提供了深刻的启示

交往领域一直是学习过程和教学过程的一个重要特征。许多学习理论和教学理论的研究都揭示出学习过程和教学过程不仅是一个认识过程，更是一个交往过程，在交往中认知、在认知中交往，这是一个本质性突破。可是，一直以来缺乏很深入且有影响力的交往目标分类。教学设计专家亚历山大·约瑟夫·罗米索斯基（Alexander Joseph Romiszowski）曾经将交往分为六七个要素；合作学习专家斯潘塞·卡甘（Spencer Kagan）曾经提出了学会交往、学会共处的 20 个要素，并且开发了数十种卡甘合作学习方式来培育交往能力。现在，ICAP 从一个侧面也实现了突破。这就是说，学习方式分类学看起来是一种学习参与方式或者学习活动方式，本质上是一种学习交往方式，这样的学习交往方式将其自身同认知学习结果联系起来，实现了协同效应。当然，ICAP 目前还不是一个完全的交往目标分类，虽然其提出了接受、操控、生成和对话四个指标，但是并没有明确指出交往目标本身的心理结果之内隐变化。ICAP 归纳出了认知方面的四个层次，即记忆、应用、迁移和共创。

参与或者活动是交往的主要表现载体。有不少研究认为，参与方式还可以细分为认知、动机、情绪和行为（cognitive engagement，motivational engagement，emotional engagement and behavioral engagement）（Davis et al.，2012：25）。学习方式分类学主要是

从认知参与视角加以分析并做出划分的（Chi & Wylie，2014：219）。显然，我们还可以从情绪参与、社会交往行为等方面加以深化研究。

四、深化了教学设计研究，填补了一方面研究的空白

教学设计的主流理论目前当然是认知学习设计。如果从加涅时代算起，一代又一代的理论不断演进，当前面向完整任务和聚焦问题解决的"首要教学原理（五星教学设计）"和"综合学习设计（四元教学设计）"实现了华丽转型。在主流教学设计理论之外有一朵奇葩，那就是"动机设计理论"。可惜真是凤毛麟角，约翰·凯勒（John Keller）从 1983 年提出"动机设计模式"（ARCS——注意力、针对性、自信心和满足感）之后，经过了几十年的完善，在 2010 年出版了专著，之后又演化为"五星动机设计"（首要激励原理），也就是在原有四个要素基础上，增加了第五个要素，这就是"调节度"。但是，在学习方式或者互动影响研究方面，教学设计一直没有一个有力的理论框架。我们一直沿用的是在 20 世纪 70 年代逐渐发展起来的"弗兰德斯互动分析法"（Flanders Interaction Analysis System）来观察课堂、分析交往性质与特征等，可是总是感觉到不够用、不怎么好用。现在可以有一种新的替代分析方法，我们相信，运用 ICAP 来观察和分析课堂中交往，更加符合课堂教学本身的特点，更加适应课堂教学的情境要求。

五、学习科学研究的一个重要突破

美国教育研究协会在 2016 年颁发杰出教育研究贡献奖时特别提到：季清华是一位享有国际声誉的认知科学家和现代学习科学的创始人。我们知道，最近 30 年以来，认知负荷理论（cognitive load theory）是一个有蓬勃生机的研究领域。梅耶甚至说过，认知负荷研究是 20 世纪后半叶最靠谱的研究。如果将学习方式分类学和认知负荷理论相比较，也有其自身亮点。例如，认知负荷理论主要是通过考虑如何处理好学习材料本身的难度，如何减少不良的教学设计来应对工作记忆的限制，如何善用生成认知负荷来加大学习参与的力度；而学习方式分类则是从区分学习活动量的大小和参与程度的高低来考察其对学习效果的影响。主动学习方式、建构学习方式和交互学习方式，都在不同程度上加大了学习的活动量或者参与度。不过，两种理论也是可以互补的。认知负荷理论重在减轻工作记忆的负担，学习方式分类重在达成深度理解和创造。

六、为改进教学实践指明了操作路径

ICAP 可以从多方面为改进有效教学的实践指明操作路径。ICAP 明确主张，当学习者能够积极参与到学习过程中，即从被动学习逐渐过渡到主动学习、建构学习和交互学

习，那么，学习的效能将依次提升（Chi & Wylie，2014：219）。这的确揭示了抓好学习方式转变确实可以证明学校效能提升这样一个道理。这对每一位教师来说都是一个巨大的鼓舞。教学设计强调了要从目标出发来开展教学，那么，如果教学目标是培养高层次的人才，就应尽可能采取主动、建构和交互的学习方式。在这里，很显然，交互的方式是最理想的，当然实施起来可能更加困难，鉴于我们在教室空间、时间配置、班级规模和交往能力上的限制，如何在教师培训和职前培养方面寻求一些突破，乃是一项艰巨的任务。另外，ICAP 还是教研检查、课堂观察和自我反思的一个良好工具。ICAP 将学习任务、认知过程和学习方式结合起来反映在一张表中，经过适当改造之后，完全可以作为教师备课教案、教学反思和教研检查的一个重要组成部分，对实际工作有很大的指导意义。

七、为课程与教学改革中提出的学习方式变革落地提供借鉴

我国的课程与教学改革提出了"主动、探究与合作"三种新学习方式，这三者是并列关系还是递进关系？每一种学习方式是从学习者的外显互动还是教师的授课方式来考察？每一种学习方式所依据的心理过程或者认知过程是什么？想要达到的学习效果或者能力 / 素养 / 品质又是什么？这些并没有得到一以贯之、深入细致的讨论。所以，"学习方式变革"最后沦落到只是一个口号，难以在课堂上加以落实，而且老师确实也不知道如何去落实。如果将课程与教学改革所倡导的"三种学习方式变革"与季清华的"学习方式分类学"中的三种方式相对应，即主动 / 主动、探究 / 建构、合作 / 交互，那么，也许会使得我们提出的学习方式变革更合理可信、更充分翔实和更有实证依据。

我们特别要指出："从学习者的视角来做出划分，将学习过程中一种学习活动与另一种学习活动相比较，而不是将教师的活动与学生的活动去比较。"（Chi，2009a：75）这是 ICAP 学习方式分类学研究的重要特色。它将重心放在了学生身上，而不是只盯住教师用了什么方法，这确实改变了我们对教学方法主动与否的一种传统偏见。例如，讲授法显然是一种比较被动的教学方法。但是如果做到了在讲授中让学生善于记笔记整理内容（主动），善于提出问题来思考（建构），善于与教师或者同学开展讨论，互相启发（交互），那么，尽管教师采用了讲授法，但整个学习活动却不是被动的。

一般来说，学习方式分类学是一种带有行为特征的认知参与理论（Chi & Wylie，2014：239），其对认知参与活动提出了具体的、操作性的界定，以便能够运用于各种不同的学习环境中（Chi & Wylie，2014：240）。美国麻省理工学院研究人员将"首要教学原理""综合学习设计""交互学习框架"作为三种基本教学设计模式（Mahajan，2015）。

大家都认为布卢姆的教育目标分类学是 20 世纪教育理论的一个重大成就，加涅的教学设计理论开创了教学设计这一学科的先河，那么，现在我们有理由认为季清华的"学习方式分类学"将同"首要教学原理"和"综合学习设计"等一样，成为 21 世纪教学设计理论与实践的一个新亮点。

本章思考题

1. 学习方式分类学提出了一个什么样的假设，这个假设是怎样得到验证的？

2. 学习方式分类学有什么现实价值和理论意义？

3. 学习方式分类学同学习结果分类学之间有什么异同，彼此之间可以建立怎样的关系？

本章主要参考文献

[1] Chi, M. T. H. & Wylie, R. (2014). The ICAP Framework: Linking Cognitive Engagement to Active Learning Outcomes. *Educational Psychologist* 49(4): 219-243.

[2] Chi, M. T. H. (2009a). Active-Constructive-Interactive: A Conceptual Framework for Differentiating Learning Activities. *Topics in Cognitive Science* (1): 73-105.

[3] Chi, M. T. H. (2009b). ICAP Framework. https://pll.asu.edu/p/system/files/lrm/attachments/Chi%20-%20ICAP%20Framework.pdf.

[4] Chi. M. T. H. (2012). Two Approaches to Enhancing Online Learning. https://www.cs.washington.edu/mssi/2012/chi_crowdsource.pdf.

[5] Chi. M. T. H. (2016). Ed-Talk: Engaging Students to Promote Deeper Learning. https://www.youtube.com/watch?v=uC-9lViDGL0.

[6] Davis H. A., Summers, J. J. & Miller, L. M. (2012). *An Interpersonal Approach to Classroom Management: Strategies for Improving Student Engagement.* Thousand Oaks, CA: Corwin.

[7] Fonseca, B. & Chi, M. T. H. (2011). The Self-Explanation Effect: A Constructive Learning Activity. In Mayer, R. E. & Alexander, P. A. (Eds.) *Handbook of Research on Learning and Instruction.* New York, NY: Routledge/Taylor and Francis: 296-321.

[8] Mahajan, S. (2015). Essential Instructional Design. https://odl.mit.edu/sites/default/files/Essential-instructional-design.pdf.

[9] Marzouk, Z., Rakovic, M. & Winne, P. (2016). Generating Learning Analytics to Improve Learners' Metacognitive Skills Using Study Trace Data and the ICAP Framework. http://ceur-

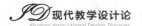

ws.org/Vol-1596/paper2.pdf.

[10] Menekse, M. , Stump, G., Krause, S. et al. (2013). Differentiated Overt Learning Activities for Effective Instruction in Engineering Classrooms. *Journal of Engineering Education* 102(3): 346-374.

[11] Mitchell, J. P. (2016). Chi Elected to American Academy of Arts and Sciences. https://education.asu.edu/news/chi-elected-american-academy-arts-and-sciences.

[12] 顾明远（2017）. 迈向教育现代化需要两支队伍. https://www.sohu.com/a/124775270_507403.

第五章

意义学习工具论

如果说，20世纪七八十年代有一种学习理论被称为"意义学习"理论，我们一定会想到这是奥苏贝尔的贡献。其实，意义学习理论同样离不开诺瓦克的辛勤耕耘。诺瓦克是奥苏贝尔的合作者，他的意义学习工具论是建立在学习的本质、知识的创造和运用两种假说之上的。意义学习理论是意义学习工具论的基础，其中同化论、机械学习、意义学习、接受学习、发现学习、遗忘从不同的维度解释了学习的本质，渐进分化、融会贯通、先行组织者等演化概念呈现了课程与教学设计的原则。关于表征、概念和命题的学习的描述探讨了人类个体构建知识意义及认知发展的过程，V形图阐述了建构知识的12个要素及建构方法。诺瓦克认为教育的主要目的在于赋予人类通晓事理的能力，培养学习者独立思考和生成意义的能力，通晓事理涉及思维、情感和行动，在新知识的习得与创造过程中必须对这三方面进行整合。

约瑟夫·D. 诺瓦克（Joseph D. Novak）是当代国际著名教育心理学家和教育技术学家。1952—1958年就读于美国明尼苏达大学，在那里他完成了本科、硕士和博士学习生涯，本科主攻方向是科学和数学，研究生期间他转向了科学教育和生物学。20世纪60年代开始，诺瓦克供职于普渡大学和康奈尔大学，在生物科学、科学教育和意义学习教育理论等方面有颇深造诣。1995年起，诺瓦克退休开始担任诺瓦克知识咨询公司的总裁。诺瓦克于1972年创建了概念图（concept maps）。1984年，他和高温一同出版了《学会学习》，初步介绍了概念图的教学方法及其开发和运用。1998年，以概念图在学校和公司中的运用为实例，诺瓦克更全面、更深刻地论述了这一工具在学习、创造、运用知识过程中的价值。同年起，诺瓦克接受佛罗里达大学的邀请，担任人机认知研究所（IHMC）的高级访问科学家，开始研究基于网络的概念图工具研发。2001年，IHMC公司研制开发的概念图制作工具（Cmaptools）问世，允许个人或集体通过概念图制作来表征、分享和发布知识。

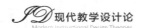

本章主要介绍诺瓦克的意义学习条件观和意义学习工具论。诺瓦克教育思想萌芽于学生时代，形成于以后的教学和研究生涯中，他的研究渗透了哲学、心理学、传播学、脑科学等多领域知识。诺瓦克吸纳了奥苏贝尔的同化学习理论，并把意义学习过程通过概念图工具加以实现，他的教育思想与梅耶和乔纳森的理论一起共同体现了现代教育心理学和现代教育技术的基础。

第一节　基本教育理念

一、用解释性理论而非实验的理论来指导教育

诺瓦克的教育思想最早见诸他 1977 年出版的《教育思想》(*A Theory of Education*)一书。其主要观点是：教育，不管在什么样的环境中，都是非常复杂的人类努力；在教育过程中破坏性或毫无任何价值的教育方式远比建设性的教育方式要多得多。一种具有强大解释力的（comprehensive）教育理论应该为教育实践和研究工作提供新的视野与科学引导，从而促使教育不断走向进步。这些观点适用于所有的教育情境，包括学院、大学、公司、媒体教育机构、电影院等非正式教育组织（Novak，1998：64）。

理论就是用来解释宇宙中的现象为什么会按照既定方式而存在的思想观点。科学理论一直在改进中不断成功前行，然而即使最好的理论也是经过漫长的演化而形成的。即便如此，科学理论还是不断地为人类提供关于自然世界运行的科学知识，不断地对更大范围内的事物和现象做出预测和进行掌控。从事跨专业研究的诺瓦克将科学研究的思维和方法灵活而规范地迁移到教育研究中。诺瓦克的教育理论力图解释我们认为有效的教育经验为什么是有效的，而认为无效的教育经验为什么是无效的，使我们不仅知其然，而且知其所以然。比如说为什么机械学习对长时记忆和知识运用是无效的，而意义学习对创造性思维是有效和必需的。他认为对于实践来说，没有直接和简单的答案，而是应该基于理论基础，对应该更好是一种什么样的状态及这种状态的外部表现应该是什么做出解释。

诺瓦克认为理论是建构于概念体系和实践模式之上的，所以理论会随着概念和实践的演变而不断推进。如果我们承认可以进行推演的概念是假定的和不断演变的，那么理论假设、实验和开发解释性模型都是需要的，并且对推进教育实践来说都是有价值的。教育理论应该是学习理论、知识理论和教学管理理论的结合体，诺瓦克主张用解释性的概念方式来理解教育，各部分之间是相互关联、相互支撑的。这是一种整体式的路径和方法，会运用一些分析框架、讨论一些课程和教学的模式、通过教学实验的方法来提出

社会和政策问题，分析一些教育流派和学校问题。

　　每种文化都有自己的概念体系和实践框架。诺瓦克认为教育的任务就是把这些传递给学生以备其成年时所需。概念体系和实践模式随时间推进而不断演变，教育不仅要挑选那些有永恒价值的概念，而且要帮助学生获得生成和运用新知的能力。

二、共存于一个教育事件中的五个要素

　　诺瓦克喜欢用要素（elements）而不是主题（commonplace）指代教育的组成部分。他认为教育事件就像是复合金字塔，要素就是砖块；而每个要素也像是形成无数个分子的数不清的化学元素一样。诺瓦克认为教育包括五个要素：教师、学习者、知识、评价和情境（见图 5.1）。诺瓦克比较看重评价，因为他认为生活中的很多事情都建立在评价之上。无论好与坏，人们进行的这些评价决定了他们能否启动一辆摩托车、能否毕业或者进入大学、能否胜任公司或其他工作。不幸的是，大多数这样的测试没能成功地测试出人类的能力，而概念图和 V 形图在促进学习的同时也是一种很好的评价工具。

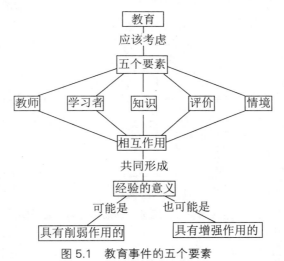

图 5.1　教育事件的五个要素

　　教学活动同时也是师生进行交流沟通的活动，它涉及教师和学生的思维、情感与行动。必须承认对于同一个教育事件，教师的视角和学生的视角是各不相同的，也应该承认教师和学生关于五要素的观点和看法是不同的。教育活动是师生合作分享的活动，在这个互动过程中，师生共同寻求交流知识和情感方式，当师生对某知识单元达成共识共享成功时就意味着意义学习发生了，此时师生共同完成再生性知识构建，并体验成功的愉悦。意义学习是将思维、感知和行动进行建构性整合的基础，它将激发学习者强烈的学习愿望，并赋予学习者进一步学习的责任、义务和能力。

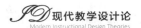
三、意义学习是认知、行动和情感的有效整合

教育不仅是一门科学，更是一门艺术，它涉及个人的判断、情感和价值观。人们逐渐意识到科学越来越多地涉及后者。诺瓦克认为教育的主要目的在于赋予人类通晓事理的能力，培养学习者独立思考和生成意义的能力（take charge of their own meaning making），通晓事理涉及思维、情感和行动，在新知识的习得和创造过程中必须对这三方面进行整合。

诺瓦克认为，成功的学习要强调的远不止学习者的思考能力，情感和行动也很重要，必须处理好三种形式的学习，它们分别是对知识的习得（认知学习）、情感变化（情感学习）、身体活动或运动表现（动作学习），这些会使学习者从经验中生成意义。一次正面的教育经历会增强学习者在后续的教育活动中思考、感知和行动的能力，而一次负面或失败的经历则会削弱这种能力。人类个体参与思考、感知和行动中，这些方面相互联系、相互作用，共同形成了经验的意义（见图 5.2）。

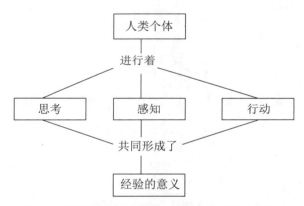

图 5.2　经验的意义是思考、感知和行动的合成物

人类个体进行着三件事情：思考、感知和行动。关于人类个体的教育理论应该充分考虑每一个要素并且解释如何提高人类思考、感知和行动的方式方法。

四、强化学习理论在教育理论与实践中的地位

1975 年，希尔加德和波尔（Hilgard and Bower）在《学习理论》一书中提出了学习理论面临的六个典型问题（Novak，1977：65）：

（1）学习能力的局限性是什么？

（2）练习在学习中的作用是什么？

（3）动机、诱因、奖励和惩罚有多重要？

（4）理解和洞察力在学习中的地位和作用是什么？

（5）学会一样东西能帮助你学习其他的东西吗（迁移）？

（6）当回忆或遗忘发生的时候到底意味着什么？

这些问题也成了后来奥苏贝尔和诺瓦克合写的《教育心理学：认知观点》一书的基础框架。诺瓦克关注的重点是学校学习，所以，他又为上述六个典型问题补充了以下四个问题（Novak，1977：67）：

（7）在设计学校课程时最重要的学习维度（方面）是什么？怎样从知识海洋中挑选出最值得学习的内容？怎样给学科知识排序以获得最优学习效果？

（8）不同的教学实践怎样影响学习及在什么样的情况下来影响学习？我们在运用现代技术进行个性化教学的时候是否重视了优化教师培训、编写更好的教材和学习指南，又是通过哪些形式呢？

（9）学校组织如何影响学习？我们是否拥有开放的学校、学生导师、学习系统、模块课程、可供学生选择的研究项目？或者说学校干脆消失了呢？

（10）是否所有的课程都通过同样的方式来学习？科学、文学、数学和历史的学习原理有很大区别吗？这个问题很重要，但常常被忽视，因为学校学习的实验几乎都局限在具体的学科领域内。举例来说，我们又能从多大程度上将数学教育研究得出的原理运用在音乐或历史教育中呢？而这对学校学习来说又是很重要的。

从哲学认识来讲，概念是文化交流中最主要的成分，意义学习理论特别介绍了概念学习。许多教育问题都可以通过概念的渐进分化和融会贯通的质量与广度来解决。因为人类不可能将文化传承的所有知识传递给所有学生，所以课程计划者必须考虑哪些知识最值得传递给学生、用什么方式来传递最有效，以及社会需要什么样的学校。诺瓦克致力于寻找有效的概念和理论，用来指导挑选课程概念和教学设计。他认为意义学习理论不仅对研究人类学习原理而且对课程设计、教学设计和评价活动来说都是有启发意义的。诺瓦克的教育理论建立在学习的本质、知识的创造和运用两种假说之上。意义学习理论是其理论建构的基础，其中同化论、机械学习、意义学习、接受学习、发现学习、遗忘从不同的维度解释了学习的本质，纵向分化、融会贯通、先行组织者等演化概念呈现了课程与教学设计的原则。关于表征、概念和命题的学习的描述讲述了人类个体构建知识意义及认知发展的过程，V形图阐述了建构知识的12个要素及建构方法。

五、用教育评价来推动教育研究质量的提升

诺瓦克认为大多数教育研究是由方法驱动而非理论驱动的，也就是说，研究者通

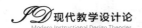
常会对两种或更多的教学方法进行比较却没有对这些教学设计进行理论上的分析；研究者也常常会采用测验或量表进行业绩评价，但为什么会选择这些工具却没有理论上的支撑？

诺瓦克认为教育研究的一个很大局限就是对评价工具的运用不力。多数教育研究都采用了问卷调查多项选择、判断正误的形式来进行态度和知识的评价。但是我们也知道，这些测试的结果跟我们的真实生活相关度很小，顶多测出了人类能力的10%。多数人的生活和未来都被这种评价决定了，这种现象不仅存在于美国，在其他国家也是这样。当测验工具的效度很低或者说和个人业绩表现如创造力呈现负相关的时候，这种评价工具是不可能对改进教育实践做出贡献的。概念图作为一种有力的评价工具，正和其他崭露头角的评价工具一样，向教育理论和实践展示着诱人的前景。

在诺瓦克看来，教育活动极其复杂，求学时他曾从事生物科学研究，随后40年他又献身于教育科学研究，两种截然不同的研究使他倍感教育研究远比生物科学研究复杂和困难。还有，生物等科学有架构相对良好的理论基础，有基于理论的收集数据的科学方法，更不用提高精密实验仪器。不过他对教育还是十分乐观的，这种乐观是基于教育理论基础的持续进步，以及在全球经济压力推动下，教育理论对教育实践的推动虽然缓慢但仍在不断往前。

第二节　意义学习的条件

从20世纪60年代初，诺瓦克在教育研究之路上苦苦探索正山重水复疑无路之时，蓦然回首发现了奥苏贝尔的同化学习理论，经过诺瓦克的细心钻研及与奥苏贝尔的合作研究，诺瓦克拓展和深化了奥苏贝尔的教育心理学理论，形成了意义学习的认知主义学习观，并将意义学习理论确认为引导教育实践的强有力的理论基础。

意义学习是指当学习者有意识地选择将新的信息和已有观点相联系的时候，意义学习的质量也和要学习材料的概念是否丰富相关。要实现意义学习必须满足三个条件：第一是指相关的先前知识，学习者必须拥有与即将习得的新知识相关的先前知识；第二是指有意义的学习材料，要习得的知识必须和其他知识相关，必须包含一些重要的概念和命题；第三是指学习者必须具备选择意义学习的心理倾向，也就是说学习者必须有意识地选择将新知识与自己已经拥有的知识建立实质性的联系。

意义学习最主要的特征表现在：认知结构中原有知识是学习新知的关键因素。正如奥苏贝尔在他最有影响的著作《教育心理学：认知观点》再版扉页上所写的：假若让我把全部教育心理学归结为一条原理的话，那就是"影响学习唯一但最重要因素就是学习者已经知道了什么，要探明这一点，并依此进行教学"（奥苏伯尔，1994：1）。诺瓦克认为教育的主要目的在于赋予人类通晓事理的能力，培养学习者独立思考和生成意义的能力，教育不仅要挑选那些有永恒价值的概念，而且要帮助学生获得生成和运用新知的能力。关于意义学习的基础、原理、条件、过程和方法，诺瓦克形成了自己独特而全面的认识。

一、意义学习的神经生理学基础

人类大脑是一个复杂的器官，它包含至少 300 万亿的细胞，每个细胞又包含成千上万个轴突和树突，使得细胞能够存储和传递信息。脑细胞还与我们的皮肤、心脏、肺和产生运动功能的其他器官相连。从某种意义上讲，大脑是协调我们思维、情感和行动的生理基础，我们所面临的挑战就是从建构的角度实现更大范围的思维、情感和行为的整合（见图 5.3）。

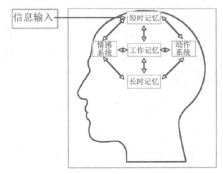

图 5.3　人的记忆系统的一种表征

信息储存在大脑中，许多脑细胞是知识单元存储的生理基础，是各个知识点相互联结的节点。新知识的习得促进脑细胞的进一步变化，而意义学习过程中所涉及的细胞正是那些具有联结作用的细胞，它们能够把存储的信息和新的信息融合为一个整体。换言之，由意义学习所激活的神经网络正在进行修饰和调整，有可能同新的神经细胞之间形成新的假设或功能性联系。不断地习得与已有知识相关联的新知，神经联络的密度和广度也在不断地变化和增强。意义学习是个体将新的信息同认知结构的有关方面衔接起来的过程，学生必须有意识地选择这样做，教师可以鼓励学生以概念图示为工具进行这样有益的尝试。

人类知识存储系统包括三个部分：（1）感觉或临时记忆；（2）短时或工作记忆；（3）长时或永久记忆。记忆系统的三个部分相互依赖，长时记忆中的内容决定着哪些信

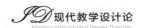
息可以感知，信息如何在短时记忆中被加工及如何被储存在长时记忆中。

人类在很多方面的活动受到限制主要是因为知觉有限。大多数人听不到 80 赫兹以下和 200 赫兹以上的分贝，也不能看到紫外线，所以人类的学习活动也不能超越知觉阈限。但是就在人类可以感知的有限阈值内，也存在着大量的空白地带尚未被开发和利用，人类可以借助工具去拓展视力、听力和情感反应能力。工具赋予了人类观测未知事物或运动的力量，然而更吸引人的是如何通过科学工具和方法来增强工作记忆效率、提高长时记忆中知识结构的质量从而更有效地运用信息。

1956 年，米勒提出人类工作记忆每次只能处理 7±2 个单元信息的结论，而西蒙（Simon）在 1974 年针对"每个单元信息有多大"的问题提出了自己的看法：单元信息的容量取决于储存在长时记忆中的知识。诺瓦克的研究也肯定了这一结论。对于意义学习来说，学习者拥有的相关知识的数量和质量会因主题不同而不同，所以，即使是具有意义学习的强烈愿望，对于既定的学习任务，学习者意义学习的程度也会受到一定的限制。只有当学习者在某一知识领域中拥有详细的架构良好的先前知识，那么与之相关的意义学习才有可能发生，包括解决新问题和发挥创造力。通过练习和复诵也可以有所帮助。意义学习对先前知识的高度依赖利弊兼有。有利的一面在于对于某一领域来说，习得的知识越多，知识架构越好，就越容易在该领域习得和运用新知识。不利的地方是，当我们学习一个新领域，而对于这个新领域我们知之甚少，或者说拥有的先前知识架构不良时，意义学习就很困难，通常也会费时和累人。很多时候，学习者不敢面对意义学习的调整而转向机械学习，即使知道机械学习习得的内容很快会被忘记并且对将来的学习价值不大。

二、意义学习的心理机制

学生能否习得新信息，主要取决于他们认知结构中已有的有关概念和意义学习的心向，意义学习是通过新信息与认知结构中已有相关概念相互作用才得以发生的。为了解释要习得的新概念和原有概念之间的互动交流，奥苏贝尔介绍引进了同化概念。同化概念不是指那种可随意粘贴的白纸，而是互动的，它可以促使相关信息越过感知阈限，提供平台，使新旧信息相互连接。另外，在连接的过程中，被同化概念和同化概念在某种程度上都得以修饰。意义学习可以改变被纳入认知结构的新知识的性质，也可以改变原有起固定作用的概念或命题。潜在的新知识与认知结构中的有关概念相互作用从而产生新的意义，而这是同化过程的核心（奥苏伯尔，1994：153）。

同化是以三种不同的方式增强知识的保持的：（1）通过把已有的有关概念作为固定

点，从而使他们成为认知结构中高度稳定的、比较精确的概念。同时也可以说使新知识分享这种稳定性，获得新的意义。（2）由于在储存阶段中，新知识与已有概念一直保持着实质性的联系，因而，这些起固定作用的概念可以防止新知识受以往的知识、目前的经验和将来遇到的类似概念的干扰。（3）由于新知识储存在与认知结构中的有关概念的相互关系中，这就使得提取新信息成为一种较为有条理的过程，且较少带有任意的性质。

同化论解释了如何在认知结构中组织知识。新知识储存在与认知结构中相应的有关概念的相互关系之中；其中的一个概念势必是另一个概念的上位概念，而且，这个上位概念必然比另一个概念更稳定。针对学科内容，学习者个体就容易形成金字塔形状的心理组织，具有包容性和解释力的概念属于上位概念，而归属于它的则是一些包容范围小或更加分化的下位概念，上下位概念通过同化彼此联结。

三、意义学习的二维矩阵

在诺瓦克看来，20 世纪 60 年代真正需要的也是如今的教育仍旧需要的，那就是不仅是强调发现学习，还应该重视意义学习。机械—意义学习连续体区别于接受—发现教学连续体。接受和发现教学都可以导致机械或意义学习。无论是学校还是公司企业都应该帮助学习者转向意义学习的高级水平，特别是当接受教学最为普遍流行的时候（见图5.4）。

对于机械学习和意义学习来说，人们通常会有一些误解，常常以为以讲解式为基础的接受学习都是机械的，而一切发现学习都是有意义的。其中的误解在于没有区分或者说模糊了学生接受知识和内化新知识之间的差别。学习的过程是个体不断接受新知识并内化在自己认知结构中的过程，接受新知识和内化新知识是两个连续的过程。接受学习和发现学习是指学习材料的两种不同呈现方式。接受学习是指将要学习的内容以确定的方式直接授予学习者，学习者是被动接受不涉及任何主动的发现；而发现学习是指要学习的内容不是授予给学习者的，而是学习者主动发现的。机械学习和意义学习主要是针对内化过程而言的。如果学习者能够有意识地将新内容以确定的而不是随意的方式在实质上同已经掌握的内容联系起来，那么这个内化过程就是有意义的学习过程；如果学习者没有相关的知识准备，也没有意义学习的心向，只是逐字逐句不加消化地囫囵吞枣，那么就会出现机械学习，新习得的内容不可能内化进学习者的认知结构，也不可能在学习者的记忆中保存很久。总之，不妨这样说，接受学习与发现学习的区别是学习策略的差异；机械学习与意义学习的区别是学习过程的不同。其实接受学习和发现学习都可以

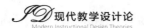
带来意义学习，机械学习和意义学习的区别也不是绝对的，而是一个渐进的过程。创造力可以看作是意义学习的最高水平（见图5.5）。

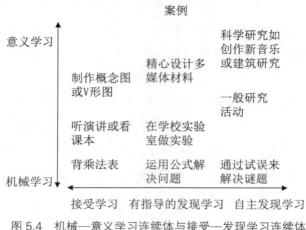

图 5.4　机械—意义学习连续体与接受—发现学习连续体

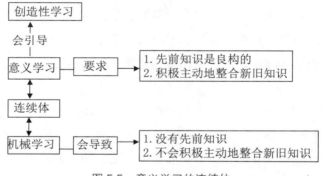

图 5.5　意义学习的连续体

　　实际上，发现学习和接受学习都可能是有意义的，其条件是：（1）学生具有意义学习的心向，即把新的学习材料在意义上同他原有的认知结构联系起来的一种倾向；（2）学习材料本身是有潜在意义的，即学习材料本身是可以感知的，或者说可以同学生特定的认知结构建立确定的、非人为的和实质性的联系。

　　换言之，如果能把学习材料不是任意地，而是在实质上（不是字面上）同学习者已经知道的东西联系起来，以及如果学习者采取相应的学习心向，那么在这两种场合下都可以进行意义学习。另一方面，如果学习活动完全是由任意的联想，如配对联想项目、迷箱或序列学习所组成；如果学习者缺乏使学习材料成为有潜在意义的材料所必需的有关知识准备；以及如果学习者采用的是一种任意的、逐字逐句的学习心向把材料内化的话，则必然出现机械学习。

接受学习和发现学习、机械学习和意义学习的划分并不是绝对的，每一种学习都可以在机械—意义和接受—发现这两个维度上有程度不同的差异。大多数课堂学习，特别是对于较年长的学生，都是有意义的接受学习。但对于年幼的学习者或某些类型的学习（比如年长的学习者在学习新领域的初级阶段）来说，发现学习是必不可少的。

在接受学习中，无论是机械的还是有意义的，所学东西的全部内容都是以确定的方式授予学习者的。学习活动并不涉及学习者任何独立的发现。学习者只需要把呈现出来的学习材料加以内化或组织，以便在将来的某个时期重现或加以利用。在有意义的接受学习中，有潜在意义的学习材料在内化过程中被理解，变成有意义的。但在机械的接受学习的场合下，学习材料不是没有意义的，而是在内化的过程中没有变成有意义的。

不论是概念形成还是问题解决，发现学习的基本特点就是要学习的主要内容不是授予的，而是在意义上被纳入学生的认知结构中以前，必须是由学习者发现的。换言之，这种独特的或初期的学习任务在于有所发现。发现的第一阶段与接受学习的过程完全不同。学习者必须重新编排信息，将它整合到已有的认知结构中，并且对这个已经整合的信息组合体重新改组或转换，以便生成一种合意的最终产物。在发现学习完成以后，所发现的内容几乎同接受学习中所呈现的内容一样，都可以成为有意义的。

接受学习和发现学习各自在智力发展和功能上所起的主要作用是有所区别的。从心理过程来看，有意义的发现学习显然比有意义的接受学习复杂一些，它在发现意义和把意义内化以前还有一个先行的问题解决阶段。然而一般来说，接受学习虽然从现象方面看比发现学习简单一些，但令人奇怪的是，它在发展上出现较晚，尤其是它的高级的和纯言语的形式更是如此，它需要较高的认知的成熟水平。智力越成熟，就越有可能采取较简单而更有效的认知活动方式来获得知识。

通常儿童在婴儿后期、学前期及小学早期就通过自主地解决问题和发现习得概念或命题。例如幼儿从多次偶然遇见的大小、形状和颜色都不同的许多椅子中，抽出共同的特征然后概括这些特征，从而掌握椅子这一概念。而幼儿要能够根据辞典上的定义来理解"民主"或"加速度"的意义，必须等到认知上成熟得足以在缺乏经验的场合下能够理解用言语呈现的概念和命题才可以，否则接受学习还不足以成为其智慧活动的主要特征。也可以这样理解，以非言语的、实地经历过的问题解决的具体经验为基础的归纳式的概念形成，可以作为信息加工的早期发展阶段的范例；而通过有意义的言语接受学习来完成的概念同化，则可以成为以后各个阶段的范例。

合理渗透同化原理、渐进分化或融会贯通原则及巧用先行组织者的策略的教材知识

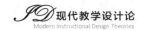
多半可以通过接受学习而轻松获得，反之，日常的生活问题是通过发现学习来解决的。虽然如此，但功能上的某些重叠还是显然存在的。接受学习所获得的知识也应用在日常生活的解决中，借以应用、推广、解释、整合、评定教材知识及检验理解水平。在实验室的情境中，发现学习能使人深入地了解科学方法，也能导致人为地再发现已知的命题。总之，发现教学法不能成为一种高效的传授学科内容的基本方法。

四、意义学习的三种形式

知识可以通过三种形式来习得：表征学习、概念学习和命题学习。而这三种形式又是可以通过意义学习来进行的，按照知识的上下位关系，又可以将意义学习分为三种形式：下位学习、上位学习和并列结合学习。

（一）下位学习（归属学习）

在概念学习和命题学习中，新信息常常同个体的原有认知结构的有关方面相结合。这种把新信息同认知结构的原有部分联合起来的过程被称作归属。因为认知结构本身倾向于依据观念的抽象概括和包容水平，按照层级组织起来，所以一般说来，新的命题意义出现大都反映着新材料对现有认知结构的下位关系，把有潜在意义的材料归属于认知结构中更一般和更概括的观念之下，其结果又会导致认知结构层级组织继续分化。起归属作用的观念一旦在认知结构中充分建立起来以后，便会：（1）同以后的学习材料有最特殊和最直接的关系；（2）具有充分的解释力，使不那么任意的事实细节成为有潜在意义的；（3）因具有充分内在的稳定性从而为新习得的详细意义提供典型的最坚实的固着点；（4）根据一个共同的主题把有关的新事实组织起来，因此，它们既把新知识的各种组织要素相互加以整合，又把这些要素同现有知识加以整合。

下位学习有两种情况：派生的和相关的。派生的归属是在当学习材料只是被理解为认知结构中一个已经建立起来的概念的特例，对从前习得的一般命题只起支持或举例说明作用时产生的。相关的归属学习中，新的学习材料是从前已学材料的扩充、加工、修饰或限定，它同有关的和包容范围更广的归属者相结合并产生相互作用，但它的意义并不包含在归属者之中，而且也不能用这些归属者来适当地代表。

（二）上位学习

当个体学习一个包容范围广的新命题，而几个已经形成的观念又可以归属于这个命题之下的时候，新的学习便与原有的认知结构构成一种上下位的关系。上位学习是在归纳推理的过程中进行的，或者是在当呈现的材料要以归纳的方式组织或者涉及把构成的观念加以综合的时候进行的。上位意义的习得通常是发生在概念学习中的，而不是发生在命题学习中的。

（三）并列结合学习

如果新命题既不能成为认知结构中特定的有关观念的下位命题，又不能成为它们的上位命题，也就是说，这些命题既不能归属于某个已有的命题之下，或者它们本身又不能包容某些已有的观念，这些命题的意义学习便会引起并列结合的意义。具有潜在意义的新命题与整个内容有一般的吻合关系，所以能够以一般的和非任意的方式同认知结构中一般有关内容的广阔背景联系起来，与下位命题或上位命题不同，它们不能同认知结构中特别有关的观念建立起联系。所以在学习时，要困难得多，但只要经过充分巩固，便会表现出内在的稳定性。一般说来，对这些观念进行进一步精心加工将导致派生的或相关的归属过程（分析、分化），而很少导致上位学习（概况、综合）。

五、意义学习组织的原则

随着意义学习的进行，上位概念便会进一步发展和精化。认知结构中概念意义的重新提炼使得概念更为精确和具体，这一过程叫作认知结构的渐进分化（progressive differentiation）。通过意义学习为概念增添新的含义，或者对认知结构现有成分进行重建，都会促成学习者认知结构的渐进分化。

在奥苏贝尔看来，概念发展的最好过程就是先介绍最具有概括性和包容性的概念，而后在细节和具体规定性方面再继续分化。比如学习文化这个概念，我们可以先将"文化"界定为从父辈传下来的知识、技能、价值观和文化等，这些构成了人类文化的总和。然后再介绍美国印第安文化和东方文明等。

决定某一领域中的知识主体，挑选出那些最具有概括性和包容性的概念并不是一件很容易的事情。诺瓦克认为，好的课程设计首先应该分析该学科领域的概念，然后考虑这些概念之间的关系，厘清它们之间具有包容性和概括性的上位概念和具体形象的下位概念。学校教学和公司继续教育不是很有效的原因就在于课程开发者很少对要教的概念进行分类或者说没有尝试去寻找这些概念之间的层级关系。诺瓦克认为，学校教育的主要功能就是教授那些最基本的概念和命题，所以必须从众多的学科知识中挑选出最重要上位概念的重要下位概念。态度和情感教学对于概念学习来说是必要的也是具有支持意义的。但对于多数教育来说，它们和学习密切相关却没有构成学校课程结构的基本组成部分。在贸易类学校中，在自动机械的学习中，概念学习至少应该是和技能学习同等重要的。进一步讲，技能学习也需要借助认知结构来调控动作行为，当认知结构介绍得很清晰的时候能够更好地促进技能学习。许多职业技能不仅要求动作技能的学习也要求

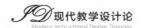
概念和命题的学习。

同化和渐进分化不仅促进了认知结构的量变，还导致了认知结构质的变化。很明显的一点就是当我们将概念同化进入图式层级结构中时，所有的概念意义都得到了轻微修饰，因为概念结构又增加了横向和纵向的连接。从神经学角度来讲，至少在储存新概念的神经元和储存已有相关概念的神经元之间会建立新的突触。这样我们就理解了通过意义学习所导致的认知上的量变和质变，而机械学习不会产生这样的效果。

概念之间的新的横向连接，在概念图中被称为跨连接。从认知分化角度而言，这种跨连接被奥苏贝尔、诺瓦克等人称为融会贯通或整合性顺化（integrative reconciliation）（Novak，1998：64）。当一个概念和一个概念相似但又和另外一个概念不同时，融会贯通便会发生。当融会贯通发生的时候，认知结构也在同时渐进分化着或者被改善了。在尝试进行整合性顺化（从试图回答为什么或怎么样的答案中产生）的过程中，学习者经常会习得一些新的概念并将新旧意义进行整合和顺化。当新的概念和命题真正被融进认知结构中时，当相似的或不同的概念意义变得一致和谐的时候真正的整合就发生了。当学习者在某个学科长时间致力于意义学习时，同化、顺化和渐进分化会同时发生，至少在某种程度上是这样的。

六、意义学习的组织策略

就如何贯彻渐进分化和融会贯通的原则，奥苏贝尔提出了先行组织者的策略。先行组织者是促进学习和防止干扰的有效策略，是指相关的和包容性较广的、最清晰的和最稳定的引导性材料，通常是在呈现教学内容本身之前呈现的，用来帮助学习者确立意义学习的心向，有助于让学生认识到：只有把要学习的新内容同认知结构中的有关内容联系起来，才能有意义地习得新的内容。

先行组织者在三个方面促进学习和保持信息：首先，如果设计得当，它们可以使学生注意到自己的认知结构中已有的那些起固定作用的概念，并把新知识建立在其之上；其次，它们通过把有关方面的知识包括进来，并说明概括各种知识的基本原理，从而为新知识提供一种"脚手架"；最后，这种稳定和清晰的组织，使学生不必采用机械学习的方式。

先行组织者有两种：一种是说明性组织者，用于提供适当的类属，成为新的学习的上位；另一种是比较性组织者，可增强新概念与原有认知结构中相关概念的区别度（施良方，1994：239–241）。

在教学中，先行组织者的作用，部分取决于学习材料本身是如何组织的，如果学习内容不是已有内在的组织，编排顺序是逐渐分化的，那么就不必要采用先行组织者了。

七、意义学习的课程组织方式

如前所述，因为人类不可能将文化传承的所有知识传递给所有的学生，所以课程计划者必须考虑哪些知识最值得传递给学生、用什么方式来传递最有效，以及社会需要什么样的学校。诺瓦克致力于寻找有效的概念和理论，可以用来指导挑选课程概念和教学设计。

在诺瓦克的研究过程中，他还没有发现哪位课程理论家揭示过学习理论与课程设计的相关性。尽管塔巴（Taba）1962 年曾经讨论过学习理论在课程设计中的运用但很模糊，布鲁纳（Bruner）1966 年曾指出教育心理学应该是教学理论的核心部分，但没有涉及学生学习的总体过程。诺瓦克认为奥苏贝尔的人类学习理论不仅对研究人类学习原理而且对课程设计、教学设计和评价活动来说都是有启发意义的。

奥苏贝尔集中论述了概念同化对意义学习的影响。他关于概念渐进分化、上位学习、融会贯通的相关论述进一步深化了有关课程设计和教学设计的相关研究。如果学习是有意义的，那么要学习的新知识在学习者的认知结构中必须有相应的支架性衔接概念。因为对于一门学科来说，有许多信息需要学习，只有那些最抽象、最概括的概念才有可能为更大范围的学习提供支架。

识别学科概念并将它们整合成某种层级或逻辑概念是一项很困难的任务，要完成这项任务需要非常清晰地把握学科知识，也需要解构学科知识时的课程专家的精心指导。如果我们不能识别出研究领域中隐性概念，不能区分概念，不能识别上位概念，课程设计可能就会变成主题的罗列（a list of topic），只体现了逻辑的顺序而没有体现心理组织。换言之，以主题形式组织的教学不能够表明学习序列是如何促进概念的层级排序的。再者，主题形式教学很少促进融会贯通。高温发现并改进了帮助教师解构学科知识的 V 形图方法（Novak，1977：142），提出具体可以从 5 个方面 12 个要素来着手。这 5 个方面的问题是：

（1）研究的问题是什么？

（2）主要的概念是什么？

（3）研究方法是什么？

（4）主要的知识要求是什么？

（5）价值要求是什么？

12 个要素是核心问题、世界观、哲学观、理论、原理、结构、概念、研究事件、

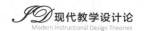

实验记录、资料加工或提炼、知识结论、价值结论（见图5.6）。

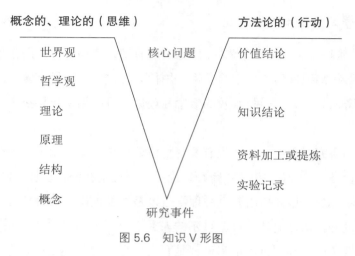

图 5.6 知识 V 形图

八、意义学习的教学方式

1. 讲授法

根据意义学习理论，讲授法（lecturing）从几个方面来看都是很有效的。如果讲授步调合理，那么学习者就可以有意义地习得信息，获得和学习材料相关的概念结构。但是，对于不同的学科领域来说，概念同化对不同的学生来说速度又是不一样的：对需要进行有意义内化信息的同学来说节奏太快了，而对于那些拥有前认知和良好知识架构的学生来说同样的节奏会显得太慢。对于基础太弱、认知结构不良的学生来说更是双重的折磨，他们必须记笔记，把注意力集中在书写而不是学习中，然后再通过个人的学习来完成集体学习中应该完成的学习任务。这个问题可以通过下列方式来解决：如果事先将笔记复印分发给学生，他们就可以预习讲稿；他们可以提前研究笔记以获得在讲授过程中需要的相关认知结构；另外教师可以提供一个讲稿大纲，这份大纲必须充分描述要讲授的概念和充分提供学生必须掌握的同化概念的相关信息。这些同化概念可以在以后的讲授过程中继续分化。另外，必须对上位概念进行区分，讲授稿不应该仅仅是主题的罗列，还应该对概念及其之间的层级关系进行充分的描述。如果教科书是按心理学逻辑来编排的话，那么准备讲稿就很方便，可以整合相关概念。精心准备的提供概念结构的研究提纲可以很好地促进讲稿的认知学习效果。

从另一方面来看，讲授者熟悉该领域的工作方法，能够通过对自己工作案例的描述，揭示出识别学科现象、概念、技能的路径和方法，可以通过有效的方法如幻灯片、电影、模型等手段将自己形成的独特的学科体验和研究方法演绎出来。学生理解了新知

128

识形成的方法就有可能有意义地去学习新概念，其中的部分原因就在于他们进行二级抽象的意义学习必须通过口语符号习得初级抽象。对方法的解释可以帮助学生建立初级抽象，培养对研究对象的兴趣。在音乐、历史、艺术及科学学科中，因为方法得当而获取的成就感就更加明显。

从教学理论的角度讲，如果学习者从其他渠道不容易获得例子的话，通过讲授来呈现概念例子就更有用。演讲要取得良好效果的一个保障条件就是识别和挑选与学生密切相关的案例，如果演讲稿要更普遍地加以运用时，那么就要确保在演讲时运用了更多即时性的案例。

2. 小组讨论法

认识到学习者认知和情感结构的特殊性质，就可以在教学中很好地运用小组讨论法（discussion groups）。从认知层面来说，应该意识到与学生相关的认知同化概念是不同的，小组讨论应该帮助他们识别出自身认知结构中的缺陷或断层，帮助他们认识到新信息是如何与更高级、更抽象的概念联系在一起的。在这之前，要清晰识别要习得的概念和他们之间的层级联系。对有些大学教学来说，小组讨论常常是由研究生来发起和组织的，他们自己对要表达的学科概念含义都没有弄清楚，更不会对概念关系说出个所以然来。结果，小组讨论要么是对课程内容的翻版重复，要么就变成了领头者对某个问题或技术的自我炫耀。

小组讨论的成员不用太多，6~12人即可，应该考虑到情感表达的可接受范围，以及情感表达对认知学习的支持度。明晰教学目标包括认知目标和情感目标很重要，一个比较合适的做法就是让学生描述他们对正在学习的概念（组）的感受。当小组讨论成功地澄清了概念意义和关系，并获得了情感的充分表达，以及进行了价值定向后，那么小组就发挥了促进个体交流的纽带作用。

3. 实验研究法

实验研究法（laboratory or studio work）可以提供三种重要的学习方式：第一，提供形成初级抽象概念所需要的直接体验和经历；第二，技能的习得离不开必要的动作技能训练，有了榜样和纠错指导学习者可以进步得更快；第三，实验室研究可以解释和演绎学科研究的科学方法。

4. 导师指导法

从意义学习理论来看，导师指导法（tutorial instruction）是最有效的教学方法。面对一个学习者，导师可以运用与学习者"前概念"最相关的例子进行最佳解释，制定适合他（她）的最佳教学节奏。在实际教学中，面对众多的学生，教师往往很难做到面面

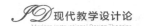
俱到或很高的针对性，那样的指导教学成本也比较高。

5. 个性化教学

个性化教学（individualized instruction）已经在 20 世纪 70 年代兴起并流传开来，并且在教学中演绎出了多种含义和形式。其中比较流行的一种做法叫作"学习活动包"，其中包括印刷学习指南和一些相关材料，允许学习者自定步伐。学习单元可供选择，教师提供指导帮助，技术人员提供实验帮助，测试中心提供考试形式的变通。代代相传地将教科书划分为章节的做法实际上是一种模块课程（modular courses）的努力，但很少有教科书包含上述全部要素，但是构想模块课程时应该考虑将教材拆分成章节或单页，然后再合成，在合成时整合上面提及的各种要素。如果重新编写的章节清晰地阐明了学习目标，并规定了实验说明、必备的现场体验或生活经验，提供了合适的评价资料，那么就拥有了制作个性化模块课程的良好开端。

6. 掌握学习

基本假设就是学生要掌握每个模块的内容，这意味着学生必须掌握既定学习单元的 85%~90% 评价内容，学生掌握了一个单元的学习内容之后才可以进入下一个单元的学习，如果业绩表现不达标，那么学生就要重新学习再次进入考试直到通过考试为止，这意味着只要拥有足够的学习时间，多数学生都能够掌握学习目标。掌握学习的目标在于完成学习单元任务而不是参与小组测试和评比，从而将学生的学习动机从附属内驱力转移到认知内驱力。

第三节　意义学习的工具

从 1974 年开始，诺瓦克关于教学的许多创新研究都涉及概念图的开发和利用。1984 年，诺瓦克和高温一同出版了《学会学习》，以学会学习为出发点，以奥苏贝尔的意义学习理论为基础，介绍了概念图和 V 形图这两种教学方法，以及它们的开发和运用。1998 年，以概念图在学校和公司中的运用为实例，诺瓦克更全面、更深刻地论述了这一工具在学习、创造、运用知识过程中的价值。同年起，诺瓦克接受佛罗里达大学的邀请，担任人机认知研究所（IHMC）的高级访问科学家，开始研究基于网络的概念图工具研发。2001 年，IHMC 公司研制开发的 Cmaptools 问世，允许个人或集体通过概念图制作来表征、分享和发布知识。

一、概念图的含义

概念是指由公认的某种符号或标记所代表的有共同属性的事物或运动。确切地把握概念应从四个方面来分析：概念名称、概念例证、概念属性和概念层次。概念图是用来组织和表征知识的图示工具，是对知识创造过程和认知发展过程的一种简约而系统的体现。概念图包括概念（通常放置于圆的或方的图形中）和概念间的关系（用两个概念之间的连线来表示）。概念图包括概念、联系、层级和命题四要素。概念就是对事物或运动的记录，或事物或运动的规律性反映，通常用符号来表示。多数概念通常都是用（单）词（word）来表示的，有时会用"+"或"%"来表示，有时可能会用词组短语来表示。联系表示两个概念之间存在某种关系。命题是对自然发生或人工构建的事物或运动的陈述，命题通常包含两个以上的概念或短语从而形成一个有意义的陈述。层级有两层含义：一是同一知识领域中的概念依概括水平不同而分层分布，即概括性最强、最一般的概念处于最上层，从属的放在其下，而具体事例列于图最下端；二是不同知识领域的概念图示可就某一概念实现超联结。

概念图的其中一个特征就是以层级结构呈现的，概念从上到下的排列按照抽象和归纳的程度来进行，最具有归纳性、概括意义最强的概念通常位于概念图的最顶端，反之抽象和概括程度低的概念则被排在最底端。某一领域的知识结构构建得如何要取决于该领域知识的运用或构建情境。因此，构建概念图最恰当的做法就是参照要回到的核心问题。概念图的构建应该指向我们试图通过概念图的形式来厘清结构从而达成理解的问题条件（situation），从而提供概念图的问题情境。

概念图的另一个重要特征就是对交叉连线的归纳总结。在概念图中，对于不同的部分或领域来说，不同的概念之间存在着一些交叉连接。交叉连接可以让我们看明白用概念图表示一个知识领域是如何与另外一个知识领域相互联系的。在新知识的创造过程中，交叉连接代表着概念图制作者跳跃性的创新思维。概念图的两个特点对促进创新性思维的发展来说是极其重要的：构建良好的层级结构和寻找总结新的交叉连接的能力。

概念图还有一个重要特征就是事物或运动的样例，样例有助于澄清概念的含义。样例通常没有被置于图形中，因为它们是事物或运动的特例。

概念图是以科学命题的形式显示某一领域或几个领域概念之间的意义联系，并用具体事例加以说明，从而把所有概念有机联系起来的空间网络结构图。它具有系统整体性、直观鲜明性和简约再生性。知识是以命题网络的形式组织的。不同的学生由于其经历的不同而具有不同的认知结构。学生的认知结构不是静止不变的，随着新知识的习得、概念间关联的增多，命题结构也在不断地变化着。概念图以其所独具的网络特性反

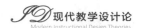

映着学生的动态认知变化。（见图 5.7）

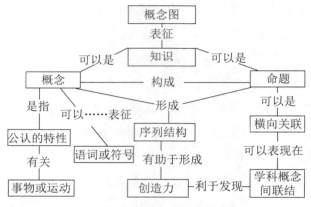

图 5.7　有关概念图制作的概念图

二、概念图的制作

1. 识别领域，罗列概念

在构建概念图时，很重要的一点就是从构图者熟悉的知识领域开始。由于概念图结构和概念图所运用的情境密切相关，最好选取个体正在理解的文章的部分章节，或正在参与的实验、现场活动、问题解决等。这样会创设一个情境，帮助学习者构建概念图的层级结构。对早期的概念构图者来说，选择一个相对比较小的领域来说也是比较好的。

确定概念构图背景的一个有效方法就是选择一个核心问题，核心问题要能够明确说明要解决的问题和要构建的概念图。每一个概念图都和一个核心问题相关，一个好的核心问题能够引出更为丰富的概念图。当学习者构建概念图时，他们往往会根据核心问题进行演绎，构建和该领域相关的概念图，而衍生出的概念图不一定要回答核心问题。

一旦要研究的领域确定下来了，接下来的一步就是识别出运用在这一领域内的关键概念，识别的方法有以下几种。

第一种方法就是由教师根据自己的经验罗列出这一段材料与本次实验所涉及的概念；第二种方法就是由教师罗列出一部分概念，再由学生根据所研究的主题进行思考，补充一些概念上去；另外一种也是对学生最有意义的方法就是大脑风暴法，让学生开动脑筋，充分展开想象，任其思维自由流淌，不受任何限制，从其记忆中识别出与这一主题相关的任何事实、术语和观点。让学习者个体或所有成员写下他们认为是相关的概念而不必考虑这些概念是不是多余的、不重要的或者它们之间的关系如何等等。此时的目标是尽己所能写下尽可能多的概念。

在选择好研究领域并确定好研究主题之后，接下来就要确定与主题范围相关的主要概念。通常 15~25 个概念比较合适，可以先将概念罗列出来，然后按照从抽象到具体、从概括到一般的等级次序进行排列。尽管这样的排列只是大致接近的，但它对开始建构概念图是有帮助的。可以把概念图比喻成一个停车场，当我们决定哪里适合停车的时候可以将概念移动过去，如果做完概念图构图者还没有发现和其他概念的交叉连接那么有的概念就会待在原地。

2. 概念排序，问题调整

把这些有关概念或活动的小卡片平铺在一个桌面上以便浏览，也便于目标和子目标的分类。在分类的时候尽量按层级的顺序来进行，先识别出概括性较高的那一类概念术语，再找出从属于它们的概念来。在分类时应做到随时都可以重组，不断地加进最初遗漏下来的那些概念。另外，一些概念有可能被归于不同的类别当中，这一点对于以后的连接很重要。

在对概念进行排序时要充分体现出学习者本人关于各个类别间的横向和纵向关联。和上面的分类一样，排序也随时都可以重新进行。所谓的排序，主要是按照层级的顺序来进行的，抽象性和概括性强的概念放在最上面，最为重要的概念放在中央。在子目标的排序中，将关系比较紧密的概念放在比较靠近的位置。思考一下相连的两个概念之间的关系，用一种简单的句子（术语）来表示。不要希望每个学生对同一主题相关概念的排序都是一样的，和其他学生的作品相比较有助于他们互相取长补短和相互促进。

接下来就是初步搭建概念图。可以把所有的概念置于"便利贴"中，或者是运用 IHMC 的概念图制作工具。便利贴允许一个小组在白板上或者纸张上方便地移动概念。对于一个人刚开始尝试着进行概念构图时这一方法是必需的。概念图制作软件更为好用，因为它允许整体移动概念群及其连接说明从而重构概念图。当概念图构图工具用于联网的计算机时，两个或更多的个体可以合作构建概念图并观察他们的工作进度，合作者可以是一个办公室的，也可以来自世界各地，而概念图的制作可以是同步的也可以不同步的，这可以根据制作者的进度表而调整。

很重要的一点就是，要认识到概念图的构建不是一次就可以完成的。在草图构建好之后是要经过反复修改的，需要增加或删除一些概念，而这样的反复可能要经过三次或更多。这就是用计算机软件会更方便的原因。

3. 短线连接，注明关联

用短线和箭头将相互联系的两个概念联系起（注意必要时要把箭头的方向标明），并用单词注出它们的关联，使之成为有效的陈述或命题。正是这种连接生成了意义。在

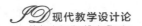
连接的时候，学习者还可以运用自由联想法，运用发散性思维从多个角度对概念进行关联。对于每一个概念来说都具有若干次的连接机会。当学习者有层次地将众多相连的观点连接在一块的时候，与主题相关的意义结构就树立起来了。对于具体的下位概念，要辅以示例加以说明。

一旦草图制作完成，便要寻找交叉连接。在概念图中，不同的部分或领域之间经常会有连接，而交叉连接通常会阐明不同领域之间是如何连接的。交叉连接是反映学习者如何理解概念分支之间交叉连接的关键所在。

很重要的一点就是帮助学习者认识到所有的概念都是和其他概念以某种方式连接在一起的。所以需要选择性地识别交叉连接，尽可能选择简洁的连接词。另外应避免将句子应用在图形中或者说把句子当单词用，因为这样会给人造成一种误解，使人认为整个概念图的一个分支用一个方框（box）就可以说明了。线性图（string map）表明学习者对材料理解不够透彻或者说学习者个人概念图重构不理想。

学习者经常会抱怨在添加连接词的时候感觉很困难，这是因为他们没能很好地理解概念之间的关系，或者说概念的含义，而正是这些连接词说明了他们之间的关系。一旦学习者开始聚焦于寻找连接词时，或者说聚焦于识别良好的连接关系时，他们就已经明白每个概念都是可以和其他概念连接在一起的。这也产生了一些难度，学习者必须去选择那些最为明显和最常用的交叉连接。这一过程涉及布卢姆1956年提出的认知能力的高级水平：知识的评价和综合能力。概念构图是鼓励学习者进行高级认知活动的方便途径，也是概念构图能够成为一个强有力的评价工具的原因之一。

4. 增删概念，结构精致

概念图的制作并不是到此就勾画成功了，它要求学习者不断地进行增添、削减和重新归类和加工。这样的过程要重复若干次，事实上，随着学习者知识和经验的增多，概念图示的精致过程就会不断进行下去。对概念图进行修改，重新排列概念可以使概念图总体结构更加清晰和完善，这样最终的概念图便会形成。运用概念图软件，学习者可以退回来改变节点形状的大小和风格，并添加色彩进行装扮（Novak & Cañas，2008）。

对于同一组概念来说，有若干种制作概念图的方法。对于同一个学习者来说，随着学习的深入，他对概念之间的关系的理解会有所变化，而此时他所制定的概念图就会和前面的不一样。

对于合作学习来说，可以先将每个小组内每个成员制作的概念图示糅合成一幅，然后将不同小组的意见也融合到一块，组合成更为科学合理的解决方案。

在具体的教与学的过程中，概念不必千篇一律地按照从上而下的层级呈现，可以根据教学材料、教学目标和教学对象等的不同做相应的变通，只要吸纳了概念图示系统整体、直观鲜明和简约再生的合理内核即可。

三、概念图制作的评价

对于概念图的评分方案，可以有若干种。对于任何一种评分方案来说，都具有某种程度的内在主观性。在概念图的评分中似乎也有一种随意性：诺瓦克规定所有的概念图都应是有层次的，所有的关系都应该标上合适的连接词，也应指出所有的横向联系。这种任意性适用于任何一个学科或任何一个学生。奥苏贝尔的学习理论有效地描述了认知学习，诺瓦克的概念图的制定程序也和这些学习原理一致，因此我们可以这样认为，在概念图的理论构建、制作程序和评分体制的整个流程中，保持自成一体的任意性也是不错的。用评价理论的术语来说，概念图具有建构效力。应用于每一个主要的评分标准的实际数值是任意的，应该鼓励教师尝试运用不同的分数,遵循以下的原则即可：

（1）对所有的正确的关系评分（以构成有效的命题）。若希望去掉错误的或模糊不清的概念联系，无疑会使评分复杂化。

（2）计算正确的层次水平，并像对每种关系那样多地对每一水平评 n 次，n 值是任意的。但是，由于概念图的关系要多于层次，有效的层次意味着概念意义的逐渐分化和融会贯通。

（3）显示两个概念之间的正确关系的横向联系，可能标志着重要的融会贯通。因而，它可能是意义学习的最好标志，而不是层次的水平。每个正确的横向联系的得分要比每个层次水平的得分高出 2~3 倍。因为在一个概念图中，对知识之间隐含关系的认识和揭示，表明了学生所拥有的知识的广度及思维的流畅性和变通性，这些都是创新能力所不可缺少的思维品质。

（4）学生应举出一些实例，把具体的事物和概念的具体标志联系起来。可以如同对关系评分那样要求对正确事例评分，因为这些事例通常容易获得，并且不能说明意义学习。这些评分标准，在理解了意义学习原理后才能运用，并且这些标准应在运用的过程中不断地加以完善。

从操作层面来看，可以从四个方面来为概念图打分：

（1）命题。连线和连接词有没有表示出两个概念之间的意义关系？这种关系正确吗？对于每一个已表明是有意义的正确命题，打1分。

（2）层次等级。该图是否有层次等级？每一个从属的概念是比它上面的概念更具体和更狭义的吗（在用于制作概念图的材料范围内）？对于每个正确的层次水平，打5分。

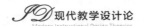
（3）横向关联。概念图是否显示了两个概念层次等级之间的意义联系？所表明的关系是正确的和有意义的吗？对于每个正确而又有意义的横向关联，打10分。对于每个不能图示一组有关的概念或命题之间的融会贯通但又是正确的横向联系，打2分。横向联系标志着创造力，应特别注意辨别这种能力，并奖励这种能力的表现。独特的或创造性的联系可以得到特殊的认可，或得到额外的分数。

（4）实例。事物或事件是概念名称的具体体现，对于每个正确的实例，打1分。（不能给它们重复打分，因为它们不是概念。）

另外，可以为用于制作概念图的材料形成一个标准的概念图，并对之打分。标准图的分数除以学生的分数，得出一个可供比较的百分数。（有些学生可以比标准做得更好，所得到的百分数就会高于100%。）

四、概念图作为评价的工具

概念图作为一种有效的教学工具与方法，可以在不同的学习时段运用在不同的学习领域中。可以说，促使诺瓦克投身教育研究的最初原因就在于他对教学活动乏力的思考和评价，运用科学理论来指导评价活动是其理论指导教学实践之教育思想的一贯延续，也是其教育思想的有机组成部分。

诺瓦克认为评价应该帮助学生认识到他们自己所具有的理解周围事物或客观经验的巨大潜能。在研究儿童如何获得和运用科学概念这个命题时，诺瓦克很困惑，常用的笔试不能有效地测出儿童的知识，即学生为什么选择这些答案，或者说他们选择这些答案时是如何考虑的。结果发现儿童所选的答案的内容和儿童所表达的意思很少有一致性。可以肯定，其中某些原因是和5～7岁的儿童解释他们答案的能力有限相关，但即使是表达能力最强的儿童，他们所表达的理解和我们考试的答案内容同样缺乏一致性。儿童对任何概念的理解，并不能表明或全或无的一般理解，而只是表明他对重要概念和其他相关概念之间命题关系的认识不断增长，也表明一些学生掌握了错误的关系。如学生可能会说："硬物质是由硬分子组成的，软物质是由软分子组成的，或者，类似于水或空气的物质是由水分子组成的。"但是当问及水分子包括什么时，他们可能会说"是液体水"或"就是水"。由于缺乏空间概念，他们对物质的"单个粒子模型"的掌握就会有严重缺陷。概念图可以运用于形成性评价过程中，教师可以用来做前测、后测的工具，借助于学生制作的概念图，教师可以掌握学生已有的认知分化水平，识别学生跳跃性的创新思维，或发现他们错误的认知关联；借助于不同时段概念图的制作，可以了解学生对概念理解的不同层次，从学生对概念含义的认知变化中就可以清晰地观察他们认知结构的变化过程。

诺瓦克花了几年的时间设计了概念图的评分方案。与概念图的构建原理一样，这种评分方案也是基于奥苏贝尔的认知学习理论：（1）认知结构是按层次被组织的，较广泛的、较一般的概念和命题位于不广泛的、较具体的概念和命题之上；（2）认知结构中的概念逐级分化，在认知结构中，能够区分出事物更广泛和更一致的规律，识别出更多的可以和已有概念相关联的命题关系；（3）概念的融会贯通发生在学生识别出两个以上的概念在新的命题含义中的联系，以及解决相矛盾的概念含义（诺瓦克、高温，1989：97–109）。

接下来讨论如何把这些学习理论转换成概念图的评分标准。

1. 评估层次结构

这一思想吸收了奥苏贝尔的类属概念，类属是指新知识通常和更一般、更广泛的概念发生关系，并能附属于后者。理想的学习材料的层次结构，以一般的、广泛的概念为始，然后是较具体的、较不广泛的概念。实际上诺瓦克也注意到了，不可能只有一种正确的概念图，体现学习者个体意义理解的层次结构只是一种相对适宜的方法，因为这些体系结构正是概念和概念图的核心所在。在概念图所显示的关系中，各种连接所体现的含义，无论是"正确的"，还是"错误的"，甚至一些看上去颠三倒四的，都可能意味着学生对概念图的深层误解，也可能是一种非同一般的、创造性的探索。

形成有层次的概念图，必须借助于任何一门学科中最广泛的、较不广泛的和最具体的概念来思考，这就要求活跃的认知思维活动。在许多学习活动中，学生往往处于比较被动的地位，他们只是勉强地把新知识和已经掌握的知识联系起来。他们可能理解新知识的含义，却不能进行有意义的掌握，是因为他们没有积极地把新知识综合到他们已有的概念结构中去。层次性结构图要求对概念进行积极综合。

诺瓦克发现在学生中存在两种制作概念图的模式。有的学生先形成较小的、将6~10个概念结合起来的亚概念图，再把这些概念图综合到更大的概念图中去。另外一些学生则先以某种方式将用以制图的概念分级，然后开始用6~8个主要概念构成一幅图，在此过程中，逐级加入较次要的概念。无论采取哪种方式，都能形成组织严密、结构分明的概念图。学生的感受是这种作业真正促使他们思考问题，或者帮助他们掌握以前从未理解的关系。

层次结构也允许将新的、从属的具体概念并入较一般的、较广泛的概念图中。随着学习的深入，学生能够理解论题之间的新关系，而在此以前似乎并没有发现这些关系。在学习中，为了能够把概念图联系起来，学生必须理解两个以上学科领域中概念之间新

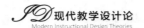
联系的意义。

最后，层次结构使教师评价相对容易，因为概念图中极一般或极具体的部分，会突出并表明学生误解的成分，或需要更仔细地综合类属概念的地方。

2. 评估逐渐分化

奥苏贝尔的逐级分化原理是指，意义学习是一个持续不断的过程，在这一过程中，随着新关系的形成，新概念也就获得了更多的含义。因此概念不会有"最终掌握"，而总是被不断掌握、不断更正，并且随着概念意义的逐级分化，概念会变得更加明确和更为广泛。学习是经验意义发生变化的结果，概念图则是一种表征认知重组的方法。比如儿童最初关于"天气"的概念，可能仅限于雨晴冷暖。后来，儿童才逐渐把"天气"和更多的概念如太阳辐射、水循环等联系起来，从而更精确地理解"天气"的含义。长大后他们知道了更多的天气知识，关于"天气"的概念还会继续分化。即使是气象学家，在他们掌握了新的研究成果后，对"天气"的概念也会进一步分化。因为概念图描述了概念特定的命题关系（包括层次关系），它就成为一个人的概念被分化的程度相对精确的标志。

在教新课之前，了解一下学生已经知道（或误解）了哪些知识是很重要的。用奥苏贝尔的理论来说，就是教师需要知道哪些有关概念能作为基本框架来吸纳新的材料。概念图则是评价学习者达到已有知识水平的简单工具。一种方法就是从要学的新材料中选出一个关键概念，要求学生发挥想象，形成一个能显示他们所知道的、与这一概念有关的全部概念及关系的概念图。教师只要迅速扫视一下，就可以知道学生对这个概念已经分化到什么程度，并且也能迅速发现错误的关系或概念。另一种办法就是从新材料中选出 10~15 个概念，要求学生利用这些概念形成一个概念图，教师也可以从中评价学生概念分化的类型和程度。

当某一课题的概念图和其他有关课题的概念图发生横向联系时，概念的逐级分化就会得到加强。在课堂教学或课题研究中，可以提供教师或专家制作的标准概念图，然后鼓励学生或新手思考如何把当前的概念图和另外课题的一个或多个概念图联系起来。通过经常讨论，形成与若干个课题有关的、具有高度逻辑层次的概念图的各种途径，有助于表现概念间的层次结构关系和增强少数基本概念的解释力。这些活动有助于学生逐渐分化概念，使他们获得准确而广泛的概念含义。有创造性的儿童倾向于按自己的理解重组概念图，但他们也会在学习更系统地组织知识的方法中受益。概念图中概念的逐级分化，增强了个体发现新知和认识理解含义的满足感，能提供情感上的认知奖励，这种由意义学习引发的积极情感是促进其继续学习的持久的内部动力。

3. 评估融会贯通

奥苏贝尔的学习理论指的是，当学习者发现有关的概念或命题之间的新关系时，意义学习的价值就会提高。如前所述，学习者最初把固体、液体或气体看成是由硬分子或软分子组成的。当他们认识到分子外面仅仅是空间，其物质状态同温度及分子的结合模式有关时，他们可能把旧概念和新概念融会贯通起来：冰或铁加热变成液体，并不是因为分子变了，而是因为分子间的严格序列被打破了。如果继续加热，分子可能液化或变成气体，这种气体不装在容器里，就会四处飘散。对固体、液体和气体概念含义的重新理解会使学生产生"恍然大悟"的感觉，在对这些概念进行融会贯通掌握的同时，也使得概念含义进一步分化和明确。另一方面这也揭示了一个人原来错误的认知观念，即把固体、液体或气体看成是由硬分子或软分子组成的，并且揭示了他们漏掉或者说没有认识到的一些概念：空间和温度。意义学习强调要不断认识新旧概念之间的新关系，并且有意识地用新的概念命题去取代错误的概念，上面的例子可以看出概念图在这方面得心应手。

有些概念从其他方面来看似乎毫不相干，而概念图能有效地显示出这些概念之间的横向联系，能启发学习者对概念融会贯通。新颖的融会贯通是创造性思维的重要结果，要辨别创造性很困难，而要向他人阐明创造性可能更困难，这涉及只可意会不可言传的默会知识。区分出胡乱联系和真正的融会贯通很重要，这需要教师在这方面予以特别的注意和高度的敏感。有些学生的作品看起来凌乱不堪，但他们在概念图横向联系的性质和类型，以及概念图的层次结构方面却表现出特殊的能力，及时捕捉到学生的这些创造性表现是很重要的。

最新版本的 Cmaptools 提供了更多的评价功能，例如"概念图比较工具"（compare concept map tool）就允许学习者将自己制作的概念图和专家的概念图进行比较，所有相同和不同的概念与命题都可以用颜色标注出来。

五、概念图作为课程计划

教学任务往往体现在以教学大纲和教科书为主体的教学材料当中，科学合理的教学大纲和教科书应体现出教学任务的范围及序列。传统的教学大纲通常以某种基本框架来将教学实例、概念和命题混杂起来，这样的框架虽然是有层次的，却没有表明关键概念和命题之间的类属关系。而概念图在表达类属关系方面可谓是得天独厚。另外，概念图示简洁明了，它充分利用人的视觉想象能力，以简单的视觉形象描述关键概念之间的关系。因此，将概念图示和教学大纲结合起来，将会收到良好的效果。

概念图是一种重要的教学设计策略，在用来设计整个教学大纲（课程标准）时，对设计者来说，必须运用各种概括水平的概念：广泛而综合的概念是特定科目课程设计的基础，而较具体的欠概括的概念则用于选择具体的教材和活动。换言之，处于学科概念图示顶端的概念指导重要的课程设计活动，而底部的概念则指导具体的教学活动，包括具体的实例。优秀的课程设计要求确定 5~9 个概念，它们是理解某一学科或某一部分的关键所在。教学设计必须根据课程概念做纵向划分，以揭示较一般的、较概括的概念和较具体的概念之间的意义联系。随着教学的深入进行，需要有概念的横向联系，这些联系要求用课程概念层次结构中的横线来联系，探究如何把新概念同已经掌握的概念联系起来。图 5.8 就是本文作者依据九年义务教育全日制初级中学生物教学大纲（2000 年试用修订版）绘制的部分概念图示。

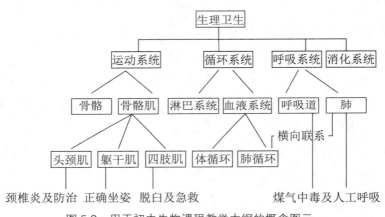

图 5.8　用于初中生物课程教学大纲的概念图示

在实际的教学工作中，教师所遇到的绝大部分原始材料是以直线式或零散式安排的。在分析教学目标时，教师往往倾向于按层次把相关的概念以一个基本框架形式排列起来。在实施教学时，再将教学内容以直线式（即首先呈现知识 A，然后是知识 B、知识 C 等等）呈现出来。概念图示可以帮助教师组织他们希望呈现的整个一组概念 - 命题关系。将这些原始材料进行提纲挈领是制作概念图示的第一步。我们必须认识到，从直线式教学材料到提纲挈领，到将教学材料重新组织到一些有层次的概念图示中，再到教学大纲，这样一些序列是需要的。随后我们必须把这种结构简化为某种顺序：主题 A、主题 B、主题 C 等等。概念图示并不能准确说明所教学内容呈现的准确顺序，它只是显示了概念的层次结构和类属关系，而在心理上，这种层次结构本身就是一种合理的顺序。选择最佳的概念图示层次结构作为基础的直线式教学顺序，这需要教学的技巧和经验的累积。

确定教学任务的性质是指确定教学目标的重点和难点。在实际教学中，许多教师对于什么是重点和难点却把握不好，往往将重点和难点混为一谈。把握教学目标的重点和难点要从学生已有的状态和学科内容的逻辑两个维度来考虑。把握重点不仅要考虑教学时间、条件创设的优先保证，而且要保证重点内容能够满足较高层次的学习需求。换言之，重点内容是学生构建知识结构的重要节点，是学生后续学习得以展开的基础。难点的把握同样要考虑两个因素：学科逻辑的关键点和学生认知结构的关键点，且后者更为重要。只有当学科知识真正被学生理解消化和吸收，融进他们自己的认知结构中时，教学任务才算是落地生根。所以教学难点的把握要更多地聚焦于学生心理意义理解上的便利与否。把握好教学目标的重点和难点为学生构建自己的认知结构、绘制自己的概念图示解决了根本性的问题。

在制订课程计划时，概念图非常有用。概念图可以将要教授的核心概念和原则以非常简洁的方式呈现出来。概念图的层级组织形式为教学材料提供了最优的排列方式。

因为意义学习的基本特征就是将新知识整合进学习者以前的概念和命题结构中去，按照从概括到具体、从归纳到演绎的排序可以鼓励和增强意义学习。这样，在课程计划中，可以构建整门课程的宏观地图，也可以构建教学过程中某个章节的微观地图。教师可以单独或合作构建教学大纲或整门课程。在课程计划或教学设计中运用概念图可以使得学生对概念的理解清晰明了。很多学习者难以识别教材、讲稿或其他形式的文本内容中的主要概念，其中一个主要原因就在于机械学习的模式只要求记住信息而不进行评价。这样学习者就不会构建概念和命题结构图，他们会将学习看成是对无数的事实、名称、公式、程序的记忆，许多人会发现科学、数学、历史等科目要记忆的东西太多，就会厌倦这些科目，因为他们觉得自己根本无法学好这些科目。

六、概念图绘制软件工具包

概念图绘制软件 Cmaptools 是由 IHMC 汇集概念构图的技术力量特别是互联网和万维网研发而成的。该软件不仅方便各年龄段的使用者建构和修改概念图，只要他们能够操作使用文字处理器进行文本书写即可；而且允许使用者在构图过程中进行远程合作，在互联网上发表作品，在概念图中链接相关资源详细介绍节点内容，寻找万维网上的相关信息。该软件可以从网站主页（http://cmap.ihmc.us）下载。

互联网上的很多资源，如照片、图片、图表、视频、文本、网页或其他的概念图都被连接到概念图中，使用者只需要通过简单的拖曳操作便可以将这些资源或连接词联系起来。和资源的连接情况可以通过概念下面的图标来展示，点击任何一个图标都会显示

出一系列可供学习者个体选择使用的提供连接的网络资源。所以运用 Cmaptools 就可以运用概念图来获取数字资料，包括制作者准备的那些资料。通过这种方式，概念图可以作为复杂知识领域的索引和导航工具。通过促进概念之间的连接，学习者可以构建知识模型（Cañas & Novak，2005；Cañas et al.，2003），以此种方式建立起来的知识结构是某一领域相关资源概念图的汇总，它反映了构建者对一个领域而不是一个概念图的理解。

越来越多的研究证明，学生以小组合作的形式进行主题探索将在认知和情感方面获得积极肯定的效果。维果斯基（Vygotsky & Cole，1978）提出了言语学习和社会对话可以促进学习，特别是合作学习小组的成员处于大致相同的"最近发展区"时。他认为最近发展区就是学习者在几乎没有导师帮助的情况下，凭借自身的努力可以达到的理解水平。当学习者同时采取合作学习和概念图制作的时候，会取得更好的学习效果。诺瓦克团队对教师和学生的实验证明，小组形式的概念构图在很多情形中都是可行的。

Cmaptools 十分支持学习者在构图过程中进行合作，借助于 Cmaptools 制作的概念图可以储存于服务器上，这样通过互联网任何人都可以看到。许多 CmapServers 服务器都是公共的，无须授权个人就可以发表自己的概念图及相关资源。这样通过服务器，各个学科各个年龄段的人都可以上传成千上万个不同领域的概念图。然而服务器上的这些概念图只是一些样例，还有一些概念图因为达不到标准就不会有机会露面了。当一个概念图保存在服务器上时，就有一个相关的网页被储存下来，所以通过浏览器就可以搜索到各种各样的概念图。通过将概念图储存在服务器上，Cmaptools 鼓励使用者在构图时进行合作。当概念图存储在服务器上之后，使用者只要通过适当的授权就可以以实时或非实时的形式对可共享的概念图进行修改。通过点击讨论区（discussion thread）和注释（annotation），使用者可以对概念图发表评论。概念图高度清晰的结构使得使用者很方便地交换概念和合作共建新知。我们还发现，合作构图可避免给个人带来的不安定感和尴尬，因为即使会出现一些尖锐的评论意见，也是针对概念图而不是针对个人的。让学习者相互评论概念图，不管他们是在教室里还是在其他的学校，都是相互鼓励和合作学习的有效方式。

合作构图除了可以用在教育领域，还可以应用于企业界。通过合作构图，企业可以以小组讨论的形式来表达意见、明辨观点，从而解决从产品设计到市场调查再到行政管理等各方面的问题。

本章思考题

1. 如何理解教育事件的五个要素，它对认识教育活动有什么意义？

2. 如何理解意义学习是认知、行动和情感的有效整合？

3. 同化论是如何解释认知结构中的知识组织方式的？

4. 机械学习和意义学习，接受学习和发现学习二维矩阵的提出，对帮助我们合理认识学习过程有什么启示？

5. 如何理解意义学习分为三种形式：上位学习、下位学习和并列结合学习？

6. 知识 V 形图对把握课程与教学的内容体系有什么帮助？

7. 概念图的重要特征有哪些？

8. 尝试将学到的知识制作成概念图，并进行自我评判或者同伴评判。

本章主要参考文献

[1] Cañas, A. J., Hill, G. & Lott, J. (2003). *Support for Constructing Knowledge Models in CmapTools* (Technical Report No. IHMC CmapTools 2003-02). Pensacola, FL: Institute for Human and Machine Cognition.

[2] Cañas, A. J. & Novak, J. D. (2005). *A Concept Map-Centered Learning Environment.* Paper presented at the Symposium at the 11th Biennial Conference of the European Association for Research in Learning and Instruction (EARLI), Cyprus.

[3] Novak, J. D. (1977). *A Theory of Education.* Ithaca, NY: Cornell University Press.

[4] Novak, J. D. (1998). *Learning, Creating, and Using Knowledge.* Mahwah, NJ: Lawrence Erlbaum Associates.

[5] Novak, J. D. & Cañas, A. J. (2008). The Theory Underlying Concept Maps and How to Construct Them. http://cmap.ihmc.us/Publications/ResearchPapers/Theory UnderlyingConceptMaps.pdf.

[6] Vygotsky, L. & Cole, M. (1978). *Mind in Society: The Development of Higher Psychological Processes.* Cambridge: Harvard University Press.

[7] 奥苏伯尔（1994）. 教育心理学：认知观点. 佘南星，宋钧，译. 北京：人民教育出版社.

[8] 施良方（1994）. 学习论. 北京：人民教育出版社.

[9] 诺瓦克，高温（1989）. 学会学习. 方展画，等译. 武汉：湖北教育出版社.

第六章

大概念教学设计论

为什么要提大概念和大概念教学？这个问题要从核心素养谈起，随着工业时代向信息时代的转型，几乎所有的国家都制定了自己的核心素养或关键能力框架，思考未来要培养什么样的人这个问题。核心素养的核心是"真实性"，如格兰特·威金斯（Grant Wiggins）所说："学校教育的目标是使学生在真实世界能得心应手地生活。"当前提倡的深度学习的内核同样也是解决真实问题，迈克尔·富兰（Michael Fullan）提出，新教育学（深度学习）的目标是"使学生获得成为一个具有创造力的、与人关联的、参与合作的终身问题解决者的能力和倾向"。

教育要使学生学会"解决真实情境中的问题"。未来真实情境中的问题往往是复杂的，没有现成方案的，需要创造性地运用专家思维来解决，因为简单重复性的任务都交给人工智能来完成了，而人工智能不具备的恰恰是"自我突破的创新"。专家思维的核心特征是"创新"，而创新的机制是"迁移"。

迁移是指把在一个情境中学到的东西迁移到新情境的能力。戴维·珀金斯（David Perkins）等按照任务的相似性区分了两种迁移：当新任务与原任务相似时，称为"低通路迁移"；当新任务与原任务不相似时，称为"高通路迁移"。低通路迁移的路径是从具体到具体，因此，只能达成相似的"具体与具体"之间的简单关联，也就是"刷题"的逻辑。而高通路迁移的路径是从具体到抽象再到具体，因此能够形成复杂的认知结构。高通路迁移的这种路径指的就是"理解"，约翰·布兰思福特（John D. Bransford）提道，"新学习科学的一大特色就在于它强调理解性学习"。大概念就是理解的核心。当前不论是威金斯的理解为先的教学设计理论（understanding by design, 简称 UBD），还是林恩·埃里克森（Lynn Erickson）的"概念为本的教学"（concept-based instruction），其根本性改变都是强调以大概念为统领的目标导向。如果不理解大概念，只是照抄他们的设计步骤，那就是没有掌握他们理论的"精髓"，还是会回到传统教学的老路上去。本章主要探讨大概念教学设计的特征与具体教学设计步骤。

第一节　大概念和大概念教学

一、大概念：理解的核心

许多学者都提到过大概念的重要性，只不过用词不同，比如约翰·杜威（John Dewey）的"概念"、杰罗姆·布鲁纳（Jerome Bruner）的"一般观念"、阿尔弗雷德·诺思·怀特黑德（Alfred North Whitehead）的观念结构、戴维·珀金斯的全局性理解、查尔斯·菲德尔（Charles Fadel）的元概念等等。同时，学者也赋予大概念各种隐喻，来描述大概念对于理解的核心作用。威金斯等把大概念比作车辖，有了车辖（linchpin），车轮等零部件才能组装起来，否则只能散落一地、毫无用处。其他的还有锚点、魔术贴、衣架、透镜、建筑材料等大概念隐喻。

（一）大概念的界定

大概念可以被界定为反映专家思维方式的概念、观念或论题，它具有生活价值。为了让大家理解得更清晰，我们可以把"大概念"拆开来看。

（1）大概念的"大"，是指具有生活价值。威金斯特别指出，大概念的"大"的内涵不是"庞大"，也不是"基础"，而是"核心"。大概念不仅可以联结学科内的概念，达成学科内知识的融会贯通。而且更重要的，大概念可以联结学校教育与真实世界。所谓大概念与小概念的区别，就是在适用范围的不同，大概念的适用范围比小概念要广。威恩·哈伦（Wynne Harlen）等学者在《科学教育的原则和大概念》一书中举了一对大小概念的例子，"蚯蚓能很好地适应在泥土中的生活"（小概念），对应"生物体需要经过很长时期的进化形成在特定条件下的功能"（大概念）。而适用范围广到什么程度呢？就是要能在生活中被用到，或者说要有生活价值，只有这样，才有机会在日常的具体情境中不断地被运用，而每一次的具体运用都在提升它的可迁移性。小概念只有上升到大概念，处于认知结构之中，才能被不断激活。如果只停留在小概念的层面上，未来没有机会激活，日久天长就忘了。如图 6.1 所示，大概念包括跨学科大概念，也包括学科大概念。

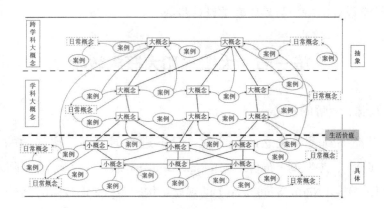

图 6.1　大概念和小概念（刘徽，2000）

（2）大概念的"概念"包括概念、观念和论题。"大概念"的英文是"big idea"，这里用的是"idea"而非"concept"，因此，也有学者翻译为"大观念"。应该说，概念的确是大概念的一种重要表现形式，但大概念不局限于概念。威金斯认为，大概念通常表现为一个有用的概念、主题、有争议的结论或观点、反论、理论、基本假设、反复出现的问题、理解和原则。所以，大概念可以表现为一个词、一个短语、一个句子或者一个问题。因此，大概念有三种表现方式，即概念、观念和论题。

（二）大概念统摄知识和技能：从二维目标到三维目标

埃里克森比较了"知识的结构"和"过程（技能）的结构"，尽管两者在下端的学习是有所区别的，知识的结构是"事实"和"主题"，过程的结构是"策略和技能"，但往上都是"概念、原理、概括、理论"，也就是"大概念"，如图 6.2 所示。他提出的三维模式则用概念性知识（理解）把事实性知识（知识）和程序性知识（技能）有效地组织起来，这样，就构成了一个立体的三维模式，区别于以往不区分这三种知识类型的二维模式。三维模式用 KUD 来明确目标，分别代表知道（know）、理解（understand）和做（do），其中知道的是"事实"，做的是"技能"，而理解的是"概念"，而 KUD 的核心是"U"，只有"理解"了，才能"知道"和"做"，如图 6.3 所示。

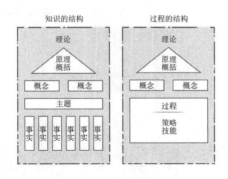

图 6.2　知识的结构与过程的结构

（埃里克森、兰宁，2018: 19）

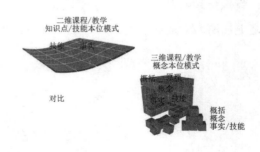

图 6.3　二维课程模式与三维课程模式

（埃里克森、兰宁，2018: 18）

（三）大概念是具体与抽象之间的协同思维

《人是如何学习的：大脑、心理、经验及学校（扩展版）》一书中提到，专家思维是以大概念来组织的，但同时也指出"专家的知识常常镶嵌在应用的情境之中"。也就是说，大概念虽然表现为抽象的概念、观念或者论题，但它需要具体的案例支撑，否则就只是被充分理解的"惰性知识"。大概念的建立经历了"具体→抽象→具体"的循环过程，从思维方式来看，也就是经历了归纳和演绎两种思维过程，先从多个具体的案例中抽象出大概念（归纳），再将大概念运用于新的具体案例中（演绎），而每一次演绎都进一步加深了对大概念的理解。

埃里克森认为，大概念是具体和抽象之间协同思维的结果，"协同思维是大脑低阶和高阶处理中心之间的能量互通"。实际上，日常生活中我们也重复这个过程，就是所谓的"经验总结"，只不过这样总结出来的概念还比较粗糙，我们称之为"日常概念"，而大概念也好，小概念也好，都是经过科学论证的，都是"科学概念"。但无论是哪些概念，都经历了归纳和演绎的过程，并常常在演绎中不断地修正原有的理解，支撑抽象大概念的具体案例越多样、越丰富，大概念的迁移性往往就更强。

二、大概念教学与传统教学的区别

大概念教学和传统教学最大的差别在于目标的不同。如图 6.4 所示，传统学习就像在海滩边捡石子，学生带着一个空空的罐子来到海滩上，在教师的指导下，往罐子里一块块地扔石子，石子都是散的，之间也没有什么关联，最后学生来到一个地方，就是我们所说的考试，把所有的石子都倒掉，茫然地又带着空空的罐子回去了。而在大概念学习中，学生是带着自己的已知来的，但日常经验中获得的已知常常是粗糙的、未经雕琢

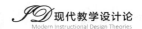
的，就像那块石料，学习的过程就像雕刻，每一刀都是有目的的，就像对观点的琢磨，使之更加清晰、成熟、复杂、正确，最后得到的是一个精致的雕像。

图 6.4　传统教学与大概念教学（Stern et al., 2018: 54）

与传统教学相比，大概念教学更能引发学生的学习兴趣。如图 6.5 所示，学习就像潜水，潜水员潜得越深，物种就越丰富、景象就越美丽，探索之旅就会更加多变和有趣，充满了各种惊喜，但如果只浮在表面，则潜水员通常看到的景象和物种都比较单一，慢慢地就失去了兴趣。

图 6.5　"潜得更深"的大概念学习（Stern et al., 2018: 82）

三、大概念教学的神经科学依据

杰伊·麦克泰格（Jay McTighe）等专门研究了 UBD 理论的教育神经科学依据。麦克泰格认为，神经科学的研究已经取得了一定的突破，我们在一定程度上已经能观察到大脑在学习过程中的反应，大概念教学一直受"大脑如何实现最佳学习"这一问题的引导，大脑遵循两个主要的生存指令，即寻求快乐和寻求模式，它们都在大概念教学中得以体现。神经科学不仅为大概念教学提供了支撑的依据，也提供了改进的依据。

（一）为什么大概念教学更容易让人兴奋？

大脑的功能区域和边缘系统分别如图 6.6 和图 6.7 所示，杏仁核附近有伏隔核，伏隔核会向前额皮层区域释放多巴胺流，产生正面情绪，这种积极愉悦的反应会强化相应的神经记忆网络。

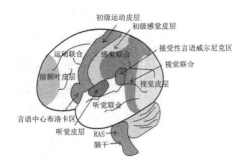

图 6.6　大脑的功能区域

（McTighe & Willis, 2019: 4）

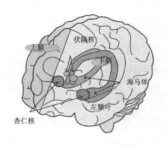

图 6.7　大脑的边缘系统

（McTighe & Willis, 2019: 6）

　　首先，大概念教学强调明确预期学习成果，从而让学习有明确的方向。从神经科学来看，我们的大脑不断地接收信息，这些信息来自感觉系统（听觉、视觉、味觉、触觉、嗅觉）和感觉神经末梢（肌肉、关节、内部器官），但只有约 1% 的信息能进入大脑，这是因为大脑在信息加工处理过程中要付出大量精力，高密集和高活跃度的新陈代谢活动使大脑要消耗人体中 20% 的氧气和营养物质。因此，一旦信息进入大脑加工系统，就会被许多"切换站"转发，其中，最高水平的加工过程发生在大脑的外层，也就是皮层得到处理，大脑有明确的目标时，会让人集中注意力，搜索与目标相关的感官输入，并从记忆中寻找已有的信息以钩住新的信息。

　　其次，大概念教学强调挑战性。比如复杂的真实性问题、带有挑衅性的问题等，会被大脑优先接收。这也有神经科学的依据，因为在后脑下部有一个"感觉摄入过滤器"，称为"网状激活系统"（RAS），如图 6.8 所示，但这一系统会优先接收新的、不同的、有变化的和意想不到的信息，这也是人和动物在生存过程中发展起来的本能，那些"不一样"的信息往往预示着危险的靠近。同时，好奇心会激活大脑的多巴胺奖励系统，既能引起学习者的注意，也能促使学习者不断努力。

图 6.8　大脑的网状激活系统（McTighe & Willis, 2019: 4）

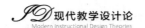
最后，大概念教学强调"具体→抽象"的归纳之外，也强调"抽象→具体"的演绎，其实就是让学生在具体案例中运用大概念去判断和预测，而成功的预测会让大脑释放多巴胺，强化模式。不仅人类如此，动物也一样，比如狐狸会发现天气冷的时候兔子会较早入洞，因此，会建立起"低温—兔子"之间的关联，从而更早地候在兔子的洞穴边，而预测的成果会强化这一模式。所谓的模式在很大程度上就是我们所说的抽象的"大概念"，借此大脑能更好地预测"接下来会发生什么"。预测得到的反馈会让学生产生成就感。脑成像和神经电学研究表明，反馈能促进前额皮层的活动，而且会强化这种模式，当大脑知道会从哪种活动中获益时，它就会自然产生响应。体验到这种活动的价值，大脑会付出更多努力来投入活动中。

（二）为什么大概念不容易被遗忘？

首先，大概念教学强调抽象大概念的建立，而如前所述，抽象大概念从某种程度上来看就是一种模式，模式是指对事物之间的关系和共性的分类和组织。事实上，主导我们思维和行动的信息往往不是存储在单个神经元上的，哪怕只是一个简单的拍手行为，每个神经元都拥有一个微小的片段，多个神经元构成神经回路进而形成记忆。

换言之，大脑是以模式为单位来存储信息的，只有模式才能更快地识别、存储、检索和提取信息。新的感觉信息经由杏仁核进入上脑后，在海马体中停留不到一分钟时间，能否从短时记忆上升到长时记忆很大程度上取决于能否识别和激活现有的存储器（已有的信息及模块），对新的信息进行处理，使之与已有信息产生联结。

此外，杰罗姆·布鲁纳认为，大脑形成模式的一个基本方法就是寻找相似性和差异性，形成概念类别。大概念教学要让学生区分正例和反例，是因为在比较中学生加强了对大概念的理解。这也解释了为什么类比是大概念学习的一个非常好的方式，因为喻体常常是学生更为熟悉的、强大的记忆模式，比如，"好的故事就像一个过山车，那些情节能让你体会起伏"。

其次，大概念教学的学习机制是高通路迁移，即"具体→抽象→具体"的路径，而不是低通路迁移，即"具体→具体"的路径。高通路迁移实际上在不断地塑造强有力的神经网络，形成神经可塑性反应，如图6.9所示，而低通路迁移则只能形成微弱的神经通路。长期以来，我们一直有一种错误的观念，即认为大脑在我们出生时就已经定型了，事实上，尽管神经元的数量变化不大，但神经元之间的连接，也就是神经网络却在人的一生中不断地增长和扩展。神经可塑性指的就是神经网络的持续发展，这里既包括联结更多的神经元，表现为树突或轴突的联结，也指增厚现有联结的髓鞘层。每一次有意义的信息输入都会激活神经元之间的电信号，形成神经回路，以唤醒、加强、修正或改变神经网络。神经元之间的联结越多，灵活性就越强，就好比我们的交通系统，如果只有一条路，那就只能走这条路，别无选择，而如果能开发出四通八达的道路，那么你就可以灵活地选择各种路线。而髓鞘层越厚，就像道路越宽敞，允许通行的车辆更多，预示着处理信息的效率就越高。神经科学发现，如果要求学生一遍一遍地重复相同的信息，那么只会形成微弱的、固定的"孤独"通路，只能用相同的提示去检索和激发，无助于神经网络的建构，也无法迁移到新的问题解决中去。

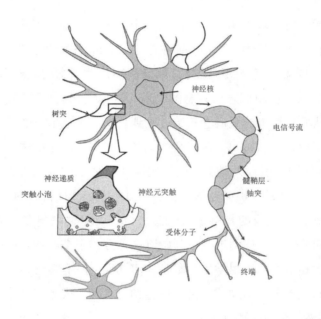

图 6.9　大脑的神经可塑性反应（McTighe & Willis, 2019: 12）

最后，大概念不易遗忘，小概念容易遗忘。神经可塑性既可能表现为加强，也可能表现为衰退，也就是说，如果长期没有相关信息的激活，树突的联结会逐渐减少，也会不断变薄，最终会消失。这也解释了为什么我们在学校里学习的知识后来会"还给老师"。因为如果我们建立的只是适用范围局限在课本上的"小概念"，还没有上升到大概念，编织起一个牢固的概念网络，那么走出学校后，那些"小概念"会因为再也没有运用的机会，而出现遗忘的现象。

（三）为什么大概念要在润泽的学习环境下发生？

大脑深处有一个主管情绪的"边缘系统"，包括两个结构（大脑两侧各一个），称为杏仁核，负责指导下脑和上脑之间的交流，其中，下脑负责控制原始行为，包括大部分身体功能，如呼吸和消化，以及本能反应，如逃跑和防御，这也是大脑在减少能量输出

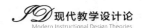

的一种表现。而上脑，也称为前额皮层，负责更为高级的信息加工，比如分类、归纳、判断等，以做出更为深思熟虑的反应。杏仁核可以被认为是信息流向上脑还是下脑的切换站。当处于压力状态时，比如感受到焦虑（如考试临近时，或者作业过多时）、恐惧（如当众发言时，被同学孤立时）、沮丧（如考试成绩不好时，回答问题错误时）、无聊（如重复某一简单任务时）等情绪时，信息会进入下脑，就会出现抵御或走神等行为。

四、大概念教学练习：热身运动

大概念教学无论对于教师还是学生都是一个很大的转变，因此，先期可以开展一些练习，让学生熟悉大概念教学。朱莉·斯特恩（Julie Stern）设计了一套大概念教学的热身运动，包括 9 个步骤。值得一提的是，如前所述，大概念的表现形式既可以是概念，也可以是观念和论题（反映概念与概念的关系，也称概念关系陈述），因此在大概念教学中，常常也会从概念形态的大概念开始过渡到观念和论题形态的大概念。

（1）揭示专家思维。教师可以和学生探讨"专家为什么能记住那么多知识？如何才能成为专家？"等问题，引入大概念。比如教师可以说："向你们透露一个关于专家的小秘密，他们会利用'结构'，也就是大概念，在头脑中组织信息。有了大概念，专家们能够更轻松地记忆，更重要的是有了大概念，他们就能解决很多别人解决不了的新问题。要恭喜各位同学的是，你们现在也开始以这种方式来学习啦！"

（2）区分概念和事实。每组学生会拿到一组词汇，既有概念也有事实，教师请学生找出每组词汇中的"异类"。比如"白宫、华盛顿纪念碑、安娜卡斯蒂亚河、自然景观"，学生会将"自然景观"作为异类挑出来。

（3）归类事实，并概念化。通过展示白宫、华盛顿纪念碑、安娜卡斯蒂亚河等图片或视频，让学生对这些事实进行分类，并予以概念化，比如将这些事实分为自然景观、人文建筑两大类。

（4）尝试在概念与概念之间建立联系。教师可以提示学生思考概念与概念之间的关系，问一问"这两个概念之间的关系如何？"，比如思考"自然景观与人类生活有何种关联"，并用自己的语言表达出来。

（5）完善概念关系陈述。告诉学生什么是好的概念关系陈述，介绍原则，比如尽量不要使用专有名词和弱动词（如"影响""具有"这些比较笼统的词汇），并让学生尝试练习，比如修改以下陈述"华盛顿特区的建筑象征着权势""大城市中的河流影响着交通运输"等。

（6）理解概念关系陈述（观念或论题）。以小组为单位拿到概念关系陈述，比如"河

152

流两侧往往会聚集更多的人口，因为交通方便"。学生可以讨论一下这样的概念关系陈述是否帮助他们拓展了理解，并可以对这些概念关系陈述进行修改。

（7）促进协同思维。为概念关系陈述寻找合适的事实例证。思考"哪些事实能更好地支撑这条概念关系陈述""有没有事实是违背这条概念关系陈述的"，比如"自然景观可以提升该地方对人才的吸引力"（比如安娜卡斯蒂亚河、岩湾公园）。

（8）迁移至新问题情境中去。教师出示一些学生比较陌生的国家的地图或照片，让他们用概念关系陈述来解释。比如，用"自然景观可以提升该地方对人才的吸引力"来解释法国或中国的热点城市的产生。

（9）进行反思和总结。学生对一系列问题进行思考，比如"概念和事实的区别是什么？""大概念学习和传统学习有什么不同？"具体可以用理查德·保罗（Richard Paul）提出的 SEEI 模板来反思，即陈述（state）、解释（elaborate）、举例（exemplify）和说明（illustrate），如表 6.1 所示。

表 6.1　SEEI 反思模型（Stern et al., 2018: 75）

（清晰陈述观点）传统学习是关于……的学习。 （详细解释）也就是说，传统学习的目标是……。在学习过程中，学生主要……，教师主要……。最后的学习成果是…… （举例）例如： （用比喻或图片加以说明）就像……
（清晰陈述差别）而大概念学习是关于……的学习。 （详细解释观点）也就是说，大概念学习的目标……，而不是……。 　　　　　　在大概念学习过程中，学生主要……，教师主要……。最后的学习成果是…… （举例）例如：…… （用比喻或图片加以说明）就像……

第二节　大概念视角下的单元设计

大概念视角下的单元设计、单元整体教学中的"单元"具有兰迪·恩格尔（Randi Engle）所说的拓展的结构（expansive framing，具有长期意义的学习任务序列），而非局限的结构（bounded framing，着眼于当前作业和考试等短期利益的学习任务序列）。也就是说这里的单元是指达成抽象大概念的具体集合，因此既可以是有形的"单元"，即集中一段时间教学的"单元"，其中以教材中的单元为"单元"最为常见，当然也可以根据需要进行一定的合并和调整；同时也可以是一种隐形的"单元"，或者更准确来讲是一种整体的思想，即不集中时间进行教学，分布在各个不同学段和学时中，但都指向于同一

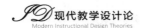
个大概念。教师在教学时要有意识地将有同一个大概念的有形单位贯通起来，因为支持大概念的案例越多样、越丰富，归纳得出的大概念对未来学生解决真实问题的可迁移性就越强。

一、单元设计的两种思维方式

在单元设计时，要保持两种思维方式的运行，即宏观视角和微观视角。卡拉·马歇尔（Carla Marschall）和蕾切尔·弗伦奇（Rachel French）把这两种思维方式比作"望远镜"和"放大镜"，如图 6.10 所示。

宏观视角可以理解为"向外扩展"，思考的问题有：（1）单元与单元之间的关联。哪些单元是相互关联的，并指向同一个大概念的？哪些单元的大概念相互关联，并上升到更高位的大概念？单元与单元之间的关系是并联（呈平行关系，但都指向同一大概念）还是串联（呈前后关系，前面的单元是后面单元学习的基础）？（2）单元与学科之间的关联。这些单元是否有助于建立学科的专家思维或专家素养？从专家思维或专家素养的视角，是否需要对内容进行补充？思维是否需要补充单元？（3）单元与跨学科之间的关联。哪些单元之间的关联可以打破学科的限制，形成跨学科的大概念？（4）单元与真实世界之间的关联。在真实世界中，单元的大概念如何运用？可以体现在哪些问题的解决上？当然，宏观视角最重要的还是与真实世界的关联，从未来的角度审视整个学习的"生活价值"："能否有效地合作？既学会倾听、表达，也学会分配、协调。""是否有良好的思维方式，学会联想、分类、推理、归纳？""能否阅读和写作各种类型的文本；能否鉴别和创作好的文学作品（言语）；是否养成了健身的意识，了解自己的身体，并能为自己制订合适的健身计划（体育）；是否了解各种音乐类型，能正确地发声，懂得欣赏音乐，并创作音乐（音乐）？"等。

图 6.10　大概念视角下单元设计的两种思维方式

（Marschall & French, 2018: 58）

而微观视角可以理解为"向内深挖"，思考的问题有：（1）单元的预期学习成果是什么？相关的大概念有哪些？（2）如何设计具有挑战性的表现性任务，来体现单元的预期成果？（3）单元涉及哪些小概念和大概念？如何通过概念之间的关系来设计单元的结构和序列？（4）单元可以收集哪些具体案例、设计哪些学习活动，以帮助学生更好地理解单元的大概念？

二、单元设计的步骤

如何将大概念融入单元设计中，这里比较有代表性的是格兰特·威金斯和林恩·埃里克森的单元设计步骤。

（一）威金斯的单元设计步骤

1.单元设计的逆向思路

我们先来看威金斯的单元设计三步骤，即明确预期学习成果→确定恰当评估办法→规划相关教学过程。威金斯称之为"逆向设计"的思路，所谓逆向就是要从学生长远的综合学业表现来考虑设计，换言之，就是学习对他们未来解决真实问题有哪些帮助这个视角出发，来审视教学设计，而不是将目光局限于眼前的考试，把知识点全都过一遍，或者盲目让学生"做"，参加各种活动，将动手和动脑相混淆，这就是威金斯所说的两种教学的误区，即"覆盖教材内容"和"活动导向教学"。在威金斯看来，学习一定是着眼于未来更为长远的目标的，这就为学习提供了一个前进的方向，那么在整个学习过程中，学生的学习成果才是可积累的，否则大家都只是"近视眼"，只能抓住眼前的短期目标，那么教育必然会出现很多损耗和浪费，也很难支持长远目标的实现。因此，逆向设计的逻辑就是要清楚预期成果是什么，然后要收集什么样的证据来保证预期成果的实现，据此才能做具体的教学设计。表6.2以学驾驶为例呈现了逆向设计的逻辑，表6.3是威金斯单元设计三步骤的设计模板。同时威金斯还提供了单元设计的评价标准，见表6.4。

表6.2　以学驾驶为例呈现了逆向设计的逻辑（威金斯、麦克泰，2008: 11）

阶段一	阶段二	阶段三
如果预期目标是……→	然后证明学习者能够……→	然后学习活动要……
在交通拥堵状况下开车时，可以应对其他言语粗鲁或精力不集中的司机，避免发生事故或不会心生怒气	在真实和虚拟的驾驶情况下，学会防御性驾驶得以应对交通状况或其他司机的"坏"脾气	帮助新手熟练掌握开车技能；帮助他们在各种状况下学习和操练防御性驾驶；帮助他们学会使用幽默感或换换脑筋来消解怒气

2. 单元设计的切入点

威金斯认为，就像厨师即使有一个非常明确的操作性食谱，也需要自己反复琢磨，映射到单元设计中，这个比喻告诉我们，单元设计很可能不是一开始就很明晰的，而是在过程中越来越清晰的。因此，教师可能会希望有人把所有的学科大概念甚至跨学科的大概念都整理出来，当然如果能提供所有的单元设计样例更好。但威金斯认为，在大概念教学中教师更需要通过自己的钻研，对教学内容有更为深刻的理解。所以，他建议每一个教师可以从一个单元开始尝试设计，他鼓励教师："放手干吧！从你觉得合适或好奇的地方开始！"他甚至觉得一开始不一定从设计新单元开始，而是从改造旧单元开始，因为大概念教学要求对内容有深度的理解，而对内容相对熟悉就已经打好了前期的基础。同时威金斯也认为不同的教师也存在个体的差异，因此，完全可以选择适合于自己的切入点开始设计。他提出了7个切入点，如图6.11所示。比如说，那些比较关注技能的学科，可以从"一个现实生活中的迁移目标"开始设计，而那些比较关注内容的学科，可以从"一个发人深思的问题"开始设计。

表6.3　威金斯单元设计三步骤模板（威金斯、麦克泰，2008：18-19）

	阶段一：明确预期学习结果	
课程标准 本单元要达到的内容标准和任务目标是哪些？ 本单元要发展的思维习惯和跨学科的目标（如21世纪技能，核心胜任力等）是哪些？	学习迁移	
	学生能自主地将所学运用到…… 学生将获得何种持久的、自主的学习成果？	
	理解意义	
	深入持久理解 学生将会理解…… 教师特别期望学生理解什么？ 学生如何将它们联系在一起？	核心问题 学生将不断地思考…… 何种发人深思的问题能促进学生的置疑问难、理解意义和学习迁移？
	掌握知能	
	学生该掌握的知识是…… 学生当掌握并能再现哪些事实和基本概念？	学生应形成的技能是…… 学生应当会运用哪些具体的技能和程序？

续表

阶段二：确定恰当评估办法		
目标代码	评估的标准	
是否所有的预期学习结果都进行了合理的评估？	采用何种标准来评估预期学习结果的成效？ 不考虑评估的形式，评估中最重要的本质属性是什么？	真实情境任务 将用哪些表现说明学生实现了理解……？ 在复杂的情境任务中，学生将如何展示自身的理解（理解意义和学习迁移）？
		其他评估 通过其他哪些方式说明学生达成了"阶段一"中的目标？ 教师将收集哪些其他方式说明学生达成了"阶段一"中的目标？
阶段三：规划相关教学过程		
目标编码	前测 教师将采用何种前测方法来确定学生已有的知识、技能、水平和潜在的误解？	
每个学习活动的目标（类型）是什么？	教学活动 学生的学习迁移、理解意义和掌握知识技能取决于…… ◇教学活动是否致力于达成三种类型的目标（知识技能、意义理解和学习迁移）？ ◇教学活动是否体现了学习的基本原则和最佳的教学实践？ ◇阶段一和阶段二之间是否始终保持一致？ ◇教学活动对学生是否有吸引力和效果？	教学监控 ◇在课堂活动中，教师如何监控学生知识技能、理解意义和学习迁移的学习进程？ ◇潜在的薄弱点和误解是什么？ ◇学生如何获得必要的反馈？

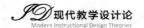
表 6.4　威金斯单元设计评价标准（威金斯、麦克泰，2008：31–32）

阶段	具体量规	3	2	1	指导与反馈
阶段一	1. 迁移目标是否阐明持久、真正的预期学习成就				
	2. 理解性目标是否体现重要的迁移思想				
	3. 理解性目标是否以概括的陈述句形式呈现——"学生将能够理解……"				
	4. 核心问题是否开放并发人深思				
	5. 相关的标准、任务和项目目标是否在三个阶段都已阐明				
	6. 预期的知识和技能是否足以实现既定目标、获得预期理解并促进迁移				
	7. 阶段一的所有要素是否连贯一致				
阶段二	8. 具体评估办法能否保证检测到所有的预期学习结果，即阶段二对阶段一的检验				
	9. 具体评估办法是否包含基于多维度理解的真实性迁移任务				
	10. 具体评估办法是否足够丰富使学生有机会展示其已掌握阶段一的目标				
	11. 每一种评估方式的评估标准能否有效检测预期结果				
阶段三	12. 学习活动和教学能否帮助学生： a.习得预期的知识和技能 b.建构基本思想的意义 c.将所学知识技能迁移到新情境中				
	13. 运用WHERETO的方法开发高效的、引人入胜的教学活动				
整体性	14. 三阶段之间是否保持协调一致				
	15. 考虑到具体情况，单元设计也是可行的、合理的				

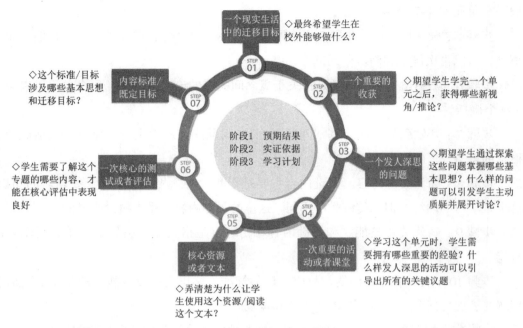

图 6.11   威金斯大概念单元设计的 7 个切入点（威金斯、麦克泰，2008: 31–32）

（二）埃里克森的单元设计步骤

埃里克森提出 11 个单元设计步骤，具体为创建单元主题→确定概念棱镜→确定单元链→编织单元网络→归纳出概括→开发引导问题（基本问题）→确认关键内容→确认关键技能→编写最终的评估及相应的评估标准→设计学习经验→撰写单元概述。卡拉·马歇尔和蕾切尔·弗伦奇改编了埃里克森的单元设计步骤，增加了"确定驱动概念"，具体如下：

步骤 1：创建单元主题。一个好的主题在吸引和激发学生对单元的兴趣的同时也让学生明确了学习的方向。

步骤 2：确定概念棱镜。概念棱镜一般是比较宏观的概念，有助于聚焦，展开具体与抽象的协同思维。

步骤 3：编织单元网络。与传统教学不同，编织单元网络不是按照知识的逻辑，而是按照大概念的逻辑，考虑概念与概念之间的关系来形成单元链，图 6.12 展示了"数字时代的信息获取与共享"单元的跨学科单元网络，图 6.13 展示了"方程和方程组"单元的学科单元网络。

步骤 4：确定驱动概念。驱动概念是指单元中的关键概念，常常是学科性质的，一

般一个单元有 4~7 个驱动概念。

步骤 5：确认单元链。步骤 3 概念网络中实际上已经包含单元链，但通过明晰驱动概念，可以再次修正和确认单元链。

步骤 6：归纳出概括。概括是指关于概念间关系的论述或观念。每个单元可以包括 5~9 个概括。

步骤 7：开发引导问题（基本问题）。引导问题能促进学生对大概念，包括概念和概括的思考。

步骤 8：确认关键内容。关键内容主要是指和大概念相关的本单元要学习的知识，这也是学习的内容，但和传统教学不同，这里的关键内容是受大概念引导的。

步骤 9：确认关键技能。和关键内容相仿，也是指大概念引导下本单元要学习的技能。

步骤 10：编写最终的评估及相应的评估标准。这里是指设计能反映学生对大概念理解的表现性任务，并给出具体的标准和量规。

步骤 11：设计学习经验。是指根据目标和评估来设计学生各个阶段的学习体验。

步骤 12：撰写单元概述。将单元目标和评价方式等以综述的方式呈现，一方面能够引发学生的兴趣，另一方面也为学习指明了方向。

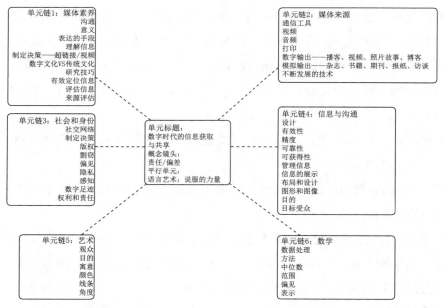

图 6.12 "数字时代的信息获取与共享"的跨学科单元网络（Marschall & French, 2018: 49）

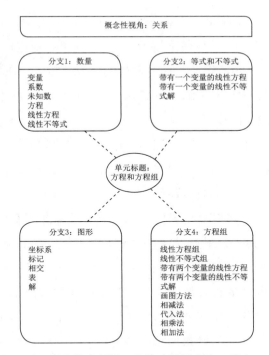

图 6.13 "方程和方程组"的学科单元网络（埃里克森、兰宁，2018: 134）

对比威金斯和埃里克森的单元设计步骤，会发现其实在主线索上，两者是一致的，也就是说，埃里克森的单元设计其实也遵循了威金斯的逆向设计思路，即目标设计（步骤 1~ 步骤 9）→评价设计（步骤 10）→过程设计（步骤 11~ 步骤 12）。只不过，埃里克森的单元设计步骤呈现了更多的设计细节。

第三节　大概念教学过程的阶段和方法设计

无论是威金斯还是埃里克森，都将大概念的单元设计分为"目标设计→评价设计→过程设计"三步，这里我们重点谈谈过程中的阶段和方法的设计。

一、大概念教学过程的阶段设计

（一）WHERETO 元素

威金斯和麦克泰格提出了大概念学习过程的 WHERETO 元素：（1）W——学习方向（where）和原因（why），是指要让学生明白"去哪里"和"为什么"。教师不仅要在单元学习开始前清楚目标，同时也需要让学生明确任务和指标。其实 W 不仅包括去哪里

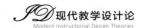
（where to）的问题，也包括哪里来（where from）的问题，也就是说教师需要在单元学习前了解一些学生"已知"的和"有兴趣"的内容，从而更好地进行教学设计。（2）H——吸引（hook）和保持（hold），是指要引发学生的学习兴趣，并在学习过程中保持。高挑战的学习一定具有复杂的脑力劳动，所以需要付出卓绝的努力，但我们希望这种努力是学生"心甘情愿""乐此不疲"的。（3）E——探索（explore）和体验（experience），准备（equip）和使能（enable），这四个词语可以概括成两句话，即通过体验来探索，为了提高表现而准备。我们常常认为学生学不好的原因是缺乏基础知识，但事实是，他们学不好常常是因为缺乏丰富体验，或者说没有充分激活他们的日常体验。大概念如果不能浸润在鲜活的体验中，那就只是无用的抽象概念。因此要有效地设计体验性的活动促使探索，为达到最终的目标做好准备。（4）R——反思（reflect）、重新考虑（rethink）与修改（revise），是指学习是螺旋上升的迭代过程。学习就像不断挠痒的过程，只有时不时地挠挠才能加深理解。教师的任务就是不停地挑战简单、单一的理解，不断地讨论基本问题，促进学生的深入思考。（5）E——评价（evaluate）工作及进展，是指学生的自我监控、自我评估和自我调整。（6）T——量身定制（tailor），是指根据学生的发展需求、学习风格、先前知识和学习兴趣来调整设计。（7）O——为最佳效果而组织（organize），是指安排学习体验序列。如果说前面 6 个元素都是最佳设计的分解元素，那么 O 要求我们组织这些元素以发挥它们的最大功效。威金斯还将 WHERETO 作为元素，在每周的课程中加以体现，如表 6.5 所示。

（二）概念探究过程的七阶段

卡拉·马歇尔和蕾切尔·弗伦奇提出了概念探究过程的七个阶段，如图 6.14 所示，包括：（1）参与，指让孩子在情感和智力上都融入单元学习中；（2）聚焦，指通过归纳发展对单元重要概念（或称驱动概念）的理解；（3）观察，指通过各种方式引入更多的具体案例来帮助理解大概念；（4）组织，指利用各种思维工具来整理大概念；（5）概括，指阐述概念之间的关系；（6）迁移，指将大概念应用于新的问题情境之中；（7）反思，指在整个学习过程中的自我评价等。但马歇尔等也认为，这七个阶段并不严格按照时间上的先后顺序一一呈现，这是因为大概念教学是在具体和抽象之间反复穿梭的。因此，她说"概念探究模型应该被看作是递归的而不是线性的"。此外，她还提出黏合这些阶段的是一种"概念探究的文化"，这种文化由三个元素组成，即开放的思想（愿意倾听一切观点，尤其是和自己不一样的观点）、求证的思想（所有论点的提出都是负责任的，有论据的支撑）和坚持不懈的精神（不轻易满足于一时的成就，而是不断追问）。

表 6.5 "营养"主题单元—周教学中的 WHERETO（麦克泰、威金斯，2019: 56）

周一	周二	周三	周四	周五
1. 以饮食习惯和青春痘的讨论吸引学生 2. 介绍基本问题和关键词汇 3. 让学生开始用食物日记来记录他们的日常饮食模式 HW	4. 在课上学习食物群概念；然后将给定食物进行分类 5. 让学生阅读并讨论美国农业部发布的营养手册 B	6. 介绍食物金字塔并区分每一层中的食物 7. 阅读并讨论《健康》教科书的相关部分；为更低层次的读者提供有插图的手册 ET	8. 播放并讨论视频"营养与你" 9. 让学生设计一本营养手册并绘制插图，以告诉更小的儿童营养均衡对健康生活的重要性 ET	10. 对手册进行评估并给予反馈；允许学生基于评估标准进行自评和同伴互评 ET
11. 学生以小组合作的形式分析一个虚拟家庭的饮食并提出改善营养的建议 E	12. 检查各小组的饮食分析并给予反馈；允许修改 R	13. 学生聆听并提问特邀发言人（当地医院的营养专家）关于营养不良引起的健康问题 E	14. 让学生研究不合理的饮食引发的健康问题；提供给学生几种分享发现的方式 ET	15. 示范如何解释食品标签包含的营养价值信息；让学生练习解读食品标签 E
16. 让学生回顾野营菜单量规，从而理解评估标准；让学生独立制定一份三天的野营菜单 E	17. 在学生制定菜单时观察并指导学生 E	18. 评价野营菜单设计并给予反馈；让学生运用量规进行自评和同伴互评 E	19. 让学生回顾自己的饮食日记，寻找自己在饮食上的变化；让每个学生制定改善营养的个人目标 ET	20. 单元总结：学生结合其个人饮食习惯进行自我评价；让每个学生为其"健康饮食"的目标制作一份个人行动计划 ET

图 6.14 概念探究过程的七阶段模型（Marschall & French, 2018: 28）

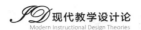
（三）大概念教学过程的"准备→建构→应用"三阶段

无论是威金斯还是马歇尔和弗伦奇都更愿意把这些阶段称为元素，原因就是大概念教学是持续的探究过程，就像是佐藤学（Manabu Sato）提到的"反刍"，所以，很有可能到了后面的阶段有了新的发现，就会倒回前面的阶段去。两位学者都提到七个阶段，综合他们的观点，我们将把大概念教学过程分为"准备→建构→应用"三阶段，其实杜威曾经比较过约翰·弗里德里希·赫尔巴特（Johann Friedrich Herbart）和自己提出的教学过程，从阶段上来看两者非常相似，大致都有准备、概括和应用三个阶段，只不过他认为赫尔巴特没有将学生的困惑贯穿于整个学习过程之中。在杜威看来，困惑是思维的开始，因此我们也将准备作为大概念的第一个阶段。每个阶段都可以设计一些学习活动来激发学生的参与，帮助他们更好地理解。以下我们分别介绍这三个阶段的活动设计。

二、大概念教学的方法设计

在观察了大量的课堂后，道格拉斯·费希尔（Douglas Fisher）和南希·弗雷（Nancy Frey）提出了扶放有度的教学模式，如图6.15所示，即有目的地通过教师示证、教师辅导、同伴协作和独立表现来实施教学。在这个过程中，认知负荷逐渐从教师转移到学生身上，最后学生能独立运用所学去解决问题，学习就真正发生了。费希尔等在《扶放有度实施优质教学》一书中特别提到了扶放有度的教学模式与理解为先的单元设计之间的关联。他们认为扶放有度的教学模式就是为了帮助学生理解大概念，只有大概念这种高阶的目标才需要学生充分经历从扶到放的过程。因此，大概念教学其实需要各种教学方法的相互配合，每一种教学方法都有它的意义，当然大概念教学下的这四种方法有了新的诠释。

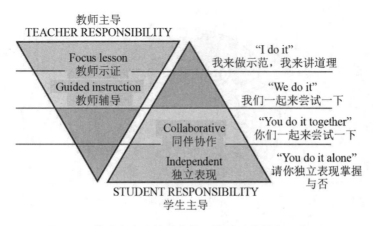

图6.15　扶放有度的结构化教学模式（费希尔、弗雷，2019: 2）

（一）教师示证

很多人会把教师示证或者教授讲授贴上"落后的教学方法"的标签，然而费希尔等问大家："如果我们甚至未曾见过汽车的运行，就让我们去学习开车会是怎样一种体验？"然而，他同时也说："教师示证并不是让教师简单地给学生陈述知识——事实上，如果'仅仅讲述'就足够了的话，那么根本就没有必要耗费时间来进行教学了。优质教学的关键在于阐释。学生需要的是教师对于认知过程及元认知思维的阐释。"也就是说，教师示证的关键不是"讲述"专家结论，而是"阐释"专家思维，这也是"示证"和"灌输"的最大区别。大概念教学的示证就是展示专家思维方式，作为"专家"的教师要向作为"新手"的学生坦露自己是如何经历困境、做出抉择、解决问题的完整思维过程。这不仅有助于学生理解，而且也有助于树立学生的信心，否则，如果学生看到的只是平滑的、确定的专家结论，就会觉得和专家之间有一道不可逾越的鸿沟。费希尔等建议教师使用第一人称"我"来展现自己的思维过程。比如："在我第一次学习吞噬细胞时，真的觉得很难很抽象，因为我无法理解它们究竟是做什么的？但是后来，我的生物学教授告诉我，吞噬细胞意味着'一个会吃东西的细胞'。这就帮助我理解了一些。……现在我可以把它联系到之前学过的另一个概念——吞噬作用。任何时候我看到一个词以'-osis'结尾，它对于我来讲就是一个过程的信号。"更详细的专家思维展示，则包括以下几个部分：（1）对策略进行命名（比如"今天我将给你们示范一下如何组合句子"）；（2）对策略的目的进行阐述（比如"对于作家来说，组合句子的能力很重要，因为这样能让表述更加流畅和丰富"）；（3）解释何时使用策略（比如"写完文章后，我会重读一遍，看看是否有不连贯或有重复的句子。如果有，我就会想办法组合句子"）；（4）使用类推法将先前所学的知识应用到新的学习中去（比如"我始终在考虑的问题都是如何让读者跟上我的思路，因此当我组合句子时，就是在为读者提供更具有逻辑性的连续想法"）；（5）向学生示证策略是如何操作的（比如"下面我将示范一下，将以下三个简短的、不连贯的句子组合成一个新的句子"）；（6）提醒学生容易犯错的地方（比如"必须要注意的是，不能删去太多的信息，否则就和原意有差别了。同时，句子也不能过长，不然读起来会很吃力"）；（7）评价策略的使用情况（比如"现在让我们来读一下这个新句子，看看它是不是比原来的写法要好"）。

（二）教师辅导

教师辅导阶段是认知负荷从教师开始向学生转移的阶段。就像教孩子骑自行车一样，开始放手让孩子自己试一试，而你始终站在他们的身后，发现不稳就及时扶一把。

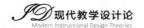
费希尔提出了三种形式的"脚手架",即提出问题、给出提示和提供线索。大概念教学中前两者用得更多,其中,问题的研讨是大概念教学的一种重要方式,而提示这里具体是指四种,包括:(1)背景知识提示,指提示学生已经学过的相关知识;(2)过程提示,指提示学生已经学过的相关大概念、策略和方法;(3)反思提示,指元认知层面的提醒;(4)启发提示,指解决问题路径的提示。

(三)同伴协作

我们在大概念准备、建构和应用阶段提到的活动绝大部分都是同伴协作的活动,这里就不再赘述了。但在活动外,大概念教学中的同伴协作特别强调学生日常交流时的"尽责对话",尽责对话这一概念是劳伦·雷斯尼克(Lauren Resnick)等提出的,顾名思义,就是负责任的对话,因此它有五条指标:(1)强调阐明和解释(比如"你可以阐明你的观点吗?");(2)询问对方观点所依托的论据(比如"你有什么证据来证明你的观点?");(3)提出不同观点,同时给出相应的论据(比如"我不同意你的观点,因为……");(4)进一步详细阐释(比如"你能具体举个例子吗?");(5)理解并引用同伴的论述(比如"我认为刚才大卫说的……"),通过这样的对话,能不断引发学生的思考,同时能联结所有人的思考。

(四)独立表现

大概念教学的终极目标就是学生能在具体的情境中独立地运用所学去解决问题。学生能否独立表现,既涉及认知,也涉及元认知。因此,教师一方面需要布置合适的任务(作业)给学生,既可以有过程中的迁移任务,也可以有总结性的表现性任务等。另一方面,就是要关注学生元认知的发展,促使学生思考"我试图要完成什么?""我正在使用什么策略?""这些策略运用的效果如何?""我还能做什么?"以及元认知的行为(即自我调节),包括:时间管理(能根据任务有效地分配和安排自己的时间)、任务优先(能对任务进行分解和排序,并区分优先等级)、校准(能正确估计当前学习表现与预期目标之间的差距)等等。

第四节 大概念教学的评估设计

雪莉老师正在办公室与大概念教学专家玛丽开展评估讨论。她正在准备下节函数线性关系课的表现性任务单和学生自我反思单,玛丽在一旁悉心引导:"针对评估你应该思考的是,学生应该'解释'或'应用'什么来向你证明他们已经真的理解线性关系了呢？哪些问题最能表明学生已理解或还不理解？对你来说，哪些问题可能是学生并没有真正理解只需要认真听讲就可以做正确的？"一连串问题让雪莉陷入思考，以前的她很少思考这些问题。

威金斯提倡教师应像评估员一样思考，在逆向设计模板中评估设计前置，紧随目标设计之后，是目标的具体化，以确保教学目标的实现。玛丽提出的问题也是威金斯的"经典二问"，即"当学生还未真正掌握或理解问题涉及的内容时，是否有可能在评估方面仍然表现良好？""当学生已经掌握了问题涉及的内容时，是否有可能在具体的评估项目中却表现不好？"评估设计对于大概念教学来说非常重要，朱莉·斯特恩也提出大概念教学的四大评估原则：（1）迁移是最终目标；（2）错误很重要；（3）评价是为了发展；（4）反馈应贯穿始终。总体而言，大概念教学的评估设计不仅关注教师如何设计评估，也关心学生如何进行自我评估。

一、教师如何设计评估？

（一）明确评估类型

斯特恩提出围绕着学习这一中心环节，大概念教学中的评估可分为以下三种，分类的依据主要是评估的目的。

第一种，学习性评估（assessment for learning）。学习性评估的目的是为学习的推进收集证据。这种评估侧重于教师根据相关信息对学生的学习情况进行衡量，从而开展下一步教学规划，类似于教学诊断，但是这种诊断不仅在教学前开展，而是贯穿始终，会在教学过程中反复出现。

第二种，学习式评估（assessment as learning）。学习式评估的目的是让学生在学习中学会评估。它重点关注学生评估能力的培养，指在教师的支持、示范及指导下，学生根据收集到的信息为其他学生提供反馈（同伴评估）、监控自身的学习目标达成情况（自我评估）、调整学习方法、反思学习过程，并设立个人学习目标。

第三种，学习的评估（assessment of learning）。学习的评估是指对阶段性学习结果或学习水平的评估，目的是反馈和改进。教师根据收集到的信息和证据对学生在特定的一段时间内的学习进行总结反馈，并向学生、家长、教师和他人传达相关信息，类似于总结性评估。

（二）设计表现性任务

表现性任务是一种独特的评估方式，它通常呈现给学生一个问题，为学生设定一个具有挑战性和可能性的真实世界目标，并提前告知学生评估指标和表现标准。从评估类

型来看，表现性任务很好地融合了上述三种评估类型，它贯穿学习始终，旨在培养学生解决真实问题的能力，以过程中的策略应用及最终的任务成品来衡量学生的学习质量。麦克泰格等提出，设计表现性任务主要包含以下几个步骤。

1. 明确要评估什么，需要什么证据

大概念教学追求学生的真正理解。理解包括初步理解和深入理解。因此，教师需要首先明确，针对某一个观点一般会形成哪些初步理解和深入理解。澳大利亚的历史老师赫蒂带着她的五年级小朋友探索移民与环境问题之间的关系。她事先设计好"初步理解 VS 深入理解"主题单，梳理新手视角和专家视角中对同一概念的不同解读，如图 6.16 所示，避免让学生将有关移民的事实记忆视作真正的理解，应用理解单评估学生将有关现代挑战和移民的理解迁移至新情境中的能力。

图 6.16 "初步理解 VS 深入理解"主题单（麦克泰、威金斯，2019: 189）

2. 运用 GRASPS 模型，设计表现性任务

为帮助教师更好地设计表现性任务，威金斯等开创了 GRASPS 模型作为开发工具参考，模型中的每一个字母对应一个任务元素——目标（goal）、角色（role）、对象（audience）、情境（situation）、表现或产品（performance/product）和标准（standards）。美国印第安纳州的七年级社会老师杰瑞德在他的"区域特征：历史、地理、经济等"主题课上应用了这一模型。他为自己打印了带有各元素小提示的教师版 GRASPS 设计单，并据此结合教学目标，为学生制定了表现性任务单，如图 6.17 所示，帮助学生更好地

理解任务情境。

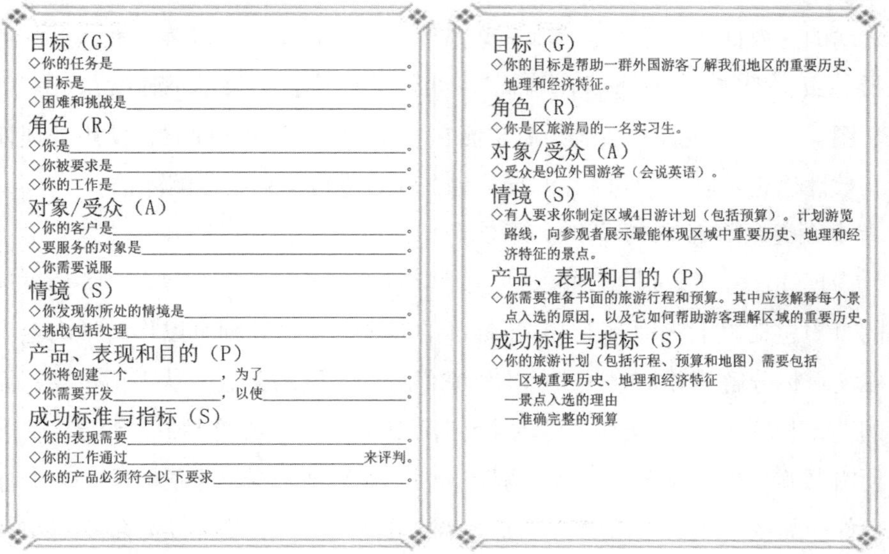

目标（G）
◇你的任务是＿＿＿＿＿＿＿＿。
◇目标是＿＿＿＿＿＿＿＿。
◇困难和挑战是＿＿＿＿＿＿＿＿。
角色（R）
◇你是＿＿＿＿＿＿＿＿。
◇你被要求是＿＿＿＿＿＿＿＿。
◇你的工作是＿＿＿＿＿＿＿＿。
对象/受众（A）
◇你的客户是＿＿＿＿＿＿＿＿。
◇要服务的对象是＿＿＿＿＿＿＿＿。
◇你需要说服＿＿＿＿＿＿＿＿。
情境（S）
◇你发现你所处的情境是＿＿＿＿＿＿＿＿。
◇挑战包括处理＿＿＿＿＿＿＿＿。
产品、表现和目的（P）
◇你将创建一个＿＿＿＿，为了＿＿＿＿。
◇你需要开发＿＿＿＿，以使＿＿＿＿。
成功标准与指标（S）
◇你的表现需要＿＿＿＿＿＿＿＿。
◇你的工作通过＿＿＿＿＿＿＿＿来评判。
◇你的产品必须符合以下要求＿＿＿＿＿＿＿＿。

目标（G）
◇你的目标是帮助一群外国游客了解我们地区的重要历史、地理和经济特征。
角色（R）
◇你是区旅游局的一名实习生。
对象/受众（A）
◇受众是9位外国游客（会说英语）。
情境（S）
◇有人要求你制定区域4日游计划（包括预算）。计划游览路线，向参观者展示最能体现区域中重要历史、地理和经济特征的景点。
产品、表现和目的（P）
◇你需要准备书面的旅游行程和预算。其中应该解释每个景点入选的原因，以及它如何帮助游客理解区域的重要历史。
成功标准与指标（S）
◇你的旅游计划（包括行程、预算和地图）需要包括
一区域重要历史、地理和经济特征
一景点入选的理由
一准确完整的预算

图 6.17　GRASPS 表现性任务设计单（左为教师版，右为学生版）

（麦克泰、威金斯，2019: 173–174）

表现性任务还可以组成一个系列，对应一组大概念，苏黎世国际学校的杰米老师在他的五年级“二维几何”单元设计中就采用了这个方法，如表 6.6 所示。

表 6.6　杰米老师为五年级“二维几何”单元设计的表现性评估（Marschall & French, 2018: 264）

大概念	表现性任务
数学家使用精确的语言来精确地描述二维图形的性质	建筑挑战：世界上最重要的几何专家，伊莱格（Irregular）博士已经发布了一个全球建筑挑战来设计一座建筑！邀请世界各地的人递交申请，这些申请必须单独完成，并提交精确、准确的蓝图。每个建筑蓝图必须包括一些几何特征。利用你对二维图形特性的理解，包括如何组合或分解二维图形，在这个挑战中创建你的建筑蓝图
数学家对二维图形进行分类，确定它们之间的关系	吉沃兹拼图：为了有资格参加比赛，每个参赛者必须成功完成一个几何层次图
根据二维图形的分类方式，二维图形可以分为多个类别	解释此图像中形状位置背后的逻辑：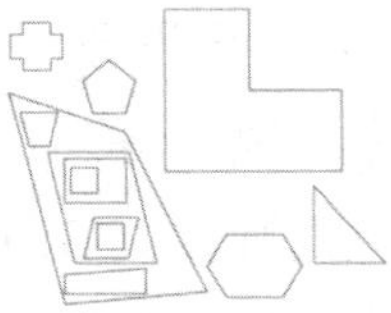

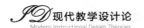
3. 使用评估任务蓝图，检查一致性和有效性

设计好表现性任务后，需要使用评估任务蓝图将任务的各部分具体化，并检查任务各部分之间的有效性和一致性。在大概念教学中，评估设计要求表现性任务的各个组成元素保持一致，即能"从任务推出目标"。当有效性检查结果不一致时，可采用修正方法修正。图 6.18 是八年级社会老师海瑟薇在教授"内战"这一课时，使用表现任务蓝图进行的有效性检查及修正；同时，海瑟薇也在课后进行了自我检测评估。

4. 考虑合适的评估比例，开发评分量规

设计表现性任务时，很重要的一点就是针对该任务开发一个或多个评分量规。表现性任务的量规包括以下三种：（1）基于标准的表现清单，教师可以将教学内容中的不同元素与成就目标分解，并根据一定标准给它们分配不同的分数，从而衡量某一元素与其他元素的"权重"。如琳达老师在她的"数据的图形显示"数学课中，设定"图形准确地呈现了所有数据"这条标准的分数权重高于"图形简洁易懂"这条标准。（2）整体性量规，对一件产品或一次表现只生成一个整体的分数或等级，适用于评估学生学习的总体情况。如语文课上问学生"今天学的这篇文章在多大程度上有说服力？""你觉得莎士比亚的戏剧具有娱乐效果吗？""所有数据显示准确，图形所有部分标注准确，图形简洁易懂"等。（3）分析—特征量规，将学生作品或者表现根据不同的特征或维度进行分别评估。如琳达老师以标题、标签、准确性、整洁性为不同的特征维度，给学生的"数据的图形显示"作业分别配上权重及说明，为评估学生的表现提供了细致具体的反馈，如图 6.19 所示。

（三）提供有效反馈

1. 反馈的两大类型

约翰·海蒂（John Hattie）和海伦·廷珀利（Helen Timperley）将教学反馈概括为以下两大类型：

一是对任务本身的反馈（也称纠错性反馈），有助于提示学生分析自己在过程中所使用的策略。如杰瑞德老师在上社会历史课时，对他的七年级学生说："如果你想对当时所发生的政治事件有一个更全面深入的了解，你可以去查阅那一时期相应的历史文献。"这样一来，教师就为学生提供了一个努力方向。

二是对学生表现的反馈，主要是帮助学生提升自我调节能力，通常围绕学生的自我效能感展开。这一反馈可以培养学生的自主学习能力、毅力和独立能力。如面对一直对科学有所抗拒的八年级学生吉娅，彼特老师在课后耐心地对她说："老师从你写的这份实验报告中看到了你所付出的努力和汗水，它们也在一点一滴地回报你。"当然，反馈

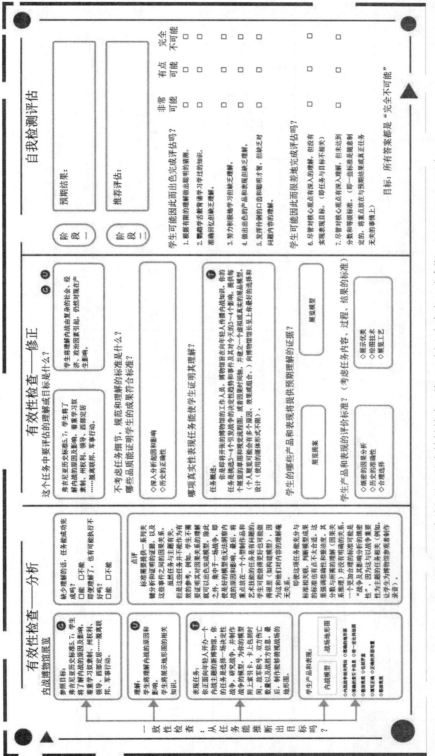

图 6.18　"内战"单元的有效性检查及修正示例（麦克泰、威金斯，2019: 179–182）

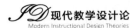
基于标准的表现清单

数据的图形显示：表现清单

	是	否	分数
1. 图形的标题描述了数据内容。	□	□	□
2. 图形的各部分（单位、横轴）标注正确。	□	□	□
3. 图形准确地呈现了所有数据。	□	□	□
4. 图形简洁易懂。	□	□	□

整体性量规

数据的图形显示：整体量规

3	所有数据显示准确。图形的所有部分（单位、横轴）标注正确。图形包括标题，后者清楚地概述了数据内容。图表简洁易懂。
2	所有数据显示准确或图形中有小错误。图形的各部分标注正确或图表包括标题，后者基本概述了数据内容。图表基本整洁可读。
1	数据表示不正确，含有重大错误或数据丢失。图形只有少部分标注正确或标签缺失。标题没有反映数据内容或无标题。图形潦草难懂。

分析—特征性量规

数据的图形显示：分析—特征性量规

权重	标题 10%	标签 20%	准确性 50%	整洁性 20%
3	图形包括标题，后者清楚地概述了数据内容。	图形的所有部分（单位、横轴）标注正确。	所有数据在图表上的呈现准确。	图形简洁易懂。
2	图表包括标题，后者对数据内容的总结基本清楚。	图表部分标注错误。	数据呈现有微小错误。	图形基本整洁可读。
1	标题没有反映数据内容或无标题。	图形只有少部分标注正确或标签缺失。	数据表示不正确，含有重大错误或数据丢失。	图形潦草难懂。

图 6.19 "数据的图形显示"三类表现性任务的评估量规示例（麦克泰、威金斯，2019：183–185）

不仅有正反馈，还有负反馈，因为负反馈也能督促学生更好地进步。如生物老师对班上总爱调皮捣蛋的小男孩安德烈说："你还不能说出细胞有丝分裂和减数分裂之间的差异，因此在考试前一定要好好复习一下这块内容。"

2. 有效反馈的四个标准

事实上，在上面两大反馈中，每一种都有有效和无效之分。那么，什么样的反馈才被视为有效的？我们从三年级教师安德斯的作业说起。安德斯老师在学生上交好太阳系绘图作业之后，立即进行了批阅，并根据绘图情况将学生作业分好类，在自己的作业批阅记录本中记下不同类型的问题。随即，他走出办公室，到班里将科瑞恩叫到了办公室，他说："我可以看出你将所有的行星都按照正确的顺序进行了排列，并且八大行星都在其中。但目前发现的一个问题是，你标的尺寸大小不正确。你看，你把金星和水星画成同样大小了，但实际上，水星要小得多。老师建议你读一下科学书第 83 页上关于行星大小的知识，看完后对你的图进行修改，然后将你修改后的版本交给老师再看看。"

威金斯指出，有效的反馈需要做到及时、具体、可理解且可操作。这一点在安德斯老师的反馈中均有体现。一要及时（timely）。反馈应该尽可能与任务本身相匹配，且不宜间隔太久。安德斯在作业上交后立即批阅，并根据作业情况有针对性地反馈给学生。二要具体（specific）。含糊不清或模棱两可的反馈只会让学生感到更加困惑，不知道下一步要做什么。因此，在给予反馈时一定要明确指出什么是正确的，哪些做得很好，哪些需要改进。安德斯老师就很好地提醒了科瑞恩哪些内容正确，哪些需要修改。笼统地表扬或批评，如"干得好！""真聪明！"还会强化学生的固定型思维，让他们认为自己天生聪明或天生不好。三要可理解（understandable）。教师所给予的反馈能否被学生理解会对学生的学习产生影响。所以，在布置任务之前，师生要一起对评价标准（量规）进行学习与讨论，确保学生理解这些标准的设定及其意义。四要可操作（actionable）。这也是有效反馈最重要的特性。学生收到反馈后，要能够知道下一步具体要做什么并且有机会去实践。从安德斯的反馈中，科恩知道了接下去要回到班级，打开书本第 83 页再复习一下行星大小的知识，然后修改绘图，接着再交给老师看。这就是一个可操作性强的有效反馈。

二、学生如何进行自我评估？

学生的自我评估是大概念学习评估中的重要组成部分。学生开展自我评估涉及确定学习目标、理解评估量规、开展自我反思三大步骤。

（一）确定学习目标

1. 短期 + 长期的目标组合法

自我评估与目标设定密切相关。学生在认识到自身学习的优缺点之后，便能够更有针对性地设立出真实、合理的目标。在大概念教学中，教师可以引导学生设立与概念理解相关的短期和长期目标，如表 6.7 所示。

表 6.7　短期 + 长期目标组合样例（Stern et al., 2018: 133）

短期目标	长期目标
◇我想使自己的陈述更加精确 ◇我想至少找出3个示例支撑我的陈述 ◇我想了解更多有关……在该情境中的作用	◇我想利用自己对＿＿和＿＿的理解来使我的目标实现得更好 ◇我想凭借自己的力量达到量规中的"专家"水平

2. 学生 + 教师的目标组合法

师生的目标组合法是指在教学单元开始时，教师和学生以合作的方式设立目标，即当中要同时包含学生自己生成的目标和教师建议的目标，这一方法有利于记录和追踪目标进展。接着学生便可以通过收集的样例和反思来评估自己在上述目标的进展情况。

（二）理解评估量规

对评估量规的理解在大概念课堂中至关重要，因为这有助于学生更为细致地认识努力的方向。因此，我们建议教师应该和学生开展一些理解评估量规的活动。

1. 空白量规法

教师可以从一份空白或者部分空白的量规入手，结合所学内容先让学生集体讨论专家型水平的具体表现。在得出主题词后，敦促他们寻找案例来加以说明，并将二者记录在黑板或表格上，供全班学生查看讨论。接着让学生思考何为会错意、不完整、不清晰、不准确等情况的表现，同时也将这些观点记录下来，如表 6.8 所示。

表 6.8　空白量规法（Stern et al., 2018: 132）

理解程度	1. 会错意	2. 不完整	3. 不清晰	4. 不准确	5. 专家型水平
描　　述					
示　　例					

2. 样例展示法

样例展示是向学生展示一些优秀的或糟糕的作品样例，可以是过去几年的学生作品或教师样品，并要求学生解释作品优秀或不优秀的原因。这样做不仅可以帮助学生理解量规中的标准，而且通过样例展示赋予他们一种强烈的目标意识。

3. 自我检查法

在使用空白量规法或样例展示法促进学生理解评估量规时，都涉及学生的自我检查。在对量规的评估结束后，学生可以对自己对量规的理解展开反思和评估。在这一过程中，学生可以使用检查表（检查表中列出学生对相关概念及其关系的理解所需达到的各项标准）来完成，并鼓励向同伴或班级同学进行陈述，如表 6.9 所示。

表 6.9   自我检查（Stern et al., 2018：132）

所针对的具体评估量规： 我的理解与陈述： 	我的陈述： ◇ 是否包含了基本概念 ◇ 是否阐明了概念之间的联系 ◇ 是否清晰且准确 ◇ 是否有具体的示例支撑 ◇ 是否非常有趣 ◇ 是否反映了高阶思维水平

（三）开展自我反思：归纳演绎法

如前所述，理解评估量规和确定学习目标是学生开展自我评估的前提和基础。露易丝·A. 兰宁（Lois A. Lanning）等提出，在学习过程中，教师可以采用归纳和演绎两种方法引导学生开展自我评估。

一是归纳法，指在目标大概念实现前，学生在学习过程中发生的，致力于构建目标大概念的自我反思与评估。例如，艾比老师最近在开展"识字"主题大概念教学，她要求学生以读者、作家、演讲者或听众等身份参与到学习中来，她会定期暂停学生的学习进程并询问一些概念性问题，要求他们解释自己当下正在做的事情，重点关注过程（如写作过程、聆听过程、理解过程等）。如此可以归纳性地让学生自觉地对学习过程中使用的策略和技能进行觉知与反思。

二是演绎法，指在目标大概念实现后，学生进行的自我反思与评估。这种情况下，学生已在教师精心创设的指导下完成了目标大概念的构建。演绎的自我反思与评估要求学生退后一步，反思整个学习结果是如何实现的——他们需要回顾自己为实现学习结果所进行的学习行为。如此，学生会复盘整个学习目标的达成过程，并用自己的行为实例来支持自己的观点。演绎法更有助于学生将所学迁移到未来的新情境中。艾比在课堂中就很好地结合了上述两种方法引导学生开展自我反思与评估，如表 6.10 所示。

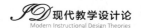

表 6.10　艾比课堂中的归纳演绎自我反思与评估（Lanning & Brown，2019: 135–136）

类　　别	归纳的自我反思与评估	演绎的自我反思与评估
示例问题	作为一名回忆录作家，你如何将你的读者带入你的故事中来，让他们感受到他们与你在一起？	有哪些证据可以证明读者被你带进你的故事中了？
询问学生	你觉得自己正在使用的学习策略和技能表现如何？你还能尝试什么策略和技能方法？	哪些策略和技能可以帮助你成功地构建大概念？
进一步追问	如果你发现对你来说难度比较大的文字，你可以尝试哪些策略学会它们？	下次当你做其他事情时，你如何知道自己是否在正确的轨道上进步？
反思与评估	你对你的小组合作和参与有什么发现吗？	在情境下，你将如何使用这些策略和技能？

本章思考题

1. 什么是大概念？表征大概念的常用方式有哪些？

2. 大概念教学的主要特征是什么？

3. 如何采用单元设计方式确定大概念的学习结果和教学目标？

4. 大概念教学过程的阶段设计与方法设计各采取了什么步骤？

5. 大概念教学的评估方式有什么要求？

本章主要参考文献

[1] Chalmers, C., Carter, M., Cooper, T. et al. (2017). Implementing "Big Ideas" to Advance the Teaching and Learning of Science, Technology, Engineering, and Mathematics (STEM). *International Journal of Science and Mathematics Education* 15: 25-43.

[2] Erickson, H. L. (2008). *Stirring the Head, Heart, and Soul: Redefining Curriculum and Instruction.* Thousand Oaks, CA: Corwin.

[3] Erickson, H. L. (2009). *Concept-Based Curriculum and Instruction for the Thinking Classroom* (Multimedia Kit). Thousand Oaks, CA: Corwin.

[4] Fisher, D., Frey, N., Hattie, J. (2016). *Visible Learning for Literacy, Grades K-12: Implementing the Practices That Work Best to Accelerate Student Learning.* Thousand Oaks, CA: Corwin.

[5] Gadamer, H. G., Weinsheimer, J. & Marshall, D. G. (1994). *Truth and Method.* New York: Bloomsbury Publishing.

[6]　Hattie, J. (2012). *Visible Learning for Teachers: Maximizing Impact on Learning.* London: Routledge.

[7]　Kolb, D. A. (1984). *Experiential Learning: Experience as the Source of Learning and Development.* Englewood Cliffs, NJ: Prentice-Hall.

[8]　Lanning, L. A. & Brown, T. (2019). *Concept-Based Literacy Lessons: Designing Learning to Ignite Understanding and Transfer, Grades 4–10.* Thousand Oaks, CA: Corwin.

[9]　Marschall, C. & French, R. (2018). *Concept-Based Inquiry in Action: Strategies to Promote Transferable Understanding.* Thousand Oaks, CA: Corwin.

[10]　McTighe, J, Doubet, K. J. & Carbaugh, E. M. (2020). *Designing Authentic Performance Tasks and Projects: Tools for Meaningful Learning and Assessment.* Alexandria, VA: ASCD.

[11]　McTighe, J. & Willis, J. (2019). *Upgrade Your Teaching: Understanding by Design Meets Neuroscience.* Alexandria, VA: ASCD.

[12]　Perkins, D. N. & Salomon, G. (1988). Teaching for Transfer. *Educational Leadership* 46(1): 22-32.

[13]　Russell, G. (2016). *Big Ideas in Education: What Every Teacher Should Know.* Carmarthen, UK: Crown House Publishing.

[14]　Stern, J., Ferraro, K. & Mohnkern, J. (2017). *Tools for Teaching Conceptual Understanding, Secondary: Designing Lessons and Assessments for Deep Learning.* Thousand Oaks, CA: Corwin.

[15]　Stern, J., Lauriault, N. & Ferraro, K. (2018). *Tools for Teaching Conceptual Understanding, Elementary: Harnessing Natural Curiosity for Learning That Transfers.* Thousand Oaks, CA: Corwin.

[16]　Whiteley, M. (2012). Big Ideas: A Close Look at the Australian History Curriculum from a Primary Teacher's Perspective. *Agora* 47(1): 41-45.

[17]　布兰思福特，等（2013）．人是如何学习的：大脑、心理、经验及学校（扩展版）．程可拉，孙亚玲，王旭卿，译．上海：华东师范大学出版社．

[18]　布卢姆（1986）．教育目标分类学——第1分册：认知领域．罗黎辉，丁证霖，石伟平，等译．上海：华东师范大学出版社．

[19]　埃里克森，兰宁（2018）．以概念为本的课程与教学：培养核心素养的绝佳实践．鲁效孔，译．上海：华东师范大学出版社．

[20]　费希尔，弗雷（2019）．扶放有度实施优质教学．徐佳燕，张强，译．福州：福建教育出

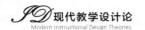

版社.

[21] 刘徽（2000）."大概念"视角下的单元整体教学构型——兼论素养导向的课堂变革.教育研究，41(6)：64-77.

[22] 刘徽，陈森燕（2020）.大概念视角下的单元设计.上海教育（11）：38-41.

[23] 刘徽，徐玲玲（2020）.大概念和大概念教学.上海教育（11）：28-33.

[24] 刘徽，徐玲玲（2020）.大概念教学过程的阶段和方法设计.上海教育（11）：42-44.

[25] 麦克泰，威金斯（2019）.理解为先单元教学设计实例.盛群力，等译.宁波：宁波出版社.

[26] 威金斯，麦克泰（2018）.理解为先模式——单元教学设计指南（一）.盛群力，译.福州：福建教育出版社.

[27] 威金斯，麦克泰格（2017）.追求理解的教学设计.闫寒冰，宋雪莲，赖平，译.上海：华东师范大学出版社.

[28] 徐玲玲，刘徽（2020）.大概念教学的评估设计.上海教育（11）：65-69.

第七章

算启方法教学论

　　由于特殊的学术背景和研究经历，无论是在苏联还是在美国，兰达所开创的算启方法教学论在当时都是堪称一流、独树一帜的教学设计理论。在为当代著名教学设计理论家赖格卢特教授 1983 年主编的《教学设计的理论与模式》（第 1 卷：现状之概览）中，兰达亲自撰写了一章《算法—启发式教学理论》，讨论了其基本的教学设计思想。在去世前不久，兰达又在赖格卢特主编的《教学设计的理论与模式》（第 2 卷：教学理论新范式）撰写了一章，题为"兰氏教学设计理论：教授思维的一般方法"，较为系统地总结了他对培养学生智力（即教授一般思维方法）的观点。在兰达去世时，赖格卢特教授在美国《教育技术》杂志上发表纪念文章，深情回顾他从研究生学习时期开始同兰达的交往，称他是一位在教学设计的理论、研究和开发领域举世闻名的开拓者。赖格卢特说道：兰达是一位真正的学者和深邃的思想家。他的算启方法教学论对如何获得及应用知识，知识和认知操作的成分进行了系统分析，对形成认知技能和心理动作技能也做出了分析。算启方法教学论广泛应用于学术界、工商企业界、政府和军事部门，对提高业绩、改进学习和教学贡献卓著。

　　列夫·N. 兰达（Lev. N. Landa，1927—1999）是当代国际著名认知科学家和教学设计理论家。其从 20 世纪 50 年代起开始创立的算法 - 启发式教学（Algo-heuristic Instruction），在西方国家一般被称为"Landamatics"。兰达从列宁格勒大学获得心理学博士学位，苏联高等教育部曾授予他终身教授称号。他曾在 1963—1976 年担任苏联教育科学院普通心理学和教育心理学研究所教育心理学实验室主任，教授。1976—1979 年，兰达在欧洲和美国多所大学担任客座教授，后又在华尔街担任了三年培训顾问。此后，他在纽约创办了高级算启研究所和 Landamatic 国际管理与教育咨询公司并任总裁，他还是卡内基基金会、控制数据公司和全美银行协会等组织的咨询顾问。兰达著述甚丰，100 多篇（本）著述中有 27 篇（本）被译为 15 种文字广为流传，他还担任美国《教育

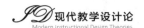
技术》杂志荣誉编委 20 年之久。该杂志曾在 1982 年和 1993 年两次对兰达做了长篇专访，而在这前后十余年中，另外得到过一次专访的著名学者只有课程之父泰勒和教学设计理论家加涅等少数几人，我们从中足以窥见兰达的学术影响之大。

本章主要介绍兰达对知识、操作与思维的看法，算法与启发式的联系和差异，算启教学认识论的基本主张，算启教学的基本原理，管理与开发算启过程的方法，算启教学论的价值与成效，以及一般思维方法的教学。

第一节　知识、操作与思维

一、知识与操作

兰达认为，知识与操作是算启教学论涉及的两种心理现象。知识是对象或现象在心智（mind）中的反映，它有三种表现形式。知道什么即意味着有这一事物的图示、概念或能陈述一个命题。以三角形为例，当我们看到其实物或图形时，我们获得的是它的感知形象（perceptive image）；当我们紧闭双眼时，头脑里就会出现它的表象（mental image）。然而，即使我们具有三角形的表象，甚至能够在纸上画出其形状时，并不意味着了解了其主要特征，并不一定能够通过说明其主要特征来回答"什么是三角形"这一问题，它需要借助概念。概念（concept）是表征作为一类事物中某一例证的主要特征的知识形式。

我们不仅需要知道某一事物的主要特征，同时还要知道它与其他事物的关系、其组成要素、组成要素间的关系等等。这是有关事物命题（proposition）形式的知识。定义、公理、定律、规则、公式等都是属于命题。

各种概念本身也许都可以用命题的形式来表达，然而，命题和概念却不是同一回事。例如，我们可能对某一事物有正确的概念然而却不能对它下正确的定义。列出某一事物的主要特征与构建这一事物的正确定义，这是两种不同的能力，涉及呈现（displaying）知识的不同心理形式。因此，我们可以对知识的主要类别做出如下划分——图示、概念、命题。与知识不同，操作是对实物或者其心理反应（表象、概念、命题）的改变或转换。例如，我们能够对三角形实物进行转换，改变其形状、大小及其特征。对实物进行转变的操作称为动作操作（motor operations）。当然，我们也能够对事物的表象、概念或命题进行转换（例如四则运算），这称为认知操作或心理操作（cognitive or mental operations）。不管是动作操作还是认知操作，无非是对实物、实物的属性、实物的要素、要素间的关系等进行转换。我们可以将操作进行如下分类，即可以将操作分为动作的操作和认知的操作两大类，其中认知的操作又可以细分为图示、概念和命题三种形式（见图7.1）。

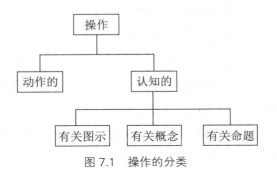

图 7.1　操作的分类

兰达认为，虽然知识有三种不同形式（表象、概念和命题），但我们最好还要将知识分为有关不同事物的知识和对事物进行操作的知识，前者是实体性知识（substantive knowledge），后者是程序性知识。例如，我们也许有汽车方面的知识，然而当被要求实际发动一辆汽车时却不知道如何下手。这就是说，对某一事物的知识并不自动地意味着我们拥有该事物操作的知识，反之亦然。鉴于此，我们可以将知识的分类进一步扩充（见图7.2）。

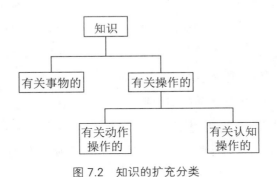

图 7.2　知识的扩充分类

二、知识、操作同思维的关系

知识、操作同思维的关系怎样呢？简单地说，知识是物体与现象在头脑中的反映，思维是对知识的操作或用知识进行操作，通过思维使得人能够从特定的知识产生另外的知识（例如产生新的表象，从命题中得出结论等）。

从以上的讨论中我们已经明确知识和操作分别是指什么。然而，人类的活动很少只完成单一的操作。通常，人类的活动涉及一组操作和操作系统，它们是按照某种结构有

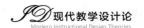

机组织起来的。

我们把起到操作系统（不管是认知的还是动作的）功能的现象称为过程（process）。当我们告诉某个人完成某个任务或解决某个问题时应该做什么时，这就是给予指导或发出指令。这种指导（令）往往包括两个基本成分：（1）动作成分——指明要完成的某个动作（例如，"请给我一支笔"中的"给"）。（2）对象成分——指明要完成动作所涉及的对象（例如"一支笔"）及这一对象所指的方向（例如"我"）。对象成分中还可能包括对象的属性及关系（例如，"马上给我""给我一支红笔"）。这种指导（令）即是一种"处方"（prescription）。指令所构成的处方以"类别形式"（categorical form）和"条件形式"（conditional form）存在。前者如"给我一支笔"，后者如"假如下雨，请带伞"。条件性指令实际上是"规则"（rules），它规定了在特定条件下的行动方式。当某一处方较为概括，可用于解决不同的具体问题时，我们称它为"方法"（method）。

三、心理过程

从广泛的意义上说，"过程"是事物或现象的属性、状态或关系的创造（creation）、改变（change）和转换（transformation）。

"心理过程"涉及心理激活（mental actuations）及知识（表象、概念和命题）的转换和心理操作的转换。解决问题或做出决定时很少只运用单一的知识单位或单一的心理操作。通常，认知过程涉及一组知识单位或心理操作，这取决于先前的教学、学习和经验。知识单位和心理操作是按照某种体系组织的，由于组织原理在不同的人、不同的情境下是有差异的，因而这种体系也有不同的结构。

算启教学论特别关注思维活动中知识单位和心理操作的激活。一般来说，人的大脑中有成千上万个知识单位和心理操作，然而，当人们在实际解决问题及做出决定时往往只用到其中一部分。为了应用这些知识与操作，首先必须激活它们。激活失败必然导致解决受挫。

知识单位和心理过程可用三种基本方式加以激活：（1）完全依赖于外部刺激；（2）其他知识单位或心理过程的内部激活；（3）为了完成某些任务或达成某些目标由言语自我指令去做什么的内部激活。前两种激活方式是借助先前学习与经验，通过自动联想产生的。由联想激活的心理过程是被动的过程，因为它们不需要特别的努力就能发生。然而，一种情境或问题可能自动激活某些知识单元和心理过程，但未能激活适当的解决办法，这就需要第三种激活方式。如果一个人知道为了找到解决办法应该去做什么及给予相一致的自我指令，那么这种自我指令可以激活联想未能自动激活的身体动作和心理动作，也是一种超越（overcome）联想的过程。超越联想是一种先决条件同时也是解决任何非标准性、创造性问题的必要条件。这些问题之所以是创造性的乃是因为由问题条件激活的联想并没有导致解决办法的出台。通过运用言语自我指令激活的心理过程是主动的过程，这种能力是以自我保障、自我调节和自我监控为基础的，它使得人类具有打破由以往经验形成的联想之一统天下，避免成为联想的奴隶。

四、思维一般方法与智力

许多心理学家都认为，智力是可以教的。如温伯利（Wimbley）等人 1975 年就出版过《论智力的可教性》一书，斯滕伯格（Stenberg）1983 年出版了《我们怎样教智力》一书，珀金斯（Perkins）1995 年出版了《超越 IQ：可习得智力——正在兴起的科学》一书。兰达认为，实际上苏联认知心理学家和教育心理学家几十年前就提出过这方面的论点。但是，具体来说对教什么并没有一个清晰的准确的答案。智力的可教性与可习得性仍然是一个空中楼阁。为了知道如何教智力，我们必须准确地界定智力是什么。

兰达指出，一般智力只是能够娴熟运用（不仅仅是知道）可应用于任何具体学科知识的大部分思维一般方法。

那么，智力的可教性及可习得性意味着什么呢？它意味着教思维一般方法，从而起着发展一般智力的引导作用。值得指出的是，兰达强调，智力不是完成由各种方法组成的操作，而是在完成由各种方法组成的操作之后在大脑中留下来的东西；智力是先前完成的操作系统及其后效的痕迹（traces）。也就说，智力是不能教或者不可学的，只有方法才可教可学，智力的形成依赖于完成并内化对各种方法的操作。

五、思维一般方法同学科内容联系的密切程度

思维一般方法同学科内容联系的密切程度如何呢？兰达认为：如果人们将学习内容看成是各种不同事物的特征，例如三角形和平行四边形，那么，思维一般方法同学科内容的联系是不紧密的，也就是说，它是内容独立的。但是如果人们将学科内容看成是事物特征所包括的逻辑结构，那么，思维一般方法同学科内容的联系是相当紧密的。也就是说，它是内容依存的。兰达认为，事物的逻辑结构也是属于内容本身，虽然它同事物的特征有区别。方法不是由内容的第一种类型（事物特征）所决定的，而是由内容的第二种类型（事物的逻辑结构）所决定的，同时也反映了这种结构。

思维一般方法之所以有用，是因为它要求人们离析出内容的第二种类型，使之有可能应用于其他内容，乃至是以前未曾经历过的内容。因而，思维一般方法能克服以往经验的局限。

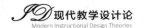
第二节　算法与启发式

一直到 20 世纪 50 年代中期，"算法"这一概念——人们为了达到预期的结果身体上或者心理上所必须做的一组精确的处方——始终是一个数学的概念。人们曾经认为算法只存在于数学中。兰达通过对思维和解决问题进行分析，发现其中的算法过程在解决各种非数学问题时也同样存在，如语言、化学、生物、医学、经济等方面的问题。这样，就促使兰达对算法这一概念加以概括和提炼。兰达把它称为人的算法，而数学算法只是一种特例而已。随着计算机技术的兴起，"计算机算法"这一说法也开始引入计算机科学领域。虽然计算机算法与人的算法有某些相通之处，但实质上大相径庭。正是两者有很大的差异，所以计算机算法不能直接按照人的算法运算，反之亦然。因而，根据兰达的看法，对"算法"的分类如图 7.3 所示。

算启教学论将所有的处方、过程、问题等分成两大类，一类是算法的，另一类是非算法的（它又可以区分为半算法、半启发式和启发式），这一分类如图 7.4 所示。

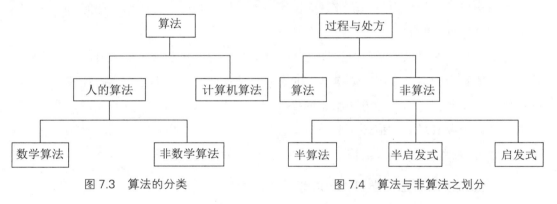

图 7.3　算法的分类　　　　图 7.4　算法与非算法之划分

一、算法过程

算法过程（处方）是由这样一组指令（特殊情况下是规则）构成的：（1）用相对初级的身体或者心理操作来回答如何完成任务；（2）毫不含糊；（3）决定由适当操作产生的一致业绩；（4）可应用于特定类别中的所有问题；（5）保证这一类别的所有问题有一种完全一致的解决办法。

算法处方中一致的条件导致了一致的操作。请看以下一种算法处方：（1）如果存在情况 a，做 A；（2）如果不是 a 但是情况 b，做 B；（3）如果不是 a，也不是 b，做 C；（4）如果不是 a，不是 b，也不是 c，做 D。以上算法用符号表征（"→"表示"如果……那么……"，"⌐"表示"不是"）则为：a → A；

$\backsim a\&b \rightarrow B$, $\backsim a\& \backsim b\&c \rightarrow C$; $\backsim a\& \backsim b\& \backsim c \rightarrow D$ 。当然，该算法也完全可以用流程图来表示。

在教学中如何运用算法呢？兰达就"透镜的种类"这一教学内容进行了算法设计。设计的思路是将教材中关于透镜种类的特征说明转化为心理操作的处方，即鉴别给定透镜的适当类别之算法。兰达认为，许多教材往往会对不同类型透镜的各自特征进行说明，却未能说明学生为了确定哪一种透镜属于哪一类及在心理上应该做些什么。实际上，在这一鉴别过程中要完成的心理操作是由学生从这些说明中加以推断的。这并非易事，因为许多学生能说出透镜的特征（即他们有透镜的属性知识），但在实际鉴别过程中却发生了错误，未能将知识转化为操作或者未能用知识进行心理操作。

二、半算法过程

通过举例我们能很容易解释算法与半算法的区别。在下面两个例子中，兰达分析和比较了两种不同的情境及其相应的指令。

【例1】假定书架上有一些书，但是只有一本书的封皮是红色的。某个人能说（发出指令）："请拿那本红封皮书给我。"此时，这一请求（指令）是毫不含糊的，并未有任何不确定性。如果请求给不同的人，结果也是一样的。换言之，不同的人执行这一指令的结果是相同的。原因在于：

（1）这一指令精确地规定了要完成的动作，并且这一动作的成分是相对初级的（"给予"）。

（2）这一指令精确地规定了对象的范围（"书架上的书"）。

（3）这一指令精确地规定了用来选择对象的标准（"红封皮"）。

（4）这一标准对人们从规定的范围内选择一个特定对象来说是充分的。

上述列出的该指令的特征完全决定了动作、动作的对象及结果，它不需要动作执行者任何独立的心理过程。这是算法过程，其指令是算法的，要完成的动作是算法动作。

【例2】现在书架上一批书中有两本是红封皮的。请求还是一样的："请给我一本红封皮书。"这一请求（指令）与例1是相似的，但并不完全相同。因为这一请求中包含某种不确定性，它没有具体规定哪一本红封皮的书。不同的人完成这一指令可能挑选的是不同的书。

这一指令的特征与例1的特征有三条是一样的，然而，第四条特征是不同的，即确定某个人挑选书的标准是不充分的，不能保证挑选的是同一本红封皮书。

因而，例2中的指令不能完全决定动作对象和动作的结果。这一指令包含某种程度

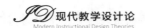
（虽然很小）的不确定性，这种不确定性要求动作主体有独立的心理过程来决定要选择的对象（哪一本红封皮书）从而执行这一指令。

在算启教学论中，就把这一指令（处方）称为半算法过程。当然，在一组指令中，有些指令可以是算法的，但只要有一条半算法指令，那么整套指令都是半算法的。

三、半启发式过程

【例3】同样是在书架上挑书，但此时的请求（指令）不一样了——"给我一本有趣的书。"这一请求中挑选标准不够具体，包括一些不确定性："有趣"指的是什么呢？一个人认为这本书有趣，旁的人认为那本书有趣；不仅可以在相同类别中挑选不同的书，也可以在不同类别中挑选不同的书。

这一指令的特点只有（1）（2）与例1是一致的，但它没有精确地规定用于确定对象的标准，当然也就谈不上标准的充分性。

同例2中一样，人们不能完全决定动作的对象及其结果，但是其不确定性大得多，因为它涉及挑选的标准，它要求更多、更复杂的独立的心理过程来执行这一指令。

这就是半启发式指令和过程。

四、启发式过程

【例4】在单个被试实验中，向一个孩子展示墙上两枚钉子之间的距离。任务（问题）的要求是："找到任何一种方法来算出两枚钉子间的距离，不允许使用测量工具（例如用手掌来量），但有一些物品可供使用，如书架上的书、小收录机、两个长形果盘、一张纸、铅笔、香水瓶、一些盘子和器皿等，但没有尺子、绳子之类东西。"大部分孩子找不到这一问题的解决办法。但有个孩子走到书架前，拿出一本书，用它作测量工具。得出结论是："距离是九本书。"另一个孩子用一支铅笔也找到了解决办法。

当孩子找不到解决该问题的办法时（不知道用什么对象或物体及用它采取什么行动来解决问题），可以向他做些提示（建议）："看看房间里有什么东西可以用来测量距离。"如果这一提示还不管用，可以进一步提示"你能用一本书来量距离吗？"如果仍不管用，可以再进一步提示："找一本书，头对着左边墙上的钉子，一点一点移动。最后移到右边墙上的钉子时，看看一共有几本书的长度。"实验表明：这最后的提示能帮助所有孩子解决问题。

让我们看看"想一些办法量出墙上两枚钉子之间的距离"这一指令有什么特点：

（1）它指出了要完成的动作（"量出距离"）。但是，这一指令相对不够具体明白（怎么量出？要完成的具体动作是什么？）。

（2）它没有具体规定对象的范围（什么样的物体或对象可作为测量的工具呢？）。

（3）它没有具体规定挑选对象的标准（即没有规定对象的属性）。

在例1~3中，算法、半算法、半启发式任务都具体规定对象的范围——它是一些书。除此之外，对挑选书的标准也不同程度给予了规定——"那本红封皮书""一本红封皮书""一本有趣的书"。另外，在例1~3中，完成任务过程中还涉及某种搜索，这种搜索是在具体规定的、预先确定的范围内进行的。而在例4中，则没有如此具体的规定（"想一些办法量出……"）。

在算启论看来，要求在一种未具体规定或未明确的领域内搜索解决问题的办法，就是启发式或纯创造性的。启发式指令包含不同程度的不确定性，因此其指导作用也是不同的。

兰达认为，如果用以下三条标准——（1）是不是所有人遵循的特定的指令都能解决问题；（2）是不是所有人都能正确地解决该问题；（3）是不是所有人都能完全一致地解决该问题，也就是说是不是能得出完全相同的结果——来区分算法与非算法过程，那么，我们可以用表7.1来表示两类过程之间的差别。

表 7.1　算法与非算法过程的主要区别

标　准	过　程			
	算　法	半算法	半启发式	启发式
都能解决问题	＋	＋	＋	－
都能正确解决	＋	＋	－	－
都能同样解决	＋	－	－	－

五、算法与非算法过程的联系

从思维客观上所要求的方法这一角度来对算法与非算法过程做一分析，兰达的观点是：

（1）有许多问题粗看起来是创造性的，但实际上骨子里却是算法式的，只是因为它们所涉及的算法非常复杂及很大程度上没有被人意识到。因而，对有经验的思维者来说，尽管他们是用算法过程来解决这些任务的，却还是把它们看成是创造性解决的。

（2）某个问题的"创造性"与否是较为相对的概念，对一个人来说是创造性的问题，而对另一个人而言则可能是算法、半算法或半启发式问题。更进一步说，某个问题对某个人找到解决办法之前来说是创造性的，在找到解决办法之后则是非创造性的。例如：

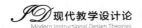

"找出句子中的副词。"这一任务对那些知道副词是什么的人来说是算法型任务，而对不知道副词是什么，怎样去找句子中的副词的人来说，则肯定不是算法型任务。

因此，算法与启发式并非是绝对的、内在固有的特征，它们是相对而言的，也是可以相互转化的。只有在特定的人完成特定任务时，这些任务才带上了算法或启发式的特征。

（3）算法过程与启发式过程之间有着一系列半算法和半启发式过程。虽然存在着许多"纯算法式"的过程和任务，但不可能有"纯启发式"的过程和任务。完成创造性任务的各个专业技术层面（technical aspects）通常都是算法。因而，重要的任务是确定创造性任务中的算法成分，为学习和业绩开发这种算法成分，教给学生这种算法成分。掌握创造性过程中的算法成分能解放学习者和工作者的大脑，使之集中于真正的创造性成分，提高创造过程的总体效率。例如，为了创作一篇小说，人们必须掌握一般的写作技能，像如何厘清思路，如何布局谋篇，如何遣词造句，等等。

所有这些过程均是算法、半算法或半启发式的。如果不掌握这些过程，就不可能有时间和精力真正去关注写作中的创造性成分。就人文学科而言，如果一个人不善于推理，没有掌握分析事物的方法，不善于提出假设及检验假设，不能得出结论等，那么，他就不可能是一位出色的历史学家、社会学家或心理学家。

（4）"透入"有经验的学习者和工作者的大脑揭示其启发过程所用的方法与发现算法过程所用的方法是相同的。事实上，在"透入"专家的大脑寻找答案时，你有时并不知道自己会发现的究竟是算法过程还是启发式过程。

（5）虽然组成启发式过程的心理操作与组成算法过程的心理操作是有区别的，但是，启发式过程可以被分解成一些相对初级的组成成分。在这一点上，它们与算法过程被分解成相对初级的组成成分（操作）没什么两样。一旦能做到这一步，那么，启发式的处方在某些方面与算法处方一样，可以被配制出来。

（6）一旦启发式过程的精细组成和结构被人们发现，启发式操作及其处方也可以几乎像算法动作及其处方一样被有效地、精确地教授，这就打开了更直接、更系统及更现实的培养创造过程（思维）的道路。

（7）算法启发式理论的目的是不是达到"算法化启发式"（algorithmize heuristics）或者说将所有的启发式都变成算法呢？回答是否定的。我们不可能将所有的启发式处方都转化为算法，因为有些问题不存在算法或不可能被发现这种算法，即使存在或被发现，将启发式都变为算法化启发式也不见得合适。

所以我们必须教会学生如何运用启发式，必要时如何去发现启发式。算法启发式理论的目的之一不是排除启发式而是使启发式更具体，使得启发式更有利于学习和问题解决过程，增强其教学价值。

第三节　算启教学认识论

一、算启教学认识论的基本主张

1. 发现和把握过程的性质、组成部分及其结构

为了能有效地创设（开发、管理）任何过程（不仅仅是认知方面的），我们必须发现和把握这些过程的性质、组成部分及其结构。我们必须在宏观水平上，同时也在微观（分子—原子）水平上把握这些过程。就认知过程而言，这意味着我们必须在每一个心理发展阶段上都能把握组成这一心理过程的基本的知识单元和心理操作。它们就是每一个心理发展阶段的心理原子和分子。不同类型及不同复杂程度的任务和问题，要求心理操作的原子和分子能够按照某种结构加以组织。这种结构对不同的任务和问题来说也是不同的。结构本身应符合任务和问题的性质以便人们能加以处置。

算启教学的主要任务之一是对认知操作和认知能力进行详细的微成分分析（small components analysis）。这种分析的水平可以称为心理分析的分子水平或原子水平，正像基因工程能够在生物学原子—分子水平上借助生物过程的知识制造生物体一样。所以，教学作为"心理工程"的一种形式也是能够在心理学原子—分子水平上借助心理过程的知识发展具有预期特征的心理过程（比如具有某些技能和能力的这些特征能有效地迁移、概括等）。

2. 心理过程的培养

心理过程既是在人的生活中自发形成的，同时也是通过教育教学有组织、有效地培养的。为了把握使学生形成什么样的知识单位和心理操作，以及如何有条理地加以组织，我们必须知道：（1）它们之间是怎样客观地彼此依赖（例如，哪一个知识单位是其他知识单位的前提条件，必须先予掌握）；（2）心理过程及其结构要求问题和任务具有什么样的客观性质。

3. 问题和任务的四种基本类型

研究表明，任何问题和任务均可以分为四种基本类型：算法、半算法、半启发式和启发式。每一种问题类型均对学生的心理过程及其结构提出了特定的要求。因此，为了能有效地解决算法问题，学生必须掌握算法过程。对其他三种类型问题来说也是如此。

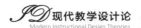
总之，为了使学生能够走向生活和社会，必须关注各种类型问题的过程，而不仅仅是算法过程。

4. 心理操作过程

一般来说，任何学科都要求各种类型的心理操作过程。但是，不同学科中各项任务和问题所要求的算法、半算法、半启发式和启发式过程的"比例"却是有差异的。所谓"人文学科"领域不太适宜运用算法过程的说法，如果是指人文学科中的非算法比例比其他学科要高，这是正确的。然而，这并不等于说人文学科和艺术教学中培养算法过程是不适宜的。

兰达指出，如果大家都同意这样一种假设：所有的任务和问题均不过是四种类别（算法、半算法、半启发式和启发式）中的一种，那么，利用算启教学论便提供了有效地培养各种相应的认知品质的方法，使得教师不仅教知识，而且能培养起解决各种类型问题的能力。

5. 教学的目的

教学（teaching）是用来解决各种教学问题的，指向特定目标获得的学习操作系统，常被称为教学方法。每一种教学问题都面对着这样一种情境，即教师必须确定和执行某些行为以便能在特定的条件下达到某种目标和结果。教学过程是由教师（包括教科书、视听手段、教学机器或计算机）操纵的影响学生的系统，旨在使学生的心理过程和行为的现有状态向预期状态转变。这种预期状态是作为教学过程的目标或预期结果出现的。教学过程是通过教师的行动或教学操作来引发学生的业绩和学业行为，由此导致业绩过程与学习过程的发生。每一个教学过程不仅直接指向特定目标的获得，同时也受到不同条件的制约。这些条件包括各种各样的外部条件，学生心理特征（例如，学生已经具备的知识内容和水平，以及学生拥有的技能、能力、动机、性格特征等），教师的知识、技能、能力和性格特征等。

6. 教学命题的组成

目标、条件和教学行为之间的联系可以用教学命题（instructional propositions）的方式加以说明。这些命题由教学规则、教学价值观、定义性陈述等组成。

教学规则有三种不同的形式，它们分别是描述性规则、处方性规则和允许性规则。

（1）描述性规则（descriptive rules）是说明当某一教学条件下采用某一教学行为会发生什么（即出现哪一种教学结果）。描述性规则的逻辑结构往往是："如果人们在 B 种条件下向学生实施 A 种教学行为，那么会出现 C 种教学结果。"此时，A、B、C 都可以是由一系列组成因素构成的认识现象。特定的条件会出现什么样的后果，可能是确定性的，也可能是概率性的。一般来说，或多或少都带有一定的概率性。

（2）处方性规则（prescriptive rules）是指在某些特定条件下为了达到某些具体目标人们应该做什么。其逻辑结构是："如果你想在 B 条件下达到 C 结果，那么就要采取 A 教学行为。"从较严格的意义上说，描述性教学规则是一种教学定律或规律，处方性教学规则才是真正意义上的规则，因为它指明了为达到具体目标在特定条件下应采取什么样的教学行为。

（3）与处方性规则密切相关的是允许性规则（permissive rules）。它对教学行为不是发出指令，而是提出建议。其逻辑结构往往是："如果教学条件是 B，教学目标是 C，那么你可以采用教学行为 A。"用"可以"这个词表示教学行为 A 能够导致预期的结果，但并不仅限于它，即教学行为 A 是充分条件而不是必要条件。与此相反，处方性规则中不出现"可以"字样，却含有"必须"的意思，这是充分必要条件。

7. 说明教学过程预期一般特征的教学命题

除了建立在条件、教学行为和结果之间联系的教学定（规）律和规则之外，还有其他一些用来说明教学过程预期一般特征的教学命题。我们将这些命题称为"可接受的价值观"或者教学必须做什么。例如，人们常说，"不仅要教知识，同时还要培养思维能力""教学必须富有意义"等等。这类"必须型陈述"（"must" statements）是一种价值判断而不是规则，因为它说明的是我们期望从教学过程中得到些什么而不是为了达到目标我们应该做什么。"必须型陈述"在不同社会文化、教育、政治体制和哲学观中有差异。作为一种高层次的命题，它们在很大程度上制约着具体教学目标之确立、教学条件之创设、教学规则和行为之执行。

8. 说明教学过程及其成分的特征的教学命题

还有一些教学命题是用来说明教学过程及其成分的特征（properties）的，例如，目标、教学行为、师生互动特征等。这些命题也是"必须型陈述"而不能看成是规则，我们称它为经验性命题（empirical propositions）。如果说个别的教学规则规定了为了达到单一的教学目标应该做什么，那么，一组教学规则可以用来规定为了达到不同的教学目标人们应该做什么。对各种教学命题进行结构化处理，包括定义、必须型陈述、经验性命题、规则等，由此就构成了一种教学理论（instructional theory）。

严格地说，一组命题要形成一种理论，并非一定要综合性的及能处置特定领域的各种现象。例如，一种化学理论并非想说明全部的化学物质和过程。因此，教学理论可以是综合性的，也可以是只关注特定层面。算启教学理论主要是根据建立在操作之上的知

识，通过外显的、有序的和有目的地形成操作及其系统的办法来塑造各种不同的业绩、能力、行为和性格特征。

二、算启教学的基本原理

兰达认为，以下十条教学原理是算启型教学的基本原理（basic principles of the algo-heuristically based instruction）。为了在实践中实施每一条原理，教学设计人员和教师必须知道"如何"去实现。换言之，他们必须知道教学行为的算法（至少是半算法）。算启教学论已经开发了一批教学算法和半算法，它开阔了改进教学设计方法的视野，同时也开辟了改进教师业绩与师资培训的新途径。

原理 1　应该用系统的、可靠的方式教给学生有关专家水平的心理过程和学习与思维的一般方法。

先决条件 1：为了实现这条原理，有必要揭示（或发现）大部分专家平时未能意识到的算法与非算法心理过程及思维的一般方法，并进行成分微观分析，以确定充分的初级成分（心理原子与分子）和成分间的联系（成分的结构）。

先决条件 2：为了实现这条原理，有必要对已发现的专家水平的心理过程和一般思维方法做外显的结构描述。这种描述应尽量详细，以作为学生在头脑中要形成的精确的模式（蓝图），达到教会学生思维和培养一般智力的目标。

原理 2　应该在每门学科的具体情境中教学生有关思维的一般方法，同时运用各门学科的案例来展示一般思维方法的基本性质。学生必须意识到一般思维方法的跨学科性质及其在多学科内容中应用的前景。

先决条件：每一位任课教师都应该从其他学科中选取要求与本学科分析和解题相同方法的案例，帮助学生理解方法之间的共同性。

原理 3　形成学生具有专家水平的心理过程和思维的一般方法应采用建构性的、工程化的程序，使得复杂的心理实体（例如推理的方法）建立在其成分（知识单位和心理操作）之上，每个成分建立在其子成分（更初级的知识单位和心理操作）之上。

先决条件：为了实现这一原理，必须实施每个知识单位和心理操作的成分与结构之渐进分析，以构建适当的知识与操作图（树）。这种渐进分析一直持续到片断水平为止。

例如，假定目标是要解决 A 类问题，必须完成 m，n，o，p 操作；为了能完成 m 操作，必须先完成 e，f，g 操作，为了能完成 e 操作，必须先完成 a，b 操作。当我们知道（或者经过测验）学生已经懂得如何完成 a 和 b，那么，这就意味着 a 和 b 是旧经验，学生已经掌握了其操作，不需要再教。渐进分析可以到此为止，不需要再往下分解。所以，认知过程和思维方法的渐进成分与结构分析是自上而下的过程，而实际教学中的形成过程则是遵循自下而上的路线。

原理4 要教给学生的算法与启发式的详细程度应与他们的知识与操作的现有水平相适应，以使得算法和启发式本身包括学生知道如何去完成及能够去完成的指令。

先决条件：为了实现这一条原理，应该进行有关学生认知发展的预备程度分析，即了解学生已知道什么和能做什么。这一分析的结果将决定对所要教的算法和启发式细分到怎样的详细程度。

原理5 由于一个班内不同学生的认知发展水平有差异，算法和启发式中的某些指令可能对一部分人来说已充分初级，但对另一部分人来说则不够充分初级。当出现这种情况时，应教后一部分学生更初级的算法。

先决条件：为了实现这一原理，教学设计人员应该发现针对每一个指令和操作的子算法和子启发式。

例如，假定我们要按照语法规则确定句子的语法结构，要求是学生能找出简单句或复合句中的主谓语成分。如果学生已经知道如何找到句子中的主谓语，那么，在教学如何确定句子类型时，可以将寻找主谓语作为基础，否则就必须先教如何找出主谓语。显然，在所有子算法水平的操作形成之前，是不可能有效地教学生更高水平操作的。

原理6 算法（算法处方）与启发式（启发式指令）的教学本身不是目的。它是有效地教给学生相应心理过程（知识单位和心理操作）的手段。

原理7 算法（算法处方）与启发式（启发式指令）的教学本身不是目的。它也是教给学生自我指导、自我调节和自我监控能力的手段。学习与掌握"三自"能力有利于学生管理好自身的身心行为。

原理8 重要的是不仅要教学生现成的算启法，同时也要教他们如何自己去发现算启法。独立发现的方法教学比仅仅让学生现成学到算启更有教育价值。

原理9 教学生现成的算启法及其相一致的算启过程，可用不同的方法去达成。在特定时间对特定学生选用特定方法是由下列规则的具体条件决定的。

规则1：如果算法处方或一组启发式相对小（不超过5项指令），那么可以在教学一开始就同时呈现给学生。

规则2：如果算法处方或一组启发式较大（超过5项指令），那么在教学开始时不要同时呈现给学生，应分成一部分一部分来教。

规则3：不应要求学生记住指令。指令及相应的心理操作通过练习或应用能自然而然地记住。

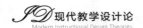
规则 4：一旦引入指令之后，就应该提供与完成指令相一致的操作的练习。重要的是尽可能变换练习的内容以便对所练习的操作做出更迅速的概括。要持续练习操作直到其内化和自动化。

规则 5：只有当前一段教学被内化和自动化之后，才能进入下一轮教学和练习。

规则 6：当配对操作已经内化和自动化之后，应提供要求应用两种操作的练习，直到融合成单一的操作为止。

规则 7：先单独练习每一个操作，然后将其同已经形成组块的操作合在一起，这样逐渐增大组块，持续地在这个过程中增加新的操作，一直到全部的操作组成一个大组块。

规则 8：逐步建立有关算启过程的图形表征（如流程图）。

原理 10 如果有适当的教学技术手段，应将算法与非算法的学习及思维一般方法教学尽可能个别化，采用适合每个学生特点，包括认知风格特点的教学方法。

在集体教学的情况下教师不可能做到真正的个别化教学，只有个人电脑提供了个别化教学真正的可能性并使之具备适应性。算启教学论在对待个别差异时，不是消极被动地适应学生的特点，而是提倡一种主动适应的策略——"扬长补短"。

当我们关注学习与思维的一般方法时，学生的个别差异往往体现在：

（1）有些学生偏好于自己发现；有些学生则偏好于用现成的方式接受。

（2）有些学生喜欢先学习与掌握心理操作，然后将其作为指令理解去做什么；有些学生宁愿先理解指令，然后再练习适当的操作。

（3）有些学生在练习单一操作前喜欢事先知道整套方法；而有些学生则认为在掌握单一的各项成分之前难以把握它们复杂的整体联系，所以宁可一项指令一项指令地去学。

（4）有些学生在完成每项操作时不需要多次练习就能达到内化和自动化的程度；有些学生则需要较多的练习。也就是说，肯定存在着不同的学生所需要的不同练习的连续统一体。

（5）有些学生只根据一两个事例或练习就能概括操作（有的学生甚至一点儿都不需要事例）；而有些学生则需要各种不同的事例才能做出概括。

三、管理与开发算启过程的方法

（一）过程定向教学与处方定向教学

必须型陈述 1 在教学中应更重视培养学生掌握算启过程而不是仅仅让他们得到一

些算启处方。

一种处方式的知识表明为了解决某一类问题人们应该做什么，它只是学会操作、了解解决问题过程的一种手段。任何解决问题的过程都是一种信息转换过程，并且用形象、概念和命题来表现其过程本身。一种处方式的知识其本身并没有包括转换，然而，要完成的操作的知识却能够使操作运转和发挥作用，从而揭示信息加工过程。

必须型陈述2 对教师来说，既要懂得算启过程又要了解算启处方。教师不仅要自己会解决问题，同时还要指导别人如何去解决问题。为了有效地对别人进行有关解决问题的方法做出指导，指导者必须了解操作是怎样组成的并且能用处方的形式向别人做出说明。

教学规则1 如果教学对象是学生，并且目标主要是培养他们解决问题的能力，那么，教师所关注的焦点应是算启过程，只有在必要时才把使用处方作为培养解决问题的手段。

教学规则2 如果教学对象是教师，并且目标既让他们具有解决问题的能力又有指导别人如何去解决问题的能力，那么就应该使受训教师既掌握算启过程又拥有相关处方的知识。

（二）通过处方与示范来教授过程

经验性命题1 激发与形成新算启操作及其系统（即过程）的两种外显的、直接的方式是操作处方和操作示范（demonstration）。

经验性命题2 动作操作往往是可观察的，可以通过处方和示范来教；认知操作则常常是难以观察的，所以只能用处方加以激发和形成，除非认知操作有时有原型作依托。

经验性命题3 依据心理特征的差异，有些学生通过示范学起来更快更容易；有些学生则通过处方学起来效果更好，还有些学生两者结合或两者皆长。

必须型陈述 如果学生从处方中学习的困难很大，而从示范中学习的效果甚佳，也许应该培养他们运用处方学习的能力。

教学规则1 如果：（1）有可能通过处方和示范来教某些操作；（2）学生通过示范学起来更容易；（3）教师并不打算培养学生运用处方学习的能力，那么，应把示范作为主要的方法。

教学规则2 如果：（1）有可能通过处方和示范来提出和形成某些操作；（2）学生通过处方学得更容易；（3）教师并不打算培养学生运用示范学习的能力，那么，应把运用

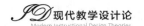
处方作为主要方法。

实际上，无须一一单独列出各种规则，我们可以将它们综合起来形成一张决策算法图，每一分叉代表了一条规则。

（三）算启授受与算启发现

必须型陈述 教会学生如何发现算启程序并运用它们去发现其他程序，与只提供现成的算启程序和仅仅教会他们如何运用这些程序相比前者更富有教育价值。

经验性命题 学生独立或在指导下发现算启程序一般来说比学会现成程序更困难、更费时间。从这个经验性命题中可以得出两个推论：（1）教学中只使用发现策略实际上是行不通的；（2）在教学过程中，教会学生如何发现算启程序及让他们在特定的个案中发现程序应该与他们已经学会的现成程序的个案相结合，以便能更迅速、更有效地培养学生的学习能力。

要指出让学生独立发现算启程序与现成教授算启程序的时间比例应是多少，这是很困难的，只能做大体的指导：（1）安排专门的课教会学生如何发现算法；（2）在学生已经掌握某些算法程序的情况下，根据教师本人的经验，估计学生在指导下发现算法需要花多少时间；（3）考虑所需的时间与课程计划的进度安排是否协调。如果两者协调一致，那就应该让学生在教师指导下发现算法程序；如果两者不一致，还要考虑独立发现对学生来说是否富有教育意义等因素。

（四）算启整体教学与算启分步教学

经验性命题 1 如果算启程序太复杂冗长，那就不能采用整体教学，即使勉强这样做效果也不好。此时应采用分步教学（一次只教一项操作）。

经验性命题 2 算启程序的复杂或冗长是相对而言的，主要取决于学生的个别心理特征。对不同的学生，需要因人而异、区别对待。

经验性命题 3 分步教学中的步子大小主要由两个因素决定：（1）对某个学生来说哪一项操作是初级的；（2）他（她）能够一次处置或学会多少初级操作。

经验性命题 4 "初级"的标准可以通过实验研究加以确定。

规则 1：为了有效地教给学生算启过程，应该将每一个过程分解成初级的操作。

规则 2：为了有效地教给学生算启过程，应该确定每个学生都能够感到从容处置和一次学会的操作链长度。这种操作链长度将决定对每个学生来说分步教学的步子多大才是最优的。确定教学中究竟是采用分步教学还是整体教学，其主要依据是看所教的算启程序其复杂冗长情况是否适宜于学生一次学会。

整体教学一般适宜于个别化教学和适应性教学。采用这种教学方案时，教师可以对操作的初级化水平做出诊断，从而为每个学生提供最佳长度的操作链。在全班教学条件下，采用分步教学更令人放心、更合乎现实。针对特定操作的初级化水平，是教师根据经验做出判断的。每个教师大体都了解针对特定年龄、年级的学生来说，哪些操作是初级的，哪些操作则不是。当然，这样的经验性知识不一定适合每个学生，只是就一般情况而言，在实际教学中要视情境随时做出调整。

分步教学被称为"滚雪球"法，其优点是学生在掌握算法时不需要死记硬背。已经学会的第一项操作成为学习第二项操作的基础并能自动激活，随着雪球越滚越大，学生就可能不用死记硬背冗长的处方就能处理复杂的操作。如果我们把算法指令看成是"拐杖"，那么这根拐杖在学会如何"心理行走"时十分有用。一旦学会心理行走，拐杖就可以弃置不用，因为此时学习与思维开始用"自然的"方式发挥功能，人们不需要告诉自己每一步思维过程。

分步教学的主要步骤是：

（1）向学生呈现算法或非算法程序并示范采用一定的程序怎样更容易解决问题。

（2）先让学生学会第一项操作。

（3）向学生呈现要求他们运用第一项操作的问题，同时让学生练习直至掌握。

（4）让学生学会第二项操作。

（5）向学生呈现要求他们运用前两项操作的问题，同时让学生练习直至掌握。

（6）让学生学会第三项操作。

（7）向学生呈现要求运用所有三项操作的问题，同时让学生练习直至掌握。

（8）持续进行上述过程，直至算法中所包括的操作全部掌握为止。

（五）教授一般算启程序与特殊算启程序

经验性命题1　问题、操作、操作系统（过程或程序）及其相应处方的概括化程度是不同的。

必须型陈述1　从教育与发展的观点看，教给学生的过程（程序）应尽量体现概括、一般的性质，以便学生一旦掌握了这种程序就能够成功地解决该领域绝大多数的问题，即使面临领域不同的情境和问题也能找出其相通之处，学会迁移。

经验性命题2　根据算启教学论，上面提及的一般操作系统（一般程序）及其相应的一般处方（思维或活动的一般方法）是一般能力（general abilities）的基础，而培养一般能力是教学和教育的最重要任务。

经验性命题3　还有一些更一般的程序和方法，它们同学科内容或要解决的问题的

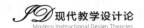

具体性质无甚关系，我们通常称之为"认知策略"，它可以用来解决多学科的问题，是最一般的认知能力的基础。

必须型陈述2　教会学生如何从学科内容的逻辑结构中引申出大多数解决问题的一般方法比现成地向学生提供这些一般方法更富有教育价值。

经验性命题4　学会从一般方法中推衍出另一种一般方法（即高层次方法）将使学生具备在必要时推衍算法的能力，因而导致学生不仅能学会及运用其他人推衍的算法，同时也能自己推衍算法。

经验性命题5　正像学生从一般方法中推衍出另一种一般方法一样，同样重要的是让他们学会自己推衍一些特殊的算法（这通常更费时间）。前面已提到，我们不可能提出教会学生自己推衍算法与提供现成算法的恰当时间比例应是多少，教师可以根据自己的经验和具体教学条件来加以把握。

第四节　算启教学论的价值与成效

算启教学论或算启方法论的提出，从一定意义上说，直接同探究学生学习困难、教思维或教智力、改进师资培训的效果有密切关系。我们先来看看兰达在这三方面的主张，然后再介绍算启教学论的范式特征和具体目标，以及在学校教育等方面的成效。

一、算启教学论的意义透视

学生学习困难、效率不高，这一直是学校教育中难以解决的顽症。为什么学习对许多人来说似乎是非常困难的？兰达认为，这里有多种原因：教育者通常不了解学生为了掌握知识和技能更方便、更有效，且能应用自如，头脑中应进行哪些心理过程，因此，他们没有做到有目的地、明确地教授这些心理过程；由于知识的获得和应用涉及对知识进行认知操作或认知运算——即将其分解成各个组成部分、转换不同的形式、综合、概括等等，有经验的学生必须掌握大量的相关运算的全部储存，他们知道在什么时候及如何使用这些储存，他们熟练地掌握了这些运算的每一个方面。

然而，即使是有经验的学习者可能也没有意识到或者没有完全意识到自己的心理运算过程。他们意识到了行动的客体，即他们将学习和应用的学习内容。但是，他们很大程度上并没有意识到自己如何对内容进行操作，对于这些知识他们在认知上做了些什么。另外，对于这些运算，如果教师也没有意识到（通常是如此），那么，教师便不可能把它们教给学生，只能靠学生自己去独立发现。通常这是靠尝试错误，通过从失败和错误中学习来自发产生的。在这种情况下，发现可能是极其困难或非常复杂的，并不是全部学生都能最终发现最佳的或者是有效的认知运算。结果，他们就会在学习和工作中遇到困难。

当然，这不等于说从失败或错误中学习及尝试错误本身是一件坏事。问题是具备从失败和错误中学习的能力是一种最复杂的能力，由一系列非常复杂的构成技能所组成，这些技能也应该被教授。例如：（1）有必要教给学生合理有序地而不是盲目杂乱地去尝试错误；（2）有必要教给学生如何分析尝试的结果，确定这些结果是否导致正确的解答；（3）有必要教给学生如何使用分析错误所获得的信息，即教给学生懂得如何去纠正错误，如何从不同的意见中做出适当的选择等。

兰氏型经验从本质上说是一种对有目的、有系统地对培养、强化和丰富的专家水准过程进行训练，而常规的经验本质上是试图寻找解决问题的答案及自发地发现达成这种解决答案的过程或方法。

算启论就是要使以前天才才能达到的水平一般人也能达到。这确实是算启论的主要信仰。两位数乘法的算法在被人类发现之前，其计算过程是很复杂的，只有有经验的数学大师才能胜任。而今天我们知道了它的算法，不仅能够在小学里教授，并且一旦掌握其算法，就可方便地解决此类问题。

算启论在培养学生如何思维方面有什么意义呢？

一直以来人们对思维过程有一种神秘感，因为人们不知道思维是如何"工作"的，也不知道如何去培养它。但是，只要提出识别内隐的、无意识的思维过程的方法，那么就有可能揭开思维的内部机制，破除原来的神秘性。思维不过是对用表象、概念和命题的方式呈现的特定信息进行特定加工的方式而已，这种加工是受到特定的认知操作影响的，思维者本身全然不知或不完全知道（就像他们不知道食物是如何在胃中被消化的一样）。

兰达认为，算法与启发式及其相应的过程总是体现为思维的一般方法，这些方法是独立于内容的及能应用于特定班级的任何学科。在兰达看来，智力就是有效思维的能力，这种思维不仅涉及个人经验未曾遇到过的对象，而且也涉及未曾遇到过的经验。智力是良好地掌握了一般思维方法的有序层级系统。不同的方法有不同程度的概括性。这种层级系统提供了有效地解决个人经验中未曾遇到过的问题。由于使用了算启论，我们知道如何分析思维的一般方法，将它们分解成组成操作，确定其结构，等等，以便通过教学过程来培养和创设这些操作及其系统。当我们知道如何培养思维的一般方法时，我们就能创造智力（create intelligence）。美国认知心理学家坚持"教智力"是可行的，兰达非常赞同这一论点。他说，智力是能够加以系统培养的，问题是如何做到这一点，他认为算启论给出了一个回答。

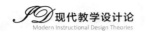
算启教学论对改进师资培训会起到什么作用呢？兰达认为，除了在师资培训中讲授一些具体的知识（如社会学、心理学、生理学、教育学等）之外，还应该包括训练如何"应用"这些知识，即如何解决一系列教学和教育问题，如何做出教育决策，如何实施决策。换句话说，师资培训除了传递知识之外，还应该教授教育思维和业绩（pedagogical thinking and pedagogical performance）。

由于有效地解决教育问题的能力取决于知识及掌握算启过程与方法，教师应被教授已经发现的教育活动中的算启法，同时也被教授发现这些算启法的方法。具体地说，他们应被教会如何发现和设计学生学习活动及行为表现中和教师教学活动中的算法与启发式。

由于教学过程的整体效益不仅取决于教学算法或方案的质量，同时也取决于实施及完成这些算法或方案的能力，教师还应被教会如何有效地去达成业绩。这方面的培训方法与戏剧院校训练演员的方法是相似的，学习一直要持续到胜任表演为止——这总是包括掌握一系列表演技巧。

虽然新教师培训已经想方设法在教心理学和教育学知识之余，也教解决教育问题的算法，但后者尚未成为主要的倾向。师资培训的主要目标应是用系统的、现实的、省时的方式培养专家水平的教师。然而，现在的青年教师仍然不得不通过几年尝试错误及经受挫折的经验，才能发现解决教育问题的有效算法如启发式，才能掌握达成业绩的技巧。

二、算启教学论的范式特征及具体目标

兰达认为，算启论可以被看成是一种开发范式（development paradigm）。这是因为：

（1）它清晰地提出了所要回答的心理学与教育学问题。

（2）它确定了产生这些问题的根源所在。

（3）它包括要回答这些问题的特定概念和解释。

（4）它提供了对问题及其原因进行系统描述的概念体系。

（5）它提供了用系统的和可靠的方式解决这些问题的特定方法。

（6）它所提供的方法是客观的及可复制的。

（7）它所提供的方法是充分一般、综合的，可应用于不同类别、不同水平的教育与培训领域、学习与业绩领域。

（8）它所提供方法的实际应用结果是可测量的，能与其他方法所得到的结果进行比较。

兰达强调，算启论旨在构建一种综合性的、统一的理论与详尽的方法，以系统的和

可靠的方式教授知识与思维，从而导致一般认知能力和智力的发展。

兰达指出，算启论的具体目标包括：

（1）开发一组透入专家式学习者、业绩者和问题解决者心理的技术以揭示大量尚未被意识到的心理过程（算法的与非算法的）。

（2）实际查明针对各类任务和问题，包括在有效学习中所涉及的专家式算法与非算法过程。

（3）将业已查明的心理过程分解为相对初级的知识单位和心理操作，并确定其联系（系统）。

（4）用算法和非算法方法明确描述已查明的心理操作及其系统（过程）。

（5）将从专家中得到的思维方法与学习方法做进一步改进与提炼，以形成更强有力的超级专家算法与启发式。

（6）运用已发现或已改进的算法与非算法作为学生与新手仿效的模式（蓝图），培养他们成为专家式学习者、业绩者和问题解决者。

（7）将算法与启发式的描述转化为处方，引导学生和新手懂得像专家那样在有效学习与工作时应该想什么、做什么。

（8）创造一种新的教学方法论（methodology of instruction），使教师和培训者能够做到：①有效地教授学生与新手那些专家使用的心理过程（特别是他们在认知活动中采用的一般算法和启发式）；②通过专门的算启型教学将专家的心理过程"复制"给学生与新手，用系统的、可靠的和相对便捷的方式来复制，可以减轻或避免学生与新手仅仅依靠经验积累的辛劳与费时；③培养学生的一般认知能力（一般智力）。

（9）编制各学科新型的算启型教材和学习材料、计算机化多媒体课件，这些材料不仅能有效地教具体学科内容中的知识技能，同时也能教一般的思维方法。

（10）形成一种软件设计和编程的方法论，使得教学设计人员能编制具有诊断性、适应性及个别化的媒体型教学。

三、教会一般思维方法的价值

兰达认为，算启法强调教育目标同样重要的两个方面是教什么和如何教。当今社会是信息社会，知识的更新极其迅速，但这并不意味着获得及应用知识的认知机制也同样发生着变化。任何学科领域及时间岗位的专家，他们都在掌握了如何有效地获得及应用知识后，运用基本相同的认知操作和认知过程来学习新知识。这个过程当然对不同的知识类型（例如，关于事实的知识和关于自然规律的知识）及其对要解决的不同问题而

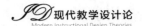

言是有差异的。但是，对同一类知识和同一类问题来说，认知过程却是相同的。因此，我们不妨说，认知过程的机制是相对独立于内容之外的，也就是说它具有一般通用的性质。

如果我们同意这样一个观点，即学会如何获得及应用知识与掌握基本知识同样重要，那么，教会学生一般认知过程及其相应的方法乃是教育的关键目标。当然，这也是通过教授基本知识进行的。然而，遗憾的是，许多教师不知道教会学生思维的恰当方法。

兰达认为，教会一般思维方法有重要的教育收益：

（1）使得学生拥有获得、处置及应用不同学科各种内容知识的心理工具，这种心理工具带有统一性和普遍性。

（2）它只要求每一种方法只教一次，无须每一次对获得、处置和应用特定的知识重起炉灶。

（3）它可以节省大量的时间，因而在教与学方面都大大提高了效益。

（4）它极大地提高了获得知识、技能和能力的质量。

（5）它大大减少了教学的难度。

（6）它防止了许多错误的出现，明显降低了错误率。

（7）它培养了专家型学习者及改进其业绩，使得人人成才，多出人才，快出人才。

除此之外，学生还能从一般思维方法教授中得到额外的教育收益：

（1）学生开始理解知识的一般要素及结构，不受具体学科内容和具体领域的限制，这就有利于培养学生跨学科思维能力。

（2）由于不受学科内容及其具体领域的限制，学生获得了结构分析及知识比较的强有力工具。

（3）学生培养了从具体（特殊）到抽象（一般）的能力。

（4）学生在不同学科内容之间的知识、心理操作及其系统（一般方法与具体方法）实现迁移更为便利。这包括相同学科领域和不同学科领域的迁移，因而，迁移的面显然更广了。

（5）学生强化了对思维过程的自我意识，培养了对思维过程进行自我管理、自我调节和自我监控的能力。

（6）在不同或者同一知识领域内，学生拥有解决不同问题的一般方法。

为什么现时的学校通常没有教思维的一般方法呢？兰达认为，原因大体如下：

（1）教育科学本身不够成熟，尚没有意识到针对不同年龄的学生教思维一般方法是一件极其重要的任务。

（2）教育学和心理学本身对思维的一般方法研究不多，导致了缺乏不同的思维方法的要素及其结构方面的系统知识。

（3）教育学和心理学本身对教思维的一般方法所需要的教学方法所知甚少。

（4）教学实践的焦点主要放在教给具体的知识技能，而不是获得、处置和应用知识的一般方法。

（5）大多数教师，包括各个领域的许多专业人员都没有意识到或者充分意识到自身的心理过程及思维方法，这就使得要把这种方法教给学生困难重重。

（6）教师培养或者培训方面存在缺陷，既不教思维的一般方法，也不教教授思维一般方法的方法。

兰达认为，不现成教给或者让学生自我发现思维的一般方法，带来的问题多多：

（1）如果不教思维一般方法，那么，学生只好自己去尝试方法自身的思维过程规律性。

（2）如果不教如何发现思维的一般方法，那么，学生只能使用那些现成便利的方法，及尝试错误。

（3）通过尝试错误发现思维的一般方法是相当困难的过程，因此带来了学生学习与思维上的诸多困难。

（4）通过尝试错误发现思维的一般方法是长期的过程，因此带来了每一个主题的教学时间过长。

（5）通过尝试错误发现思维的一般方法是长期的过程，一般来说是无序的和随机的。

（6）所发现的方法常常是基于经验性的概括而不够普遍性，只能有限地迁移及应用在有限的领域。

（7）并不是全部的心理操作成分都能被发现，因而，所发现的方法总有这样那样的不足或者不完整。

（8）还有这样一种情况，所发现的方法是正确的、普遍的，但不够经济。

（9）学生通过尝试错误所发现某一方法的运作往往并没有达到有意识运用水平，因而，学生也就不能对心理过程进行自我管理、自我调节和自我监控。

（10）由于对心理过程缺乏自我意识，学生难以向别人沟通其心理过程及其方法。

四、算启教学论的若干成效

兰达指出，算启教学论具有一般方法教学的特色，对学生的知识、认知能力、学习和思维产生很大影响，其主要体现在：

（1）学生了解了不同的知识组块及不同的内容（在同一学科内或不同学科中）可以有相同的逻辑结构。

（2）学生学会了知识的一般（共同）结构并获得了确定任何学科内任何知识的知识结构的能力。

（3）学生开始明白获得知识与处理知识的方法（即学习与问题解决的方法）不仅是由特定内容决定的，而且更重要的是由逻辑结构决定的。

（4）学生逐渐懂得存在着获得知识与处理知识的一般方法，它们是由知识的一般结构决定的，而不是由其特定内容决定的。

（5）学生开始了解每一种知识结构的一般类型如何决定其处置的方法。

（6）学生能确定不同知识中存在的共同结构，然后根据其知识结构类型来派生其处置知识的方法。这样做打开了学习与思维的跨学科途径及培养跨学科技能。

（7）获得、概括及充分掌握学习与思维的一般方法创造了成功地处理各种内容及解决各种学科问题的能力。这就是一般智力（general intelligence）的本质。

（8）不仅学习一般的思维方法，同时也发现这些方法，培养了学生不同层次的元知识（meta-knowledge），以及知识与方法迁移的能力。

（9）了解思维的一般方法之成分、各成分间的逻辑结构及其设计，可以使学生不仅能分析他人是如何思维的，同时也能对自己的思维过程进行分析，必要时改进思维的方法。

（10）意识到自己的心理过程及具有算法与非算法指令的知识，能使学生训练对其认知过程进行自我调节和自我监控的能力（因为言语指令是自我调节、自我监控的基本心理工具）。

（11）思维方法（特别是算法）的独立发现或有指导发现，培养了学生各种良好习惯，包括注意细节、确认和考虑可能会影响行动及其结果的多种条件，仔细分析条件与行动／决策之间的关系，检验及确证假设等各方面习惯。

（12）思维方法（特别是算法）的独立发现或指导发现，培养了学生寻找用以解决特殊问题的一般方法的习惯，而不是只把眼睛盯在寻找特殊的解决办法。

（13）在发现与创造的过程中验证算法，培养了学生对意义含糊的敏感性，以及精确地表达观念与想法的习惯。

（14）运用算法作为解决问题的指导，培养了学生完整地、系统有序地思维的习惯。

总之，教给学习与思维的一般方法的算启方法论不仅培养了学生学习与思维的各种品质，同时也培养了某些人格特质，使得心理习惯更稳定。

兰达认为，由于算启方法论能够揭示、分析和复制各种类型问题与任务的心理过程，包括简单或复杂、良构或非良构、常规或非常规、确定式或随机式、一种解决办法或几种解决办法、有无不确定性或风险等性质的问题和任务，因此它不仅能改进学习与教学，同时也能广泛应用于工商企业和政府部门。1992 年 11 月 21 日美国《新闻周刊》的一篇报道使用了"兰达式雇员神了！"这样的标题。报道介绍了兰达为美国"全州保险公司"的 4500 名操作人员开发培训课程，在很短的时间内，这些操作新手通过训练达到了专家水平。经测算，该公司据此一年将节约 3.5 亿美元。受此成功鼓舞，公司总裁决定创办一所在职培训机构——全州算启法大学。这篇报道列出后，据说有 450 个公司对此很感兴趣，有些也想开设类似的培训机构。兰达认为，我们的目标是改进培训的结果，减少新手的差错率，缩短完成任务的时间，提高决策（产品及其服务）的质量，创造岗位的满足感，等等。换言之，目标是设计和创建这样一种培训机制，使得在培训结束之后产生的是专家水平的雇员而不是多年经验自然积累的结果。

第五节　一般思维方法的教学

算启论主要不是一种如何教某一主题、概念和技能的教学理论，也不是一组有效的授课计划。相反，它是强调设计任何游戏和教学的一般方法或者方法论，旨在教授知识、程序（过程）和思维的策略。这种方法形成了一般的但是同时也是足够详尽的程序——算法和启发式——能应用及设计任何具体知识与认知过程。

（一）方法释义

在哲学和科学文献中对方法（method）的各种界定，颇有歧义。对"方法"一词的语义分析表明其有两种含义：（1）解决问题或者完成任务的"行动"（action）；（2）指明要完成行动的"处方"（prescription）。为了区分"方法"的两种含义，我们将它看成是"行动体系"（Ma）和"指令体系"（Mp）。通常，人们在解决新问题或者完成新任务时，首先要发现 Ma，然后再将它转化为 Mp。

当人们将"方法"界定为一套结构化的指令系统和 / 或达成某种目标的行动系统，这一界定揭示了丰富的下列基本特征：

（1）一种方法总是一套指令和 / 或行动系统，而不是单一的指令。只有在极端的情况下，这一系统仅由一个指令和一个行动构成。

（2）一种方法总是一种结构化的实体，其中基本的指令和 / 或行动同某种方式联系起来（例如，某种序列或层级联系）。

（3）一种方法总是一种目标定向的现象，旨在达成某种目标（如解决某一问题，完成某项任务，等等）。

在日常交流和科学用语中，"方法"一词通常全部或部分与"过程"（process）、"程序"（procedure）、"指南"（guide）、"技术"（technique）和"策略"（strategy）等含义相通。

一旦概念、命题和方法在社会实践及科学研究中建立，那么，它们就成为语言物质化的社会现象。习得之后，这些现象便成为主观的心理现象，它们是物质化的社会现象的副本。主观的方法不一定与客观的方法相一致。例如，许多人对社会现象的解释都是虚假的（不正确的、不一致的和表面的），因而，教育的重要目标之一应包括如何使学生头脑中已经形成的主观化方法同社会实践和科学研究中建立的客观化方法取得一致。

（二）方法与技能之间的关系

方法与技能之间的关系如何呢？虽然两者有联系，但不是完全雷同的，因为它们反映的是不同的心理现象。

以 Mp 为例，作为要完成的行动的知识与实际执行行动本身显然不是同一回事情，就像一个人知道如何游泳，但是不会实际游泳一样。另外，Mp 与技能也是有区别的。技能（skills）不是行动的系统，而是在大脑中的心理过程，其体现了完成行动系统（Ma）的潜力。

显然，构成 Ma 的行动系统与技能仍然有联系。行动的执行导致了心理过程的形成，以及在行动执行后大脑中留下的"痕迹"所产生的联系。这些痕迹便是技能。技能只有通过完成某些行动及其行动系统才能形成这一事实，这表明要想培养学生良好有效的技能，必须教给他们良好有效的方法。

这也揭示了"方法的知识与方法之精通"（knowledge of method and knowledge of command）两者之间的差异。知道某一方法意味着知道其指令，体现为有能力在言语上表现出来。精通方法意味着能够执行构成某一方法的各种操作（心理操作和 / 或身体操作）。在学校和现实生活中，可能发生下列情境：

（1）某个人知道一种方法并能精通娴熟运用。

（2）某个人知道一种方法却不能精通娴熟运用。

（3）某个人不知道一种方法却能精通娴熟运用。

（4）某个人既不知道一种方法也不能精通娴熟运用。

（三）教授思维一般方法的算启法

算启法已经提出了形成概括、概念和思维过程的不同途径，也提出了有意识、外显地教学思维方法的不同途径，即既有 Ma 的途径，也有 Mp 的途径：

（1）无须大量的变式。

（2）保证形成适当的概括。

（3）在适当的概括基础上，保证形成准确的概念和命题。

（4）保证形成学生获得知识和应用知识（表象、概念和命题）的有效方法。

（5）保证将知识与心理操作最广泛、最准确地迁移至新的情境与问题，且不限于经验。

（6）保证极大地减少学习的错误与困难。

（7）保证培养学生对自身的心理操作的自我管理、自我调节和自我监控的能力。

（8）使上述目标较可信及较快地达成。

与传统教学中学生在头脑中形成的经验性概括相比，算启法形成的则是可信的、科学的、概念协调的概括。兰达采用的教学生形成直角三角形这样一个概念做出了对比。假定我们采用指导性发现的方法：

（1）学生独立发现直角三角形的概念。

（2）指出三角形的名称。

（3）形成正确的概念定义。

（4）独立发现应用这一概念的心理操作系统（Ma）。

（5）形成已发现的方法（Mp）。

（6）通过练习，学会如何应用该方法。

（7）该方法指令的内化（Mp）。

（8）该方法操作的自动化（Ma），因而能确保其完整掌握和拥有。

对于上述 8 个教学具体目标，兰达特别分析了后 5 项目标，因为它们与算启法直接相关。

第 4 项教学具体目标是让学生发现并有意识地应用已习得的概念来确定新课题是否属于该类别（本例中是直角三角形）。实现这一教学目标的教学措施是：提问学生，依据定义，为了确定某个三角形是不是直角三角形，应该在头脑中做什么呢？例如，学生应该回答说必须检查这一三角形中是否有直角。

第 5 项教学具体目标是让学生外显地形成一致的指令系统（Mp），所要采取的教学措施是：

（1）请学生形成一组较详尽的指令（即一种方法，涉及某个人不知道如何运用直角三角形定义时，为了确定某个三角形是不是直角三角形，他应该在心里做什么）。

（2）如果学生正确地形成了方法，那就可以进入下一个教学目标；如果学生不能形成方法，那就需要向他们解释为了识别是不是直角三角形，如何形成该方法（Mp）。

如果必要的话，在教师的帮助下，学生应形成下列方法：

（1）分析直角三角形的定义并离析其关键特征——有 90 度角。

（2）观察给出的三角形时，学生心理上一定要想到这一关键特征，看看其是否有 90 度角。

（3）依据下列规则得出结论：如果三角形有一只角是 90 度，那么它便是直角三角形；如果三角形没有 90 度角，那么就不是直角三角形。

（4）在黑板上写下已经形成的方法（算法）或者实现准备好的话用媒体呈现。

第 6 项教学具体目标是操作应用已经形成的方法（Mp），所要采取的教学措施是：

（1）告诉学生，现在的任务是操练应用已经形成的方法，使之能够熟练地从其他三角形中识别出直角三角形。

（2）呈现各种三角形，依据已经形成的方法，请学生确定哪些是直角三角形，那些不是直角三角形。

（3）解释他们应该在方法中使用的每一个步骤。

第 7 项教学具体目标是通过专门的练习，确保其充分掌握，所要采取的教学措施是：

（1）告诉学生他们不再需要黑板上的指令，可以用自我指令的方式取而代之。

（2）告诉学生教师将擦去黑板上的指令并再次呈现几个三角形，学生应该借助自我指令的方式确定哪些三角形是直角三角形。

第 8 项教学具体目标是该方法的心理操作达到自动化效应，所要采取的教学措施是：

（1）告诉学生他们将来似乎自我指令也不需要了，因为他们现在知道了为了识别直角三角形必须做什么。

（2）在给出一组三角形时，让学生尽可能迅速地找出直角三角形。

兰达指出，虽然教学直角三角形的方法说起来似乎很冗长，但实际上这堂课不会超过 20 分钟。

（四）方法内化与自动化的心理机制

方法指令（Mp）的内化和方法操作（Ma）的自动化意味着什么呢？在内化和自动化过程中心理上发生了什么呢？

兰达认为，方法的逐渐内化和自动化实际上是在学习与操练过程中，逐渐地从一种操作的促发器（actuator）向另一种操作的促发器转换的过程。

（1）在学习某一方法的第一阶段，操作是由方法的指令（以某种有形的，物质的形式存在）从外部促发的。

（2）第二阶段，操作通过自我指令的方式由内部促发，这一阶段是方法指令（Mp）的内化阶段。

（3）第三阶段，任何指令（外部或内部）都不太需要了，由此导致操作由目标和问题条件本身所促发。这一阶段便是方法操作（Ma）的自动化。

在一个阶段向另一个阶段转变时，内部心理机制经历了一个关键性的转变：第一阶段和第二阶段循序渐进、按部就班地执行心理操作，而在第三阶段则同时或部分同时完成操作。心理操作的同步化使得下列情况有可能发生：

（1）信息的同时加工代替了最初的序列加工。

（2）将客体作为范型或者格式塔来识别。

（3）较快、瞬间或几乎瞬间完成心理操作（过程）。

（4）无须努力就能完成心理动作（就像自然而然地发生一样）。

心理过程的这些特征是掌握及自动化的信号。

在传统教学中这些特征的形成是自发的、无序的，常常也是无效的。而算启法是在精心规划与管理的过程中形成的，因而保证了心理能力的高品质。

兰达认为，除了采用发现法之外，当然也可以采用讲授法（expository teaching）。前者所需时间较费；后者则节省时间。兰达建议采用发现法和讲授法结合的形式来教，具体应依据教学目标的性质及某一方法的长处而定。

（五）增加方法的概括程度

用来确定直角三角形的思维方法，从可应用于任何直角三角形这一定义上来说是一般的，但从只能识别直角三角形这一视角看，同时又是非常特殊的。那么，有没有可能对此加以修正，使之能够应用于其他学科内容。换句话说，可使之更为一般吗？答案是肯定的。

兰达用早先确定直角三角形的方法来举例说明。

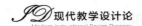
假定将概括程度最低的方法记为 d1，概括程度次之的方法记为 d2，以此类推。表 7.2 是概括程度两个层次的比较。

表 7.2　方法的概括程度 d1 与 d2 之比较

方法1（d1）	方法2（d2）
为确定一直角三角形： 1. 细析直角三角形的定义并离析其关键特征——有一只角90度 2. 心理上一定要想到任何给定的三角形的这一关键特征，看看是否有90度角 3. 依据下列规则得出结论： ① 如果三角形有一只90度角，那么，它是直角三角形 ② 如果三角形没有一只90度角，那么，它就不是直角三角形	为确定某一客体是不是属于某一类别： ① 细析这一类别的定义并离析其关键特征 ② 心理上一定要想到任何给定客体的这一关键特征，看看是否具有其全部特征 ③ 依据下列规则得出结论： ① 如果该客体具有定义中揭示的全部特征，那么它属于定义中界定的这一类客体 ② 如果该客体不具有定义中揭示的一个特征，那么它就不属于定义中界定的这一类客体

可以用 d2 的方法，依据循序渐进的指令去识别图 7.5 中的几何图形。如其中"菱形"的定义为："四条边等长的平行四边形。"

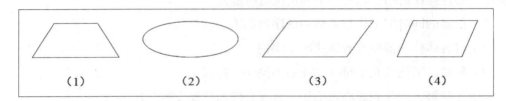

图 7.5　识别哪一个是菱形图形

现在请你用 d2 来识别直角三角形 [图 7.5（1）]。你可以看到 d2 既可以用菱形识别，也可以用直角三角形识别。显然，d2 比 d1 更具一般性。

为了理解方法 2 的概括程度，兰达建议读者将此用于解决语法问题的从句识别中。如给出四组语词：

My God!

Please，forgive me

When Peter entered the room

I really like this book

从句的定义是"从句是有主语和谓语的一组语词"。

方法 2 主要适用于"合取"或者逻辑连接"和"，不适宜于"析取"或者逻辑连接"……或……"。例如，像这类定义"形状或者大小的变化都是物理变化"，间接宾语回答"对谁"或者"对什么"，副词用于描述"有些事物看起来或感觉起来或尝试起来或听起来如何"。因此，我们需要构建方法3。但是方法3不比方法2更为概括，只是原来合取式的方法2的补充与完善（参见表7.3，其流程图方式见表7.4）

表7.3　合取概念与析取概念所用方法之比较

方法2（d2）适用于合取概念	方法3（d3）适用于析取概念
为确定某一客体是不是属于某一类别： 1. 细析这一类别的定义并离析其关键特征 2. 心理上一定要想到任何给定客体的这一关键特征，看看是否具有其全部特征 3. 依据下列规则得出结论： ① 如果该客体具有定义中揭示的全部特征，那么它属于定义中界定的这一类客体 ② 如果该客体不具有定义中揭示的一个特征，那么它就不属于定义中界定的这一类客体	为确定某一客体是不是属于某一类别： 1. 细析这一类别的定义并离析其关键特征 2. 心理上一定要想到任何给定客体的这一关键特征，看看是否具有其全部特征 3. 依据下列规则得出结论： ① 如果该客体具有定义中揭示的至少一个特征，那么它属于定义中界定的这一类客体 ② 如果该客体不具有定义中揭示的全部特征，那么它就不属于定义中界定的这一类客体

表7.4　一般方法2和3的流程

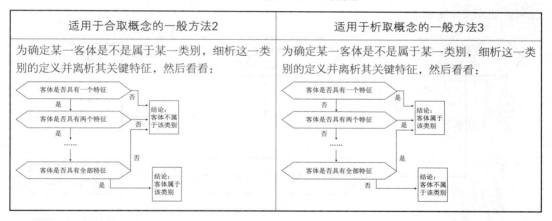

方法2和方法3都是分别针对合取概念和析取概念的。它不能处置既有合取又有析取的混合逻辑结构，所以需要有更一般性的思维方法。现在有以下两个命题：

（1）社会保障部门提供的："未结婚的母亲带有一个子女的且收入不超过1.2万美元，或者已经结婚的母亲带有一个子女的且收入不超过1.6万美元，那么，她就有资格领取救济金。"

（2）一个语法定义："动词是用作谓语并表示一个动作、发生一个新的事情或者存在某种方式。"

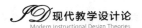
如果我们分析混合逻辑结构的内在机制时，我们可以发现，实际上是这样一个问题结构："如果……（a）……和（b）……，或……（c）……和（d）……，那么，……"

假定用"&"表示"和"，用"Ｖ"表示"或"，用"E"表示最终结论，用"→"表示单向"如果……那么……"，用"←→"表示双向"如果……那么……"，其命题的逻辑结构为：

（a＆b）Ｖ（c＆d）——E

上述公式可以读作：如果有 a 条件和 b 条件或者 c 条件和 d 条件，那么，只有这样才能够得出 E 结论。

兰达认为，上述两个例子中，救济金的命题结构是合取式析取（disjunction of conjunction）概念，而动词命题则是析取式合取（conjunction of disjunction）概念。据此，兰达认为，读者自己也可以构造出应用于析取—合取命题的方法（方法 4）和应用于合取—析取命题的方法（方法 5）。这两种方法比方法 3 和方法 2 更有概括性，即前者属于 d3，后者属于 d2。

兰达认为，我们需要一个统一的、更一般的方法 6（d4），能将前面两种方法整合起来，如图 7.6 所示。

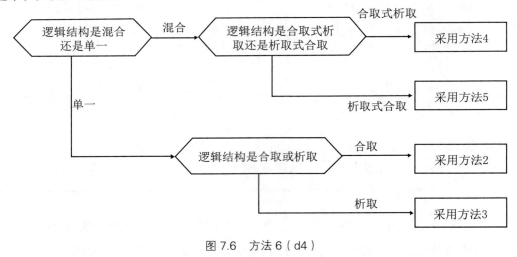

图 7.6　方法 6（d4）

方法 6 是不是最一般的呢？兰达认为尚不是。因为方法 1 至方法 6 都是应用于反映在概念定义中的关键特征的不同逻辑结构。但定义只是命题的一种。命题还有其他类型，如规则、公理、定理、自然法则等形式，还有对客体属性及其关系的陈述等。为了使方法 6 更具有一般性，必须能应用于各种知识，包括规则、定理等。让我们用方法 6 来考虑一个简单的几何命题（定理）。正方形的属性之一是"正方形的对角线是垂直的"。

采用"如果……那么……"的形式来陈述该定理便是"如果一个几何图形是正方形（s），那么其对角线是垂直的（dp）"；用命题逻辑的语言来表述便是"s–dp"。显然，这是一个真陈述。

将这一陈述倒过来："如果在一个几何图形中其对角线是垂直的，那么，这个图形是正方形，即 dp–s。"这一新陈述不是真陈述，因为有垂直对角线的图形也可能是菱形而不是正方形。

命题只有在一种情况下才是双向为真，即在"定义"的情况下。

我们迄今考虑的方法只限于定义或其他双向命题的情况，尚不能应用于或不能完全应用于单向命题的情况，这意味着方法 6 尚不是最一般的。我们需要给出只在单向命题范围内的纯合取（方法 2a）和纯析取（方法 3a）结构。不妨同方法 2 和方法 3 比较一下，看看其中的差异（参见表 7.5）。显然，方法 4 和方法 5 也可以调整为方法 4a 和方法 5a。

表 7.5　方法 2a 和 3a 之比较

方法2a（d2）	方法3a（d2）
适用于单向命题中的合取概念和条件	适用于双向命题中的析取概念和条件
为确定某一客体是不是属于某一类别或确定是否要完成在"如果……那么……"命题的右侧所指明的行为： 1. 细析这一类别的定义并离析其关键特征或"如果……"中指明的条件 2. 心理上一定要想到任何给定客体或情境的这一关键特征或条件，看看是否具有其全部特征或全部条件 3. 依据下列规则得出结论： ① 如果该客体或情境具有定义中揭示的全部特征或"如果……"中指明的全部条件，那么它属于命题"那么……"中规定的那一类客体；如果命题"那么……"部分指明要完成某一行为，那么就要执行这一行为 ② 如果该客体或情境不具备其中一个特征或条件，那么它不能得出结论；如果命题"那么……"部分指明需要完成一个行为，那么仍不知道这是不是要完成的行为	为确定某一客体是不是属于某一类别或确定是否要完成在"如果……那么……"命题的右侧所指明的行为： 1. 细析命题并离析其关键特征或"如果……"中指明的条件 2. 心理上一定要想到任何给定客体或情境的这一关键特征或条件，看看是否具有其至少一个特征或条件 3. 依据下列规则得出结论： ① 如果该客体或情境具有定义中揭示的至少一个特征或"如果……"中指明的至少一个条件，那么它属于命题"那么……"中规定的那一类客体；如果命题"那么……"部分指明要完成某一行为，那么就要执行这一行为 ② 如果该客体或情境不具备全部特征或条件，那么它不能得出结论；如果命题"那么……"部分指明需要完成一个行为，那么仍不知道这是不是要完成的行为

我们来看一个例子说明方法 2a 中 3b 部分的指令。假定某人已经形成了"如果……那么……"规则（如果天正在下雨，那么外出时须带伞），那么假定现在没有下雨，我要执行这一行为（带伞）吗？不一定。如果我估计今天可能会下雨，我还是要带伞。这一规则说明的是如果条件存在该怎样，但是没有说如果条件不存在该怎样的结论，它为

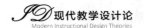
决策留出了空间。

我们再来看一个例子说明方法 3a 中 3b 部分的指令。假定某人已经形成了"如果……那么……"规则（如果天正在下雨或者你估计今天会下雨，那么外出时须带伞），现在假定天既没有下雨也没有估计会下雨，那么我就不执行这一行为（带伞）吗？也不一定。我还是可以有带伞的理由。该规则说如果至少一个条件满足的话我做什么，但是没有说两个条件一个也不满足的话，我该做什么。它也为决策留出了空间。

很显然，将方法 2 和 3 修改为方法 2a 和 3a 以适应单向命题的需要，那么，方法 4、5 和 6 也都要改成 4a、5a 和 6a。

现在我们可以得到最一般的方法，习得和应用在任何命题中（定义、规则、定理和定律等）的任何概念性知识。这些命题在"如果……那么……"陈述中可以是各种逻辑结构，在命题陈述的左侧和右侧可以有两种联系方式的任意一种（双向命题陈述或单向命题陈述）。

图 7.7 表明判断方法 6 和 6a 的处方以使得方法 7 达到最一般的水准。兰达特别强调在此所涉及的命题，其假设与后果都是决定论式的。还有一些命题是以概率方式联系的，从假定得出的结果具有某种随机性而不是确定性。所以，方法 7 也只是从决定论命题角度看是最一般的。

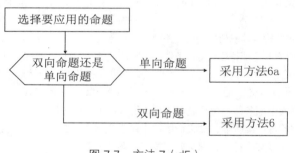

图 7.7　方法 7（d5）

从方法 7 及其达成的方式来看，似乎给人的印象是思维的一般方法之教学是相当困难和费时的。事实并非如此。兰达认为它是相对容易且迅捷的，学生乐趣无比。更重要的是，甚至有可能教初中生如何发现命题的基本逻辑结构及其处置的方法。有些小学的实验也初步表明小学生也能做到这一点，只是要花费更多的时间教给学生某些辅助的方法。

所谓辅助的方法，主要是如何使得日常语言中较为隐蔽的逻辑结构转化为用"如果……那么……"方式表示的外显逻辑结构（详见表 7.6）。

表 7.6　两种逻辑结构的比较

隐蔽的逻辑结构	标准（外显）的逻辑结构
介词短语是包括一个介词的一组相关语词： ·他很聪明但却懒惰 ·除非你道歉，否则我将惩罚你	如果而且只有在一组语词中是： （a）彼此相关的； （b）包括一个介词，那么这一词组便是介词短语： ·他很聪明但却懒惰 ·如果你不道歉，那么我将惩罚你 ·或者如果不道歉了，那么我将不惩罚你

本章思考题

1. 请简要说明知识、操作同思维的关系。

2. 算法和半算法、半启发式和启发式之间有什么联系与差别？

3. 教学规则有哪三种不同的形式？

4. 用自己的话来说明算启教学的基本原理。

5. 算启教学论有什么重要的价值与成效？

6. "行动体系"（Ma）和"指令体系"（Mp）分别指的是什么，它们在解决问题时各起到了什么作用？

本章主要参考文献

[1] Landa, L. N. (1976). *Instructional Regulation and Control: Cybernetics, Algorithmization and Heuristics in Education*. Englewood Cliffs, NJ: Educational Technology Publications.

[2] Landa, L. N. (1982). The Improvement of Instruction, Learning, and Performance: Potential of "Landamatic Theory" for Teachers, Instructional Designers, and Material Producers (An Interview). *Educational Technology*, Otc.: 7-12; Nov.: 7-14.

[3] Landa, L. N. (1983). The Algo-Heuristic Theory of Instruction. In Reigeluth, C. M. (Ed.) *Instructional Design Theories and Models: An Overview of Their Current Status*. Hillsdale, NJ: Lawrence Erlbaum Associates, 163-211.

[4] Landa, L. N. (1993). Landamatics Ten Years Later: An Interview. *Educational Technology* 6: 7-18.

[5] Landa, L. N. (1997). The Algo-Heuristic Theory and Instruction as a Paradigm. In Dills, C. D. & Romiszowski, A. J. (Eds.) *Instructional Development Paradigms*. Englewood Cliffs, NJ: Educational Technology Publications, 661-693.

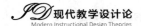
[6]   Landa, L. N. (1999). Landamatics Instructional Design Theory and Methodology for Teaching General Methods of Thinking. In Reigeluth, C. M. (Ed.) *Instructional Design Theories and Models: A New Paradigm of Instructional Theory*. Hillsdale, NJ: Lawrence Erlbaum Associates, 341-369.

第八章

分类教学设计论

　　在课程与教学论研究中，学习结果分类或者教育目标分类学，一直是一项基础性的工作，同时也是有争议的难点。在布卢姆于 1956 年开创了教育目标分类学的新领域之后，加涅在 70 年代总结了五种学习结果。在走向 21 世纪之际，豪恩斯坦在 1999 年对布卢姆等人在 1956—1964 年的 10 年中形成的认知领域、情感领域和心理动作领域分类进行了改造和扩充；安德森在 2001 年出版了带领一个团队花费了 10 年时间对布卢姆认知目标分类进行全面修订的成果；马扎诺则在 2001 年根据自己从 80 年代以来对思维的维度和学习的维度的潜心研究，提出了教育目标新分类；乔纳森对学习结果与教学策略的适配也做出了重要贡献。

　　本章介绍的是当代国际著名教学设计理论家、美国锡拉丘兹大学教育学院教学设计、开发、评价系教授罗米索斯基（Alexander Joseph Romiszowski）对教育目标分类所做出的重要贡献。罗米索斯基曾在一些发达国家和发展中国家从事多种研发和推广工作。1997 年，他与查尔斯·迪尔斯（Charles Dills）合作主编了《教学开发范式》一书。

　　罗米索斯基虽然一般称自己的研究是"学习结果"新分类，但这一点也不影响罗米索斯基在教学设计领域对"教育目标分类学"所做出的贡献。罗米索斯基在 20 世纪 80 年代，出版了三本教学设计姊妹篇著作，分别是《设计教学系统》《创设教学系统》《开发自动化教学材料》。在这三本著作中，罗米索斯基都谈到了学习结果的分类问题，他将知识和技能做出了细致的划分，同时提出在认知技能、情感技能和动作技能的基础上，还要重视人际交往技能的培育。1999 年和 2009 年，罗米索斯基分别在赖格卢特主编的《教学设计的理论与模式》第 2 卷和第 3 卷撰写了题为《发展体能：心理动作技能教学》和《促进技能发展》的章节，着重重申并且少量更新了他对知识技能分类的研究成果，这从另一个角度也说明了在罗米索斯基的教学设计理论中，其"知能结构论"是颇有远见与富有特色的。本章除了介绍罗米索斯基的知能结构论之外，还介绍他对学习过

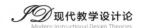
程的认识，这种认识既保留了信息加工模型的优点，同时也体现了知识建构的理念。本章还涉及罗米索斯基根据知识技能的性质选择有针对性的教学策略。总体来说，罗米索斯基的分类（知识技能的类型或者学习结果的类型）教学设计论确实是现代教学设计理论财富中的一朵奇葩。

第一节　知识结构

知识是指贮存在学习者头脑中的信息，通常是指我们自己"知道"的事情。知识具有"有或无"的性质，即我们要么有某种知识，要么没有；要么贮存了这一知识，要么没有贮存。要是有人说他知道某一事物的一部分内容，就等于说他知道信息的某些要素而不知道另外一些要素。

知识可以分为"事实性知识"和"概念性知识"。事实性知识又可以分为两种具体形式：（1）知道物体、事件或人（或者作为直接的具体经验，或者作为言语信息）；（2）知道在一个特定的情境中做什么（懂得程序）。概念性知识也可以分为两种基本形式：（1）特定的概念和概念群——能够举出或再认某一特定现象的事例，能够对其下定义等；（2）用特定的方式联结某些概念或事实的规则或原理——能够用它们来解释现象或预测现象。这样，我们便可将知识分为四个类别——事实、程序、概念和原理。

知识（已贮存的信息）具有以下一些重要特征：

（1）知识可以直接通过具体经验获得（借助人的某一种感官对外部世界进行"观察"），也可以通过"替代"的经验获得，这常常是以口头的、书面的言语为手段或者通过运用其他符号语言实现的。

（2）信息可以以离散的项目方式加以贮存（个别事实、概念、规则等），也可以以信息系统（或图式）的方式贮存。这种图式将离散的项目用特定的方式联系起来。图式本身可来自外部接收，也可以是学习者本人将新旧知识联系起来的内在建构方式——例如皮亚杰的"同化"和"顺应"。

（3）一个特定课题的知识很少只是一种类型的知识，而往往是事实性知识和概念性知识以多种具体方式的结合。所以拟用循环圈方式来表示知识类型之间的关系是非层级性、非排他性的。

所以，知识分成四种类型：事实、程序、概念、原理。每一种类型又可以具体细分出若干子类。知识结构的循环圈性质可用图8.1来表示。

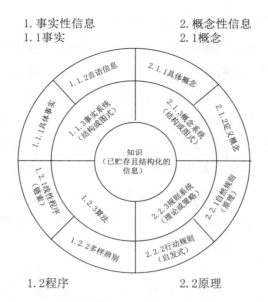

1. 事实性信息　　　　　　2. 概念性信息
1.1 事实　　　　　　　　 2.1 概念

1.2 程序　　　　　　　　 2.2 原理

图 8.1　知识的结构（Romiszowski，1981：243）

一、事实性信息（实际存在的特定信息）

1. 事实（知道物体、事件、名称等）

（1）具体事实（具体联想，经观察和记忆的事物）。这类信息包括通过直接经验获得的各种知识。借助再认物体、人或地点等能力可以证明学习者获得了这类知识。通常，物体的名称同具体事物联系起来并被用于作为再认确以发生的证明。不过，言语因素并非具体事实学习的必备因素。

（2）言语信息（包括逻辑符号、数学等语言）。这类信息包括通过某一符号性语言的手段获得的事实性知识如说明事实、描绘事件、用代码表示汽车特定部件等等。

必须指出的是，通常这种言语或符号消息是指那些具体事实。例如，"脸上挂有雨水"，这是一种能用最直接、最具体的方式再认的事实；用"雨水"这一名称与这一事实联系起来是一种最简单的言语联想。

（3）事实系统（结构或图式）。这类信息包括人们获得的各种事实性知识的复杂的内在联系。例如，通用电码符号、地图标识符号、国际公路标识等，均是属于事实系统的适例。事实系统是由用特定方式体现内部联系的一组事实（具体事实和符号）所组成的。这些内部联系将影响对事实的学习和回忆。

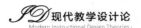
2. 程序（知道在特定的情境中有怎样的步骤）

（1）线性程序（链索，简单的一步步程序）。这类信息包括斯金纳（Skinner）在他的著作中详尽描述的训练大白鼠和鸽子的学习类型。这一训练程序乃是"塑造行为"。不过，斯金纳主要关心的是行为的学习（即"操作"）而不是知识（即贮存的信息）。一个人完成某一种程序，用正确的顺序执行各个步骤时，必须在头脑中贮存有关步骤和顺序的信息。但是，完成某一程序不仅需要知识，还要求有相关的技能。一个人"知道"某一程序同"完成"这一程序，两者是有区别的。有些人很精通（知道）某一程序，但实际做起来却并不出色，这是因为掌握技能本身需要练习的缘故。许多体育运动项目如跳高、跑步等均需要运动员具有高度流畅的链索知识。但有些教练员为什么不能达到像运动员那样精湛的技能呢，就是因为他虽然具有程序的知识，但完成程序的技能却未必比运动员更出色。

（2）多样辨别（区分相似的信息）。这一类信息同斯金纳、加涅（Gagné）和吉尔伯特（Gilbert）等人所说的"多样辨别"学习类型是一回事。链索是依赖于一组首尾相接的刺激—反应联结，而辨别则是建立在一组"平行"的联结之上的。拿起电话听筒后通话，这是一个简单的链索，但若要决定与哪一个分机通话则属于辨别（正确的分机号码及对应的部门和人这一组联结）。

（3）算法（有较为复杂的程序，如果合理遵循之则可保证完成任务）。大多数程序并非只是简单的链索或辨别，而往往是各个步骤的行动的结合。一种算法是执行某一程序的"处方"，因而也是可以沟通的知识，通过不同的流程图方式加以沟通。算法常常涉及对不同的行动路线做出决策。兰达（Landa）对"算法"的定义是：所有的人用同样的方式都能正确地解决该问题。这表明算法对所有不同的行动路线均是加以精确规定和说明的。每一个决策点都是对不同的行动路线做出辨别，而每一个不同的行动路线本身则是一个事先完全规定的程序链索。需指出的是，将程序分为"是或否"的两极形式并非总是适当的，只有当计算机程序操作时才非得如此不可。人类能依靠多种外部标识"一次性"地处理较复杂的决策。用吉尔伯特的"学习萌发"（mathetics）概念来分析程序似乎比用计算机程序的流程图方式更为适当。人有高水平的决策才能（贮存相当复杂的多样辨别的能力），如果将决策过程分解得太细碎，反而带有人为的、机械化的味道。

二、概念性信息（要求理解并用多种方式使用的信息）

1. 概念（项目类别的名称或能举例说明的观念）

（1）具体概念（一级概念）。这类概念包括对现实物体或情境做出分类的各种概念。

例如，"红色"是一个具体概念，因为它是定义特定的物体种类（如物体的颜色是"红"的）的一个语词。儿童能通过对各种红色物体和非红色物体的直接经验掌握这一概念。

（2）定义概念（二级概念）。这类概念包括其他一些概念，它们离不开适当的语言去掌握。人们能通过指出某一红色物体来表明他确实知道"红色"这一概念，但他却不能如此来证明他理解了"颜色"这一概念。因为用来说明"颜色"这一概念的语词本身也是一种概念。人们须用语言，运用已掌握的较为简单的概念彼此交流"颜色"一词的含义（例如"红色"是一种颜色，"蓝色"和"绿色"也是一种颜色，等等）。如果学习者尚未掌握"红色""蓝色"等概念，那么，教师对他说"颜色"这一概念就是毫无意义的。更为复杂的定义概念（如"物理特征"）需要用较复杂的言语文字加以定义（比如说："某个物体能观察或能测量的任何特征……"），并且通常要有那些本身也是定义概念的适当例子提供支持（例如，"尺寸和颜色是物体的物理特征的两个方面"）才能交流。

（3）概念系统（结构或图式）。这一类概念包括一组贮存在学习者记忆中的相关的概念（这一点仍作为假设），学习者以这种方式记住及再现概念间的关系和概念本身。"物理特征"和各种特征本身可以被看成是一个相关的概念系统。因而，"密度""重量""浓度""厚度"等物理特征既可以作为有内在联系的一组概念加以记忆，也可以作为相对独立的概念加以记忆。许多心理学家都认为所有新概念均需用某种方式与先前贮存的概念进行"嫁接"（即所有的概念性信息均是以图式的方式贮存的）。

皮亚杰的理论认为学习者用"同化"的方式将新概念纳入其已有的知识结构之中，如此才能做出理解；如果同化受挫，那么他就必须重组或"顺应"原有的知识结构以便符合新概念的要求。

2. 原理（指导行动或解释变化的规则）

（1）自然规则（自然原理，制约周围环境行为的规则）。它包括我们从周围世界能观察到的各种原理。这种"观察"或者是直接感受到的，或者是从行动的效果中加以推断的。一项规则是对现存的两个或两个以上的概念或现象的说明。例如，"金属受热膨胀"这一陈述便是一项规则，它明确指出了"金属""受热""膨胀"这三个概念间的关系（即如果金属受热那么便会膨胀）。"如果……那么……"类型的规则是最常见的规则。当然，并不是所有的规则都是那样斩钉截铁、确凿无疑的。像"晚霞满天日当头"只是表示一种概率性规则的比喻说法——如果晚霞满天，那么就增加了第二天天气晴朗的可能性。

（2）行动规则（启发式，制约主体行为的规则）。这是指人们拥有对特定的情境做出适当的行动或反应的知识。这种情境可以是实际生活情境，也可以是纯概念性的情境。例如："如果我确定了一个问题情境，我还将考察其范围更大的系统以明确这一问

题究竟是真实存在的问题还是一个较一般问题的征兆"，这是一条规则。人们可以用它来指导在问题解决情境中的行为。波利亚（Polya, 1945）将这类原理称为问题解决的"启发式"（heuristics）。波利亚提出的启发式常常可以用于任何类型的数学问题甚至非数学问题，而兰达（Landa, 1976）提出的启发式则主要是相对专门化的，用于解决几何问题。

（3）规则系统（理论或策略）。正像离散的事实组合成事实系统或者离散的但相关的概念组合成概念系统（图式）一样，离散的但相关的规则也可以组合成规则系统。例如，兰达提出的问题解决启发式策略是由解答几何题的特定知识与如何探究数学问题解决办法的知识所组成的，结果便导致了一组高度专门化的适合特定问题类型的问题解决策略。同样，某些物理原理与运用某些思维的一般原理（科学推断等）相结合，就有可能形成新的、高度专门化的理论或假设。

第二节　技能结构

一、技能及其技能结构

技能是指各种心智的或身体的行动，以及对观念、事物和人所做的反应。这些行动和反应是学习者为了达成某一目标用胜任的方式做出行为表现（performance）。在练习和掌握某一技能时，学习者必须应用某些贮存在大脑中的知识。知识与技能的一个重要区别是：知识带有"有或无"的性质，而技能则是随着经验和练习得以培养的。在运用知识达成某一目标时，学习者可以有十分熟练的技能，也可能技能不很熟练。

许多学者对"技能"的分类不尽相同，名称也不一致。罗米索斯基将技能分为四种类型：认知技能（cognitive skill）、动作技能（motor skill）、反应技能（reactive skill）、交互技能（interactive skill）。认知技能主要是思维技能；动作技能确切地说是指心理动作技能；反应技能是按照价值观和情绪情感对事物、情境或人做出反应，这大体上同"态度"相仿；交互技能是指为达到某些目标人与人之间的相互影响，诸如沟通、教育、接纳、说服等等。请注意后两种技能之间的区别。反应技能主要是指学习者面临一个特定的情境时所做出的外显的或内隐的行为；交互技能则是指学习者为了影响或调整该情境所采取的行为。反应技能和交互技能可分别看成是"管理自我"和"管理他人"的技能。

我们注意到，在上述四种技能中，有些技能活动多多少少带有重复的性质，在不同情境中的运用很少有什么大的变化。例如，两位数减法，打字，对别人的帮助道一声"谢谢"，等等。但是，每一种技能中也有一些需要做出具体的计划、运用某种策略做决定、执行任务时表现相当的灵活性等情况。例如，解数学难题，说服别人接受某种价值

222

观，设计自己的人生道路，等等。

因此，罗米索斯基将第一种类型的技能称为"再生性技能"（reproductive skills），将第二种类型的技能称为"创生性技能"（productive skills）。有些教育心理学家已经用类似的说法来分析教学活动。例如，布里格斯（Briggs，1970）用"再生性学习"和"创生性学习"来区分不同的教育目标。布卢姆的教育目标分类也可以很精确地分成两组（知识、领会和应用——再生性；分析、综合和评价——创生性）。考察一下测验题目的种类，我们也能发现其中的差异。一种情况是教师想测验学习者能否"再现"他已经学过的东西。另一种情况是检查学习者能否对一个新的问题"产生"一个新的解决办法，将已经学过的东西应用于新的情境或任务。科温顿和克拉奇菲尔德（Covington & Crutchfield，1965）正是在这种意义上使用过"创生性思维"这一说法。他们提出的创生性思维教学大纲试图教给学习者针对类似于"侦探小说"性质的各种情境应用几种通用性解决问题策略。另外还有人将"创生性思维"作为创造性思维的近义词。我们在技能领域使用"创生性"这一说法无疑包括熟练完成任务时的创造性因素。正像韦伦斯（Wellens，1974）曾指出的那样，即使是很简单的心理动作任务（如粉刷房间）也有决定如何达到更适宜的视觉效果的创造性计划因素。

应特别指出，将"再生性技能"和"创生性技能"这两个术语用于技能分类时，最好不要将它们看成是截然分离的。实际上，这是一个连续统一体。大多数技能型活动部分是再生性的，部分是创生性的；有时候以再生技能为主，有时候则以创生性技能为主。关于技能结构的分类办法可参见表8.1。

表 8.1　技能的四种类别（Romiszowski, 1999：463）

"知识内容"的类型	再生性技能应用程序	创生性技能应用理论和策略
认知技能（决策、问题解决、逻辑思维等）	对一个已知的"问题"类型应用某种已知的程序，如减法、造句	解决"新的"问题，"发现"一种新的程序，如证明定理、创意写作
心理动作技能（身体动作、感知敏锐等）	感知—动作技能，重复性或自动化的动作，如打字、快跑	"策略"技能或"计划"技能，艺术创作和手艺，如文件页面设计、踢足球等
反应技能（管理自我；态度、情感、习惯、自我控制）	条件反射型习惯和态度，如"注意、反应和价值化"（布卢姆的分类）	"个人控制"技能，发展一种"心理定式"或价值系统（布卢姆），"自我实现"（罗杰斯）
交互技能（管理他人）	社交习惯，条件反射型反应，如良好的仪表风度，谈吐优雅	"人际控制"技能，如领导、督促、说服、讨论推销

二、技能圈及其扩展

（一）四阶段技能型活动循环圈

在一种技能型活动或行为表现（skilled activity or performance）中，需要对外部信号或刺激进行感知并对这些刺激做出恰当的反应。另外，当活动主体看到他（她）所做出的反应的结果时，肯定还有"自我检查"或反馈，以便必要时做出进一步的反应。这一活动模式的普遍适用性被行为主义用来解释各种学习。然而，人们对行为主义者这一主张的最强烈批评是因为他们忽视了活动的内部过程。刺激——反应——反馈模式把活动主体的大脑看成是一个"黑箱"，活动主体究竟是如何"决定"对特定刺激做出的特定反应并没有得到合理说明。不容否认，在评价技能型活动时，"黑箱"模式确实相当有用。人们可以观察活动主体接受的输入（刺激）及所表现的输出（反应），并将这一结果同某个标准做一比较，便可以确定活动是否达到了预期目标。

不过，当活动中出现的缺陷主要是来自活动主体本身的原因时，我们就必须打开这个"黑箱"以查明导致问题产生的症结是什么，因而就需要一种在执行技能活动时能窥视其内部过程的模式，并且这一模式应能适用于任何类型的技能活动。

对任何观察者来说，活动主体所做的两件事情是显而易见的：（1）他必须对引发特定动作的刺激做出感知；（2）他必须实际执行这些动作。因而，一个简单的刺激—反应过程便是刺激—感知—实际操作执行—反应。不过，较棘手的问题是，人们难以观察到连接感知阶段和实际执行阶段的"内部过程"究竟是什么。这些内部过程包括两个方面：第一，活动主体必须"知道"该刺激的意义，以及必须是通过先前的学习已经掌握了这一知识，换言之，他（她）必须有一些已经贮存在大脑中的"先决学习条件"并且使用起来十分方便。第二，在大多数情况下，活动主体为了能够决定要做出什么样的反应，必须按照已贮存的信息（前提性知识）对新信息（刺激）进行加工，换言之，他必须对自己的反应事先做出计划。当然，再生性技能对计划的要求很低或不太明显，而创生性技能对计划的要求则很高，不能只做出"标准化的反应"，需要将一般的原理在启发式的条件下对特定的刺激情境做出特定的反应或设计特定的程序。

根据以上说明，我们可以提出综合考虑外部过程和内部过程的四阶段技能型活动循环圈模型（见图8.2）。任何活动，不管是认知活动、心理动作活动、情感反应活动，还是人际交互活动都可以被看成是由四个阶段组成的封闭圈。每一个阶段的重要性取决于该技能活动的类型及复杂程度。这四个阶段是：（1）感知到做出行动的需要；（2）回忆有关如何行动及做些什么的先决知识；（3）对行动做出必要的计划；（4）根据计划完成行动。

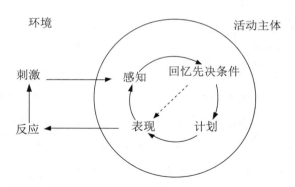

图 8.2　四阶段业绩循环圈（Romiszowski，1999：464）

我们可以将这四个阶段组成一个封闭圈，如图 8.2 所示。虚线表示在某些较简单的技能型活动中走"捷径"的情况。例如，一位熟练的电脑打字员不需要每一次都有意地回忆文字与键盘字母之间的对应联系。他在键盘上的击键完全是自动化的，即一种"反射性的技能"（从感知情境直接进入完成动作）。对某个小学生来说，经常做多位数除法解题很熟练，错误也少，但他仍需要理解题意与回忆程序——多位数除法的算法，并运用这一程序去完成解题任务。这两个例子都是属于"再生性技能"的性质，很少需要或根本不需要"计划"这一阶段。但是，如果某个中学生碰到一个新的代数或几何问题时，他需要寻找具体的解题办法。这时候，他先要感知求解的问题和已知条件，回忆相关的概念、原理和与问题有关的启发式，利用回忆得到的知识去计划恰当的行动，然后实际去解答这一题目。此时学习者经历了技能圈所有的四个阶段，这是"创生性技能"的特征，这样的技能往往需要创造性计划的要素。

不过，实际上人们并不是一定能圆满地完成技能性任务——熟练的打字员偶尔会出差错，数学家不可能解出所有的难题……这表明完成一项技能活动似乎比想象的要更复杂，它提醒我们在教学设计中应更仔细地分析技能型活动的结构，以确定学习者学习困难或错误的原因所在。

在"技能圈"这一概念基础上，我们可以对学习者学习困难或错误的原因做一些分析。这一简单的模型能帮助我们说明技能行为表现不良的四种可能的原因，即活动主体不善于感知刺激情境，不善于回忆必要的先决知识，不善于有效地计划自己的反应，不善于实际执行所要求的反应。

不善于感知刺激可能同感知敏锐程度差有关。例如，学习者可能没有"看清楚"某个问题（认知技能方面），不能合理区分颜色、音调、尺寸、形状等（心理动作技能方面），不善于注意周围发生的符号或事件（反应技能方面），不善于注意他人的各种反应，

包括非言语反应（交互技能方面）。这种感知敏锐程度差也同学习者不善于筛选"噪声"（无关的信息）有关，即有的学习者在"本色"情境中感知良好，而当出现"噪声干扰"情境时却束手无策。

不能回忆先决知识是因为没有掌握这些知识。活动主体不知道他们在特定的情境中要做些什么。没有学过（或忘记了）相关的程序或能使他提出适当程序的相关原理难以从记忆贮存中提取出来。另外，活动主体不能回忆起相关的知识，不能用正确的方式解释所感知的信息，就将使得新信息与贮存的经验（知识结构）相比较做出了错误的归类，最终导致了回忆和应用错误的程序。总之，一般来说，在回忆先决知识结构、程序和原理时涉及两个主要方面：（1）能够解释刺激信息以确定要求什么样的知识；（2）该知识以可利用的方式贮存在记忆中。

不能做出计划可能也有两个方面主要的原因。人们总是对自己即时的行动做出规划。这种规划要考虑究竟有多少种备选路线，以及从中决定选择什么样的路线。不能做出行动计划的原因可能是不善于列出多种可能的行动路线或者无力做出最佳的选择。前者意味着不能运用相关的原理去"发现"多种程序（假定这些原理贮存在记忆中），后者意味着不能通过反复思考每一种行动路线的得失优劣来做出相应的评价。

不能完成实际表现或者执行任务的原因也是由两方面的缺陷造成的：一种是不愿意着手去做必要的行动（由于缺乏动机、时间、针对性、耐心、勇气等）；另一种是搞不清楚究竟怎么做才好。

（二）技能圈中的 12 种能力因素

至此，将以上讨论的各种因素综合起来考虑，我们就可以将四阶段技能圈予以扩展，用 12 种能力表示技能型活动中有效完成任务的情况。这 12 种能力因素分别是：

（1）注意力（attention）：与活动主体集中注意力完成手头的任务所涉及的因素有关，注意力不集中将导致丢失重要的信息。

（2）感知敏锐（perceptual acuity）：缺少感知敏锐，即使集中了注意力也会丢失或曲解刺激物所包含的信息。

（3）感知辨别（perceptual discrimination）：区分所接收的信息哪些是重要的、哪些是次要的能力。一般来说，这也是指在"噪声环境"中区分信息的针对性的能力。

（4）解释（interpretation）：活动主体在记忆中拥有对所感知的信息进行解释与分类的适当图式，包括事实图式和概念图式。因此，对所接受信息的解释能力取决于记忆贮存的图式的内容和结构。

（5）回忆程序（recall of procedure）：活动主体能够回忆适合于所感知的任务的具体算法，这些算法贮存在记忆中，使用起来十分方便且可以识别。

（6）回忆策略（recall of strategy）：根据记忆中已经贮存的相关原理——自然原理和行动原理——选择解决问题的适当策略。这种策略可以用于做出解决问题的计划。

（7）分析（analysis）：活动主体能将一个复杂的问题分解成各个组成要素，在必要的情况下重构这些要素，以便能更好地理解问题。它基本上是用于各种计划性任务的通用性智力技能形式。

（8）综合（synthesis）：创造、建构或设计一个新观念、新结构或新策略等，使活动主体形成解决问题的多种途径。

（9）评价（evaluation）：在各种解决办法中做出选择及预见特定决策的结果的能力。评价、分析和综合都属于一般认知技能，是各种计划性任务的必备要素，因而在完成各种创造性技能的任务中都少不了它。

（10）引发（initiation）：将所做的决定付之于行动的能力。对某个问题进行分析导致了一项计划的形成，然而，计划常常会因为某些限制因素而不能付诸实施。所以，克服这些限制因素的能力就称为"引发"。

（11）毅力（continuation）：一项行动一旦被引发，也有可能因为疲倦、厌烦、他人的反对或其他消极因素而半途中止，毅力便是克服这些因素使之坚持到底的能力。

（12）控制（control）：使得技能圈形成一个闭合回路的能力。控制能力使得活动主体能监控检查行动的结果及改正错误或缺陷。控制要求不断地对任务完成的进展给予关注，敏锐的感知能力和辨别能力以查明潜在的困难所在，解释困难产生的理由，回忆其他相关的知识，进一步做出计划及重新引发行为等。

以上12种能力也许尚不能包括完成特定技能活动的全部因素，但显然是最常见的因素，不管是认知的、心理动作的、反应的还是人际交互的活动都需要这些能力。当然，这12种能力的重要性在一项具体的活动中并不是等量齐观的，像分析、综合和评价能力在大多数再生性技能活动中也许不太强调。

在分析一项学习问题的原因时，记住以上12种基本能力是很有好处的。我们可以用"扩展的技能圈"（expanded skill cycle）的方式来表示这些能力的内在构成（见图8.3）。任何技能型活动可能要求不同程度地结合运用这12种能力。运用这12种能力可以得到图1.3内圈中的四种行为，并最终完成某项任务。在这12种能力中，可以发现技能1~3主要关于接收刺激；技能4~6类似于新分类中的记忆；而技能7~9则与布卢姆

认知目标新分类中的最后三类高级认知过程相对应；技能 10~12 包含情感因素和类似于元认知的行为。罗米索斯基所展示的技能圈可以被用于分析实际的学习情境，他的这种分类体系是将认知和情感领域联系起来的另一种途径。

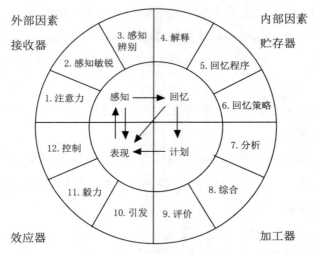

图 8.3   12 要素技能扩展圈（Romiszowski，1981：257）

　　罗米索斯基进一步指出：人类行为的模式像一只洋葱——我们揭下这只洋葱的表层，展示的是四个基本的子系统（接收器、贮存器、加工器、效应器），再揭一层，则是可能影响任务熟练水平的 12 种基本能力。然而，即便所需的能力达到了必要的发展水平，也并不能保证熟练行为的产生，还需要以上四个子系统必须都"开通"并且"运转"。如果我们继续揭下一层"洋葱皮"，就会看到行为者的"内部自我"——发动并运行子系统的首要促动者（见图 8.4）。这些"内部自我"实际上揭示了掌握了相同的技能，却又有着不同的行为表现的真正原因。

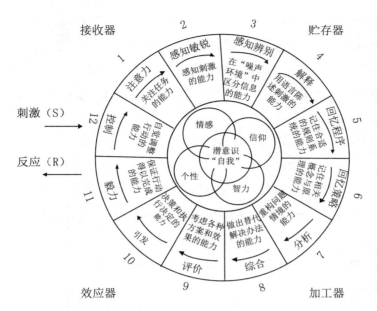

图 8.4　技能圈的扩展（含内部自我，Romiszowski，2009：220）

三、技能圈能力因素实例分析

罗米索斯基用再生性心理动作技能和再生性认知技能两个实例来进一步说明如何运用技能。

1. 打字——再生性心理动作技能

打字是一种再生性心理动作技能，我们可以运用 12 种能力因素对打字活动进行详细分析。

（1）注意力：至关重要。好的打字员具备对操作任务的高水平注意能力，他甚至能够做到一边同人闲聊一边继续打字。在训练打字技能时，应重视注意力集中与分配的能力。一些节奏稳定的背景音乐作品，有助于较长时间地维持注意力。另外还可以通过建立短期目标（如每小时打两张纸）来维持注意力。当然，注意力的维持还同环境因素有关，如噪声干扰、灯光照明、工作时间长短及外部分心干扰因素的影响。

（2）感知敏锐：中等重要。当然，打字员的视力正常是很要紧的。

（3）感知辨别：忽略不计。打字员能够辨别文字的差别当然是重要的。如果打字的材料是手写誊清的或印刷成文稿，那么感知辨别的任务就比较轻一些。当手写草稿难以辨认时，那么就要费心费神得多了。

（4）解释：一般来说不太重要。打字员常常不需要对所打的材料本身做出解释。

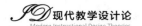
（5）回忆程序：不很重要。打字是一种自动化了的反射性技能，在打字的过程中不需要回忆任何特定程序。贮存器和加工器并不直接介入执行任务之中。

（6）回忆策略：不很重要。回忆一般的问题解决策略与打字等反射性技能没有太大关系。打一篇文章并不需要制订什么计划。当然，页面设计、编辑字体等还是需要有一定的计划因素。

（7）分析：不太重要。这也与打字技能本身不需要计划有关。

（8）综合：不太重要（理由同上）。

（9）评价：不太重要（理由同上）。

（10）引发：可能较重要。有些工作环境可能对打字员的工作业绩和动机产生负面影响。

（11）毅力：很重要。一般来说，许多涉及心理动作技能的活动往往单调乏味，因而需要有坚持到底的毅力。

（12）控制：十分重要。打字活动要求不断地监控检查打字文本，眼睛注视屏幕随时纠正错误。

2. 多位数除法——再生性认知技能

多位数除法属于再生性认知技能，但与打字技能不同的是，它不再整体上属于反射技能。打字基本上依赖于回忆记忆中的东西及正确应用特定的算法。把多位数除法的算法运用起来，需根据题目的难度和综合水平加以仔细考虑。

（1）注意力：较为重要。集中注意完成数学解题的能力在一些学习者中较为薄弱，因而导致了学习成绩不理想。教师可以通过提高学习者的兴趣，选择适当的难度水平及强化题目的实际应用性等手段来改进学习者的注意力。

（2）感知敏锐：不太重要。识别数字或数学符号的能力是十分重要的先决知识，必须贮存在学习者的记忆中，对符号识别的感知方面的技巧一般在多位数除法学习开始前已经有所掌握。

（3）感知辨别：有一定的重要性。虽然除法本身的格式学习者是很熟悉的，但出现在应用题中并不见得都能加以辨别。例如"三个人平均种植相同数量的树"这一文字表述，有些学习者并不能有把握地一眼看出这是一道除法题。所以有必要进行这方面的针对性训练。

（4）解释：至关重要。感知技能同学习者具备适当的事实图式和概念图式有关。学习者应晓得是什么除什么，怎么除，等等。

（5）回忆程序：至关重要。多位数除法的技能与正确回忆相应的程序有关。这一程序必须贮存在记忆中以便合理地提取。程序本身可以通过讲解和发现的途径教授。

（6）回忆策略：无关紧要。再生性、算法型的技能不需要计划或运用一般性的问题解决策略。

（7）分析：无关紧要（理由同上）。

（8）综合：无关紧要（理由同上）。

（9）评价：无关紧要（理由同上）。

（10）引发：有一定的重要性。学习者担心做错题目受到老师批评或同学讥笑的现象屡见不鲜。因而，不要让学习者有过重的心理负担，不应因措施不当增加学习焦虑。

（11）毅力：忽略不计。

（12）控制：至关重要。数学解题的最大浪费是重复练习错误的程序。避免这种无用且有害的练习是培养学习者各方面的自我检查和控制能力，包括对每一步的计算结果都给予关注，凭直觉猜测计算步骤是否有错，检查错误的原因并给予解释，等等。

第三节　学习模型

根据以上分析，我们可以确认在任何技能型活动中，均有四种机制在起作用。

（1）接收器（receptors）。它接收所感知的刺激。在动作技能中，接收器主要是双眼及其他感觉器官。在智力活动中，接收器的概念应大大扩展，它包括使我们领悟观念、产生形象的大脑。

（2）贮存器（memory）。贮存在大脑中的随时可以对活动做出计划和执行的知识。这种知识是按照图式或算法的方式贮存起来的，它可以对所感知的刺激进行确认和分类，也可以是执行某一特定程序的算法，还可以是面对解决新问题或新情境的启发式。

（3）加工器（processor）。这是能使学习者进行分析、综合、评价等智力活动的思维机制。

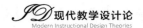
（4）效应器（effectors）。这是实际执行行动的机制，既包括身体动作，也包括大脑活动及其他心理方面的因素（如勇气、动机、焦虑等）。

在技能型活动中出现失误或存在缺陷是一个较复杂的问题，不过，按照上面提供的技能圈分析，学习者应着重培养以下四个方面的能力：

（1）感知与引发自己的行动有关的事件、情境、情绪或问题的能力——这些同接收器机制的完善有关。

（2）回忆相关的事实、概念、程序和原理的能力——这些同贮存器机制的完善有关。

（3）在回忆相关的概念图式（必要时须能加以重新建构）过程中分析、综合及评价多种行动路线的能力——这些同加工器机制的完善有关。

（4）实际执行情境所要求的反应的能力——这些同效应器机制的完善有关。

为了说明技能结构和知识结构应用于实践的方式，我们可以建立起由接收器、贮存器、加工器和效应器四个部分组成的学习者模型。其中，接收器和效应器体现了学习者与外部世界的相互作用，贮存器和加工器体现了学习者大脑的内部世界。图 8.5 是一个简单的学习过程模型。图中的箭头指向反映了四个部分之间的相互关系。

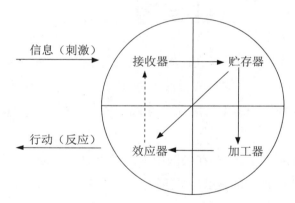

图 8.5　学习过程模型（Romiszowski，1981：259）

信息 X 被学习者接收后，所输出的结果可能有三种形式（见图 8.6）。（1）如果信息 X 是事实性的且要求学习者能加以复现，那么"X 进去，X 出来"即为理想的状况；（2）如果信息 X 是非言语性且要求学习者用言语来称呼它，或者信息 X 是言语性的且要求学习者能运用它，那么，X 即转化为 $f(x)$。X 和 $f(x)$ 两者的区别在于后者要求学习者用自己的话对 X 进行重新说明。两者均没有高级心理过程（加工）的参与；（3）如果是一项较复杂的技能型活动，则势必涉及对所感知的信息 X 与先前贮存的信息 Y 之间的结合，即 $f(xy)$。显然，$f(xy)$ 是问题解决型学习任务的必备条件。

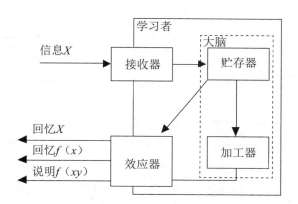

图 8.6　三回路学习过程模型（Romiszowski，1981：260）

　　我们用"联立方程"解题运算对 $f(xy)$ 做一说明。此时，已经贮存的信息 y 是一组算法或一组如何解题的规则。如果检验的是学习者是否掌握了这些规则的事实性知识，只要让学习者说出来就可以了；如果检验的是有关规则的概念性知识，那么则可以要求学习者再认曾使用过的实例或解释这些规则是怎样的及为什么起作用。但是，如果要检验学习者实际解题技能，那么就必须考虑提供将联立方程的知识（已贮存的信息）与题目（输入信息）结合起来的操作运算。不过应注意，教师要求学习者完成的题目，不应该全部是同例题相差无几的，因为例题作为 $f(xy)$ 的结合方式很可能（虽不一定）已被学习者贮存起来，如果新操作与例题没有什么两样，学习者只需提取 $f(xy)$ 现成结合方式就可以了，没有出现新的加工过程。为了检验学习者能否解决问题，必须使得他（她）在头脑中发生预期的信息加工过程 [执行 $f(xy)$] 的操作，这种操作的结果不能直接从贮存中提取。如果学习者能成功地解决问题（例如联立方程），那么至少证明了信息 y 是贮存在大脑里的，所以，不再需要另外单独检查知识本身的掌握情况。但是，如果学习者不能正确地解决问题，那就必须分别检查知识和技能的掌握情况，例如：（1）必要的信息是否贮存；（2）是否适当地进行思维加工；（3）已贮存的信息能否正确地复现；（4）新输入的信息能否正确地感知；（5）$f(xy)$ 的实际执行操作是否无误；等等。我们可以运用诊断流程图的方式来查明学习者知识技能掌握不良的可能原因（见图 8.7）。

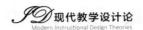

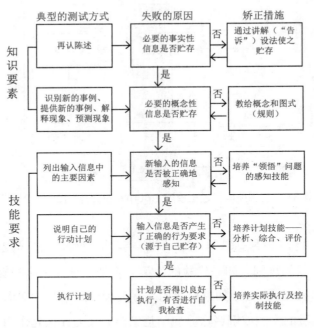

图 8.7　诊断知识技能掌握不良的流程（Romiszowski，1981：263）

如果我们将图 8.6 稍稍变形，可以得出更多的学习过程路线。图 8.8 中有许多箭头与环路，它反映了一些最一般的操作／行为模式：

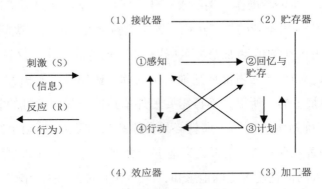

图 8.8　多回路学习过程模型（Romiszowski，1986）

S-1-4-R，表示行为者接受刺激并立即做出一种自动化、反射性的行为反应，它不需要有意识地运用回忆或做出决策，如熟练的打字技能。

S-1-2-4-R，表示一旦感知到该刺激情境，一个先前学习的、标准化的程序（规则、系统、算法）在记忆中被激活了，并马上付之于自动化的、按部就班的运用——并没有创造性设计或新颖独特的决策行为，如进行多位数除法。

S-1-2-3-4-R，表示感知到该刺激情境后，由于行为者在记忆库中没有现成可用的算法，只能寻找其他的库存知识（一般性原理），运用这些知识去设计一个适宜的行为策略并付之实施，如解决几何问题。

S-1-2-3-2 / S-1-2-3-4-2 / 3-4-1-2 / 3-1-2，表示所有这些环路都是用来构建或贮存新知识，没有可观察的外部反应，但发生了复杂的内部加工过程（在新的信息间创设新的联系或执行新设计的程序），为了以备后用在长时记忆中贮存了起来。这个过程可以以多种方式展开，新感知的信息与先前习得的知识可分可合，其联系可以是偶然的，也可以是预先计划的。

4-1-4 / 4-R-S-1-4，表示判断行为的可能结果与实际结果，进行矫正性评价，即自我控制。

第四节　教学策略

一、总体教学策略

总体教学策略是根据教学在特定的环境中应怎样实施的理论主张或哲学观点转换而来的。按照当代的理论观，跟学与教的过程相关的两种带有一定对立性的策略分别是：（1）接受学习（reception learning），其最强烈公开支持者是奥苏贝尔（Ausubel，1968），但行为主义阵营的人大多数也持这种主张；（2）发现学习（discovery learning），其最有力的支持者是皮亚杰（Piaget，1965）、布鲁纳（Bruner，1966），以及大部分认知心理学家和人本主义心理学家。

采用中间立场的是加涅和布里格斯（Gagné & Briggs，1974），还有兰达（Landa，1976）。他们认为，对有些学习类型来说，接受学习更有效，而对另一些学习类型来说，发现学习则最佳。这种中间立场倾向于采用区分策略，其策略选择通常需要在确定教学的最终目标及评价方式时有更多的依据。

针对接受学习和发现学习两种策略的主要教学步骤有讲解策略和体验策略。

1. 讲解策略（expositive strategy）

具体步骤是：（1）呈现信息，这主要是通过说明解释（explanation）和示证（demonstration）来实现的。（2）检查接受、回忆和理解程度，如果有必要的话应重复或复诵信息。（3）为学习者提供将一般原理应用至多种实例中的机会。需要对应用正确与否进行检测。必要时应调整实例的难度和数量以保证学业行为正确无误。（4）为新习得

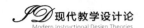

的信息应用到实际生活情境与问题中提供机会。

2. 体验策略（experimental strategy）

具体步骤是：（1）提供表现行为的机会并观察其行动的结果。（2）检查对因果关系的理解程度。这主要是通过提问或观察学习者的反应进行的。（3）通过提问或观察进一步的活动检查是否理解实例背后的一般原理。在掌握一般原理之前应不断提供实例。（4）为新习得的信息应用到实际生活情境或问题中提供机会。

在以上两种主要教学策略之间尚有许多变式。我们有可能构建一个发现学习和接受学习的连续统一体，从完全自由式发现到严格的讲授性机械学习。具体可见表8.2。

表8.2　教学策略连续统一体（Romiszowski，1981：294）

类　型	说　明
即兴发现	无计划性学习，无教学指导（如自由利用图书馆等）
自由式探索性发现	有一个宽泛笼统的教学目标，其他则是由学习者自己选择（如资源型学习系统）
指导性发现	目标是有规定的，学习者在运用方法、得出结论方面接受指导
适应性程序化发现	根据每个人的情况进行指导和反馈矫正（如计算机型学习系统）
刻板的程序化发现	按照"典型学习者"的情况根据预定编制的程序进行指导和反馈（如有些程序化教材）
归纳性讲解	也称"思考性讲解"，教师说明发现的过程
演绎性讲解	奥苏贝尔偏爱的"有意义接受学习"（大多数讲解均是如此）
训练与练习	机械接受学习，教师示范做什么并提供练习，并不需要理解概念和原理（死记硬背）

另外，从学习任务的创造性程度来说，可以区分出再生性任务和创生性任务。一般来说，创生性任务均强调在真实的任务情境中，采用问题解决法、讨论与对话法、模拟法和案例法等；而再生性任务一般采用直接教学法，可以是在真实的情境中教学，也可以是在模拟情境中教学。

二、知识教学策略

教学的总体策略有讲解策略和发现策略，但接下来的问题是：在什么情况下应运用哪一种策略呢？对这个问题似乎很难做出斩钉截铁式的回答，但是，根据已有的研究及对知识技能所做的分析，我们仍可以尝试提供一些建议。

知识是贮存在头脑中且已结构化的信息，知识分为事实、概念、程序和原理，故知识教学的策略相应也有四种。

1. 事实教学策略

事实分为具体事实（或具体联想）与言语信息（或符号信息）。传授事实的策略一般采用呈现信息或重复信息的办法，根据其形式（form）、序列（sequence）和频度（frequency）产生有效的机械记忆。对具体事实来说，主要借助对周围事物的直接观察。对言语信息或符号信息的教学来说，取决于学习者理解"语言"的能力。这是指学习者必须具备有关理解语词或符号的意义的先决条件，懂得语言的句法结构。例如，学习者要听懂"我的邻居种了一盆君子兰"这句话，他必须首先理解"邻居""种""君子兰"等语词（这些都是概念），同时他还应知道传递这一信息的陈述句的句法结构。如果不满足这两个条件，那么，学习者是不可能理解这句话的意义的。

当然，即使能理解符号信息，还有一个记忆问题。学习符号信息离不开必要的练习或重复。信息越长越复杂、重复的次数就越多。不过，每个人之间都是有个别差异的。有的学习者是"视觉型"信息接受者，有的学习者则偏爱听觉接受。最好的办法是通过对要记忆的材料进行组织及合理安排练习时间来促进更有效的学习。研究表明，间隔一段时间重复，即间时重复（spaced repetition）的办法效果较好。间时重复的具体方式有以下几种：第一种是每一次都重复全部内容，但重复的时间间隔距离逐渐拉长；第二种是将内容分解成各个部分，以"老"带"新"，如先练A，然后练A和B，然后再练A、B和C；第三种是"滚雪球"式，如先练A，再练B，再练A和B，再练C，再练A、B和C；第四种是"倒退"式，如先练C，再练B和C，再练A、B和C。不能说哪一种方式具有绝对优势，方式的选择似乎同学习者的偏好及所学内容的类型有关。

2. 概念教学策略

概念可分为具体概念和定义概念。概念教学的一般策略同概念的概括程度有关。换句话说，我们使用的某一概念包括什么、不包括什么，这就要求在教学中选择恰当的举例。恰当的举例不一定是显而易见、一目了然的例子。举例一般应说明概念的适用范围。为了精确地建立某一概念，教学设计人员应提供足够数量的恰当举例。"足够数量"可以根据学习者的年龄特征具体酌定，而"恰当举例"则应根据对概念本身进行分析而确定。这一概念分析在教案设计阶段至关重要，因为概念分析不当往往将导致原理学习的失败。具体概念的教学相对较为简单，主要是安排适当的实物或图片、模型等即可。定义概念则要求精心设计概念呈现的先后序列，因为某一定义概念本身是通过言语或符号来表达的，这些言语或符号常常是一些较简单的域下位概念。如果学习者没有掌握这些下位概念，那么要学习的这一定义概念也是不可能被理解的。因此，教师应检查学习者是否掌握了下位概念或具备概念学习的先决条件。

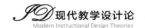
检查学习者是否掌握了一个概念，不能仅仅要求学习者背出定义或给出课堂上讲过的例子，还应该要求学习者运用定义举出或识别新的例子。例如，教师可能提这样一个问题：请给"民主"下一个定义并举出体现人民当家作主的例子。学习者很可能背出"民主"的定义并给出书本上的例子。此时，教师检查的是"事实"——学习者记在脑中的言语信息，并不能真正保证学习者的确理解了"民主"这一概念。较好的办法是教师先列举一些社会现象，然后请学习者指出哪些是"民主"的体现，哪些则不是，理由又是什么。这就是说，理解概念应该在新的情境中加以应用。

概念教学还应该有利于学习者建立"概念图式"，即把以前学过的概念同新学习的概念综合起来，形成一个包摄力更强的概念网络。这是一个对头脑中贮存的知识不断地进行重组的过程，具体的方法有类比、表格、对比（照）、图示等等。在采用讲解教学策略时，一般由教师提供这些构建概念图式的模式，帮助学习者组织自己的思维活动；在采用发现教学策略时，更多的是让学习者自己形成概念图式，教师则借助对话、讨论等方式予以引导。

3. 原理教学策略

一般来说，原理教学最好采用发现策略，虽然它由于时间上的限制及情境安排上的困难并非总是能如愿以偿，但发现教学策略比讲解教学策略更具有迁移性，更不容易遗忘。就具体的教学方式而言，无非是先呈现举例后出现规则与先出现规则后呈现举例两种。采用发现教学策略时，教师（或由教材）先呈现数量适当形式多样的举例，使得学习者"发现"事物之间的内在联系，然后通过讨论进一步强化已经发现的内在联系并运用于对其他相似情境结果的预测。如果采用讲解教学策略，教师首先对原理下定义，然后通过应用在具体事例或问题中阐述这一原理，接下来再让学习者将这一原理应用在其他情境中，以此表明其理解与否。

我们试图解释说明各种事物或现象时，通常是将一组相关的原理、定律等综合在一起形成一种理论。掌握理论实际上是形成一种认知图式。对学习者来说，应该掌握的是基本理论，在此基础上，随着新知识的学习，逐渐地同化或调整原有的认知结构。

4. 程序教学策略

程序是关于执行某一任务所需要的步骤和序列的知识。当然，实际完成某一任务还需要有一定的技能。因而，在程序教学中，区分知识和技能是非常必要的。一名经理需要知道执行某一程序的步骤，但他并非需要像操作员那样有精通的技能。另一方面，操作员虽然对执行任务的有关步骤可能了解得比经理还要详细具体，但他却不需要像经理那样通晓此任务与彼任务之间的内在关系。

另外，区分程序和策略之间的不同也很重要。策略是由一组相关的原理构成的，而程序则是达成特定目标的有固定顺序的步骤。程序中的步骤一般用"如果……那么……"表示。一组先后出现的"链索"和对同时出现步骤进行"辨别"都可以看成是程序。前者是线性程序，后者则是有决策点的分叉程序。由链索和辨别结合构成的程序，一般被称为算法。

"链索"教学的方式可以先将学习任务分解，然后采用"先部分后综合""滚雪球""以老带新""倒退法"等（如同事实教学中的"间时练习"）。"辨别"教学的方式则与之不同，辨别的实质是要求区分两个或两个以上的条件之差异所在，因此最好利用直观的手段同时呈现全部条件并加以结构化从而识别其异同点。例如掌握摩尔斯电报码标识，孤立地识记其异同是很困难的，假如能将报码标识按一定方式重新排列组合，便能形象直观地识记。

至于由链索和辨别结合而成的算法，其教学策略大多采用讲解策略。不过，假如该算法是由学习者已知的原理所构成的，那么不妨采用发现策略，由学习者自己探寻算法。这样做的好处是学习者能练习及强化已有的知识，同时也能掌握算法推导的过程，一旦将来部分步骤发生遗忘时，也能从基本概念或原理出发加以重新推导。当然，如果算法较复杂且不经常用，就无须死记硬背，只需要提供一张程序操作清单或一份操作手册便可。

对于分叉型的程序，应该先掌握不同的选择路径，然后再做出完整决策。假如有图8.9那样的分叉程序，教师最好先教会 A、B 两条选择路径，然后再教 C，最后教如何做出决策（做出辨别，选择哪一条路径）。

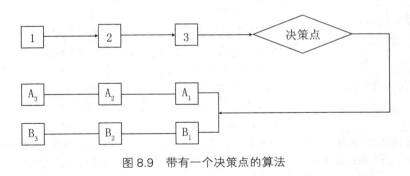

图 8.9　带有一个决策点的算法

三、技能教学策略

如前所述，技能分为再生性技能和创生性技能。前者是重复性的，一旦掌握了活动执行过程的基本程序，那么就很少需要学习进一步的知识。再生性技能的熟练体现在其速

度、精确度及灵活性等方面。创生性技能是创造性的，在做出反应时涉及策略、计划及创新。虽然其基本原理是相同的，但学习者面对的具体情况（事例、情境等）总是不一样的。因而，学习者是通过练习逐渐积累经验，即包括知识的积累和技能的积累（例如感知问题和解释问题的技能、决策技能等）。如表 8.3 所示，技能的教学策略及具体方式包括：

（1）教给必要的知识。再生性技能所需要的知识一点都不能遗漏；创生性技能所需要的知识是那些达到一定熟练水平的基础知识。知识教学的策略和方式如前所述。

（2）运用讲解策略帮助学习者达到初步掌握技能的水平，这样做主要是较迅捷方便。具体又分为三个步骤：①示范要掌握的技能，包括示范该技能的全部动作或程序，同时还要示范分解动作或要点。有时候，动作示范与基本知识讲解可以结合起来——示范加说明。②为学习者安排经简化的或提示性的练习。简化主要是指将整套技能分解，突出重点难点，提示主要是指提供协助与指点。③为学习者安排整套技能的自由练习，教师在旁提供反馈纠正，强化鼓励等。反馈应按照学习者容易理解的方式进行，以便能纠正练习中出现的错误。

（3）一旦学习者达到基本掌握的水平，根据技能的不同性质采取进一步的相应策略。就再生性技能而言，一般不需要进一步加深知识，只要求在感知敏锐度、持续力、灵活性等方面进一步训练。就创生性技能而言，可进一步采用发现教学策略。教师可以安排一些在实际生活中可能碰到的广泛问题（利用模拟方法），并同学习者开展讨论，从中培养其分析、综合、评价等方面的能力。

表 8.3　掌握技能的教学策略（Romiszowski，2009：209）

策　　略	再生性技能	创生性技能
第1步：传授基本知识	讲解法和体验法均可以使用（依据知识的类型而定）	优先考虑体验法（肯定会涉及概念或者原理的学习）
第2步：传授基本动作技能	讲解法（示范与提示性练习），可以采用"整体任务推进"的方式或者"累积循环推进"的方式 注意：有时候知识教学和技能教学可以合并成一个步骤	讲解法（示范与提示性练习），一般采用"整体任务推进"的方式 注意：当学习者具备较扎实的动作技能起点水平时，有时候这个步骤可以省略
第3步：培养灵活性/熟练性（速度、活力和准确性）和概括性（在一系列情境和案例中迁移的能力）	对"整体任务推进"的练习进行督促检查，或者开展专门的模拟练习，随时提供矫正反馈	在多种事例和情境中进行体验（指导性解决问题），随时开展反思或者汇报

另外，就动作技能本身而言，其教学步骤大体上可包括以下五步：

（1）掌握必要的知识。包括应该做什么、为什么做、按照什么样的顺序做及如何去做等知识。

（2）按照循序渐进的方式执行每一个步骤。这一阶段的主要特征包括：①有意识地运用了与该动作技能有关的知识——做什么及如何做？同时操作的每一步都是受有意识思维控制的。②引发和控制行为的必要感知信息——在什么时候做及如何做好它——基本上是由视觉通道进入的。以上两个阶段可观察到的结果是：行动的执行常常是不很准确到位或是断断续续的，每一个步骤都是作为一个独立的单位完成的，各个步骤所需花费的时间很不相同。

（3）控制从眼转向其他感觉器官。例如：在汽车驾驶时，减速换挡最初是靠眼睛看着操纵杆，后来逐渐地只需依靠手臂肌肉的触觉感受；同时也不需要再看时速表读数，只需要听听发动机的声音就可以知道车子跑得多快。这种控制方式从视觉转向其他感觉器官，使得活动主体能够腾出精力对后续活动做出计划。这一阶段可观察到的结果是行动的流畅性和常规性明显增加。

（4）技能的自动化。这一阶段的特征是行动的意识程度和注意力集中程度降低。此时的技能几乎成为一组反射性的动作。当然，活动主体仍需要注意接收有关计划、控制和评价方面的必要信息，但这些活动本身几乎是同时无意识地发生的。这一阶段可观察到的结果是活动主体可以一边完成动作，一边谈论其他事情。

（5）在越来越多的应用情境中技能达到概括化程度。这一阶段比较多地涉及创生性技能、计划和行动策略等。

四、适宜于具体情境的教学技巧

根据相关的研究基础与实证，罗米索斯基提出以下适宜于具体情境的四类教学技巧：呈现信息（包括讲解、示范和指导）、提供练习（包括练习的数量和间隔时间的长短）、给予反馈（包括反馈的数量、形式和质量）和实现迁移与保持。

（一）呈现信息

（1）如果学习任务比较简单但是学习者的背景知识相对缺乏，那么就应该同时采用示范与讲解的方式来呈现信息。不过，如果同样是学习任务相对比较简单，但更多地涉及行动的模式，那么，就不需要做过多的讲解，只要直接示范该行为就可以了。

（2）如果学习任务比较复杂，涉及较多的知识之间的关系，但是涉及的技能成分相对比较少，最好是通过开展探究（exploratory）活动来进行学习。活动时可辅之以知识纲要或者行动样式。

（3）如果学习任务的结构关系比较简单，所涉及的只是行动的序列或者步骤，最好

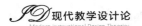
让学习者在采取行动之前先仔细了解或观察行动的步骤。

（4）如果教学的目标是要掌握行动的步骤，那么就应该从操作者的角度来展示这些步骤。如果教学的目标只是理解行动的过程，那么就可以采用多样展示视角。

（二）提供练习

（1）如果教学的目标是掌握综合的和协调的活动，那么就应该采用"整体任务推进"（whole task）的方法。

（2）如果教学的任务是由相当独立的行动序列所组成，那么最好采用"累积循环推进"（progressive parts）的方法。这个方法同"序列直线推进"（sequential parts）的方法并不完全一样。"序列直线推进"方法是：先学 A，再学 B，再学 C，最后才学 D。"累积循环推进"方法则是：先学 A，再学 B，再学 A 和 B；再学 C，再学 A、B 和 C；再学 D，最后综合成 ABCD。有些研究认为，这两种方法的学习效果没有根本的差别；但是另外一些研究则认为，"累积循环推进"比"序列直线推进"要好。

（3）如果关键的子技能十分重要，那么就应该在完成整体任务练习之前，予以掌握。

（4）如果学习任务是创生性的，那么应该采用不间断的练习。如果学习的任务是重复性的，那么就应该采用间断性练习。

（5）如果学习任务涉及创生性技能，那么就应该采用提示的办法和鼓励心理复诵。通过汇报或者反思活动强化初始学习的成功率和长期保持。

（6）如果学习任务是一个单纯的系列程序，主要涉及重复性技能，那么应该采用言语编码或者线索提示，同时辅以实际的操作示范，以此帮助学习者形成该行为的心理表征。

（7）对于速度要求较高的学习任务而言，应该规定强制的速度要求，而不是让学习者自由操练。这样学习效果往往较好。

（三）给予反馈

（1）如果教学的目标是培养较为简单的感知动作技能，那么只需采用"学习反馈"（即结果的信息）而不需要采用"行为反馈"（监控性信息）。

（2）如果教学目标是培养比较复杂的技能，例如涉及对不同的行动路线做出抉择或者协调执行互相联系的任务，那么，反馈的信息既要兼顾过程的信息，同时也要兼顾结果的信息。

（3）如果学习的任务是掌握创生性技能，那么就应该采用汇报和反思。

（四）实现迁移与保持

（1）如果学习的任务是掌握创生性技能，那么采用多样性的练习有助于迁移和保持；如果学习的任务是掌握重复性技能，那么，多样性练习可能就收效不大甚至是有害的。

（2）为了实现学习迁移，多样性练习的方式应该重在完善学习者头脑中的概念和图式。

（3）重复性技能的迁移与保持依赖于"过度学习"；而创生性技能的迁移和保持取决于反思。

本章思考题

1. 用自己的话来说明四种知识的特点及其之间的联系。

2. 技能的两个维度分类有什么意义？

3. 联系学习活动实际说明四阶段业绩循环圈的含义。

4. 讨论技能圈中的 12 种能力因素在现实活动中的体现。

5. 分析或者比较罗米索斯基的学习过程模型的特色。

6. 分析罗米索斯基提出的总体教学策略、知识教学策略和技能教学策略的合理性。

本章主要参考文献

[1] Ausubel, D. P. (1968). *Educational Psychology: A Cognitive View.* New York: Holt, Rinehart & Winston.

[2] Briggs, L. J. (1970). *Handbook of Procedures for the Design of Instruction.* Pittsburgh, PA: American Institutes for Research.

[3] Bruner, J. S. (1966). *Toward a Theory of Instruction.* Cambridge: Harvard University Press.

[4] Covington, M. V. & Crutchfield, R. S. (1965). Facilitation of Creative Problem Solving. *Programed Instruction* 4(4), 3-5, 10.

[5] Gagné, R. & Briggs, L. J. (1974). *Principles of Instructional Design.* New York: Holt, Rinehart & Winston.

[6] Landa, L. N. (1976). *Instructional Regulation and Control: Cybernetics, Algorithmization, and Heuristics in Education.* Englewood Cliffs, NJ: Educational Technology Publications.

[7] Piaget, J. (1965). *The Moral Judgment of the Child.* New York: Free Press.

[8] Polya, G. (1945). *How to Solve It.* Princeton, NJ: Princeton University Press.

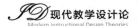
[9]   Romiszowski, A. J. (1981). *Designing Instructional System: Decision Making in Course Planning and Curriculum Design.* London: Kogan Page.

[10]   Romiszowski, A. J. (1984). *Producing Instructional System.* London: Kogan Page.

[11]   Romiszowski, A. J. (1986). *Developing Auto-Instructional Materials.* London: Kogan Page.

[12]   Romiszowski, A. J. (1999). The Development of Physical Skill: Instructional in the Psychomotor Domain. In Reigeluth, C. M. (Ed.) *Instructional-Design Theories and Models* (Vol. II: A New Paradigm of Instructional Theory, Chapter 19). Mahwah, NJ: Lawrence Erlbaum Associates, 457-481.

[13]   Romiszowski, A. J. (2009). Fostering Understanding Outcomes. In Reigeluth, C. M. Carr-Chellman, A. A. (Eds.) *Instructional—Design Theories and Models* (Vol. III: Building a Common Knowledge Base). New York: Taylor and Francis Publishers, 199-224.

[14]   Wellens, J. (1974). *Training in Physical Skills.* London: Business Books Ltd.

第九章

发展专长教学论

　　教学过程、教学结构和教学原则的研究同心理学的发展有着十分密切的联系，这种渊源可以追溯到加涅。比如，加涅曾经整理了信息加工过程五种不同的学习结果及与之相配的九大教学步骤。那么，在多媒体和互联网兴起之后，当信息加工理论开始关注有效学习的关键成分——融合新旧知识的工作记忆，减轻认知负荷时，这种传统被克拉克很好地继承与发展了。露丝·科尔文·克拉克（Ruth Colvin Clark）博士是一位教育心理学专家，美国当代最著名的培训专家之一，克拉克培训与咨询公司总裁，教学设计领域的著名学者。她是活跃在企业培训一线的实践者，为通过培训提升员工工作效能而辛勤耕耘，同时又是学者和作家，通过考察大量教育技术学和教育心理学基础研究的成果，从中加以提炼和阐释，出版了多部专著。她努力将教育心理学的研究成果，尤其是各种实验得出的结论进行转化，为广大教师和培训师提供直接的帮助。其代表作有《数字化与教学科学》《学习的效能》《培养专长》等。克拉克关于四种教学结构的探讨，以及四种教学结构与学习过程尤其是信息加工过程的匹配，是近年来教学设计研究的一个亮点。克拉克曾合作过的一流教学设计专家和教育心理学家有加州大学理查德·梅耶教授、荷兰开放大学范梅里恩伯尔教授等。著名教学设计专家梅耶在评论克拉克的发展专长理论时说道：这一理论展示了清晰、有条理和准确的教学设计要求，同时与研究的证据颇为一致。戴维·梅里尔教授曾这样评价克拉克："很少有人能像克拉克这样，让培训实践者们如此轻松而又大量地享用教育心理学科学研究的成果。"

　　本章主要介绍克拉克所采用的四种教学结构与信息加工的基本过程相结合，对如何依据学习过程选择教学方法与教学媒体提出的各种观点和合理建议。

第一节 学习与教学概说

一、三种学习模式

三种常见的学习模式对学习是如何发生的做出了不同的假设，这些基本假设又进而导致了不同的教学结构。这三种模式分别是：吸收模式（传递模式）、行为模式和认知模式。

1. 吸收模式

这种模式把学习看成是一种被动吸收的过程，即学习就是接受信息，而教学则是为学习者提供信息。也有人把这种模式称为教学的"传递"模式。以单纯讲授或播放录像为主开展教学通常就是这种模式的写照。为什么"传递"模式的教学如此司空见惯？恐怕主要是因为：（1）这种教学较易准备；（2）它是教师本身从小接受的常见教学方式；（3）一些教师对学习的本质是一种"主动的加工 / 建构过程"缺乏认识。

2. 行为模式

在 20 世纪初，行为主义心理学提出了一种不同的模式——认为学习是建立于获得某种心智联结（association）之上的。在这一模式中，所谓学习无非是对问题做出正确回答，而教学则是先提供小部分信息，然后通过提问和反馈加以落实。在小步子多强化的过程中，学习者逐步形成新知识的链条。程序教学和许多传统做法强调由下而上的渐进式教学，以反馈的形式进行及时强化的教学设计，都是行为模式的反映。

3. 认知模式

到 20 世纪下半叶，人们对学习又重新做出认识，提出了许多新的看法。此时强调学习是一个主动建构新知的过程。这种建构要求将来自环境的新信息和记忆中已有的信息进行整合。在认知模式当中，学习正是通过与新信息发生互动才能主动建构新知，而教学则体现在如何为促进这种建构的心理过程提供支持和保障。

尽管学习的机制体现为对知识进行主动建构这一观点现在已经广为接受，然而建构本身是可以在多种多样的教学环境中实现的。我们将教学的四种不同途径概括为四种教学结构。每种结构反映的是不同的学习模式，而且对有效的学习环境设计也因此做出了相应的限定。在具体讨论四种不同的教学结构特征和要求之前，我们先对其做一概述。

二、四种教学结构

四种教学结构分别是：接受式、直导式、指导发现式及探究式。四种教学结构反映了不同的学习模式，其差别主要表现在：（1）教学内容如何组织；（2）教学中是否包括练习，如果有，练习的类型又是什么；（3）如何看待错误在学习过程中的应有价值；
（4）学习者如何调控自己的学习过程。表 9.1 总结了每一种教学结构的主要特点。

表 9.1　四种教学结构的特征分析

结　构	特　点	学习假设	示　例	最适宜于
接受式	·传递内容 ·很少或者几乎没有互动的机会	·被动接受信息	·用PPT做讲授 ·视频课程 ·文本	·学习者拥有一定相关知识 ·引起注意 ·提纲挈领
直导式	·由下而上逐级 ·授课模块短小 ·频繁提问 ·纠正反馈 ·演绎取向 ·避免犯错 ·教学时最常见的是提问和反馈	·通过不断地要求学习者做出反应并给予反馈，逐步地建立知识链	·程序教学 ·各种软件培训	·学习者刚接触教学内容时 ·程序性任务
指导发现式	·问题中心课程 ·有机会尝试不同方法并从错误中学习 ·归纳取向 ·教师作为引导者 ·经常用到合作和模拟等方法	·知识和技能是通过在一定帮助下参与解决实际工作问题而形成的 ·错误是进步的阶梯	·以问题为中心的教学 ◇认知学徒	·有一定基础的学习者 ·远迁移任务 ·发展解决问题的能力
探究式	·内容丰富的学习资源网络 ·良好的导航界面	·学习者为学习负责 ·学习者对学习有很大的调控权	·含有多种选项和链接的互联网课程	·拥有一定相关知识和较强元认知能力的学习者 ·远迁移和概念学习

1. 接受式教学结构

接受式教学结构（receptive instructional architecture）反映了学习的"传递模式"，其特征是强调提供信息。信息可以用语词或者图片（包括静态和动态的）的形式呈现。关于接受式教学结构的一个形象隐喻是"海绵"。教学好比是将知识像水一样泼出，等着学习者自己去吸收。在有些具体方式的接受式教学结构中，比如讲授和视频课程，学习者难以对学习序列和进度进行自我调控。但是在另一些情况下，比如文本作业，学习者倒是可以自己控制进度，挑选书中自己感兴趣的内容开展学习。传统的（没有互动的）讲授、教学录像和自学教材等都是接受式教学结构的例子。一些缺乏交互性的电子学习程序，往往也是采用接受式教学结构。

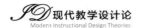
2. 直导式教学结构

直导式教学结构（directive instructional architecture）反映了学习的"行为模式"。其关于学习的假设是：学习就是一点一滴地获取技能的过程，应该从最基础的地方开始教学，循序渐进地达标。直导式教学结构的课程设置是一小块一小块地呈现知识，并多次提供机会让学习者对相关的问题做出反应，及时对相关的回答做出反馈纠正，以确保学习者建立正确的联结。这样做的目的是尽量避免由犯错而导致的恼人后果，他们相信正是犯错才导致了产生错误的联结。20纪五六十年代风靡一时的程序教学，是直导式教学结构的主要代表。这种教学最开始利用书本教学，但不久就转向以电脑为媒介。在程序教学中，某个教学模块之后紧接着就会出示问题及对回答做出反馈。许多帮助学习者掌握软件使用技巧的非实时电子课程，都采用了直导式教学结构。直导式教学结构反映了教学的演绎途径，即先提供主要原理或定义，然后再给出具体的实例和运用原理的练习。

3. 指导发现式教学结构

指导发现式教学结构（guided discovery instructional architecture）利用实际问题推动学习过程，反映了学习的"认知模式"。通常，学习者为解决问题需要处理多种多样来源的数据，同时他们可以获得来自被称为"脚手架"的教学支持。和直导式教学结构不同，指导发现式教学结构给学习者提供了尝试不同的方法和出错的机会，允许他们体会自己所犯错误的后果，反思完善。其宗旨是通过在现实问题情境下，帮助学习者体会自己所做决定的后果来促进心理建构。指导发现式教学结构反映了教学的归纳途径，即通过具体的实例和问题来学习概念和原理。

4. 探究式教学结构

探究式教学结构（exploratory instructional architecture），也被称为开放式（open-ended）学习，在四种结构之中，它给学习者提供的调控权最大。这一结构同样是基于学习的"认知模式"。不过，其特点是提供一个内涵丰富的学习资源网络，包括课文、事例、讲解和练习，以及一个有效的导航工具。探究式教学结构往往出现在互联网课程中，课内外都能提供大量资源。在探究式教学结构中，学习者的角色是选择与自身的知识水平及学习目标最相关的学习资源。因此，学习者可以自我建构带有个性特征的知识库。从互联网上获取信息资源是探究式教学结构最典型的例子。

5. 混合教学结构

很多课程是上述多种结构的混合体。例如，一堂医疗道德规范课，可以由某一个问题引出教学内容，同时又为解决问题提供了丰富多样的资源，包括课程内嵌的专家系统及医学专业团体所提供的文件下载链接。因此，它就同时拥有了指导发现式教学结构和探究式教学结构的特点。而无论是指导发现式还是探究式结构的课程都可以融入一小部分直导式教学。又比如，一系列的课程，本质上绝大部分是直导式的，最开始却可以是由一个问题情境引出教学内容。

三、"教有法，但无定法"

也许人们会问，到底哪一种教学结构最好呢？事实上，依学习者和教学目标的不同，每一种结构都有它自己最适用的情况。

通常情况下，当一种新的学习模式产生并被接受之后，旧的模式就不再受欢迎了。很多人会认为，最新的模式反映的是"正确的"或者"最好的"教学方式。然而事实上，上述的每一种教学结构，都有其最适合的教学目标与受众。表9.1概括了每种教学结构适用的范围。看来确实没有哪一种教学方法在任何情境中都是绝对最好的。有两个变量是必须考虑的：学习者的原有经验及学习任务的类型——近迁移还是远迁移。

1. 学习者差异：原有知识

尽管学习风格的概念十分流行，然而大量的研究证明先前经验才是对学习影响最显著的学习者特征。我们前面提到，如今的学习模式都把焦点聚集在新内容与记忆中的原有知识的整合上。新手的记忆中缺乏相关知识，因此他们的认知过程必然与背景经验丰富的学习者有很大的差异。因此，对于这两者来说，最能使他们从中受益的教学方法并不相同。

例如，背景知识相对较少的学习者更能从直导式教学结构中获益，这种教学结构将信息以小步子呈现，并提供及时练习的机会。相反，先前知识准备充分的学习者，本身就体现了一种优势。以已有知识为基础，他们可以处理较大的信息组块，而且通常可以对自己的教学需求做出选择，因而这些学习者更能从指导发现式、探究式甚至接受式教学中获益。例如，我们不妨想象一组经验丰富的程序员去参加一场新编程语言的讲座，可以相信，即使是在这种被动听讲的教学环境中，他们照样也能有所收获，产生有意义的学习。

2. 常规与非常规的任务：近迁移与远迁移

除了学习者原有的知识水平之外，另一个影响你对教学结构做出选择的主要因素是所要教授的是什么类型的任务。有一些任务，无论什么时候、由什么人来做，执行起来都是一样的，这些任务就是所谓的常规任务。这些任务是各个组织的日常工作的主体，比如快餐店必须每天生产大量相同的产品。这类任务需要近迁移学业表现——主要依靠

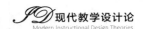
重复应用某种过程。一些常见的近迁移任务有登录电子邮箱和处理常规的客户在线订单等。

另外一些工作环境需要远迁移学业表现——要求学习者自己做出判断并进行调整，每种情况都要灵活应变。没有一成不变的套路，每次都要依照特定的情况对一般原则做出变通。销售任务就是比较典型的远迁移任务，依据产品和客户的不同，精明的销售人员每次使用的推销手段都各不相同。

大多数的工作都是近迁移任务和远迁移任务的混合体。培养近迁移和远迁移能力的方法我们在后文中都会论及。

3. 教学结构、学习者与学习任务相匹配

正如表 9.1 所反映的那样，教授新手学习者学习近迁移任务，最适合使用直导式教学。然而，对于远迁移任务的教学——特别是对有一定相关经验的学习者，我们推荐使用指导发现式教学。而对那些有充足背景知识或者自学能力较强的学习者，则可以考虑使用探究式教学或者接受式教学。

因此，实现有效教学并不是只有一条途径，这也印证了"教有法，但无定法"的说法。每一种教学结构都有各自的优势和不足，现实中往往采用几种结构的混合和折中。然而无论采用什么样的教学结构，学习者都必须主动在自己的记忆中建构一个不断扩充的知识体系。这种建构活动可能是外显的，比如在直导式教学结构的课堂中，学生对问题做出回应；也可以是内隐的，比如在听讲座时，学生默默地在自己脑中建立联结。但无论如何，学习依靠的是主动地对新信息进行处理。

4. 用什么来促进学习：教学方法还是教学媒体？

许多年来，人们一直想了解不同教学媒体在效果上有什么差异。"电脑是不是比书本的教学效果要好？"这是最常见的一类问题。然而长久以来的研究结果却多少让人们有些失望，我们逐步认识到教学媒体本身并不能促进学习。真正造成学习效果差异的不是传播媒介，而是使用媒体的方式。在传统的课堂中，教学效果毁誉参半；同样，电子学习（e-learning）的学习质量也是千差万别。这是因为影响学习效果的是教学方法，而不管实现这些方法的媒体是什么。

5. 教学方法：支持学习结果内化的技术

学习需要主动地对教学内容进行处理，使其与记忆中已有的知识进行整合。实现由教学内容向内化的知识技能转化的心理过程，需要有一定的外部支持，而所谓教学方法就是支持这一过程的各种技术。教学的效果取决于使用支持学习者认知过程的方法，因而应避免使用那些干扰学习过程的教学方法。例如，流行的教学方法有举例、类比、图示和操练等。

本章将介绍多种教学方法，并依照其认知功能来加以组织，逐步展开说明。例如，我们将讨论如何通过控制学习中的认知负荷的教学方法，以便充分利用有限的工作记忆能力；我们还将介绍促进建立心智模式的教学方法，等等。每一小节我们都会集中探讨一个特定的认知过程，同时介绍促进这一过程的教学方法。

无论你选用哪种结构来组织课程，它都是由教学内容及帮助学习者将内容整合到现有记忆中去的教学方法构成的。教学方法好像是一块一块砖瓦，而教学结构则提供了如何将砖瓦砌成墙体的框架。通常，教学结构是在教学设计阶段就确定下来的；而教学方法则是教学开发阶段要确定的因素。有些结构是以不包含某一种或某几种教学方法为特征的。比如，接受式教学结构中不会包含组织练习的教学方法；而有一些方法，如举例，会出现在大部分类型的教学结构中。在后文中，我们每一小节都会集中讨论某一认知学习过程，还有与之相关的教学方法，而在每一小节的最后，我们还要探讨四种教学结构与特定的认知学习过程之间的关系。

四、信息加工过程：由教学内容向知识与技能的转变

如前所述，本章的主要目的之一就是向读者介绍教学方法与教学结构。然而，对于教学方法研究却常常得出互相矛盾的结果。一项研究报告说教学方法 x 能促进学习，而另一项研究发现同样的方法起不到促进作用，甚至起反作用。是什么造成了这种反差？有一种解释是我们必须考虑教学方法在心理层面是如何起作用的。相比提问"方法 x 能促进学习吗？"，还不如提问"在什么条件下方法 x 能够促进教学？"更为合理。换句话说，对于什么类型的学习目标和学生状况，方法 x 最能有效发挥作用呢？这一问题，需要那些评估一种教学方法对不同的教学目标和不同的学习者类型如何起作用的研究来做出回答。

然而，考察了众多的教学方法研究后就会发现，很少有什么方法是对所有的学习者和所有的教学目标来说都是有效的。因此我们需要懂得特定的方法在心理层面是如何起作用的，以求为实现教学目标而有效地使用教学方法。

我们的目标是要不仅能使用被证明行之有效的方法，还要了解这种教学方法在何种情况下能发挥最佳作用。理解了方法是如何起作用的，就能依据具体的教学环境更好地选用和调整。

之后的几节内容是围绕学习的核心过程展开的。而这一节将概略说明调控学习的主要心理过程，并提出教学设计的八条核心原则，为后续的章节的论述奠定基础。

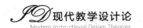
教学环境中的教学内容——通常以语词（包括文本的和语音的）和画面的形式进入意识，并依如下的过程逐步整合到长时记忆之中。

1. 感觉记忆

视觉和听觉的信息以一种基本未经转化的形态短暂地存储在感觉记忆之中。例如，在一堂如何用字处理软件编辑文档的课上，学生看着屏幕上的动画演示，听着对正在执行的步骤所做的讲解。动画中的文本信息会储存在视觉感觉记忆里，而言语则短暂存储于听觉记忆中。

2. 注意

依学习者聚焦注意力的程度，感觉记忆中的信息的其中一部分会被选中，并转换到工作记忆当中。注意是非常重要的认知过程，因为工作记忆的容量是十分有限的。注意能帮助学习者从环境中选取重要的信息到工作记忆中去处理。例如，学习字处理软件的课堂上，如果教师一开始就告诉学习者，本课的学习目标是在教学结束时，他可以自己建立和编辑电子文档，那么，学习目标就能帮学习者把注意集中到重要的教学内容上。而当他观看动画演示时，屏幕上还有箭头将他的目光引向含有各种编辑功能的工具栏，这又是一种支持注意的方法。在第三节中我们将总结这种在学习中集中注意的方法。

3. 激活原有知识

学习需要将新内容整合到已经存储于长时记忆中的图式中去。激活长时记忆中与新内容有关的原有知识能促进这种整合过程。激活旧知意味着将长时记忆中的相关知识提取到工作记忆中。在学习字处理软件的课中，如果学习者有过使用字处理软件的经历，那么在教学开始时应该向学习者提问。问题应围绕着他们以前使用过的字处理软件在编辑方面有怎样的特点。这一教学活动可以把相关的先前知识带入工作记忆中。相反，如果对学习者而言，字处理完完全全是一项新技能的话，教学应该先展现对手写文档的编辑情况，比如书写新内容，擦除和修改，等等。这样一来，学习者比较熟悉的任务知识（例如编辑纸质文档）将作为学习新技能的基础。第四节将讨论激活或者补救相关旧知的教学方法。

4. 控制工作记忆的负荷

既然新内容与旧知的整合主要发生在工作记忆之中，确保工作记忆不遭受认知负荷超载，就显得十分重要。认知负荷是认知任务加载于工作记忆上的工作量，认知负荷低才能保证学习者将有限的工作记忆资料投放到认知活动中。例如，在字处理软件教学中的每个主题都很简短，而在动画演示时，对动画进行说明的语词是以语音而非文本的形式出现的，以求能充分利用工作记忆中的视觉和听觉两个存储区域。这两项方法只是避免学习过程中出现认知超载的两种，在第二节里我们会讨论更多的方法。

5. 复述与编码

一旦进入工作记忆，就需要对内容进行复述以便编码成可以存储到长时记忆中的形式。复述（rehearsal）是指将新内容依照可以与（已被激活的）旧知整合的方式进行处理。信息被编码的频率越高，内容越容易被习得。例如，我们知道图示是一个非常有力的教学工具，原因是其能够引发"双重编码"。双重编码指的是当看到一幅图片时，学习者既会进行视觉编码也会进行言语编码。比如当你看到一幅小猫的图片时，你的心里也会响起一个声音说"小猫"。另一种促进编码的方法是有效的练习，第五、六两节还将介绍促进新内容编码的方法。在字处理软件教学中，如果用动画形式的画面来演示编辑功能，而在观看动画演示之后，让学习者在电脑上开展练习，自己来尝试这些编辑功能，那么，演示中使用的画面（动画），展现的操作样例，以及之后的练习都将促进编码。

6. 从长时记忆中提取

有人可能会认为一旦新知识被编码存入长时记忆中，学习就结束了。然而，新知识技能想要在需要的时候发挥作用，就离不开"提取"。因为工作记忆是中央处理器，任何已被存储于长时记忆的知识技能在使用时必须被提取回到工作记忆中来。如果实际应用时无法提取，我们就说出现了迁移受挫。

对于近迁移技能，例如使用字处理软件，提供与实际工作情况十分类似的示例和练习将支持学习的迁移。因此在字处理软件课上，演示和练习当中最好使用和实际工作中同样的外观、同样的步骤。这样在执行相似的任务时新技能随时会发生迁移。然而对于远迁移任务，比如销售产品，要促进学习的迁移就不这么容易了。我们在第六节将会总结促进提取和迁移的教学方法。

长时记忆存储的图式会影响上述全部认知过程。特别是较完善的图式会将注意引向环境中本来可能被忽略的重要信息。它还能通过支持形成更大的信息组块和使新技能自动化（自动化之后就几乎不占用工作记忆资源）来扩充工作记忆的能力。拥有较完善图式的学习者就拥有了更加广阔而坚实的基础来整合新内容。长时记忆中的图式和教学环境中的新内容之间的相互作用是每个学习者对知识进行再创造的基础。没有两个人在听完同一堂课后会在记忆里留下完全相同的表征。

图式上的差异导致教学方法对认知处理的影响方式。一个长时记忆里有更多相关图式的更有经验的学习者，与新手学习者所需的教学方法必然有差异。这就是为什么一些教学结构和方法适合新手学习者，而另一些更适合有更多相关经验的人。

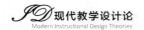
五、元认知与动机成分

1. 元认知

由教学内容向知识技能的转换过程，是受到一种称为元认知（metacognition）的认知操作系统监控并调整的。元认知过程帮助学习者确定学习目标，选择有效的学习技巧，监控学习过程朝着学习目标迈进，并在必要时调整学习策略。智力水平相当的学习者会因元认知技能技巧上的差异而取得截然不同的学习效果。

大学一年级和四年级的学生在元认知技能方面的差异形成了一个鲜明的对比。刚进入大学的新生，开始可能只晓得按时去上课。然而很快他（她）就会发现老师并不是天天记录出勤情况，而且大学里课后作业又很少，与此同时，他（她）忙于结交新朋友并享受大学生活的自由。如果该学习者缺乏元认知当中的自我监控和调节技能，期末时他（她）可能会发现自己因为平时不甚用心，只能靠考前临时抱佛脚。相反，大四的学生往往已经拥有了较完备的一整套元认知技能，包括确定课程学习目标，安排学习日程表，并检查自己对学习内容是否理解。

我们在进行教学设计时可以采用支持监控和调整的教学方法来给缺乏元认知技能的学习者提供帮助。比如在教学中安排形成性小测验，同时给出进一步练习的建议。相反，有较完备元认知技能的学习者可以自己来做出这类决定，并且据情做出调整，会带来更好的学习效果。

元认知技能在学习和解决问题时都扮演着很重要的角色。第七节中会总结如何建立元认知技能并介绍如何在教学材料中提供元认知支持。

2. 动机成分

前面在介绍记忆系统和学习过程时没有提到动机，这是因为起初的认知学习理论专注于信息加工过程而没有注意到动机问题。近些年来，人们又开始关注在学习中动机扮演怎样的角色。动机可以定义为能引发努力和推动学习达标的各种因素。在诸如在线课程等自主学习环境中，动机因素就显得尤为重要。

在第八节中我们将回顾多种关于动机的认知理论，这些理论都强调了学生的想法与他们后续投入努力的意愿间的关系，特别是在遇到困难和挫折时，信念的作用就更加凸显出来。研究表明，学习者动机的大小，主要受目标对主体的价值和主体实现目标的可能性影响，学习者心目中教学目标的价值越大，自己实现目标的可能性越大，其动机也就越强。因此那些能突出教学或培训与实际工作和生活的针对性，以及帮助学习者建立完成学习目标的信心的教学方法就十分重要了。

六、教学原则

基于上述对认知学习过程的简要说明，结合一系列关于学习的实证研究的成果，我们提出如下一些教学原则。合理地运用这些原则，能为有效教学提供保障。每一条原则都会在后续的各小节中详细讨论。以下是八条教学原则：

1. 及早阐明教学与工作和生活的相关性，帮助学习者建立信心，激发学习动机

因为需要靠动机引发学习行为，推动学习者努力达成学习目标，所以应该在教学一开始就帮助学习者了解意义、建立完成学习目标的信心。阐明教学目标的价值及帮学习者建立信心的各项技术，可以早在教学或培训项目正式开始之前就予以运用。

2. 及早激活旧知

因为学习依靠的是新内容与长时记忆中的原有知识的整合，所以采用激活与新信息相关的长时记忆中的已有知识的教学技术能够促进学习。在第四节我们将介绍对待拥有或者缺乏相关知识技能的学习者，分别应该怎样做。

3. 将注意力聚焦于重点和难点

工作记忆的容量是有限的，因此帮助学习者将他们的注意集中到与学习目标关系紧密的内容上就十分重要。可以通过增加提示引导和排除可能的干扰来营造能帮助学习者选择注意重要内容的友好课堂环境。

4. 面对缺乏相关旧知的学习者时要特别注意控制认知负荷

由于工作记忆的能力有限，所以任何教学和培训项目中都要注意控制认知负荷。而学习者相关经验越少，教学内容越复杂，对认知负荷的控制就越为重要。

5. 促进编码存入长时记忆

新信息与已有知识的整合，有赖于工作记忆中的复述过程及精细加工引发的编码。在第五节中我们将讨论促进主动的信息加工的内隐方法和外显方法。内隐方法与外显方法的差异在于会不会引发学习者外显的可观察的学习行为。

6. 营造与工作实际相似的教学情境，促进近迁移技能的提取和迁移

对近迁移技能进行教学时，最好能模拟工作环境。可以在培训中使用与实际工作中相同的工具，分配给学员的练习任务也应该与实际工作中的任务相似。

7. 建立灵活而完善的心智模式，促进远迁移技能的迁移

与近迁移技能不同，远迁移要求学习者根据不同的工作情境做出不同的反应。因此不能依靠单一的情境线索来引发提取，而要建立完善而灵活的心智模式来帮助学习者对不同的情境做出恰当的回应。我们可以通过使用表面特征多样但实际上体现相同原理的

样例和练习来帮助实现这一点。

8.依据学习者的元认知技能和教学目标的要求来调整教学

对于缺乏元认知技能的学习者可以在教学中融入补偿元认知不足的方法，比如随时进行诊断性测试，及时给出反馈建议来帮助学习者了解自己的不足。而对于元认知水平较高的学习者，由于他们本身有较好的制定目标和监控技能，最好让他们有更多机会自己来掌控学习过程。有些情况下，我们需要帮助学习者建立自己的元认知技能，尤其是在培养远迁移技能时，比如培养解决问题的技能。此时需要用样例、练习和反馈等手段，让学习者不仅关注解决问题的结果，还仔细体会解决问题的过程。

所有这八条教学原则都会在后续的几节中详加讨论，理解了这些原则，就能够合理地依据学习者情况及教学或培训目标来选用教学方法。

第二节　认知减负原则

工作记忆是个矛盾体，它既是学习的瓶颈，也是其动力源泉。工作记忆是有意识思维和学习发生的场所，但工作记忆保持信息的能力又是非常有限的。正是因为工作记忆这一双重属性，就有了在教学设计中要遵循的控制认知负荷原则——设计教学活动和教学材料时，要控制认知负荷，保证将有限的认知资源投入有效的学习过程中。

一、什么是认知负荷

认知负荷是指工作记忆的认知负荷，即在某种场合下施加到工作记忆中的心智活动的总量。对认知负荷起主要作用的是工作记忆中必须予以关注的内容数量。认知负荷理论的创始人约翰·斯威勒（John Sweller）对教学设计中的认知负荷原理做了如下阐述："在教学设计中，必须要重视工作记忆容量的有限性，所有有意识的认知活动都发生在工作记忆中，然而受到它的能力局限，除了保证最基本的认知过程，任何稍显复杂的活动都可能会造成认知超载。任何轻视或者忽视工作记忆能力有限性的教学设计都必定是有缺陷的。"（Sweller et al.，1998：252-253）

1.原生性认知负荷与无关性认知负荷

影响学习过程中的认知负荷的因素包括：（1）学习内容的复杂程度；（2）信息呈现的频率；（3）学习者对学习进度的控制能力；（4）学习者对内容的熟悉程度；（5）所使用的教学方法。斯威勒将认知负荷的来源分为两类：原生性的和无关性的。原生性认知负荷，也称内在认知负荷，源自所要学的新知识技能的复杂性。它由课程内容本身的性质决定，不会因采用不同的教学方法而变化。反过来，无关性认知负荷，或者说额外认知负荷，则是由教学材料的设计和传递方式所决定的。例如，如果教师讲解的内容又快又难，同时又没有采用图示、示例和提问等方法，就会给学生带来很高的认知负荷。相反，如果使用图示配合语音呈现相同的信息，同时允许学习者自己控制信息呈现的进度，认知负荷就会相对较小。在两种情况下，原生性负荷都很高，然而在后一种情境中，因为减少了无关性负荷，所以总负荷降低了。

2. 认知负荷的相对性

很多人都听说过关于工作记忆限度的神奇数字"7 加减 2"的说法，然而这种表达很容易导致误解。因为它指的是 7 加减 2 个组块，而组块可大可小。通常，某个领域中的专家能比新手使用更大的组块，因而能同时处理更多的信息。因此，那些不熟悉所教的知识和技能的学生，更容易受到认知超载的威胁，从控制负荷的教学策略中的获益也就越多。

二、充分利用工作记忆有限的能力

这里我们将介绍下列能够使工作记忆有限的资源得到更充分利用的教学方法：（1）用样例代替练习，减少因练习带来的认知负荷；（2）用视觉和听觉形态共同呈现信息，以充分利用工作记忆中听觉和视觉两个独立的加工中心；（3）利用分块、留白、精练文本和渐次呈现内容等方法减少一次性呈现的信息。

1. 用样例替换部分练习

样例（worked example）是指以步骤的形式呈现如何完成任务或解决问题，我们在教科书上常常看到各种例题，就是一种样例。样例有多种形式，包括展现解题的每一步的图示，动画演示，文本描述，他人操作过程的录像，以及将专家在解决问题时的思路进行呈现，等等。

当我们要学习应用多个步骤来完成某项任务的时候，例如学习解决数学问题时，传统的教学中会给出一到两个例题，然后让学生自己来试着解决一系列问题作为练习。然而对样例的研究表明，用样例来替代部分练习题能够缩短学习时间。这种替换能减少认知负荷，学生学习样例时可以把他（她）全部的工作记忆能力都投入新技能学习上，而不需要把有限的认知资源分配到解决问题本身上。

当然，发挥样例作用的前提是学生认真钻研而不是浮光掠影走过场。为了鼓励学习者钻研样例，教师可以要求学生回答关于样例的问题，或者将做了一半的样例补充完整。事先有意地训练学生，让他们主动地分析样例中每个步骤的目的，或者说采用这样

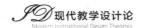
的步骤的原因，能使样例学习取得更好的效果，在第五节中我们还将详细讨论如何使用样例。

2. 合理利用视觉和听觉呈现，充分利用工作记忆容量

我们可以把工作记忆看成是拥有两个存储系统的处理器，其中一个负责处理听觉信息，另一个负责处理视觉信息。如果能使新信息在两个系统中均衡地分布，便会最大限度地利用工作记忆有限的能力。

首先，当教学中包含复杂的视觉信息时，应该用语音讲解的形式，而不要用书面文字呈现。这里所说的复杂的视觉信息可以是静态的图片，比如一幅条形图，也可以是动态的画面，比如多媒体教学中的动画。梅耶总结了七项比较利用语音解释动画和用文本解释动画的教学效果差异的实验，发现通过语音讲解与动画学习结合的学生明显要学得更好，他们在课后进行的迁移测验中，比学习文本与语音结合的学生多总结出 41% ~ 114% 的解决方案（Clark & Mayer，2002）。研究者把这类发现称为双向通道分离接收效应，意为比之使用文本，用语音来解释视觉信息，能引发更深入的理解。

这是因为，当语词以讲解的形式呈现时，画面信息从人眼输入，语音信息从人耳进入，听觉／言语通道被用来加工语词；而视觉／图像通道则被用来加工画面。两条通路平衡，都不会出现认知超载的情况。相反，如果用书面或屏幕文本来呈现文字内容时，图示和文字都从眼睛输入，视觉／图像通道既要处理语词信息又要加工画面信息，很可能造成视觉／图像通道超载，而同时听觉／言语通道却被闲置。

其次，还要注意产生"冗余效应"，简单地说就是语音＋图示＋文本的呈现效果不如语音＋图示。既用语音又用文本解释图示，其效果反不如单纯用语音来解释。原因是在语音＋图示＋文本的呈现下，画面和文本的信息都要通过眼睛进入学习者的信息加工系统，学生的视觉通道同时要加工图示和文本，承受了较重的认知负荷，用于理解图示的认知资源变得很少。而语音＋图示呈现中，从视觉通道进入的信息只有图示而已，认知负荷得到了控制。

最后，当呈现空间相关的信息时，使用图示的效果要远远好于用语言文字，这就是所谓的"一图胜千言"。教学内容的空间结构越复杂，就越应该用可视化的方式呈现。在一次实验中，研究者让六年级学生完成连接不同构造的电路图的任务，任务中既有简单的串联，也有复杂的多个并联。实验时向一半被试提供文本说明指导而向另一半提供图示呈现。文本和图示都能单独用来说明问题。实验结果表明：使用图示组完成任务所用的时间比使用文本组要短，尤其是面对的任务较为复杂时，差异显著。而且被试对任务难度进行打分时，使用文本说明的被试组打分要高于使用图示的被试组，也就是使用

文本组的被试主观上觉得任务更难（Marcus et al.，1996）。因此，教师在介绍地理位置、空间结构、机械运动等原本就与空间有关的内容时，图示（包括静图与动画）能发挥极佳的作用。在第五节我们还将进一步讨论图示在教学中的功能。

3. 减少一次性呈现的新信息量

有很多教学技术可以避免学生因一次性面对太多的新信息而出现认知超载的情况，包括利用分块降低一次性呈现的信息的密度，选用精练的文本，去除扩展性信息，等等。

第一，将学习内容分块呈现以保持较低的信息呈现密度。在一个内容分块呈现实验中，研究者使用了如下的实验设计来比较两种版本对新手学习者的学习结果的影响。分块教学组（chunked-lesson group）先学习精简版本然后再学习完整版本；完整教学组（full-lesson group）将完整版本学习了两遍。结果分块教学组在随后的测验中取得了更好的成绩，而且对教学难度的主观评分方面，分块教学组给出的分数较低，也就是他们觉得教学更容易些。不过，将有经验的学习者作为被试重复上述实验，结果分块教学组与完整教学组没有显著的差异（Pollock et al.，2002）。由此我们可以看到，分块或者说分批次地呈现信息的教学效果要好得多，尤其是在学习者缺乏相关经验的时候。

第二，由学习者控制进度以保持较低的信息呈现密度。另一种保持较低的信息呈现密度的方法是让学习者来控制自己接受教学信息的速度。学生在自己觉得已经对呈现的信息进行了充分的加工之后，再呈现新的信息，这样由学生自控步调，也能达到有效地降低认知超载的目的。学习者不会在自己认知负荷已经很高的情况下去加工新的信息，而在教师主导的教学中，有时教师难免会在不自觉中强迫他们这样做。

第三，选用精练的文本。在向学习者介绍他们不是特别熟悉的内容时，教学材料的设计应该简练一些。梅耶和杰克森（Mayer & Jackson，2005）开发了关于机械波形成的精简版和扩展版课程，并做了三组实验。结果是精简版被试的成绩显著优于扩展版被试。当然，精简后的材料一定要保证包含足够的信息。

第四，事先讲授相关概念。在教授某种技能或介绍某种过程时，可以通过先介绍任务或者过程中设计的主要概念，然后再进入教学的主体部分，以此分散认知负荷，避免出现认知超载的情况。例如，如果一堂课是要介绍如何在 Excel 软件中构造一个数据表，应该在讲授建立表格的每一个步骤之前，先介绍行、列和单元格等概念。

第五，去除扩展的信息。在准备课程时，你要分清楚哪些内容是"必须知道"（need to know），哪些是"知道也好"（nice to know）。比如教学习者如何使用一种新的计算机工具时，你可能觉得他们最好也能知道这一工具的历史、它的主要特点及支撑它的

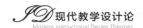
理论。但是如果你把这些统统包括在教学中，最终学习者的学习结果可能十分糟糕。保证教学目标的实现是第一位的，如果你觉得某些扩展的信息确实很有价值，可以在教学结束时提供资源和线索，让学生依兴趣自己去探索。

第六，及时察觉和纠正认知超载。教师需要时刻注意学生是否有认知超载的迹象，如果你能敏锐地察觉到，就可以及时地做出补救。认知超载的外部表现有迷惑的表情，在书的某一页或多媒体课件的某一页面做练习或完成任务时有问题，表现出焦虑等。这时可以采用下列方法进行补救：（1）加入更多的练习和互动环节；（2）添加一些记忆支持（比如在黑板上列出计算时可能用到的公式）；（3）将材料分块呈现；（4）用样例替换一部分练习题；（5）解释图示时用语音代替书面文字。

三、认知负荷与四种教学结构

1. 接受式教学结构

一般说来，在诸如听讲授和报告之类的接受式教学结构中，学生面临着较大的承受认知超载的风险。因为在这类教学中，学生无法控制信息传递的速率，而且很少有通过练习来加工复述新信息的机会。认知负荷的大小主要取决于以下三个方面：（1）学习者的原有知识；（2）信息的复杂程度和呈现速率；（3）对记忆支持手段的运用情况，比如是否合理地利用图示，是否事先分发内容要点。

2. 直导式教学结构

直导式教学遵循行为主义的学习模式，课程的结构化程度很高。通常内容都是由低到高排列，依照层级顺序，后教授的内容以先教授的内容为基础。内容被分成小块，按照"规则——示例——练习"的形式展开。基于这些特点，直导式教学结构带给学习者的认知负荷最小，对于新手学习者来说最有利。不论学习者的年龄大小，只要他们是刚刚接触一个不熟悉的知识领域的内容，这种直导式教学都能带来较好的教学效果。

3. 指导发现式教学结构

指导发现式教学（包括以问题为中心的学习，此时的学习通过以解决现实问题的情境所引导）会给学习者带来一定的认知负荷，至少比直导式结构带来的负荷要重。认知负荷的强度可以利用提供的教学支架（scaffolding）得以降低。教学支架包括在学生开始解决问题时为他们提供指导的各种技术，比如提供样例和提示。还可以容许部分需要更大支持的学生在课程中接受直导式的教学。当然，要逐步去除教学支架，体现由扶到放的过程。

4. 探究式教学结构

在探究式教学中，大部分教学决定要由学习者自己来做。因此，作为一种教学手段，其成功与否取决于学习者能否合理地控制自己的认知负荷。从这种意义上来说，探究式学习更适合有较高元认知技能或者较丰富的相关旧知的学习者。对于缺乏相关知识和元认知技能的学习者，指导发现式教学比纯粹的发现式（或者说探究式）更为适合。

第三节　集中注意原则

由于工作记忆的容量十分有限，因此注意过程需要聚焦于外部环境和长时记忆中与正在进行的认知任务关系紧密的元素。在设计教学材料和教学活动时，必须要考虑集中注意原则——唤起学习者的注意，将注意引向最重要的教学内容上，尽量避免分散注意力。

关于注意，有一个极好的隐喻：注意就好像用手电筒照亮物体。能不能照得很亮取决于两方面因素：一是电力足不足，二是能不能集中光线。不妨回忆一下手电工作的原理，如果手电筒电池的电力不足，或者没用凹面镜把光集中起来形成一个光柱射向物体，而是任由灯泡发出的光四散开来，都没法把物体照得很亮。注意也是这样：一是"能不能"，二是"有没有"。"能不能"主要指的是唤起的水平，唤起的水平不高就好像电力不足；"有没有"主要是指注意的集中和分散。在学习过程中通常要求学生能集中注意力，但是在工作环境中，经常需要同时关注多种事物或事物的多个方面，因而要对注意进行合理的分配。

学习过程中的注意状态受到多种因素影响，包括：教学材料和学习环境的特点；学习者的原有知识，学习目标和元认知技能；学习过程中要完成的任务等。比如，如果学习者是在一个不太安静的环境里学习自己并不熟悉的内容，学习过程中又没有练习的机会，这时候他（她）集中注意力的难度就很大，如果能给他（她）提供一些注意支持，比如为他（她）指明学习目标，用问题引导加工材料的方式等，就会对学习有极大的帮助。反过来，如果学习者很熟悉要学习的内容时，是否提供注意支持对学习效果的影响可能就不那么大了。

一、提高和保持学生的注意能力

前文已经提到注意能力会依唤起状态不同而有差异，而影响唤起水平的生理因素包括疲劳、药物和焦虑等等。在教学过程中，我们主要可以通过三方面的手段来影响学习者的唤起水平，即调控物理环境、避免疲劳和鼓励学生参与课堂活动，提供表现的机会。

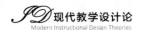
1. 调控物理环境

有经验的教师往往很重视教室的环境，他们很注意那些会引起疲劳或导致分心的环境因素。保持室内充足的光照和良好的通风，对预防疲劳效果很好。有时候在播放影音资料时可能需要调暗室内的光线，但有些教师只要启用屏幕投影就会习惯性地降低室内的光照强度。实际上这样做并不可取，因为如果室内的光线长时间黯淡的话，暗光会不知不觉地使学习者与教师和周围的环境产生一种隔阂。教学场所最好比较凉爽，暖和的环境容易让人昏昏欲睡，不过也不是越冷越好，温度不能低到使学生感到不适。

2. 避免疲劳

学习不是一件轻松的事情，哪怕只有短短 30 分钟的高强度学习，都会让人感到疲惫，无法再集中精神。在一段时间的讲授或阅读之后，可以让学生做练习题，开展一些小组活动。在教学中注意运用多样性和新异性，但是要注意如果过分追求新异性很容易导致学生注意力分散。

3. 鼓励参与和表现

焦虑水平和学习效果的关系图呈一种典型的倒 "U" 字形，焦虑水平太高或太低都对学习不利。太低的焦虑水平会导致主观努力和注意力缺失。为了达到曲线的高点，教学情境必须包含适度的挑战性。我们必须让学生感到他（她）要对自己的学习行为负责，切实参与到教学中来，可以使用以下一些策略：

（1）要求学生在学习过程中必须完成一定的任务，达到一定的水平。

（2）面向特定的学生提问，要求他（她）思考并做出回答，不要总是采用齐声回答的方式。

（3）与学生进行目光交流，在做课堂练习或者开展小组讨论的时候，教师可以和某个（或某组）学生进行交流，每次交流的时间不要太长，以便能覆盖到更多的学生。

（4）在课堂中采用活泼快捷的节奏，节奏太拖沓容易使学生丧失关注。

二、在课堂中帮助学生集中注意力

在课堂中，帮助学生集中注意力的努力主要在于两个方面：一是采用一些教学技术有效引导学生的注意；二是尽量避免分心。

大脑无时无刻不在接受着来自外部环境的大量刺激，而工作记忆的容量却是有限的，所以我们只能选择性地注意部分信息。在教学过程中我们要引导学习者注意那些重要的信息，可以利用以下三方面的方法促进选择性注意：附加问题、指明学习目标及在文本或讲授中使用提示。

1. 附加问题

附加问题指的是当学习者阅读一段材料时，在阅读材料之中或之后加入一些关于材料内容的问题。有大量的研究表明，学习者回忆问题所涉及的信息要明显地好于问题未涉及的内容，而且在材料中嵌入问题比把问题置于材料后效果更显著。

2. 指明学习目标

学习目标就是对学习者在完成一节课或一个单元的学习后所能达到的水平的表述，说明学习者能做出怎样的表现来证明自己掌握了课堂中教授的知识和技能。如果学习者明确知道学习目标是什么，他们就能把宝贵的注意资源用在最重要的内容上。最新的眼动研究已经证实了这一点。

3. 在文本或讲授中使用提示

在呈现复杂的图示或较长的文字段落时，教师应该想办法将材料中的重点部分突出出来。大标题、粗体、斜体、不同的颜色和高亮标示等都是很好的方法，对于图示，可以用箭头或红色圆圈强调重要的部分。在上课时，教师可以利用教鞭、手指、激光笔乃至鼠标指针将学生的注意吸引到重要的部分。语音呈现的文本也可以利用有意的停顿和重音来提示学生。

在课堂中避免分心主要应该做到以下两个方面：一是运用临近原则；二是尽量减少各种干扰。

（1）运用临近原则。临近原则是指将传递相关信息的视觉元素整合到书本的同一页或投影的同一屏来呈现，把对图示的说明文字整合到图示中。把说明图示某个部分的文字放到最接近它的位置，这样做比把对图示的所有说明统统放在图的下面要好。这样做能有效地减少学习者的视觉搜索活动。试想，如果学习者需要在脑中同时进行加工的两组相关信息，其物理呈现相隔甚远，这就逼迫学习者要将注意在两者之间来回转移，或者将其中的一组信息完全保持在工作记忆当中，这无疑带来了极高的认知负荷。不妨举一个通俗的例子，我们很多人都有这样的经历，做外语阅读题时，如果文章在练习册或考卷的某一页，而阅读问题却印刷在纸的另一面，做题目时不得不来回地翻页，这就是违背了临近原则而给学习者造成的困扰。

（2）减少干扰。我们要极力避免课堂中出现让学生分心的东西，特别是有声响的、闪光的或者运动的物体，它们很容易把学生的注意从教学内容上引开。大部分教师都会注意到这一点，比如他们会赶走飞进教室的蝴蝶；如果室外很嘈杂，他们会关上门窗。然而，有很多时候，干扰恰恰是教师在没有意识到的情况下自己制造的，比如，教师会让学生传看教具、模型、实验仪器等，而同时自己接下去讲别的内容，或者在讲课的时

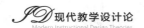
候让学生一个接一个地填写花名册。这些做法往往都是出于节约时间，然而实际上却会因分散了学生的注意而严重影响了教学效果，最终得不偿失。

三、注意与四种教学结构

1. 接受式教学结构

由于接受式教学缺乏参与和互动，因而对学习者的注意能力要求很高，通过讲授进行的接受式教学尤其需要注意利用提示和问题来引导学习者的注意。

2. 直导式教学结构

这种教学结构中的师生互动很频繁，加上教学进程被分成一个个小块，往往能很好地保持学生的注意力。直导式教学的教学材料通常都包含学习目标、附加问题，还有大小标题和段落回顾等提示形式，所以在集中学生注意力这方面，直导式教学是比较有优势的。

3. 指导发现式教学结构

因为教学过程要求学习者解决问题，高参与性能保证学生有较高的注意水平。对缺乏与所学内容相关的知识经验的学习者来说，这种教学结构存在着认知超负荷的风险，此时运用我们上面讨论的各种注意支持技术就十分有效。

4. 探究式教学结构

探究式教学结构将大部分调控注意的任务留给了学习者自己。那些缺乏良好自我监控技能的学习者可能会在如何从环境中选取与学习目标最紧密相关的内容方面存在困难。对于这些学习者，应该使用一定的教学技术来支持选择性注意和避免注意分散。

第四节　利用旧知原则

激活相关旧知是加涅的九大教学事件中的第三项，也是诸多教学设计专家都会强调的教学过程中不可或缺的部分。因为学习是一个通过将新知和原有知识进行整合而主动地建构新知的过程，人们普遍认同学习者的原有知识在教学中的重要地位。正如奥苏贝尔所说："如果我不得不把全部教育心理学还原为一条原理的话，我将会说，影响学习的唯一最重要的因素是学习者已经知道了什么。"

本节主要探讨通过激活或补充背景知识来促进教学的教学方法。因为新知识需要被整合到现存的记忆结构中去，所以当新知识进入认知系统时，相关旧知是否已经准备好进入工作记忆显得就十分重要了。因此在这里讨论的所有教学方法都应该在呈现主要的学习内容之前运用。已有知识在建构新知识过程中发挥着至关重要的作用，这就是"利用旧知原则"背后的道理——通过（1）激活相关的先前知识，（2）提前补救原有知识的不足，并且（3）尽量避免激活与课程目标无关的已有知识，从而确保整合新知识有足够的知识基础。

如果相关的先前知识已经存在于长时记忆，那么我们应该将原有知识提取到工作记忆，这样对新内容的整合就能非常顺利地进行，这就是所谓的"激活原有知识"。然而有些时候，学习者并不具备相关的背景知识，这样教师就要在呈现主要学习内容之前，先让学习者"做足功课"，安排一些学习任务帮学习者建立相关知识。另外，只激活与教学内容紧密相关的知识，这一点非常重要。很多教师在课堂开始的时候会引入一些有趣的因素吸引学习者，提高情绪性兴趣，结果激活了不相关的知识而影响了教学效果，我们要避免采用这样的导入方式。

一、激活已有的相关旧知

以下三种教学技术已被证实能有效地激活旧知：（1）就与课程内容相关的问题展开小组讨论；（2）在教学前组织问答活动；（3）使用比较性先行组织者。

1. 问题讨论

基于问题的学习（problem-based learning）属于合作学习的一种类型。一组学习者按一定的程序对某个案例问题依次展开讨论，确定问题的起源及可能的解决方法，定义要学习研究的关键点，分头进行研习，然后再聚在一起解决问题，这种合作学习方式在医学教学中尤其常见。有研究表明，进行类似的问题讨论活动，较之学生各自学习相关材料或思考问题，能更好地激活相关旧知，从而促进之后对新知识的学习（Schmidt & Moust，2000：31）。

当然，用问题讨论活动激活旧知的效果取决于所讨论的问题的质量。高质量的问题应该具备以下特点：（1）问题表述明确；（2）能引发小组讨论；（3）能引导学习者形成学习目标；（4）能促进学习者展开自学。

2. 组织问答

有研究表明，无论是课前让学生回答教师提供的与教学内容相关的背景知识问题，还是让学生自己归纳问题再自己解答，都能很好地激活旧知而促进学习（Pressly et al.，1992）。对于第二种方式，学生自己提的问题应该有一定的思考价值，过于简单的低层次的问题不能很好地激活旧知，或者也反映出学生根本缺乏相关的背景知识。

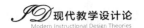
3. 比较性先行组织者

奥苏贝尔将先行组织者定义为在讲授新知识前先呈现的，"为后续的对更细致的或有区别的材料的保持和吸收提供的概念支撑"。先行组织者是在主要教学内容之前先通过语词或画面呈现的信息，能够激活相关的旧知或者为学习者提供一个整合新知的基点。先行组织者包含两种类型：一是"说明性先行组织者"，用于对新知识提供一个上位的类属者；二是"比较性先行组织者"，它通过比较新知识与认知结构中类似的或者邻近知识的异同，提供两者的可辨性，从而促进对新知识的有意义的学习。克拉克认为，"比较性先行组织者"的作用在于能够激活已有相关知识，而"说明性先行组织者"则是提供一些新知识，把它作为整合教学内容的基础，因此"说明性先行组织者"我们将放在后文另做讨论。

比较性先行组织者有一个经典的例子。奥苏贝尔在呈现一长段介绍佛教的文章之前，先让学习者阅读了一小段关于基督教和佛教之间异同的文本，结果明显地提升了学习效果。一个比较性先行组织者应该包含学习者熟悉的信息，而且阐明这些熟悉的信息和将在新课学习的新知识之间的关联是在什么方面。比较性先行组织者常常是使用某种比喻，来激活与新知有关系的旧知，比如我们在第三节中使用的手电筒隐喻。可见比较性先行组织者未必是完全同类的事物，而要有的是某种类似的结构或机制。能否构造一个成功的比较性先行组织者在于对新知与旧知间"可比性"的准确把握。

二、补充有限的先前知识

当学习者没有或只有很少的相关旧知可供激活时，我们就应该考虑在教授新内容前，先为学习者补充一些知识。有两种教学方法能很好地达到这一目的：课前布置案例分析任务，或者使用说明性先行组织者。

1. 课前案例分析

有研究表明，在讲授比较抽象的原理之前，先让学生分析一些运用了这一原理的实例将有助于学习，而且对例子进行深入分析比单纯的阅读案例所起的效果要好（Schwartz & Bransford，1998）。

2. 说明性先行组织者

之前我们介绍了比较性先行组织者，提到奥苏贝尔的实验中使用的比较佛教和基督教特征的先行组织者，然后再呈现介绍佛教的材料。这一组织者成功的前提是欧美人对基督教本身有所了解，如果学习者根本对该宗教一无所知，这种比较性先行组织者显然无法起作用。这种情况下应该考虑采用说明性先行组织者简短地介绍宗教的一般特点等。说明性先行组织者是在教授新知识之前，先给学生提供一些包摄性较广的、概括水平较高的学习材料，以便给学习者在学习新知识时提供一个较好的固定点，更好学习新知识，克服相关知识匮乏造成的理解困难。

三、避免激活无关的先前知识

很多教师喜欢在教学中添加一些趣味细节、奇闻逸事和视频动画等等。教师认为它们可以激发学生的学习兴趣，尽管这些东西与教学内容的联系并不紧密。例如，在一堂介绍闪电的形成机制的课中加入关于现实生活中雷击对我们的生命和财产安全造成威胁的材料，有学者将添加的这些内容称为"花边细节"，研究证明花边细节对学习有很强的负效应。

花边细节对学习的损害主要可能源自三方面因素：第一，它可能将学习者的注意从关键教学内容上吸引开；第二，它可能对学习者组织新信息的过程造成干扰；第三，它会激活无关的先前知识，从而扰乱学习者将新知识整合到已有的记忆体系中的过程。哈普和梅耶（Harp & Mayer，1998）通过实验证明，这种损害主要是源自第三方面，由于激活了无关的旧知而对学习产生了不良影响。

因此我们应该避免在教学中呈现那些有趣但和教学内容没有紧密联系的文字、图片或视频等。如果实在想让学生了解这些有趣的细节，可以考虑在课时的最后做简要的介绍，这样对教学效果的不良影响将大大减弱，让感兴趣的学生课后自己去查阅相关资料，扩展他们的知识吧。

四、该什么时候使用这些激活或补充旧知的技术

对先行组织者等教学技术，需要注意运用的条件。已有的研究表明，这些技术并不是总能起作用。作为教师或培训师，究竟该在什么时候使用这些教学技术呢，可以借助如下几个问题引导自己：

（1）学生是否有与授课内容直接相关的知识？如果有，你应该以激活相关旧知的活动作为课堂的启动，让学生回答相关的问题就是一个不错的选择。

（2）学生是否有与要讲授的内容有明显可比性的先前知识？如果有，可以设计一个精练的比较性先行组织者，就像奥苏贝尔在详细介绍佛教之前先将佛教和基督教做了一个简单的比较。

（3）你能为学习者建立必要的知识基础吗？如果学习者没有与授课内容直接相关或者有可比性的知识时，可以考虑布置课前任务，帮助他们建立一定的知识基础。

（4）教学中在呈现主要内容之前是否包含有花边细节？如果有，要么割爱，要么把

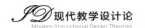
它放到授课结束以后。

（5）教学内容涉及的是概念、原理、过程还是程序？

从目前的研究来看，概念和原理教学更容易因激活了相关旧知而获益，而单纯教授某种操作过程（纯粹的操作性知识）的课程，激活或补充旧知技术的作用并不明显。

五、利用旧知与四种教学结构

1. 接受式教学结构

如果学习者缺乏一定的相关知识，接受式教学的效果就会很糟糕，学生难以把新知识整合到自己已有的知识体系中来，他们只能任由新接受的信息快速流失，无法产生有意义的学习，最终可能会放弃继续阅读或听讲。如果学生没有相关知识可供激活，教师就一定要在呈现教学内容之前，先给学生"补上一课"，可以事先给学生布置一些阅读、调查或者讨论任务，让学生都能拥有一个整合新知的基点。

2. 直导式教学结构

直导式教学往往层次清晰、循序渐进，教学内容之间环环相扣，通常只要在上课开始时对之前若干个课时中的学习内容做一回顾，就能满足后续教学的需求。

3. 指导发现式教学结构

因为指导发现式教学会将某种形式的问题或案例作为学习的情境，所以这一类型的教学似乎会自然而然地激活一些原有知识。根据本节介绍的内容，我们可以考虑让学生在动手解决问题之前先就相关的问题进行一些小组讨论之类的活动。

4. 探究式教学结构

一般说来，探究式教学对于有较丰富相关旧知的学习者来说是最有效的。要让这些学习者在教学中获得最大的进步，我们应该在每一个组块教学的开头都运用相应教学技术激活相关旧知，可以采用比较性先行组织者等形式。

对于以上四种结构，都可以考虑使用以下技术使已有知识充分发挥作用：（1）在呈现主要教学内容之前就利用先行组织者等手段激活或补充旧知；（2）使用先行组织者时，应当安排一定的教学活动，以确保学生真的对组织者进行了认知和思考活动；（3）设计先行组织者和活动时，时刻不忘顾及学习者的经验和教学内容的性质；（4）在课堂的启动阶段，千万不要呈现那些"花边细节"。

第五节　建立心智模式原则

实现由强调"教"向强调"学"的转变，是 20 世纪后半段教育心理学研究的最重要贡献之一。我们不再把学习看作是被动接受的过程，而看作是一个主动的建构过程，而且这种主动性不在于教师，而在于学习者。教师的任务是创设一个最有利于建构适当心智模式的环境。

进入工作记忆的新知识和新技能，必须要同长时记忆中的旧知整合起来形成图式或心智模式。专家不仅表现为拥有更多相关领域的知识，更重要的是以一种相当高效的方式将领域知识组织起来。友好的学习环境为建立心智模式提供了机会，而心智模式正是支撑专长的基础。学习的建构性本质是教学设计的心智模式原理（Mental Models Principle）的基础。教学设计的心智模式原理要求为学习者提供能促进自身对新的心智模式进行主动建构的教学环境。

一、心智模式与编码方法

1. 什么是心智模式

心智模式是储存在长时记忆中的记忆结构，它是人类思维的基础。虽然不同领域的研究者对心智模式的界定和研究角度不同，但在本质上心智模式就是个体对外部世界的一种内部表征。读者可以将"心智模式"和传统的"图式"概念当成近义词来理解。心智模式可以帮助学习者区分和归纳概念，解决问题，做出预测和诠释情境，等等。克拉克将心智模式分为两类：（1）支持概念区分、执行常规化程序等简单认知操作的简单心智模式；（2）支持解决问题（包括常规的和创新的）过程的复杂心智模式。

长时记忆中的心智模式为我们理解自己的经验提供了一种参照或者说情境（context），我们时时都在依靠内部的心智模式来理解各种已被感知的环境刺激，心智模式还为做出预测和解决问题等复杂行为提供了基础。

当新信息通过眼睛、耳朵等感官进入工作记忆时，必须对它们进行处理，不然信息将飞快流失。心智模式是通过将新知识与长时记忆中已有的图式加以整合而建构的。首先，需要激活已有知识，然后要对工作记忆中的新信息进行转换，以整合到长时记忆中。成功的整合会将新信息编码到长时记忆里。信息可以以多种方式编码，而且可以多次编码。通常，信息编码的方式越多、次数越多，学习效果就越好。有效的教学方法要能够引发支持学习目标的编码过程。

2. 内隐的和外显的编码方法

促进编码的教学方法可分两类，即内隐的和外显的，表9.2对此做了概括。

表9.2 促进编码的教学方法

学习结果	内隐编码方法	外显编码方法
记忆（再认/再现）	记忆术 表征型图示	保持复述
复杂心智模式	组织型、变换型和解释型图示 比拟 实例	精制复述 辩论 合作学习

内隐编码方法（implicit encoding method）在促进学习的时候并不引发学习者的外部活动。比如，在读一段文本的同时看相关的图片，可以通过增加编码方式——视觉的或者是言语的——而促进学习。学习者的活动是认知的，而且他（她）可能根本就没意识到实施了多重编码方式。

外显编码方法（explicit encoding method）能引发学习者外显的信息处理活动，以期达到教学目标。外显编码方法能激发学习者可观察的外部活动，例如让学习者做相关练习。我们将在本节稍后对外显编码进行进一步的讨论。

内隐和外显编码方法都是立足于促进学习者主动的认知加工，区别在于外显方法能引发可见的活动，而内隐方法对认知过程的促进可能并没有什么可观察的外在表现。比方说，教师可以给学习者布置若干练习问题，或者学习者也可以向自己提问，两种方法都会引发编码。又或者，教学中可以为学习者提供文字内容的一种图像呈现，学习者也可以自己在心里形成自己的图像，这两种方法都能引发编码。

二、以内隐方式促进编码

促进内隐编码的教学方法包括图示、正反示例和比拟。

梅耶（Mayer，2001）通过多次实验得出结论，使用语词和画面共同呈现教学内容，比单纯的语词呈现能获得更好的教学效果。

然而，图片对学习的促进是有条件的，我们在第四节就谈到过呈现与学习目标无关的图片，可能因激活了不相关的旧知而对学习带来不利影响。因此，并不是简单地说在教学时只要多用图片就行了——图片必须要能促进新的心智模式的形成，有助于教学目标的实现。

1. 图片的功能分类

梅耶等（Mayer，Sims & Tajika，1995）对教材中的插图进行了分析，发现大量的图片中只有一小部分是和教学目标紧密相关的，而有些只是单纯地起装饰作用。目前，在课堂中使用计算机多媒体做教学演示的情况也越来越普遍，其中图片的使用较之纸制媒介更为频繁，因此就十分有必要强调教学中图片使用的合理性：不单单是为了好看，还要能促进学习。

　　不同类型的图片有不同的心理功能。想在教学中用好图片，绝不能只看其表面特征，还要考察图片怎样才能更好地支持学习过程。传统的分类依图片的表面特征分为静态图与动画，或者分为照片与线条画。然而，依据图片在教学中所能发挥的作用进行分类，应该更有利于我们对图片的合理使用。

　　表9.3是克拉克对图片的功能分类，是在对罗宾森（Robinson，2002）和梅耶（Mayer，2001）的分类法进行修订的基础上得出的。使用装饰型（decorative）图片主要是出于审美考虑或者增加趣味。通常装饰型图片会充当"花边细节"的功能，因分散注意或干扰心智模式的建构过程而妨害学习。表征型（representational）图示用客观真实的手法描绘事物，与教学内容之间的联系可能是概念联系，也可能仅仅是主题联系。体现概念联系的表征型图示将教学内容进行视觉呈现，是文字描述的有力补充，能促进心智模式的构建；而体现主题联系的表征型图示虽然和教学内容也有某种比较轻微的关联，比如在一门介绍道路安全的课程中出现的红十字图片，对教学目标的实现帮助不大。

表9.3　图片功能分类

类　型	用　途	举　例
装饰型	增加审美价值或趣味	在军火安全课程中加入一位著名的将军的画像
表征型	呈现教学内容的外观	在教授一种软件的课程中给出的计算机屏幕的截图；销售培训中呈现的新产品的照片
记忆型	将新知与熟知的事物作关联，促进事实信息的记忆	用"Please do not throw sausage pizza away"的图片帮助记忆计算机网络OSI模型
组织型	列举教学内容，展现各内容间的关系	课时主题的概念地图
变换型	呈现事物随时空转变发生的变化，以揭示事物工作的机制或者完成某过程所需的步骤	创业课程里展现创业过程的步骤的流程图；展现手压打气筒工作过程的动画
解释型	将一些原本看不见的关系用图示表现出来，帮助我们理解事实或过程背后的原理或功用	电力供应情况示意图；展现温度或其他变量随时间变化的曲线图

　　记忆型（mnemonic，又称记忆术）图示早已被证明对事实信息的记忆有促进作用。所谓记忆术是指以一定方式组织信息，让信息变得更容易记忆的一种方法。比如首字母缩写词，缩写词HOMES可以帮助学生记忆北美洲的五大湖（Huron 休伦湖，Ontario 安

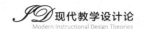
大略湖，Michigan 密歇根湖，Erie 伊利湖，Superior 苏必利尔湖）。

组织型、变换型和解释型图示则能够帮助我们构建更为复杂的心智模式。组织型（organizational）图示通过说明各教学主题之间的关系框架，比如我们常用树状图说明一个课时里要介绍的几个概念，以及它们共同的上位概念间的关系。变换型（transformational）图示展现的是事物随时空的变化。它们经常被用来说明事物变化的各个阶段及完成某种程序的步骤。解释型（interpretive）图示能够说明一些事实或过程背后的机制和原理。它能让我们原本无法看到的东西可视化，比如用条形图展现数量间的大小关系，用曲线图表示气温随时间的变化情况等。

2. 图片如何帮助建立心智模式

与教学内容有内在关联性的图片可以通过双重编码促进学习（Paivio，1986）。双重编码是指图示可以同时唤起两种独立的编码——视觉的和语音的。比如，当你看到一幅兔子的图片，你可能同时以两种形式对它进行编码：既通过图像，也通过"兔子"这个词，因为当你看出图上是一只兔子时，你的心里会自然而然地响起一个声音——"兔子"。

如果教学环境中已经给学习者提供了语词（包括文本或是语音）的说明，那么图示可以通过与文本传递相似的信息促进对信息的多重编码。

3. 让例子发挥最大的作用

正例是指教学中使用的概念、程序、过程或原理的实例。用正例能说明一个概念是什么，同时用反例说明它不是什么，给出清晰的边界，这对复杂概念的理解很有帮助。例如，在介绍计算机课件的屏幕设计原则时，可以给出多个屏幕截图作为例子，其中一些体现了设计原则，而另一些违背了设计原则。这些例子的表面特点是多种多样的，包含有丰富的插图、动画和文本等等，通过对这些正例和反例进行分析，学习者能慢慢建立起关于什么才是友好屏幕设计的心智模式。比起解释，学习者通常都更喜欢例子。既然例子既有效又受欢迎，我们可以更多地使用它们，何乐而不为呢？

例子对于建立较为复杂的心智模式是十分有效的。在第二节中，我们就提到过用样例或者待补全的例题来替代习题，帮助学习者将有限的认知资源集中到建构心智模式上，而不是花在解决问题上。然而，如果学习者不对例子进行认知处理，故意视而不见，例子就难以发挥实际作用。同样，如果学习者对例子只是匆匆一瞥，或者蜻蜓点水般未做深入思考，例子起到的作用也就很有限了。

成功的学习者往往比其他人更多地尝试对例子进行释义，而且解释的水平也影响到例子的作用大小。如果学习者自己做的解释准确地把握了例子背后的原理，学习效果就会非常好。许多学生没有对例子做深入精细的认知处理，因而没有充分挖掘例子的作用，教师需要引导学习者有效地处理例子。可以要求学习者写出自己对例子的解释，或者在例子中嵌入问题，这些教学技术都能促使学习者认真地对待示例，也就更有机会从中有所收获。

4. 比拟

比拟，是做出譬喻或类比，简单地说，就是打比方。比较两个（或者两组）非同类的事物，它们虽然属于完全不同的范畴，却在结构、功能或者引发机理方面有某种相似性。通过比拟，我们可以利用学习者熟悉的东西，帮助他们理解新知。

举个例子来说，生理学概念"胃肠蠕动"可以用如下的比拟来说明：

"蠕动就像是从快餐店提供的番茄酱包中挤出番茄酱。我们会用手指从包装的一端开始挤压，手指顺着包装移向另一端的开口处。这样我们就能把酱朝着一个方向推，并最终把它推向出口。"

尽管很多教师都会在教学中积极地使用比拟，然而一些实证研究却发现有时比拟并不能有效地促进学习，原因主要有以下三条：（1）打比方时用到的不是学习者熟悉的知识，学习者对喻体和本体同样感到生疏；（2）喻体和本体来自相近的领域，容易造成概念混淆；（3）比起其他学习支持手段，借助比拟的学习可能需要更长的时间。

设计一个好的比拟需要以下三步：首先，基于对教学内容的分析，把握你要帮助学习者建立的新心智模式的关键特征是什么。比如，对于"胃肠蠕动"这一概念，其关键是利用持续的压力使管状结构中的物质从一端移向另一端。接下来，从其他领域里找出一个或几个简单的事物，但它们和教学的目标概念有相似的特征。注意找到的事物必须是学习者所熟悉的，比如在介绍蠕动的概念时，用挤牙膏的例子替换挤番茄酱也可以。牙膏管、番茄酱包，都是来自非生理学领域的事物，而且，它们都为学习者们所熟悉。最后，描述喻体（挤番茄酱）和本体（胃肠蠕动）的相似之处，将比拟呈现给学习者。

三、外显编码：保持复述与精细复述

借助工作记忆中的复述过程，新信息才有机会被编码并整合到存在于长时记忆的旧知识当中去，而工作记忆中的复述包含两种类型：保持复述和精细复述。

1. 保持复述

保持复述（maintenance rehearsal）是将工作记忆中的信息原模原样地不断重复，也称机械复述或维持性复述。在一堂员工培训课后，要求学员列出在刚才讲座里提到的公司的新产品的五条优点，这也是机械复述的实例。保持复述是将信息保持在工作记忆中

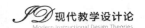
的好方法（只要复述活动继续，信息就一直能保持在记忆中），但它并不能建立心智模式。研究证明机械复述并不能促进记忆，无论我们机械重复几次，回忆的概率不会有明显的提升（Craik & Watkins，1973）。

不过，如果重复的次数非常多，情况就不同了。我们前文提到过，任何技能——包括认知的和动作的——如果经过上百次的重复，都会固化在长时记忆中。单纯的重复也总会有起作用的，不过在通常情况下，我们不应该让学习者这样花费时间和气力。除非学习者需要执行复杂任务，而在执行过程当中需要自动化地做出一些反应，保证迅速而准确，比如对飞行员的培训，就需要学员不断地重复练习。

2. 精细复述

精细复述（elaborative rehearsal，又译作精制复述），是指将要记忆的信息与已贮存在长时记忆中的信息建立联系的过程，这种复述对信息进行"精加工"，能够建立心智模式。相比保持复述，精细复述能产生更深层次的学习效果，所以也应该在教学中应用更多的复述类型。

四、精细复述的教学方法

下面我们将介绍五种能有效引发精细复述活动的方法，运用这些方法可以促进对新信息的编码。这五种也就是我们本节要介绍的外显方法中的前五条：高效的课堂提问，设计和布置有效的练习任务，训练学生给自己提问，让学生解释自己解决问题时使用的每个步骤，以及安排合作学习任务。

1. 高效的课堂提问

目前，教师们在课堂里提的问题大部分是关于某些事实的、封闭的和有唯一答案的问题，这类提问能促进保持复述，但并不能帮助学生构建心智模式。教师应该问一些能带来深层次学习的精细复述问题。有很多方法可以使课堂中的提问作用更显著，以下是五条建议：

（1）对每个问题的表述都要清晰、简洁。

（2）提出的问题应该引发学生进行精细复述（深入地思考，精细地加工信息），而不仅是保持复述（简单地记诵）。

（3）提出问题后，至少停顿三秒再请学生回答，给足思考的时间。

（4）尽量让全班每位同学都对问题做出一定的反应。要注意做到：提问后，停顿一小会再叫某位学生来回答，而不是把某位学生叫起来之后再提问，这样能让所有人都参与思考；提问后让大家举手发言；让学生们就问题进行小组讨论。

（5）对学生的回答做出有效的反馈。如果学生的答案是正确的，但对答时显得比较犹豫或者勉强，那么教师要在肯定回答正确性的同时，解释一下为什么是正确的；如果回答不正确，那么可以给一点提示，可以换一种问法或换一个问题，也可以再解释一下这个问题。有必要的话，把相关的知识点重新讲解一遍。

2. 设计和布置有效的练习任务

与对提问技术的使用一样，提供练习时应该更多考虑促进精细复述，而非保持复述。通常说来，练习的机会越多，学习的效果就越好，然而课堂时间是有限的，如何让课堂练习发挥最大的作用是值得考虑的问题。研究发现，将练习分散于一个课时的各个阶段比在下课之前集中练习的效果要好。

对于练习来说，反馈（feedback）起着极其重要的作用，所谓反馈是指在练习之后学生能知晓结果。事实上，反馈这个概念多少有些模糊，因为在不同的学习情境中，给出反馈的方式是多种多样的，很多事件都可以被认作是反馈。反馈可以是固有的、内在的，也可以是外加的。比如学踢足球，球一离脚你就能看到它的运动轨迹，你立马就能知道你的行为的结果，这就是内在的、固有的反馈。然而当你解决一道代数题时，在写下答案后，一定要有外在的反馈来源，题目本身是不会告诉你对错的。

我们的讨论一直围绕着心智模式的构建，所以我们需要的反馈，不但要让学生知道他们做出的反应是对是错，还要告诉他们为什么对为什么错。不要害怕学生在练习中犯错，只要给出合理的反馈，这正是学习的最好机会。换言之，如果反馈能帮助你明白错误的来源，继而构建更准确的心智模式，那么在练习中犯错就起到了促进学习的作用。在练习过程中向学生提供的反馈，既要告诉他们对错，还要解释原因。可以简单地告诉学生，他（她）的答案不正确，再解释一下为什么，或者告诉他（她）回答不正确之后，给他（她）一个相关的提示，鼓励再试一次。重新陈述相关的规则、原理，或者给出一个解决类似问题的例子，都是很好的提示。

指导发现式教学通常使用内在型反馈，学习者尝试解决问题，观察自己的做法的结果，反思自己的行为和结果的关系，再调整自己的行为。比如，在计算机模拟的销售练习中，学习者的错误做法会导致销售额的下降，这种内在型反馈促使学习者自己去思考、去改进自己的方法。

3. 训练学生给自己提问

有些时候，学习者需要在接受式的教学环境里尝试建立心智模式，但教学中并未为其提供练习机会。在这类情况下，如果学习者给自己提出问题，就能够极大地提升学习效果，然而大部分学生不会本能地向自己提问，教师应该对他们进行这方面的训练。大

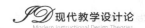
量的研究表明训练学生给自己提出有质量的问题能够显著地提升学习效果（Rosenshine et al.，1996）。因此，当学生一定在接受式教学环境中学习，缺乏其他外显教学途径方法来提供精细复述的机会时，应该训练学生给自己提问题。

给学生们提供一些常用的问句的句式，可以很好地帮助学生练习给自己提问题。有学者使用如下一些句式的问句模板让学生们套用：

____和____有哪些相同点？

我们可以用____来做____？

____的优点和缺点分别是什么？

研究发现利用这些模板可以明显地提升学习效果，研究者认为这是因为这类问句句式能引发深层次信息处理和对背景知识的回忆，引导学习者将新知与旧知整合，并提供了更多的考虑问题的角度（King，1992）。

4. 让学生解释自己解决问题时使用的每个步骤

概念学习和远迁移学习中的练习常常采用解答问题的形式。研究发现，要求学生对其解答的每一步骤做出解释比单纯地解答问题能产生更深入的理解（Aleven & Koedinger，2002）。研究者建议不仅应该要求学生给出解释，教学者也要就学生对各步骤的解释的准确性做出反馈。

5. 安排合作学习任务

在过去的 40 年中，有覆盖不同年龄段、不同学科内容及不同任务类型的多项实验表明，在适当的条件下，学生共同学习（包括成对和成组的）可能比单干学习取得更好的效果（Lou et al.，2001；Springer et al.，1999）。当然，合作学习的意义不止于提升学业成绩，提高教学效率。合作不只是教学方式，还是一种生活态度；不只是学习方法，还是一种学习内容；不只是师生交往，还是一种资源共享。

单纯地把若干学生组合到一起，让他们一起学习显然是不够的，要保证合作学习的成功，需要满足以下四个条件：

（1）给合作小组分配结构清晰的任务，提供明确的活动指令。

（2）控制每个小组的人数（每组 2~5 人），以保证小组里的每位成员都有参与活动的机会。

（3）每个小组成员有一定的异质性（性别、文化背景和学业成绩等方面）。

（4）设计的合作活动需要组内的每位成员都有所贡献。

上述第一点中，结构清晰的任务，或者说结构化的学习任务，指的是合作学习活动有预先安排好的框架，比如让学生两人一组，先分别阅读学习材料，然后根据材料出若干多项选择题给伙伴做，最后参加一个小测验。这样的做法比简单地让学生两人一组一起学习，准备参加小测试取得的效果要好得多。

表9.4 概括了几种比较受欢迎的结构化的合作学习设计，不同的合作学习技术适用不同类型的教学任务。其中一些合作学习设计要求小组活动有一定的产出，比如小组报告或设计方案等。而另外一些则没有有形的产出，合作学习是过程导向的，比如我们在第五节里提到的基于问题的学习（problem-based learning）。

表9.4　结构化教学技术的特点

技　术	任　务	组　额	有形产出
切块拼接法 （jigsaw）	远迁移 概念理解	4~5人小组	有
结构化辩论 （structured controversy）	远迁移 概念理解	两人配对 两对一组	有
基于问题学习 （problem-based learning）	远迁移 概念理解	5~8人小组	无
同伴教学法 （peer tutoring）	近迁移或远迁移	两人配对	无

6. 记笔记对学习有促进作用吗？

我们常常要求学生在上课时记笔记，提出这类要求通常出于两方面的考虑：其一，学生记笔记时会对教学内容进行编码，因而记笔记会提升教学效果；其二，笔记可以作为课后复习的参考。

然而，一边做笔记一边听讲是非常困难的事，学生所体会到的认知负荷很高，往往很难在做笔记的同时对教学信息进行编码处理。而且，有很多学生并不会做笔记，他们在用心记录刚刚听到的东西时，会错过后续的内容。所以我们建议教师为学生准备好笔记：如果你认为你讲的内容很重要，希望学生认真听讲、深入理解，那么就把内容的要点打印出来发给每个学生，让他们偶尔在上面添添补补就能完成笔记，而不是让他们整堂课都在奋笔疾书。

在学生阅读学习课文时，记笔记才是一种好的促进编码的教学方法。因为阅读时学生可以自己控制学习的进展速度，阅读的认知负荷比听讲低了许多。这时候，学生摘录笔记的过程是一种思考和提炼的过程，对心智模式的形成有一定的促进作用，这一点已被实验证明（Slotte & Lonka，1999）。

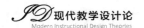
五、心智模式和四种教学结构

包含内隐编码途径的教学设计能更好地支持学习者对新信息进行编码并整合到已有知识中去。四种教学结构都可以包含图示、例子和比拟，所以很难说四种教学结构在利用内隐编码途径方面各自有什么特点。不过，正如我们在下一节会谈到的，有一些教学结构，比如接受式结构对外显编码途径的利用很少，所以相对而言，内隐编码途径在这类结构中显得尤为重要。

当教学设计中包含较多的促进构建心智模式的外显途径时，更容易引发学习者对新信息进行编码并整合到已有的知识结构中。

1. 接受式教学结构

接受式教学给心智模式的构建提出了最大的挑战，在应用这种教学结构的课堂里，我们看不到进行精细复述活动的明显的机会，它不得不完全依赖建立心智模式的内隐方法。促进接受式教学环境中的学习的一种方法是训练学生学会向自己发问，另一种方法是给学生提供详细的笔记，并让他们在课后根据笔记进行复习。

2. 直导式教学结构

直导结构强调频繁的练习。如果练习是促进精细复述而不是简单的机械重复，这种教学类型有建立概念知识和过程乃至更复杂的心智模式的潜质。

3. 指导发现式教学结构

在四种教学结构中，依据定义，指导发现式似乎就会包含相当多的精细复述的机会。指导发现式强调通过解决问题学习，以学习者为中心组织教学。

4. 探究式教学结构

当教学中包含可以进行精细复述的练习机会，并且学生利用这些机会时，探究式教学就能够对其心智模式的建立起到促进作用。这种少有指导的教学形式能否成功，很大程度上取决于学习者自身的元认知技巧，看他们能否把握教学环境中的有利因素，向着学习目标迈进。

第六节 为迁移而教原则

"全部的教育，从中小学教育、职业技术教育、在职培训到高等教育，其目的都是在不同的情境中应用我们所学到的东西，并且最终把这种学习扩展到全新的情境中去。这就是所谓学习的迁移……大多数教育研究者与实践者都同意有效的迁移是教育的最基本、最重要的命题之一。然而他们也同意，学习的迁移很少发生。"（Haskell，2001：3）

一、特殊迁移与一般迁移

关于迁移如何产生，心理学家们已经争论了百余年，大部分理论都分布在从一般性迁移到特殊性迁移的连续体中，下面我们将介绍这一连续体中的三类理论。

1. 头脑开发：早期的一般迁移理论

早期的一般迁移理论对知识技能的迁移作用有所夸大，认为无论我们是在解决何种学科中的问题时，只要在其深入思考过程中，分析、综合和记诵等一般能力得到了锻炼，这种能力会自然地在需要时产生迁移，发挥作用。最具代表性的早期迁移理论当属"形式训练说"，它是以官能心理学为基础的。官能心理学认为个体的心理组成部分是各种官能，如注意力、记忆力、推理力等，如果一种官能在某种学习情境中得到了改善，它就能自动地在所有需要该官能的情境中起作用，实现迁移。这种一般迁移理论曾对课程编制产生巨大的影响。人们认为学习拉丁语和数学具有训练记忆、推理和判断的作用，所以让学生们去学习复杂难记的语法，求解刁钻古怪的题目，然而，事实证明这样的做法并不明智。

而在今天的培训实践中，一般迁移理论仍有着一定的影响。比如有的培训项目组织学员们解决一些趣味谜题，宣称可以提升一般性的分析能力，可以应用到各项工作中去。又如户外的"拓展项目"，宣称可以提升领导力和团队合作技巧。然而这类培训课程的影响太一般化了，除了学习者的主观满意度评分，很难用其他的方法评估课程效果。而这类培训项目往往十分有趣，学员们由此远离工作放松身心，会不吝给出高分。所以不管这类培训能不能提升工作效能，员工们对它的评价却总是不低。

2. 情境才是关键：特殊迁移理论

与一般情境相对，桑代克等人在1901年提出了"共同要素"的特殊迁移模式。根据"共同要素"理论，两项任务之间拥有的共同元素越多，迁移就越有可能发生。

共同要素模式是高仿真模拟训练的理论基础，在这类训练中，教学环境为学员模拟出他们将在工作环境里看到、听到和感觉到的。依据共同要素理论，学习的迁移只有在工作任务与培训时所学的任务非常相近时才会发生。教学时需要采用与实际工作相同的情境。如果共同要素理论是完全正确的，那么当工作中遇到全新的问题时是不会有迁移发生的。

3. 心智模式的迁移

新近的观点认为，迁移不仅在任务有共同元素时可以发生，理解也可以作为迁移的基础。如果一般性规则是可教的，我们可以建立强健而活跃的心智模式，使得学习者在

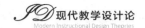
面对与教学过程中练习过的问题不太一致的问题时，也能运用规则去解决。心智模式理论比头脑开发和"官能训练"的理论更强调特殊性，因为它关注的是建构相对特殊的心智模式——而不是一般性的分析能力。同时，它比共同要素模式更具一般性，因为对原理的理解可以应用到与教学时不完全相同的任务。

我们推荐读者依据教学目标是近迁移还是远迁移任务，来选用共同元素或者心智模式迁移理论，接下来我们就分别介绍一下什么是近迁移和远迁移任务。

二、近迁移与远迁移

在第一节中我们提到过两种不同的任务类型，即每一次的完成过程都是基本相同的近迁移任务，和每次都需要运用不同方法的远迁移任务。近迁移任务只要执行某一固定的过程，而远迁移任务则需要依靠规则的运用和心智模式的建立。

近迁移任务每一次执行的运用情境都差不多，各次运用的情境之间有着许多共同要素。因为每次执行任务的迁移跨度很小，因此称之为近迁移。例如，当你读取和回复电子邮件时，每一次使用的界面都差不多，而所要进行的操作也基本相同。所以在指导使用电子邮件的培训中，我们可以运用共同要素原理，使用在工作将会用到的界面来进行示范和练习。

因为近迁移任务的表面特征总是基本不变的，教学者可以将表面特征整合到教学和培训中以利用共同要素原理，换句话说，应该模拟学习者在工作中会遇到的情境。如果培训的目标就是使学习者今后忠实地、一成不变地执行某一过程，那么这种教学方式就十分管用。但是这样就不能要求学习者在与培训环境全然不同的新情境中运用所学的技能，因为这是这种教学并不能赋予学习者的能力。

然而随着经济社会的发展，人类的生产活动越来越需要那些能够依据多样的、不可预知的环境自己做出调整的合理运用技能的知识型生产者，因此远迁移技能有着越来越重要的地位。远迁移任务的完成有赖于问题解决过程，每次执行远迁移任务的情境都可能不同。例如，一名管理者在和手下的员工交流时，针对不同的人和不同的事情要采用不同的沟通策略。一名成功的管理者不可能事先准备一套说辞，然后期望它在所有情况下都能起到相同的作用。每次与被管理者之间的互动很少有共同要素，尤其是表面特征上的。

远迁移任务执行者需要的是一种基于某种原理或规则，并且要根据任务实际进行调整的心智模式。由于迁移是如此地依赖情境，因此在远迁移任务中实现成功的迁移无疑是一个巨大的挑战。当面对远迁移任务时，任务的外部特征几乎给不了人们任何能自动提取出相关技能的线索，相反，任务执行者必须自己去尝试确定现在面临的问题可以归到他们以前解决过的哪种问题类别之中。然而要准确地定义问题的类型并不容易，需要透过问题的表面特征而抓住其本质。远迁移任务当中，成功的迁移需要正确地运用心智模式，而心智模式的正确运用关键是对问题有深入的理解，而不只是看到其表面特征。

三、表面特征与深层结构

所谓表面特征，指的是任务情境的特点，包括图像、声音或者与任务相关的感受。近迁移任务的表面特征是稳定的，例如每一次使用某一电子邮件收发系统，它的界面几乎总是不变的。因此共同元素原则在近迁移任务的培训中有很成功的运用。

由于表面特征是突出的，是"显而易见的"，因此人们对新知识、新任务和新问题进行编码时，总是倾向于依据其表面特征。然而，很多情况下，隐藏在表面之下的原理和规律，才是更为重要的。远迁移任务中的两个问题往往具有不同的表面特征却有着相似的深层结构。

我们来看下面两个问题。

问题一：从前有一暴君，住在城堡里，统治着周围的村落。城堡与村落之间有路连接，村落间也有路相连，形成了一个车轮形。暴君惧怕人民反对他，在每条路上都布满了地雷。当有少量的人经过的时候，地雷不会爆炸，因为他需要民众把粮食给他送到城堡里来，反正少量的进贡者也对付不了他那凶悍的卫队，而他也可以带着卫队四处抢掠。然而当有很多人经过时，地雷就会爆炸。现在一个领袖要领导农民们推翻暴君的统治，义士们人数足够多，合兵一处一定能攻下城堡。可是无论从哪条路杀向城堡，都会引爆地雷，这位领袖该怎么办呢？

问题二：有一种射线，在达到一定强度时，可以摧毁癌细胞。然而这样一来，它所经过的正常细胞也不能幸免。当强度降到一定程度时，它不会损伤正常细胞，但对癌细胞也几乎没有什么作用。如果你是医生，你有什么方法可以利用这种射线治疗癌变？

从表面来看，这两个问题似乎没什么相似之处，问题情境迥异，绝对是两个不同领域中的问题。然而解决问题要用到的原则却是相同的，问题一的解决方法就是将义军分成各个小队，分别从多条路攻向城堡，约定好时间同时攻城。问题二的解决方法是用强度较低的射线分别从不同角度照射癌细胞，这样外围的正常细胞能够保全，而射线聚焦处的癌细胞就会被杀死。两个问题的解决利用的都是集中原则。

试想，如果你先阅读了问题一和它的解决方法，再去解决问题二，问题一的方法会不会给你启发呢？不难理解，这两个问题确实有着相似的深层结构。

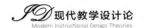

然而，由于迁移对情境有相当的依赖性，因此远迁移的实现是相当困难的。吉克和霍利约克（Gick & Holyoak，1980，1983）利用上述两个问题做了一系列实验。他们先让被试学习一个故事，故事讲述的问题一中的领袖是如何解决围攻城堡的难题的。一段时间后再让被试们解决问题二，遗憾的是，只有占很小比例的一部分被试将问题一中的解决方法迁移到问题二当中，尽管测试证明他们都还能较清楚地回忆起问题一的解决方法。

四、面向近迁移任务的教学

我们上文介绍过，近迁移任务中包含的是对某一过程持续一致的运用，每次执行近迁移任务，几乎都会在相似的情境中，以基本相同的方式去做。许多产品的生产过程都是近迁移任务，复杂到装配汽车和电脑，简单到快餐店里制作汉堡，它们都是按照一定的标准模式重复执行的。近迁移任务中，决策的范围是清晰的，选择的路径是明确的，就像"如果客户的账户余额达到或超过5000元，你就可以通过他（她）的申请，否则就要去请示上级"这样的审核工作。

近迁移任务通常很少需要做出判断，工作的成功与否就看你能否以正确的方式忠实地执行每个步骤。在多次的重复之后，近迁移技能可以储存到长时记忆中并实现自动化，如此一来就可以将工作记忆的容量分配给其他任务。例如，在大量的运用之后，开车等动作技能和阅读等认知技能，都可以实现自动化，这样你可以在进行这些活动的同时，执行别的任务，就像大部分司机可以边开车边与人交谈。

我们之前介绍的迁移的"共同元素"模式可以很好地应用到近迁移任务的教学中。简单地说，就是学习环境应该尽可能地模仿实际应用环境。这样一来，工作环境中提取的线索，在学习的时候就被整合到记忆中。例如，当学习一个新软件时，如果在教学演示和练习时都使用到与实际应用时相同或相似的交互画面的话，就能够包含足够的相同元素，使工作中的迁移成为可能。

然而，如果要教授的过程十分复杂，而学习者又是新手，运用"共同元素"原则可能会导致工作记忆超负荷。对任务进行操练的初期，教学者需要提供一些支持，控制认知负荷，而随着学习过程的深入，学习者相应知识技能得到提升，这些支持结构要逐步移除，实现一个"由扶到放"的过程。对近迁移任务进行教学时，可以利用两种方法控制认知负荷：一是过程支持或者说教学支架，一是对子任务的练习与训练。

所谓教学过程支持（training wheels），是指在教学的开始阶段，需要提供一些外部支持帮助学习者完成任务，直到他们能独立完成，就像孩童学骑自行车时要在后轮上加两个小轮子以防摔倒一样。一种提供过程支持的方法是对学习者的业绩表现加以限制，也就是避免他们分心，去关注与达到业绩目标无关的行为。这种支持有多种多样的形式。比如，当学习一款功能复杂的软件时，可以提供部分功能被禁用的模拟系统，作为学习者的练习界面。练习界面应该在外观上与真实界面基本一致，但是有很多功能是执行不了的。这样由于只有部分功能是可操作的，学习者点击错误的按钮，执行错误的命令，都不会给他们带来太大的麻烦，可以放手大胆地去尝试。再比如，外部支持可以以不同水平的提示来实现，随着教学的发展，提示的数量逐步减少，提示的内容越来越概括精练。

所谓深入练习部分任务，则是指对于包含许多复杂任务的过程，教学者需要确定出子任务，并让学习者们练习子任务，直到他们达到相当的技能水平，可以再增加新的子任务。学习那些内部结构复杂，各子任务之间相互影响相互依赖的任务时，需要在完整任务的情境之中提供部分任务的集中练习。比如，在学习驾驶飞机时，学员们要学习某一种操作比如降落，此时教练需要负责其他相关的任务，比如与地面指挥塔进行通信联络等。另一些时候，各子任务相对独立，教学者可以将某个子任务分离出来单独操练。比如学打网球时，我们可以先不考虑其他技术，单独训练发球。如何对任务进行分割教学，很大程度上取决于单一的技能是否有一定的独立性，能否在单独掌握之后简单地整合到整体任务当中去。总之，对于相对独立的子任务，如网球中的发球，单独地反复练习某一子任务是不错的方法；而对于那些嵌入在整体任务中，对其他任务有很强依赖性的子任务，则需要在完整任务的情境下进行。

五、面向远迁移任务的教学

与近迁移任务不同，远迁移任务的完成没有固定的套路可循，没有一成不变的方法。远迁移任务含有一定的问题解决成分，要成功地完成远迁移任务，需要执行者依据不断变化的情境来调整和应用规则。依据多样的境况灵活运用新知识新技能的能力，需要以心智模式为基础，而不像近迁移任务那样依赖的是程序化的技能。远迁移任务既需要对原则的理解，又需要在面对具体的问题时，有能力判断出这一问题可以利用哪一条原则解决。对远迁移任务进行教学，比对程序化的任务进行训练更具挑战性，因为需要为理解而教，而不单为记忆而教。以下一些方法适用于远迁移任务的教学：提供情境多样的示例和练习；建立结构—功能心智模式；使用归纳教学法与演绎教学法；利用认知辅助，支持意义学习。

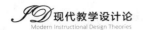
1. 提供情境多样的示例和练习

前文中我们提到过情境迥异而原理相同的两个问题，即攻打城堡和治疗肿瘤，它们虽然是完全不同领域的问题，但问题的解决遵循的都是集中原理。然而学习了问题一的解决方法的人，却并没有利用相同原理去解决问题二，或者说迁移并没有发生。

然而我们不必因此而太悲观，虽然远迁移的实现并非易事，但是在学习过程中提供情境多样的示例和练习，有助于学习者将来超越情境的限制，将原理和方法运用到不同的领域中。还是之前提到的解决如何用射线治疗肿瘤的问题的实验，虽然单纯学习攻打城堡的方法并没有对解决肿瘤问题产生帮助，但是如果让被试们在尝试解决肿瘤问题之前，先学习一些情境不同但原理相同的问题，解决问题的成功率就大大提高了。例如其中一个问题是，一只大油罐燃起了熊熊大火，用一只消防龙头喷水许久也不起作用，消防队长调来十几辆消防车，同时向油罐喷水，就瞬时压住了火势。学习了这类情境多样但同时体现集中原理的例子之后，被试们往往就能成功地解决肿瘤问题了。通过主动加工这些表面特征各异的例子，学习者在长时记忆中建立了强健而活跃的心智模式，在解决新问题时就可能发生迁移了。

2. 通过讲授"工作机制"等原理性知识，建立结构—功能心智模式

在当今的生产活动中，工人往往要和某种系统打交道，他们要进行一系列的操控。很多时候，工人们并不了解整个系统的工作机制，甚至连自己进行的操作对于全局起到的是什么作用也不清楚，他们只知道自己的操作步骤。当然，如果对他们的要求只是完成纯粹的近迁移任务，单调机械地重复，这种认知状况可能并没有什么问题。但是，如果工作中需要排除故障，乃至寻找便捷方法提高生产效能，就必须要求工人理解系统的工作原理，即他们要知道"这项操作为什么得到这样的效果，如果换种做法会出现什么情况"。研究表明，深入了解系统的工作原理，能建立起灵活可变通的心智模式，以支持完成远迁移任务。

当然，学习工作原理显然比简单地就操作步骤尽心培训要花费更多的时间和金钱，是否要组织深入的学习要看实际工作对迁移程度的要求。如果工作需求就是持续一致地完成某一程序，最有效的方法显然是只教授操作步骤，教授时运用"共同元素"原理。比如电话接线员显然不需要了解电话机的工作原理，而电话维修员则一定要熟悉电话机的结构和各部件的功能才能检查并排除故障。

3. 合理使用归纳教学法与演绎教学法

传统的教学使用的是演绎的教学方式。演绎式的课程先陈述内容，再提供例子来论证，最后让学生做练习，尝试运用所学的知识技能。演绎式的教学，论述中心明确，提

供实例和练习作为支持，帮助学生完成大部分工作。相反，归纳式的教学要求学生从学习经验中自己提取教学内容，从具体的实例中概括出一般性的东西来。

克拉克在她自己的"在线学习的设计"的课程中，分别尝试用演绎式和归纳式的教学模式教授有效的屏幕设计的特点。演绎模式的课程中，首先介绍有效的屏幕设计的原则，再提供优秀与糟糕的屏幕设计做例子进行讲解，最后向学员们展示一些新的实例，要求他们自己评判实例中屏幕设计的有效性。而归纳模式则相反，一开始就提供数个实例，实例的屏幕设计包含由最好到最差的数个水平，然后让学生试着选出他们认为最好和最差的，再进行小组讨论评选最优与最差设计，并以此为基础归纳优秀的屏幕设计的特点。

通过对比，克拉克发现归纳教学能建立更为丰富和个人化的心智模式，虽然它比演绎教学要花费更多的时间和精力，但是，如果教学目标是学习如何概括归纳原则或是在新的情境中加以应用，归纳教学模式要略胜一筹，它尤其适合远迁移教学。

4. 提供认知辅助

远迁移任务的执行需要通过深入的学习建立丰富的心智模式。深入的学习需要学习者从教学中选取适当的信息，进行组织，再与长时记忆中的先前知识进行整合。我们有很多手段都能促进信息的深入加工，麦基格和迪维斯特（McKeage & Di Vesta，1996）尝试比较三种认知辅助手段对学习迁移的促进效果，这三种手段包括用下划线标注文本中的重要字句，给文本添加各级标题及使用比拟。研究者向参与实验的部分学习者提供这些辅助，而要求另一些学习者自己来尝试添加这些辅助，例如让学习者在自己认为重要的文字下方划线或自己归纳出各级标题等。研究者预想那些自己提供学习辅助的学习者会因主动地参与而能获得更加深入的学习，然而与预期相反，那些享受现成的学习辅助的学习者取得了更好的学习效果。当学习者需要获取复杂深入的心智模式以适应远迁移任务的需要时，其学习过程往往需要较高的心理努力，让学习者自己来添加认知辅助，会使他们面临着认知超载的威胁。因此，在远迁移任务的教学中，教学者应该为学习者提供外部的认知支持。同时，这一实验发现，在三种学习辅助手段中，增加多级标题和使用比拟，比用下划线标注文本的方法能取得更大的促进作用。读者可以参见第三节中对标注文本和添加标题等方法的介绍，以及第五节中关于比拟的探讨。

六、迁移和四种教学结构

1. 接受式教学结构

以讲授为代表的接受式教学通常缺乏与学生的显性互动。学习者需要自发地对教学

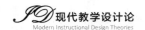

内容进行较深入的处理。有丰富的相关先前知识或者有较强的学习管理技能的学习者，有可能成功地以最终会支持学习迁移的方式去处理教学内容。尤其是当学习者能自主控制教学进度，有充足的时间去加工教学信息时。然而，当内容的呈现不受学习者的控制，而学习者又是新手，不熟悉教学内容时，学习的效果就很难保证了。没有学习，就谈不上迁移。因此，从一定程度上来说，在接受式的教学中，迁移的实现不是一件容易的事。

2. 直导式教学结构

直导式教学结构往往使用演绎式的教学，先呈现原理性的教学内容，再论证例子，最后通过练习帮学习者体会原则原理。一般说来，直导式结构对于近迁移教学目标的实现非常有效，在利用直导式结构进行近迁移任务教学时，应该有意识地运用共同元素原理，促进迁移。

3. 指导发现式教学结构

指导发现式教学结构所遵循的是归纳式的教学模式，而且常常使用情境模拟来教学。在情境模拟教学中，学习者尝试解决一些现实问题，通过自身的操作经验来学习，计算机仿真技术使得这种体验的内容更加多样，例如利用计算机模拟，学生可以尝试改变生物的基因，并观察由此引发的生物性状变化，进一步地可以对如显性与隐性等基因的相关基本概念获得一些基本的理解。指导发现式教学结构比较适合远迁移学习任务。

4. 探究式教学结构

探索式教学结构为学习者提供了丰富的教学资源和极高的自主性，学习者可以自己来选择利用最适合自己的学习目标的资源。这种结构最适合有充足背景知识的学习者，它既能支持近迁移学习又能支持远迁移学习，如果在提供学习资源时能整合本节中介绍的各种方法，迁移的实现也就更有保证。

第七节　元认知与自我监控原则

在第二节里，我们提到过，元认知就好像认知的操作系统，它组织和管理着其他认知过程。由于元认知扮演的这种角色，就有下述的元认知支持原则——使用适当的教学方法完善学生的元认知技能，实现教学目标。

一、什么是元认知?

元认知是指对思考的思考，对认知的认知。有较高元认知技能的人能清楚地意识到并控制自己的学习和问题解决过程。在学习过程中，元认知是种种自学技能的源头，它让学习者能够确定学习目标，控制学习过程，使用有效的学习策略，监控自己的理解程度。而在工作中，元认知是有效地解决问题的保证。当面对一个新问题的时候，有较强元认知技能的员工会运用一定的策略，并监控自己的解决过程，他们时刻留心，主动思考，会提出"这是我们能用到的最有效的方法吗？"及"我们下次如何才能更有效率地解决这类问题？"这样的问题。

在这一节里，我们将讨论元认知的两个方面：首先，我们要介绍元认知技能对学习中的自我调整起到的作用，以及如何依据学习者元认知技能的差异对我们的教学过程做出调整；然后再介绍如何帮助学习者掌握在工作中有效解决各类问题所需的元认知技能。

有效率的学习者能运用自己的元认知技能来确立符合实际的目标，监控自己向着目标努力的过程，并在需要的时候做出调整。尤其是在需要进行自主学习的教学环境中（如在线学习），这些技能就显得特别重要。

在自主学习环境中，学习者需要开展如下活动来保证学习的进行：（1）确定具体的学习目标和完成的时限；（2）进行时间管理，分配学习时段；（3）确定完成学习目标的最佳策略；（4）监控学习过程中的理解情况；（5）根据自我监控和外部反馈对策略进行调整。为实现学习目标，自我调控能力强的学习者会使用一系列学习技巧来支持前面几节中描述的认知过程。主要的技巧包括集中注意，以促进编码的方式复述教学内容，检查自己是否存在理解错误的地方等。

减少学习环境中的干扰是获得学习成功的重要条件之一。有些学习者会在专心学习时在他们的桌子上放一个"请勿打扰"的牌子，还有人会每天安排固定的时间到安静的地方自习。善于自我调控的学习者还拥有很多促进编码的学习技巧，一些人会根据教学材料自己总结出摘要或大纲，有些人会仔细地学习材料中的样例，还有人会在阅读的时候记笔记，并把材料的意思用自己的话表达出来。

二、依照元认知技能调整教学设计

设计教学时，有两个方面的重要决定需要依学习者元认知水平的不同做出调整：一是学习者对教学的掌控程度；二是采用何种教学结构。

1. 学习者掌控程度与元认知

学习者掌控程度指的是在教学中学习者被允许在多大的程度上自己做出教学决定。例如，传统的课堂教学中，学习者掌控程度相对较低，教学者通常会精心地做出安排，让所有的学习者以同样的进度学习同样的内容。相反，许多电子学习（e-learning）项

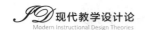
目在设计时允许学习者有较高的掌控程度，这些项目中的学习者可以自己决定以什么样的顺序学习，学习哪些内容，要不要观察样例，或者要完成几道习题，等等。很多电子学习软件中提供了既方便又明晰的导航结构、灵活的跳转功能，让学习者能很容易地控制自己的学习进程。

拥有较好元认知技能的学习者，通常在允许学习者掌控的教学环境中表现得更出色。他们确定恰当的目标，并据此合理地分配时间，选择有效的学习策略，监控自己的掌握情况。而元认知水平较低的学习者面对学习者掌控程度很高的教学环境时，做出的决定有时就不那么明智了。

然而研究发现在所有允许学习者掌控的电子学习项目中，学习者都会认为学习者掌控比教学掌控（外部控制）要好，无论他们的元认知水平如何。所以为使学习者满意，我们应该允许较高的学习者掌控水平，但是在这样的教学环境中，元认知水平低的学习者可能无法取得好的学习效果。解决这一矛盾的方法有两种：第一，可以在允许学习者对学习过程有相当的控制能力的同时，就如何安排学习内容和学习的顺序与进度给出建议。第二，可以把最重要的教学元素，比如某几道关键例题，作为默认的导航路径中的一环。无须学习者自己选择，重要的教学元素会默认呈现，学习一个组块的内容后，只要按"继续"按钮，就会呈现后续的教学元素。而元认知技能非常强的高水平学习者，也有机会选择跳过某些元素。

2. 教学结构与元认知

如果学习者的元认知水平较低，设计教学时应该考虑替学习者完成大部分元认知工作。直导式结构会明确地指明教学目标，因而学习者对自己的学习目标很清楚。设计良好的直导式教学中会提供本章谈过的多种认知支持技术，如先行组织者，将注意引至主要的知识点的各类提示，用标题或文档结构图帮助学习者组织新信息，用练习引发建立心智模式的精细复述。而且，直导式结构包含较多的评估和测试机会，帮助学习者了解自己的理解状况，支持对学习的监控。

但是，如果学习者有较高的元认知技能，直导式结构中的各种教学支持反而可能起不到作用。这些学习者有自己的学习策略，教学环境强加给他的不同策略会造成干扰。相反，这些学习者在学习者掌控程度很高的探究式教学环境中会表现得更好，充分地利用丰富而多样的资源。

在培训中，我们会希望培养起与工作相关的元认知技能，指导发现式教学结构通常能最有效地满足这类需求。这也引出我们关于应用到工作中的与问题解决相关的元认知技能的讨论。

三、工作环境中的自我监控

在远迁移的工作任务中，元认知指的是拥有解决特定职业领域中的问题的思维策略。这类元认知技能同那些与工作相关的特定知识技能有着紧密的联系。

如何帮助新手建立起与本领域中的专家一样的与特定的工作相关的元认知技能？我们可以让学习者对专家的元认知技能进行模仿，并增强学习者运用元认知方法的意识。

1. 模仿元认知技能

专家的元认知活动往往不是外显的，它们是自动引发的内在心智过程。学习者很难观察到实践专家们是如何确定目标，制订计划和执行监控的。专家们在教学时，也只是"神奇地"展现出了正确的解决方法，并论述解决问题的认知（而非元认知）思维途径。我们应该想办法让元认知活动对学习者可见、可模仿。

舍恩菲尔德（Schoenfeld，1987）尝试培养学生在解决数学问题方面的元认知技能，他向学生们展示了记录专家和新手解决相同的数学问题的过程的录像。录像中，参与者在解决问题的同时，把自己的想法说出来，一边做一边讲。通过同时观察解题的过程和结果，学习者们能够看到解决的过程和产出之间的联系。舍恩菲尔德自己在讲解例题时也充当了一个元认知模仿的对象，他演示解题步骤时，会把自己的自我调控的想法说出来，在论证解题过程时，他会提出，"这种方法有效吗？我还可以考虑别的什么方法？"这类问题，有时他还会故意选择一条错误的解决途径，然后在遇到问题时再停下来，和学生一起评估这条路径，然后再掉转方向。通过这种方式，他使得专家的元认知工作变得外显而可观察了。

在这种观察模仿的过程中，如果要求学生进行一些主动的加工活动会比单纯的观察取得更好的效果。比如在看录像时要求他们对专家的策略进行评价，就专家和新手使用的策略之异同做出比较等。

2. 帮助学习者明确意识到问题解决策略

仅仅观察别人的元认知技能是不够的，学习者需要自己尝试运用元认知技能，并从应用中获得反馈。通过解决一些工作中的实际问题，学习者可以建立起自己的元认知技能。

舍恩菲尔德在像上文描述的那样播放录像和亲身示范之后，又给学生布置任务，以小组为单位合作解决问题。舍恩菲尔德在各组之间不停走动，不断地向每个小组提出一些能引发元认知监控的问题，比如："你们现在在做什么？你们为什么要用这种方法？你们还考虑过其他什么方法？"很快，学生们意识到他们不断地被问及这类问题，因此他们开始自发地考虑如何回答这类问题，这样，他们学会了将元认知计划和监控整合到

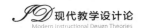
他们习惯的问题解决过程中去了。在各种教学结构中，指导发现式结构对于学习元认知技能最为理想，在指导发现结构中学习者有机会做出尝试，他们被允许犯错，并从自己的错误中学习。

四、元认知与四种教学结构

之前我们谈到过元认知技能与教学结构的关系，这里再做一个总结。

1. 接受式教学结构

在接受式结构的教学环境中，元认知水平高的学习者比其他人有更大的可能获得成功。在接受式教学环境中学习，需要学习者确定教学目标，集中注意，组织他们看到的和听到的信息，对信息进行精细加工，完成编码存入长时记忆，还要监控自己的理解状况。

对演讲或文本的精心设计可以帮助学习者更好地实现这一过程。比如演讲时合理运用重音和停顿，在文本中使用标题让文章结构更加明晰等。但无论如何，要在接受式结构中实现高效的学习，必须有较高的元认知技能。

2. 直导式教学结构

直导式结构为缺乏元认知技能的人提供了最充分的支持。如前文所说的那样，这类课程包含明确的学习目标、分块呈现的内容、频繁的练习和及时的反馈，还有测试和评估，帮助学习者了解自己的学习进程。

3. 指导发现式教学结构

如果教学目标是让学习者获得解决实际工作问题所需的元认知技能，指导发现式结构是最佳选择。认知与元认知学习机会被整合在尝试解决问题的教学活动中，可以帮助学习者建立工作所需的元认知技能。

然而这是一项需要付出艰辛努力的教学设计工作，首先要确定在完成这项工作时专家们运用了什么样的元认知策略，然后建立专家元认知模型供学习者模仿，还要提供机会让学习者逐步意识到他们自己的元认知过程。

4. 探究式教学结构

探究式教学环境最适合有一定自主学习技能的学习者。他们善于设定自己的学习目标，为实现目标选用最合适的资源，并监控自己的进展。然而对缺乏元认知技能的学习者来说，这种很大程度上由学习者自己掌控的教学结构可能会让他们陷入无从下手、不知如何开展学习的困境。

第八节　认知性动机原则

这里探讨的动机是指认知性动机（cognitive motivation），认知模式关于学习动机的观点，与传统的行为模式有所不同，它强调环境与学习者对环境的解读之间的互动，而不单纯地解释环境刺激对行为的影响。这种观点建议教学设计者和培训者可以通过帮助学习者建立朝着学习目标不懈努力的信念来影响学习者的动机。由于学习中认知动机起着重要的作用，因此有下述的教学设计原则——提供与学习者切身相关又可以实现的教学目标，以及充满趣味的学习环境，以此激发出学习者实现教学目标的信心和愿望。

一、什么是学习动机？

任何技能的习得都离不开努力和坚持，而动机正是引发努力和坚持的源泉。动机就是那些促使学习者参与到教学项目中，使用有效的学习策略，面对困难的时候继续坚持的东西。

很长一段时间里，认知研究集中在本文前面所介绍的学习过程，比如注意、认知负荷、精细复述及迁移，对动机的研究兴趣出现得较晚，因此目前还没有统一的关于动机的认知理论。然而我们可以从多种不同的理论中提取出在教学设计中合理利用学习动机的原则。

1. 从奖励到归因：动机理论的转变

许多教师和培训者把动机简单地与奖惩挂钩，关于动机的"胡萝卜与大棒"的观点比较流行，桑代克的"效果律"反映的就是这类观点：喜悦的结果加强联结，而厌烦的结果减弱联结。换言之，奖励强化了问题与正确答案之间的联结，增强了下次做出相似的正确反应的可能性。这种行为取向的动机观强调外部环境（也就是正确和错误的反应引发的不同结果）对后续行为的影响。它假定面对肯定或否定的学习产出，所有的个体都会以相似的方式做出反应。

2. 动机的认知模式

与行为取向不同，动机的认知模式把个体的思维和感受作为重要变量考虑进来。以下总结的是五种流行的动机的认知模式，并介绍综合借鉴了各种模式的教学方法。了解了全部五种模式之后你会发现，它们彼此之间有着密切的内在联系。事实上，各种观点放在一起比其中任何一种观点都能更好地帮助你理解学习动机。我们讨论的五种模式包括归因、自信、目标、兴趣及期望。

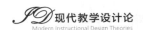
二、归因理论：我为什么失败（或成功）了？

归因理论能解释面对同样的学习结果，不同的学习者为什么会做出不同的反应。所谓归因是指对经历的事情给出自己的理论，做出自己的解释。比如对于在资格认证考试中失利，你可以给出以下几种解释：（1）我不够努力；（2）卷子的试题选得不好，题目偏、难、怪；（3）今天运气实在糟糕；（4）我没有找准正确的学习方法。

表 9.5 概括了归因的三个维度：（1）学习的结果是源于主体的内部还是外部因素；（2）这种内部或外部的原因在时间上是持久稳定的，还是短暂的、不稳定的；（3）这种原因对主体来说是可控的还是不可控的。指向努力的归因，比如"我没有花足够的时间去学习相关资料"是一种内部的、非持久性的、可控的归因。换言之，学习时间不足是源于主体的内部决定，下次可以改变。这是一种积极合理的归因，因为它会让学习者对自己的学习结果负责，承担起自己的责任。相反，把失败归结为外部的或不可控的因素，如运气不好或试题的难度问题，就是一种消极的归因，因为它不会带来任何主动的行为变化。如果你认为没通过测验是因为当天运气实在不好或者测验的题目偏、难、怪，你多半会寄希望于下回运气好些，而不会付出额外的努力。

表 9.5　归因的维度

维　度	描　述	举　例
指向 ◇内部 ◇外部	学习的成功或失败在多大程度上是源自学习者内部或者外部的因素	◇努力和能力是内部的 ◇运气是外部的
持续性/稳定性 ◇长久的、稳定的 ◇暂时的、不稳定的	学习成功或失败的原因在时间上是否持久	◇能力是持久稳定的 ◇运气是暂时的、不稳定的
可控性 ◇可控的 ◇不可控的	学习成功或失败的原因对学习者而言是否可控	◇努力是可控的 ◇幸运是不可控的

尽管归因是学习者的自发活动，但与教学者的互动能极大地影响归因，如果教学者提供了过多的帮助，或者表现出对学习者的同情，学习者就会把这些行为理解为教学者不相信他有能力完成学习任务。相反，如果教学者和学习者一起制订一个更有效的学习计划，学习者会认为这是一种肯定的信号："这样做下去，你能行的。"

总之，教学者需要鼓励学习者将学习结果归为内部的可控的原因。要达到这一目的，首先要控制学习任务的难度，保证学习者只要付出一定的努力就能获得成功。换言之，任务的规模和复杂程度应该适应学习者的知识和能力水平。同样，要选择适合学习者的先前知识和自信心的教学结构。其次，教学者要为学习结果的出现找出内部的可控的原因，比如努力，并且清楚地向学习者表达自己的这种看法。要对学习者取得成就抱有一种积极期待的态度，要强调主观努力的作用。

三、自信

自信，也称为自我效能感，是反映学习者愿意在多大程度上付出努力实现学习目标的主要指标。如果你不相信自己能成功，你就不会想去尝试。

我们如何才能建立自信？最重要的是自身行为的成败经验，人们常说成功是一种习惯，成功能带来新的成功。成功地完成一项任务，会帮你建立信心，提升你的自我效能感，使你相信自己今后也能完成相关的其他任务。不过有一点非常重要，就是归因的方式。只有你将成功归为内部原因，比如能力和努力时，成功才能提升你的自信。将成功归结为运气等外部因素的个体，成功并不能帮你提升自我效能。

自信还可以通过替代性经验和言语劝说获得。当学习者看到同伴获得成功时，他们会想：如果他能做到，我怎么会不行呢？

对教师或教学设计者来说，鼓励学生归因时指向内部的可控的因素对建立自信很重要，这一点前文已经谈到了。另外，创设一个容易获得成功的学习环境也是关键，前面几节的内容，就是关于如何提供认知学习支持以帮助学习者获得成功的。最后，向学习者展现同伴的成功也是提升自我效能的好方法，而且，"榜样"与学习者之间的一致性越强，榜样的力量也就越大。

四、目标指向：能力与竞争

关于动机的第三种理论强调学习者的目标。掌握目标（mastery goals）定向的学生关注的是掌握知识和获得能力；而成就目标（performance goals）定向的学生关注的是和他人相比，自己处于何种水平，能获得怎样的评价。相比而言，掌握目标定向的学习者更关心学习目标的实现，而不是比他人获得更高的分数。

1. 成就目标的两种类型

通常我们都认为掌握目标比成就目标对学习更有益，因为掌握目标定向的学习者在面对困难时也会坚持探索，他们关心的是自己学会了多少知识，而不关心在别人眼中自己的成绩是不是很好，所以他们敢于接受挑战。而成就目标，是一种社会导向的目标，基于一种被肯定的需求，因而起初被认为是无益于学习的。然而宾特里奇（Pintrich，2000）的研究指出，有些成就目标对动机并没有不良的影响，成就目标可以分为两种类型：进取型（approach）与退避型（avoidance）。进取型成就目标追求自己看起来比别人

表现得好；而退避型成就目标只要求自己看起来不比别人差。拥有进取型成就目标的学习者充满竞争意识，会比其他人更加努力。相反，退避型成就目标让学习者竭尽全力避免被人认作缺乏获得成功的能力。当不能确保获得成功时，持退避型成就目标的学习者宁可放弃努力也不愿冒因失败而被人看低的风险。

2. 掌握目标与自信

目标导向与自信之间有着密切的联系，自我效能感高的学习者，无论拥有何种目标导向，都会付出努力；而自信水平较低的学习者只有拥有掌握目标时才会坚持。因此在低自我效能的学习者的身上，目标导向的影响能更加显著地体现出来。

教学者可以通过减少评价中的横向比较来促进学习者形成掌握目标。将每个人的注意力集中到满足教学目标的标准上来，而尽量避免在学习者之间做出比较。评价中应该采用"个人进步"的取向，展现每个学习者在参加课程期间取得的进步。避免应用竞争性的评分体系，也不要将每个人的成绩在全班公布，这点对低自我效能的学生尤为重要。

五、兴趣与动机

学习兴趣越高，学习的效果就会越好。如果你对学习的东西感兴趣，你自然会更认真、更深入地去处理和加工信息，兴趣还会使我们对学习更坚持。坚持对学习的成功非常重要，尤其是在依赖学习者自我监控的学习环境中，比如自学在线课程时。降低在线学习课程学习者的高流失率的一种方法，就是准备一些有趣的教学材料。然而，必须要指出的是，有些增加兴趣的方式会对学习产生不良的影响。兴趣有不同的类型，而它们对学习的影响也就不相同。

1. 个人兴趣与情境兴趣

个人兴趣（personal interest）指的是个体愿意在特定的主题上花费时间的相对稳定的倾向。例如，在一门关于人体心脏的课程中，一位学习者表示"我对这门课很感兴趣，我们家有家族心脏病史"，反映的就是个人兴趣。个人兴趣是长期培养出来的，而且明显地属于特定的个体。个人兴趣最关键的特征就是它源自学习者内部，而不是环境。

相反，情境兴趣（situational interest）是由教学材料或者学习的情境带来的。例如，同样是关于人体心脏的课程，一位学习者做出"如果更多的人了解心脏工作的机理，那么他们可能就会选择更为健康的生活方式"的评论，他表达的兴趣则是基于对学习内容的理解，以及对其重要性的认识。下文中我们将介绍多种增添教学材料中的情境兴趣的方法。

2. 情境兴趣的类型：情绪性的与认知性的

情境兴趣又可以分为两种：情绪性（emotional）和认知性（cognitive）。报纸杂志常常会利用一些很不寻常的奇闻逸事，或者诸如性、死亡和人际关系等总会引人关注的话题来吸引读者的关注，这类信息带给我们的就是典型的情绪性兴趣。"体重超过 400 斤的产妇生下 20 多斤重的婴儿"，这样的标题绝对能吸引读者买一份报纸来看看，它能激起我们的好奇，引发情绪性兴趣。而认知兴趣，则是源自材料本身，熟悉易懂、与学习者的目标高度相关的材料容易引发认知兴趣。下面我们就来谈谈如何利用学习者的兴趣促进学习。

3. 避免添加增加情绪性兴趣的内容

那些增加情绪性兴趣的内容，被学者们称为"花边细节"（seductive details），我们在第四节中已经介绍过，实证研究证明，花边细节的加入对学习有明显的负效应：第一，它可能将学习者的注意从重要的概念信息上吸引开；第二，它可能会干扰学习者对新信息的组织过程；第三，它会激活无关的先前知识，从而扰乱学习者对新知识进行整合的过程。而这其中又以第三种因素最为主要。

4. 保证教学内容的可理解性和连贯性

易于理解又连贯的材料往往是用简单的语言写就的，它会尽量避免任何模糊的表达。这类材料不会采用专业术语，除非这一专业概念本身是教学目标的组成部分。由于对新概念进行了充分的解释说明，它不需要读者自己去推断或猜想，这样的材料被称作是"友好的"和"体贴周到的"。材料中的概念依照严密的层层递进的逻辑顺序呈现，后出现的概念以前面的概念为基础。使用过渡句、摘要、标题、次级标题等方式，使文章的结构明晰，容易把握，在需要的时候用项目符号和表格等来组织信息，语言精练简短，图示清晰易懂。

5. 使用生动具体的语言或者举例来说明

试着考虑"火山喷发"和"地质事件"这两个词组，哪一个能在人脑中形成意象？哪一个更能吸引你？描绘具体、举例生动的材料比用语抽象的文本更能引发兴趣，也更容易记忆。这是因为描摹具体东西的语词能在脑中形成图像，引发语词与画面的双重编码。有研究比较了较具体和较抽象两种版本的历史课文，结果发现生动具体的课文能让学习者多回忆近一倍的内容。课程的内容越是形象具体，就越容易被理解和记忆。在这一方面，教学设计者面临的挑战是，需要使教学核心内容本身具体生动、引人注意，而不是加入与教学目标联系并不紧密的细节。

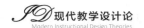

6.利用对话式的语言吸引读者

人是天生会注意和处理来自他人的信息的社会化生物。简单地用对话的语气代替说教的口吻就能提升学习者的参与水平。有研究发现，用第一、二人称写就的课文，比纯客观的叙述更有利于学习（Moreno & Mayer，2000）。论述严谨周密的文章，表达虽然客观，却很难真正激发学习者的兴趣。

在电子学习中，虚拟的学习助手（learning agent）往往能对学习产生促进作用，学习助手是学习支持手段的人格化，它常常以人或者卡通人的形象出现，为学习者提供一些建议或提示。研究发现，即使是完全相同的内容，与直接进行解释说明相比，用这些虚拟的人物提供教学支持能取得更好的效果。

7.用熟悉的术语呈现新内容

课堂里通常会包含一些学习者不熟悉的内容，毕竟对新内容的学习正是课堂的核心和关键。然而，可以用譬喻和类推等方法，使新信息变得令人熟悉起来。在第五节中，我们就提到过，用从番茄酱包中挤出番茄酱这个比方可以很好地说明"胃肠蠕动"这一生理学概念。我们还可以通过点明新内容与以前学过的内容的联系，比如"请回忆我们在本单元第二课中讲到的……""基于这一点，我们可以对上节课学习的原理做出补充……"，通过这类明确的陈述，我们可以帮助学习者将新旧知识联系起来，消除对新知的陌生感。熟悉和具体，都能促进理解，而所有这三者——熟悉、具体与易理解，都能带来认知兴趣。

8.利用个人兴趣激发动机

除了让教学内容更加容易理解以增强情境兴趣之外，个人兴趣也是可以利用的。我们可以将学习材料与学习者目的联系起来，或者说，让学习者感到教学内容与他的工作或生活是息息相关的。尤其在企业培训中，那些与工作直接相关的培训项目，应该围绕现实的工作任务来组织教学，并在课程的一开始就将课程能对学员日后的工作产生何种影响予以明确。

六、期望 × 价值理论

期望 × 价值（E×V）模式将上面提到的多种理论进行了整合。根据 E×V 模式，学习者在某一学习目标上投入的努力主要取决于两个因素。期望因素指的是学习者多大程度上相信自己如果投入努力会实现自己的目标，换言之就是学习者对自己获得成功的能力的自信；而价值因素指的是在学习者心目中，对目标的实现有多大价值的主观判断，它可能源自学习目标或者个人兴趣。期望与价值因素当中，任何一个水平较低都会影响整体动机，因为这两种因素是一种相乘的关系。因此，无论学习者是缺乏自信还是看不到学习结果有什么价值，其学习动机水平都会很低。

在前面介绍自信和归因理论时，我们都讨论了提升自我效能感的方法。而价值因素可以通过向学习者明确教学与他们的个人兴趣或工作目标间的联系而得到增强。一个有效方法是在课程伊始就用与现实紧密相关的问题来引发教学，使课程的价值更加明确。

七、动机与四种教学结构

由于从认知视角对动机进行研究的时间还不是很长，关于教学结构与学习者动机的适配的研究并不多，因此我们在此只能依据现有的部分研究结果，尝试给出一些不太周详的建议。

1. 接受式教学结构

接受式教学结构比较适合有较强的个人兴趣或者掌握目标的学习者。因为接受式的学习环境缺乏显性的参与的机会（缺乏练习或探究活动），因而要求学习者自己投入努力去认真加工信息。接受式结构的教学，特别是教学者主导的讲座形式的教学，往往面临着认知超载的威胁。结果是那些自信心不足的学生会中途放弃。为克服互动不足所带来的弊端，设计教学时要尽量加强认知性兴趣，并激发学生的个人兴趣。

2. 直导式教学结构

直导式教学结构能很好地帮助初学者及自信心不强的学习者。直导式结构的教学由一个个简单而微小的任务组成，逐步地提升难度和复杂程度，学习中的挑战性被控制在一定水平以下，因为它以一种循序渐进的方式逐步地帮助学习者建立技能。因此那些可能轻言放弃的学习者会从这种教学结构中受益。

3. 指导发现式教学结构

对于有一定自信的学习者，可以考虑指导发现式教学结构。这种较为开放的教学结构可能会使那些自信不是很足的学生中途放弃。另一方面，由于将学习置于一种有意义的情境之中，对于有相当的背景知识、一定的元认知技能和自信心的学习者，这种教学结构很能激发他们的学习动机。

4. 探究式教学结构

探究式教学结构对学习者动机的要求很高，学习者要自己选择利用教学环境中的哪些元素。探究式结构最适合信心充足、对学习内容有着浓厚的个人兴趣，或者拥有强烈的掌握目标的学习者。

现代教学设计论
Modern Instructional Design Theories

本章思考题

1. 吸收模式（传递模式）、行为模式和认知模式各自有什么特点？

2. 接受式、直导式、指导发现式及探究式这四种教学结构的区别特征有哪些？

3. 请简要说明信息加工过程。

4. 本章提出了哪八条教学原则？这些原则是根据什么得出的？

5. 请依据本章相应小节的阐述，说明使用每一条教学原则的意义。

6. 近迁移和远迁移分别是指什么？如何开展有针对性的教学？

本章主要参考文献

[1] Aleven, V. A. W. M. M. & Koedinger, K. R. (2002). An Effective Metacognitive Strategy: Learning by Doing and Explaining with a Computer-Based Cognitive Tutor. *Cognitive Science* 26, 147-179.

[2] Clark, R. C. (2003). *Building Expertise: Cognitive Methods for Training and Performance Improvement*. 2nd ed. San Francisco, CA: Pfeiffer.

[3] Clark, R. C. & Mayer, R. E. (2002). *E-Learning and the Science of Instruction: Proven Guidelines for Consumers and Designers of Multimedia Learning*. San Francisco, CA: Pfeiffer.

[4] Clark, R. C. & Mayer, R. E. (2007). *E-Learning and the Science of Instruction: Proven Guidelines for Consumers and Designers of Multimedia Learning*. 2nd ed. San Francisco, CA: Pfeiffer.

[5] Clark, R. C., Nguyen, F. & Sweller, J. (2005). *Efficiency in Learning: Evidence-Based Guidelines to Manage Cognitive Load*. San Francisco, CA: Pfeiffer.

[6] Craik, F. I. M. & Watkins, M. J. (1973). The Role of Rehearsal in Short-Term Memory. *Journal of Verbal Learning and Verbal Behavior* 12, 599-607.

[7] Gick, M. L. & Holyoak, K. J. (1980). Analogical Problem Solving. *Cognitive Psychology* 12(3), 306-355.

[8] Gick, M. L. & Holyoak, K. J. (1983). Schema Induction and Analogical Transfer. *Cognitive Psychology* 15(1), 1-38.

[9] Harp, S. F. & Mayer, R. E. (1998). How Seductive Details Do Their Damage: A Theory of Cognitive Interest in Science Learning. *Journal of Educational Psychology* 90, 414-434.

[10] Haskell, R. E. (2001). *Transfer of Learning: Cognition, Instruction, and Reasoning.* London: Academic Press.

[11] King, A. (1992). Facilitating Elaborative Learning through Guided Student-Generated Questioning. *Educational Psychologist* 27(1), 111-126.

[12] Lou, A. Y., Abrami, P. & Apollonia, S. (2001). Small Group and Individual Learning with Technology: A Meta-Analysis. *Review of Educational Research* 71, 449-521.

[13] Marcus, N., Cooper, M. & Sweller, J. (1996). Understanding Instructions. *Journal of Educational Psychology* 88(1), 49-63.

[14] Mayer, R. E. (2001). *Multimedia Learning.* New York: Cambridge University Press.

[15] Mayer, R. E. & Jackson, J. (2005). The Case for Coherence in Scientific Explanations: Quantitative Details Can Hurt Qualitative Understanding. *Journal of Experimental Psychology: Applied* 11, 13-18.

[16] Mayer, R. E., Sims, V. & Tajika, H. (1995). Brief Note: A Comparison of How Textbooks Teach Mathematical Problem Solving in Japan and the United States. *American Educational Research Journal* 32(2), 443-460.

[17] McKeage, C. A. & Di Vesta, F. J. (1996). Strategy Orientations, Learner Activity, and Learning Outcomes: Implications for Instructional Support of Learning. *Educational Technology Research & Development* 44(2), 29-44.

[18] Moreno, R. & Mayer, R. E. (2000). Engaging Students in Active Learning: The Case for Personalized Multimedia Messages. *Journal of Educational Psychology* 93, 724-733.

[19] Paivio, A. (1986). *Mental Representations: A Dual-Coding Approach.* New York: Oxford University Press.

[20] Pintrich, P. R. (2000). Multiple Goals, Multiple Pathways: The Role of Goal Orientation in Learning and Achievement. *Journal of Educational Psychology* 92(3), 544-555.

[21] Pollock, E., Chandler, P. & Sweller, J. (2002). Assimilating Complex Information. *Learning and Instruction* 12, 61-86.

[22] Pressley, M., Wood, E., Woloshyn, V. E. et al. (1992). Encouraging Mindful Use of Prior Knowledge: Attempting to Construct Explanatory Answers Facilitates Learning. *Educational Psychologist* 27, 91-110.

[23] Robinson, P. (Ed.) (2002). *Individual Differences and Instructed Language Learning.* Amsterdam: Benjamins.

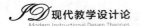
[24] Rosenshine, B., Chapman, S. & Meister, C. (1996). Teaching Students to Generate Questions: A Review of the Intervention Studies. *Review of Educational Research* 66, 181-221.

[25] Schmidt, H. E. & Moust, J. H. C. (2000). Factors Affecting Small-Group Tutorial Learning: A Review of Research. In Evensen, D. H. & Hmelo, C. E. (Eds.) *Problem-Based Learning*. Mahwah, NJ: Lawrence Erlbaum Associates.

[26] Schoenfeld, A. H. (Ed.) (1987). *Cognitive Science and Mathematics Education*. Hillsdale, NJ: Lawrence Erlbaum Associates.

[27] Schwartz, D. L. & Bransford, J. D. (1998). A Time for Telling. *Cognition and Instruction* 16(4), 475-522.

[28] Slotte, V. & Lonka, K. (1999). Review and Process Effects of Spontaneous Notetaking on Text Comprehension. *Contemporary Educational Psychology* 24: 1-20.

[29] Springer, L., Stanne, M. E. & Donovan, S. S. (1999). Effects of Small-Group Learning on Undergraduates in Science, Mathematics, Engineering, and Technology: A Meta-Analysis. *Review Educational Research* 69(1), 21-51.

[30] Sweller, J., van Merrienboer, J. J. G. & Paas, F. G. W. C. (1998). Cognitive Architecture and Instructional Design. *Educational Psychology Review* 10(3), 251-296.

第十章

系统设计教学论

教学设计是按照一定的程序来实施的。如果说以往的教学论研究有什么不足之处，可能在于过分注重各个要素之间的横向铺陈，那么，教学设计的优势就是力图做到各个要素在纵向上能够贯通落实。

教学设计旨在精心设计一个有效的教学系统，这是一个人为的系统，它将教学系统的各部分（如师生主体、教学目标、教学策略、教学评价等）围绕提高学生的综合素质与能力这一目的而展开运行。系统思维或系统方法是教学设计强有力的武器。系统思维，在教学设计中有两个表述词：一是统揽全局，着眼整体（systemic thinking）；二是循序操作，层层落实（systematic thinking）。所以，我们讲"系统设计教学"（systematic & systemic designing instruction），是包括这两层意思的。对教师来说，系统思维意味着不仅要关注一节课的各个要素，还要把这节课作为一个整体来看待，另外还应考虑把这节课放在一个单元甚至整门学科的教学中来看待。统揽全局强调关注整体，站得高、看得远；循序操作倡导从行动上突出设计的程序化和计划性，使得教学的各项外部条件环环相扣、层层落实。

教学设计强调"为学习设计教学"（designing instruction for learning）。著名教学设计理论家加涅提出的这一观点，适切地说明了学与教之间的相互关系。著名教学设计理论家和教育心理学家梅耶将这一观点进一步发展为"为意义建构学习设计教学"（designing instruction for constructivist learning），更加充分地论证了意义建构学习与提供教学支架之间的关系。

教学设计总是按照一定的模式来开展循序操作的。一般来说，狭义的教学设计大体上相当于"备课"阶段，广义的教学设计还包括上课、评课和说课。本章简要介绍了当代国际上比较有影响的若干个教学设计模式，然后重点讨论了依据现代教学设计理念开展"系统设计教学"的程序，包括设计教学方案程序和实施教学的步骤。

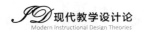
第一节　系统设计教学模式概说

系统设计教学是一种目标导向的系列活动。不管在哪个年级、哪个课程层次、哪个具体教学环境中开展设计，按照马杰（Mager，1984）的看法，无非是要回答三个类别的问题：（1）我们要到哪里去？（2）我们怎样到那里去？（3）我们是否到了那里？

"我们要到哪里去？"这是一个"确立目标"的过程；"我们怎样到那里去？"这是一个"导向目标"的过程；"我们是否到了那里？"这是一个"评估目标"的过程，因此，可以用一个简单的互动反馈路线将这三者联系起来（见图10.1）。"目标为本"的教学设计模式简洁明了，有很强的扩展力。当然，我们也可以将目标为本的教学设计模式中的三个框内的文字略加替换，就可以得出另一个简洁明了的图示，这就是"状态变化"教学设计模式（见图10.2）。学习就是发展，教学就是促进发展并且要稍稍走在发展的前头；而发展则是体现为事物矛盾的运动，就是从一种状态走向另一种状态。

图 10.1　"目标为本"教学设计模式

图 10.2　"状态变化"教学设计模式

教学设计理论与实践发展到今天，至少出现了数十种有影响的教学设计专著，关于教学设计过程的模式也已有数百个。这些教学设计模式繁杂多样、良莠不齐，适用的情境对象也大相径庭。但是，从一定意义上说，都是对"目标为本"的基本教学设计模式所做的扩展，都是要回答三个基本问题。当代国际教学设计研究中几个有代表性的教学设计模式，其中包括迪克和凯里模式、肯普模式、史密斯和拉甘模式、马杰模式、ADDIE 模式和梅里尔模式等。

1. 迪克和凯里模式

当代著名教学设计理论家、美国佛罗里达州立大学教授迪克和凯里是"系统设计论"（Theory of Systematic Designing Instruction）的主要代表人物。他们于 1978 年出版的

《系统化设计教学》（*The Systematic Design of Instruction*）一书，在 1985、1992、1996、2001、2004 和 2007 年连续 6 次修订再版，被教学设计界推崇为最受欢迎的教科书之一。当代教学设计理论大师加涅在其所著《教学设计原理》中设专章以迪克的模式为基础来论述教学设计的程序。皮连生教授、张春兴教授分别在自己的著作《教学设计：心理学的理论与技术》和《教育心理学》中也主要介绍和分析了该模式。迪克和凯里在 1988 年还写过另外一本有影响的书——《创设有效教学》（*Planning Effective Instruction*），1996 年修订版《教学计划：教师指南》（*Instructional Planning: A Guide for Teachers*），该书读者对象着重面向第一线教师，简明扼要地论述了系统设计教学的程序。

当代西方有关教学与培训的设计模式林林总总，让人目不暇接，但迪克和凯里提出的这个模式一直被人奉为经典，独树一帜，为我们掌握基本的教学设计程序和规范提供了良好基础，具有很强的实践意义。也许这正是其独特魅力之故。

从传统意义上说，教学过程涉及教师、学生和教材。学习的内容包含在教材中，将这些内容"教"给学生则是教师的责任。教学被看成是将教材中的内容装入学生的头脑中且在测验时能再次提取出来的一种活动。根据这样一种教学模式，改进教学的办法就是提高教师的水平。例如，要求教师拥有更多知识，以及掌握将知识传递给学生的多种方法。

教学过程的现代视野是将教学看成是一个系统的过程，这一过程的每一个成分对成功的学习而言都是至关重要的；这便是教学的系统观点，一般来说它也就是采用系统方法设计教学。就教学而言，教学过程本身可以被看成是一个系统，该系统的目的是促成学习的发生。系统的成分包括学生、教师、教学材料和学习环境。这些成分之间相互作用以达到目标。

运用系统观点看待教学的好处是能够把握这一过程中各个成分的重要角色。各个成分之间必须有效地发生相互作用。当然，不能过分地强调任何一个成分，以免畸轻畸重，顾此失彼。但是，每一个成分对系统的最终结果的贡献倒是需要加以确认的。显而易见，必须对系统促成学习发生的效果加以评估，当学习遇到挫折或失败时，也须有一种机制对其做出改变。

具有系统眼光的人将教学的准备、实施、评价和调整作为一个有机的整体来看待。从最广泛的系统意义上说，有多种多样的资源为教学的准备提供输入，而输出则是付诸实施的产品和程序。其结果用以确定系统是否应被改变，如果要改变的话，又应怎样去改变。

迪克和凯里模式旨在说明教学设计中，开发、实施和评价的一种系统方法模型。这是一个程序系统，其中包括一系列步骤，它们都将从前面步骤中接收输入并且作为后续

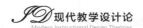
步骤的输出。所有这些成分共同发挥作用以便产生一种有效的教学。当然，实际上，称为"系统方法"的模型并非只有这一种，各种模型都体现了其基本的成分。不过，本系统方法模型相对通俗明了而又不失其基本规范。其整个框架如图 10.3 所示。该模型包括八个相互联系的组成部分，各个组成部分之间用线条加以连接。这些组成部分是教学设计人员用来设计、开发、评价和调整教学的一系列步骤（程序）和技术。

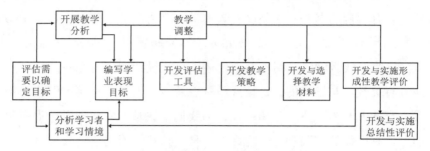

图 10.3　迪克 – 凯里系统设计模式（2007）

2. 肯普模式

肯普、莫里森和罗斯（Kemp, Morrison & Ross）等人编著的《设计有效的教学》（*Designing Effective Instruction*），1998 年由 Prentice-Hall 出版公司出版，2006 年已经修订到第 6 版。肯普在美国教育技术界也一直享誉盛名。1971 年，肯普就出版了《教学设计：单元与学科开发的计划》（*Instructional Design: A Plan for Unit and Course Development*），1985 年修订版为《教学设计的过程》（*The Process of Instructional Design*）。20 世纪 90 年代中期，肯普到台湾讲学后，由台湾视听教育学会和台湾视听教育基金会联合，约请多位教育学博士译介了其《教学设计过程》一书，易名为《系统化教学设计》，由台湾师大书苑列入"师范教育丛书"出版发行。肯普的《设计有效的教学》，虽然写作意图不完全是直接面向教师的，但从总体上说是带有应用操作性强和教学设计理念先进（如体现在教学目标归类、教学内容排序、教学策略选择等方面）的特点。

肯普认为，阐明如何有效地规划、开发、评价和管理教学过程以使之确保学生取得良好业绩表现，这一系统的方法被称为教学设计，它是以学习理论、信息技术、系统分析和管理方法等各种知识为基础的。肯普指出，一个综合性教学设计规划有九个要素：

（1）明确教学问题，详细说明设计教学方案的目标。

（2）在整个规划过程中都要注意考察学习者的特征。

（3）明确学科内容，并对与已述的目标和目的相关的任务成分进行分析。

（4）向学习者交代教学目标。

（5）在每一教学单元内按序排定教学内容，以体现学习的逻辑性。

（6）设计教学策略使得每个学习者都能掌握教学目标。

（7）规划教学信息和传递方法。

（8）开发评价工具用以评估目标。

（9）选择支持教学活动的资源。

教学设计规划的九个要素的直观图示参见图10.4。

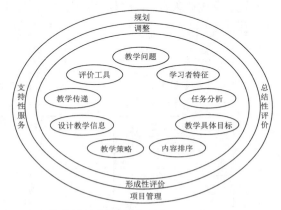

图 10.4　教学设计规划的成分（Morrison et al., 2004）

3. 史密斯和拉甘模式

史密斯和拉甘的《教学设计》（*Instructional Design*）第 1 版于 1995 年出版，1999 和 2005 年分别出版了第 2 版和第 3 版。该书目前在国际教学设计研究领域享有盛誉。史密斯和拉甘认为，明确教学设计的一种方式是探讨系统规划教学所涉及的过程。从最一般的意义上说，教学设计者的任务是要回答三个基本问题：（1）我们要到哪里去（教学的目标是什么）？（2）我们怎样到那里去（需要有什么样的教学策略与媒体）？（3）我们是否到了那里（如何检测，如何评估与教学调整）？如果将以上三个问题对照教学设计人员在设计与开发过程中要做的事情，那么分别是：（1）实施教学分析以确定我们将到哪里去；（2）开发教学策略以确定我们如何到那里去；（3）开发与实施评价以确定我们是否到了那里。所以，史密斯和拉甘将教学设计过程划分为三个阶段：分析阶段、策略阶段和评价阶段。第一阶段，分析学习环境、学习者、学习任务，制定初步的设计栏目；第二阶段，确定组织策略、传递策略、设计好教学过程；第三阶段，进行形成性评价，对预期的教学过程予以修正。这三个阶段或三个设计活动是绝大多数教学设计模式都包含的。在史密斯和拉甘看来，教学设计模式（instructional design models）是教学设计过程的一种形象表征（visualized depictions），由此突出了各个要素及其相互关系。

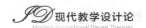
他们认为，自己的模式同迪克等人的模式并无根本的差别，也算是一个常见的模式（见图 10.5 ）。但是该模式突出了情境分析，按照组织、传递和管理三个类别来讨论策略等还是有其新意之处的。

史密斯和拉甘虽然用线性的序列列出了教学设计的各项活动，但是他们同时指出，实际的教学设计工作并不一定完全是套用这样刻板的序列，许多情况下，教学设计的多项活动是同时开展的或者循环往复多次的，尤其是在"心里"进行设计活动时更是如此。所以，现实情境中的教学设计模式如果要加以图示表达，可能更像是一团环环相扣、层层相依的"线球"。这是尤其要说明的。

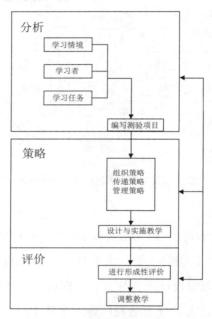

图 10.5　教学设计过程模式（Smith & Ragan，2005）

史密斯和拉甘强调指出，在教学设计活动中，要保证教学目标、教学策略和教学评价三者之间的匹配一致(congruence or all match)。所谓"匹配一致"，就是指教学策略（方法）和学习任务（目标）应与是否达到学习结果的检测互相吻合和配套。例如，我们所设计的一项学习任务是对不同的物体按照"透明物""半透明物""不透明物"进行归类。很显然，这个学习任务是属于"概念学习"，与之相匹配的教学策略应该是"概念学习策略"，也就是说，应该向学生提供（或者令其发现）属于这三个概念的若干正例和反例，在检测时，则要学习者举出符合三个概念类别的新实例。这样的教学，才是做到了具体目标、学习活动与检测手段之间浑然一体，也就是天衣无缝地匹配一致了。这种意图与行动的匹配在课程开发中也同样被称为"课程协同原理"（ curriculum alignment ）。

4. 马杰模式

马杰所著的《有效教学的设计》(*Making Instruction Work or Skillbloomers: A Step-by-Step Guide to Designing and Developing Instruction That Works*, 1997 年第 2 版)也是一本出色的教学与培训设计著作。该书由美国高效业绩中心出版公司出版。马杰是当今国际上公认的最有影响的培训与教育专家之一。他在工商企业和高等学校的培训、咨询与教学方面拥有大量丰富的经验,已经出版的著作还包括《编写教学目标》《测量教学结果》《分析业绩问题》《目标分析》《开发职业教学》《每一个管理者都应该知道的培训》等,他的著作不断修订再版,被译成 16 种文字,在世界范围内发行了 300 万册以上,广受欢迎。

国内教育理论界以往对马杰的介绍主要限于他著名的行为目标编写理论,很少涉及其教学设计思想。《有效教学的设计》以当今教学与培训设计的先进理念为依托,依据教学分析、设计、开发、实施和评价等阶段(即教学设计或培训设计界通用的 ADDIE 模式),具体讨论了分析业绩,分析目标,分析任务,确定教学具体目标,落实知识技能分层,明确课程先决条件,配置标准测试,提供针对性练习,确定教学内容,选择教学传递方式,安排教学模块,开展试教,安排教学顺序,制定上课程序,做好准备工作,实施教学和教学改进等各个教学设计具体工作(见图 10.6)。

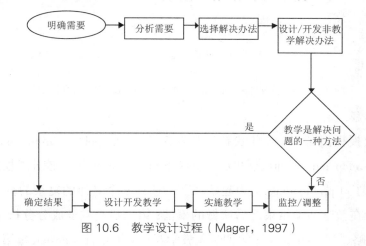

图 10.6　教学设计过程(Mager, 1997)

马杰的《有效教学的设计》一书讨论了以上各程序的具体要求,并分别加以举例。马杰指出:尽管这些程序是按实际完成的大概顺序来阐述的,但并非是指进入了后一程序,前面的程序就可以抛之脑后了。教学设计总是要求思前顾后,通盘考虑。此外,当发现有其他方式可以实现满意的业绩表现时,教学设计也就该停止了。教学系统开发程序不限于哪个学科、专业和职业,如果不考虑教学目的,程序设计是基本相同的。

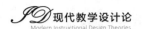
5. ADDIE 模式

谈到教学设计的模式,绝大多数人推崇的是 ADDIE 模式。ADDIE 分别代表了分析阶段、设计阶段、开发阶段、实施阶段和评估阶段,各个阶段之间彼此联系,互为支持。图 10.7 说明了每一个主要阶段是怎样与其他阶段彼此联系的。实线指从分析到评价的过程流向,虚线则指反馈的路径。评价活动能揭示出其他四个环节中哪些是需要修正的地方。

尽管 ADDIE 的整个过程立足于系统化解决问题的模型,但是同样重要的是要理解这一点,即解决问题的活动将伴随着每一个阶段,并且整个过程并不总是以严格线性的方式进行的。图 10.7 说明的是逻辑关系而不是程序关系。教学设计各阶段的图示表征有直线的,也有圆形或者循环的,还有线球表征。

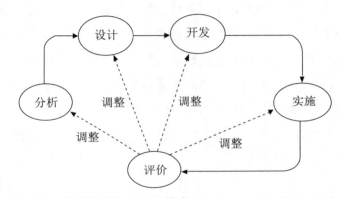

图 10.7 教学设计的 ADDIE 模式(Gagné et al., 2005:21)

6. 梅里尔模式

梅里尔教授提出了"波纹环状教学开发模式"(the pebble-in-the-pond approach to instructional development),即层层扩展、涟漪不断(见图 10.8)。该开发模式的第一步以"聚焦解决问题"(problem/task)为起始环节,选择某个具体的复杂的真实任务,以代表期望学习者在教学活动结束之后所做的事情;第二步是教学成分分析(analysis);第三步是教学策略适配(strategy);第四步是教学互动界面设计(design);第五步是课件制作或定型产品制作(production)等。这系列环节好比是投石击水,波纹迭起,逐渐扩展,直至最终完成教学设计的整个工作。"波纹环状教学开发模式"在许多方面都有新的创造(例如,它改变了以往教学设计中只注重相对抽象的目标分析,代之以更为具体的内容设计),对教学设计模式或教学开发模式的发展将起到很好的推动作用。

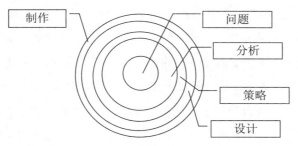

图 10.8　波纹环状教学设计模型（Merrill，2002a：40）

7. 系统设计教学的基本模式

国内教学设计研究专家和教育心理学专家如何克抗、乌美娜、邵瑞珍、皮连生教授等都提出过相应的教学设计模式。本书作者之一盛群力也曾经提出过一个教学设计模式（见图 10.9），这一模式旨在体现以目标为本的系统设计观，即从确定目标开始，然后逐渐导向目标，最终评估目标。另一方面，这一模式也体现了以状态变化为本的系统教学设计观，即从学生的现有状态和水平出发，逐渐转换为一系列过渡状态，最终达到终点（目标）状态。更为重要的是，这一模式将教学设计理念、操作程序和教师的基本工作（备课、上课、评课、说课）等联系起来，从而使得系统设计教学成为教师手中用以改进教学的有用武器，而不仅仅是装饰门面的东西。

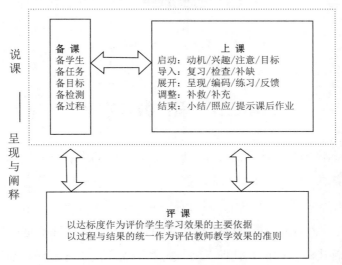

图 10.9　系统设计教学的基本模式（盛群力等，1998）

这一基本模式有三个实心框：备课、上课、评课。备课是教师对自己的教学活动进行预先计划和准备的过程；上课是教师灵活地执行计划，实际展开教学活动的过程；评课是教师本人或其他评课人员对学生学习目标的达成度及其教学活动做出价值判断和改进决策

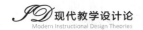
的过程。三个实心框之间的互动反映着教学效果的优劣。三个实心框周围用虚线围起来的是说课。这表明说课这一具有"元教学"色彩的工作若离开了精心备课、上课和评价，便是无源之水、无本之木。说课是教师对备课、上课乃至评课等方面进行口头或书面呈现、阐释及自我监控的过程。正是从这一意义上说，说课的自觉意识和娴熟运用体现了教师本身对教学活动的执行监控及自我调节水平，也是教师教学理论和素养的综合表现。因此，说课不应该仅仅是有感而发的经验体会，也不应该仅仅是呈现如何上课，更重要的是，说课应该交代"呈现"背后的理由，即对教学设计的依据做出合理的阐释。

依据国内外研究的新成果，本书作者倾向于将系统设计教学的程序主要分为设计教学方案和实施教学过程两大部分来讨论，其主要的图示如图 10.10 所示。本章以下两节就将分别讨论设计教学方案的程序和实施教学过程的程序。

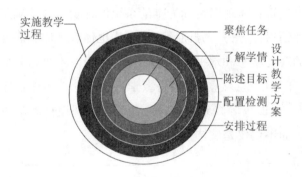

图 10.10　系统设计教学的两大部分

第二节　设计教学方案

设计教学方案作为教学活动的准备阶段，起着制定蓝图、预先谋划的作用，习惯上我们也称之为"备课"。设计教学方案的简与详，只是一个程度而已，而且看似简单的教学方案，不一定意味着马虎粗糙，因为有经验的教师也许已胸有成竹，娴熟于心，只需要有一个腹稿，心里过一遍"电影"即可。所以，简与详也许不是教学方案设计精细完好程度的主要标志，重要的是任何一名教师都不能仓促上课，任意临场发挥或者美其名曰"动态生成"。

以往的教育学理论与实践，说到如何设计教学方案，大都要求做好三项工作，制订三种计划。做好三项工作是指钻研大纲与教材、了解学生和考虑教法（不限于教学方法，也包括教学途径、手段、组织方式等）。在做好三项工作的基础上，制订三种计划，分别是学年或学期进度计划（主要考虑各个单元任务的排序及其范围、分量）、单元或者课题计划（主要考虑每个单元内的不同课的任务排序及其范围、分量）和课时计划（主要考虑每一堂课内各个教学片段的排序及其范围、分量）。

教学设计理论认为，原有的设计教学方案程序（可以概括为备教材、备学生和备教法）虽有相当的便利性和有用性，但仍然有必要做出改进。从一定意义上说，原有的"三备"是不完整的程序，给保证达到预期的结果带来了多方面隐患。

根据教学设计新理念，我们提出了设计教学方案的新程序，探索设计教学方案的规范化和完整性，这就是聚焦任务、了解学情、陈述目标、配置检测和安排过程（可以简称为"五备"——备任务、备学生、备目标、备检测和备过程，参见图10.10）。下面就对教学方案设计的五个程序做一简略说明。

1. 聚焦任务

聚焦任务的实质是确定"目标状态"的性质、类型和结构。当目标状态主要以教学大纲、教材为主要来源时，聚焦任务与钻研教材的含义相近。不过我们要明确的是：教材内容是为完成一定的教学任务而编选的，内容是载体，任务是目的。所谓"钻研教材"，主要不在于分析教材内容，而在于要真正把握教学任务的范围及其序列。所以"聚焦任务"这一说法似乎比"钻研教材"更为贴切。

聚焦任务时先要确定"目标状态"的性质，是指从学生已有的状态和学科内容的逻辑进程来看任务的难点和重点。难点不仅是学科逻辑中的"瓶颈"，同时更应该聚焦于学生心理意义理解上的便利与否。当学科逻辑与心理逻辑相一致时，难点的确定较为容易；当两者相矛盾甚至截然冲突时，心理逻辑（即心理意义的理解）应被置于优先的位置。学生心理理解上的难易，实际上同他们对新任务的"熟悉度"有关，即有多少旧经验可以用来支撑接受新经验。越有熟悉感，就越有亲和力，就越有学好弄懂的信心，就越没有陌生感和惧怕感。所以聚焦任务时确定难点实际上离不开结合考虑学生"现有状态"的信息。

确定任务的重点有两个依据。一是在全部学习任务中必须优先完成的任务（或者是优先满足的学习需要）。所谓优先，是指对教学时间精力的投入、条件的创设都给予充分保证。因此，任务的重点不应该也不可能游离于教学的全部要求（目标）。也就是说，重点不在教学目标之外，而在其之中。二是任务的重点应尽可能满足相对较高层次的学习需要，这样的学习需要（目标）才真正值得我们充分给予时间和精力保证。

聚焦任务除了把握任务性质之外，还要确定任务的类型。"为学习设计教学"，是当代教学设计的重要理念。所谓"为学习设计"主要是指根据不同的学习任务类型来设计

相应的教学策略，创设适宜的教学条件。"不同的学科蕴含着相同的学习任务类型；相同的学科体现了不同的学习任务类型"。加涅分类教学的思想对提升课堂教学的效能是至关重要的。因此，在聚焦任务时，除了我们以前一直强调的要考虑因人施教和因学科内容差异施教外，同样要考虑学科内容背后"隐藏"的学习任务类型，做出恰当的归类，以此作为后续教学决策的依据。

学习任务归类实际上也就是教学目标归类，一般来说，可分为认知领域、心理动作领域、情感态度领域、人际交往领域等（见表 10.1）。当然，学习任务归类本身是一个不断完善的研究问题，但对教师来说，采用一种适当、实用的归类，比只考虑学科内容差异而忽略学习任务类型，肯定获益良多。

表 10.1　教学目标分类一种办法（盛群力、马兰，2001）

认知领域	心理动作领域	情感态度领域	人际交往领域
记忆信息与理解概念	掌握信息与程序	有意接受与主动反应	对话与共事
运用程序与原理	动作模仿与连贯表现	价值组织与内化	维持与调适
掌握策略与方法	动作调适与创意	表里如一地表现	认识自我与欣赏他人

聚焦任务的第三项工作是分析任务的结构，简称"任务分析"，这是教学设计历来强调的重点。有些教学设计理论家将任务分析细分为"信息加工分析""层级分析""程序分析""归类分析"等，显得有些烦琐。我们认为，不妨将任务结构分为两大类：要素式任务结构和层级式任务结构。分析要素式任务结构相对简单，只需要做到罗列归类，不致遗漏即可。分析层级式任务结构要确定终点任务、子任务和前提知能之间的关系，具体做法大致是：

（1）根据对学生现有状态的了解及其对目标状态的期待，确定一个具体清晰的终点目标。（2）然后自我提问："为了达成终点目标，学生必须先掌握哪些过渡目标？"（3）排定这些过渡目标之间的先后序列关系。（4）考虑每一个过渡目标下所需要支撑的前提知能是什么。（5）根据学生已经掌握的前提知能（起点行为）确定"可能的教学起始点"。（6）根据对学生情况的分析，将"可能的教学起始点"转化为"真正的教学起始点"。

图 10.11 是对小学中年级语文课中"找出文章中的重点句"这一教学任务所做的层级分析。很显然，任务分析采取了自上而下的演绎途径，勾勒出了将来教学自下而上、拾级攀登的蓝图。任务分析的恰当与否直接影响着教学目标的达成效果。

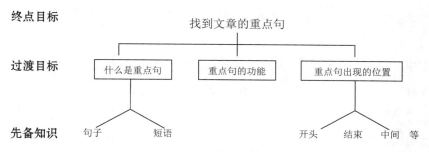

图 10.11 层级式任务结构分析示例

需要特别指出的是，教学结构任务分析同教材内容体系分析并非完全是一回事，我们不能满足于以往"厘清了内容但背弃了任务"的做法。

2. 了解学情

所谓了解学情，主要是了解学生的学习需要。按照伯顿（Burton）等人的归纳，学习者的需要大体上可分为五种类型：（1）标准的需要（即向制订的标准靠拢）；（2）感受的需要（即愿望）；（3）表达的需要（即实际表达的要求）；（4）比较的需要；（5）预期的或未来的需要。不管哪一种需要，其核心都在于它体现为"实际是什么"与"应该是什么"两者之间的差距。只要有差距，就表明有教学问题需要解决，有教学任务需要完成，有学习要求需要满足。

教学方案设计从了解学生的学习需要出发，而不是像以往那样从备教材出发，这恐怕是教育观念上的一个重大转变，即任何教学活动都要以满足学习者的学习需要为出发点和落脚点，而不是指覆盖了多少教学内容。学生的学习需要不明，就谈不上会有多少教学创意和明确的教学意图。可以说，从备学生启动教学方案设计程序，这是一个正确的选择。

"实际是什么"反映的是教学活动开始前学生在认知、情感态度或心理动作等方面已经达到的现有状态，这一状态标志着学生已经能做什么、说什么、写什么、读什么等等。这是学生掌握新学习任务的起点水平或前提条件。由于学校教学带有很强的连续性，学生心理发展往往建立在"累积学习"基础上，因而，只有从了解学生的现有状态出发，我们才能真正把握目标状态究竟是什么，也就是说，我们才有可能提出切合实际的教学任务与具体目标。

"应该是什么"反映的是当某一教学活动结束后，预期学生在认知、情感态度或心理动作方面必须达到的状态，对这种状态的把握最终会转化为确定教学任务与陈述具体学习目标。这里必须特别指出，"应该是什么"常常也体现在教学大纲和教材的要求中，然而，只有当教师或教学设计人员的心中对两种状态（目标状态和现有状态）的差距做

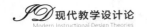
到心中有数时，再对照大纲和教材的要求来确定真正适切的教学任务和学习目标，才是比较合适的。

确定应该是什么和实际是什么两者状态之间的差距，被称为"需要分析"，这是考虑究竟有没有差距、有多大差距。假定有几种具体需要时，我们往往还要对需要满足的轻重缓急做出排序与筛选，这就是"需要评估"。

从以上的简要分析中我们可以看到，了解学情大体上包括：

（1）了解学生学习新任务的先决条件或预备状态，这主要涉及在认知、心理动作、技能方面是否消除了"进入"方面的障碍，做好了铺垫工作。

（2）了解学生对目标状态是否有所涉猎、娴熟于心或是一无所知，这主要涉及学习新任务时是否有"中间路障"还是已经能够"长驱直入"了。

（3）了解学生对学习新任务的情感态度，这主要涉及学生的学习愿望、毅力、动机、兴趣、时间精力投入的可能性等等。

（4）了解学生对学习新任务的自我监控能力，这主要涉及考虑学生的学习习惯、方法、策略及风格等。

与以往教学方案设计方法中较为强调学生的年龄特征（一般发展水准）和预备知识技能有所不同，教学设计的教学方案设计程序将学生的实际学习需要状况更加完整地细分为四个主要方面，同时，更重要的是，它强调应该将有关学生学习需要的信息充分加以利用，作为后续各项教学方案设计活动制定决策的主要依据，并且通过"学情分析"或"学情说明"将重要信息反映在书面的教学方案设计计划（教案）或说课之中。

了解学生学习需要的手段或途径多种多样，包括：（1）听课观察；（2）与班主任或其他任课教师、家长联系；（3）检查与批改课后作业；（4）专项测试；（5）结构性谈话或问卷；等等。当然，在实际工作中，并不是非得同时使用几种手段或途径，实际上只要根据实际情况区别选择，所获得的信息够用即可。

3. 陈述目标

在了解学情和聚焦任务之后，我们就能做更具体的陈述教学目标的工作了。教学具体目标（instructional objectives）不是笼统宽泛的教学目标（goals）、意图（intention）、范围（areas）和要求（demands）等，它具体规定了学生在教学活动结束后究竟能够表现出什么样的学业行为（performance）。因此：

（1）教学具体目标不能用来表示教师的教学程序或活动安排，如"解答学生在预习课文时提出的疑难问题"。

（2）教学具体目标应采用可观察、可检验、可操作的句子来陈述，应包括行为、行为发生的条件和行为可接受的标准。如："不借助任何材料（条件），学生能准确无误地（标准）说出（行为）中国古代四大文学名著。"

（3）不要使用抽象模糊的语词，如"理解""欣赏""培养""体会"等来陈述教学目标。

（4）教学具体目标主要应来自任务分析，应紧扣了解学情和聚焦任务所得到的信息，具体目标不能游离于任务。例如，上例中"找到文章的重点句"，如果被看成是总目标的话，那么，根据任务分析的提示，至少有三个具体教学目标——指出重点句与非重点句的区别、列举重点句的作用、指出重点句经常可能出现的位置。

教学具体目标发挥了"以外表内"的作用，那么怎样来反映内部心理结构的变化呢（"以内养外"）？这就是要回答教学具体目标或者行为目标和教学任务类型之间的关系。

从理论上说，内部心理结构的变化是无法用恰当明确的动词来表达的，它本身就是笼统的。所以，现在我们可以采用将学习结果的内隐变化和学习结果的外显表现结合起来的办法来表述。当代国际著名教学评价专家格朗特曾对此做了专门的研究，撰写了有影响的著作和论文。他提供了这样一个实例："在全班同学面前能做口头发言。"这实际上代表了学习结果的内隐变化——掌握一项认知程序中的规则和动作程序中的舌头与脸部肌肉运动的线索，但它可能过于笼统，不妨用以下列举的外显表现来进一步限定或澄清：（1）发言时先说明题目；（2）发言时清楚响亮；（3）发言时用词贴切，语法正确；（4）发言时语速适中，神情自然；（5）发言时条理清楚；（6）发言时能维持听众的兴趣。当然，上面六条外显表现，在一次教学活动中也不可能都做到，也要根据实际情况加以取舍。

4. 配置检测

以往的教学检测往往存在这样两个问题：（1）检测项目不完全是（或根本不是）根据教学目标来确定的，也就是说，实际教了什么或学了什么比事先确定的教学目标更大地影响着检测内容的选择。（2）准备检测的时间大多是临近教学结束的时候，这就难以保证实际教学紧紧围绕教学目标而展开。

应该意识到，检测的目的不只是为学生评等，它还包括确定学生的学业表现情况，以便查明教学的薄弱环节和疏漏之处，为教学补救提供依据。在很多情况下，检测所提供的信息可以帮助教师发现教学中存在的问题。如果班级中大多数学生在某一试题上都出现了错误，那么，几乎可以断定是教学出了问题。例如，在一项同分母加法的测验中，有些学生将 $\frac{1}{2}+\frac{1}{2}$ 的答案写成了 $\frac{2}{4}$，教师就可以从中发现学生对同分母加法概念的不当理解。所以，检测常起着诊断教学效果、查明疏漏之处、提供及时补救依据的作用。

正是基于此，教学设计中的教学方案设计一改传统的做法，在聚焦任务、了解学情和陈述目标之后，接着就要完成配置检测项目的大体框架。

配置检测项目时除了考虑试题的题量大小、所需时间都必须之外，要注意的问题有：

（1）检测项目与教学具体目标之间应有对应的匹配关系。每个教学具体目标的达成与否至少要有一个检测项目来加以落实，必要时甚至可以用几个不同类型的检测项目来检查一个教学目标。

（2）用最适当的评估手段检测不同的学习结果。知识目标要求学生再认或回忆学过的信息，其行为标准是"说出""描绘""列举""选择"等，所以选择题、填空题是较合适的评估手段。在检测智力技能目标中的概念掌握时，选择题、判断题可成为检查的方式。而对智慧技能中的高级规则进行检测，可能问答题更具有适切性。至于动作技能的目标，评估者有时只要对学生的操作过程稍加观察就可了然于胸，或者采用"核对表"做更准确的评价。

（3）试题中的条件必须与教学具体目标中的条件保持一致。

值得一提的是，在教学实践中，许多教师（尤其是青年教师）自编测试题的情况已不多见，书店中各类习题精编已成为他们取之不尽、用之不竭的试题库；各类统考、会考更使他们失去了编制检测题的兴趣。然而，必须意识到，要有效地诊断教学效果，建立可靠的监控机制，就必须结合具体情况（班级、教师）实际编制检测项目，以保证检测为达成教学目标服务。因此，加强教师这方面的必要训练实属当务之急。

最后要指出的是，许多教师对在教学方案设计工作阶段中就拟订测验手段和样本试题感到很不习惯。为此，有些面向教师的教学设计理论（例如迪克1996年修订的《创设有效教学》一书）就做了适当妥协，将配置检测和安排过程进行对调。不过，它们仍然坚持了一个重要的原则或者说守住了底线，即在教学活动开始之前，必须安排落实检测手段与样本试题。这样做的目的只有一个："为测验而教"（由于测验试题来自具体目标，因此实际上是为达成具体目标而教）！即所有后续的教学策略都要保证通过检测和达成目标，这便是全面质量（TQM）或全面质量控制（TQC）思想在教学设计中生动的体现。

5. 安排过程

当教学目标建立及评估目标的途径确定之后，接下去就要事先对如何达到目标的途径、内容、策略、媒体、组织形式等做出安排，这就是教学方案设计程序中的具体过程设计。

第一，考虑课时。课时主要不是来自经验或教学参考书的建议，课时的确定要依据了解学情、聚焦任务、陈述目标和配置检测得到的信息。课时，作为在规定的时空内所展开的教学活动单位容量，常常由若干"教学行为"模块构成。正是这些模块及其成分，保证了在相对完整的活动单位内完成相应的教学任务。

第二，安排好教学内容。教学内容（instructional content）、教学材料（instructional materials）和教科书（text）并不是完全相等的概念。一般来说，教科书是教学内容的主体，但是要避免仅仅依据教科书来安排全部教学内容。从总体上看，我们假定以教科书作为安排教学内容的主要依据，那么，可能会有以下几种情况：

（1）"托收"。这是指基本上将教科书作为教学内容的全部。

（2）换序。这是指将教科书的前后单元、章节、主题、概念、规则、实例等适当换序，以适应任务和目标的要求。

（3）增减。这是指将教科书的内容做必要的增加和删节，以适应任务和目标的要求。

（4）整合。这是指既有换序又有增减的处理，对原有的教科书做相当程度的改进。

（5）新选或新编。这是指基本上舍弃了原有的教科书内容，根据实际教学任务和目标的要求，新挑选或新编写的教学材料。

"托收"和新选（编）是两种极端的情况，对大部分教学方案设计情境来说，也许其他三种安排方式居多。

第三，选择策略、方法和媒体。教学策略规定了教学活动的总体风格和特征。教学策略连续统一体的两个端点分别是"发现策略"和"接受策略"，中间有不同的混合、过渡的情况。"发现策略"遵循的是归纳教学的途径，即案例—概念—应用（"例—规"法）；"接受策略"遵循的是演绎教学的途径，即概念—举例—应用（"规—例"法）。在中小学教学中，很少有纯粹单一的发现策略或接受策略，常常带有混合交替的特点。更重要的是，策略的选择必须同学习的意义联系起来。教学方法和媒体是呈现教学内容、展开教学活动的凭借。教学方法和媒体纷呈多样，各有优劣，总的要求是做到合理选择，优化组合，扬长避短，区分使用。

第四，选择教学组织形式。教学组织形式是反映课堂上师生、生生之间相互作用的外部结构形式。全班教学、小组教学、个人自学三种具体教学形式反映了不同的师生、生生互动特征，我们也应该努力做到适当转换、优势互补。要防止把课堂作为个人自学场所的倾向。

第五，教学行为安排。教学行为或教学流程就是事先大体上确定一堂课或一个单元

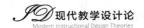

的教学如何具体执行（其内容是同上课框面直接有关），其表现形式具体来说有三种：（1）叙述式；（2）表格式；（3）流程图式。不管哪一种表现形式，都要重在突出教学系统各要素是如何互动的。

至此，我们可以大体勾勒课时（或单元）教学方案设计计划的一般格式，见表10.2。我们认为，考察一个教学方案的完整性，一个简单的指标就是看其是否有"五个一"，即假如有一个教学目标，那么，就应配有一次讲解示范，就应配有一个尝试练习，就应配有一个课后练习和一个检测题。

表 10.2　教学方案计划一般格式

课　题				执教人	
班　级		时　间		地　点	
学情分析 任务定位 　教学重点/难点 　学习任务归类 　任务结构分析 具体目标例示 检测手段与试题样本 课时安排 安排教学内容					
选择教学策略/方法/媒体/形式 教学过程 教学反思					

遗憾的是，在许多教学方案设计中，我们可能只会看到前面两个"一"，后面的三个"一"看不到。有时候也不是说一点也没有影子，但仅凭教学方案中的提示——"请见（教材）练习册第几页第几题"，别人是不可能知道尝试练习和课后练习是不是与教学目标和讲解示范相一致，至于检测题，在以往的教学方案中是不可能被吸纳进来的。

看一个教学方案是不是"好"，首先最重要的指标是教学目标、教学策略和教学评价这三者之间是不是一致；其次，不仅是教同一门学科、同一种教材和同一个年级的同行觉得有新意够水平，更重要的是其他学科的老师和其他年级的老师也颇感有启发很实在，这才是做到了既基于学科，又超越学科。

第三节　实施教学过程

一、五星教学过程提出的简要背景

如果说教学方案设计就是教师如何备好课，那么教学过程实施就是指教师如何上好课。这是导向教学目标的过程，即根据教学方案设计中教学过程（教学行为流程）的设计进行具体执行操作，从而达成教学目标。所以，教学方案设计的意图要在教学过程实施中贯彻实现，同时也要根据教学过程实施中出现的实际情况加以灵活调整。

教学过程的实施按照什么样的步骤来进行，长期以来人们都在试图寻找心理学的依据。例如，以赫尔巴特为代表的教学五步，即准备—呈现—联想—概括—应用，就是以当时的统觉心理或联想心理学为依据的；而杜威提出的教学五步，即困难(惑)—问题—假设—论证—检验，则是力图与思维心理学保持一致。

20世纪80年代以来，依据现代心理学的新发现及其对学与教关系的加深认识，教学设计界提出了一些新的教学环节说（部分见表10.3）。请注意，表中没有列出学习过程，实际上，几乎每一个教学步骤的划分，都离不开对内在学习过程的刻画。例如，乔纳森（David H. Jonassen）的划分偏重于创设建构主义学习环境，强调教学过程三个阶段——示范（modeling）、指导（coaching）和支架作用（scaffolding），其分别对应的是学习过程三个阶段——探究（exploration）、表现（articulation）和反思（reflection）；梅耶没有提出特别的教学步骤，而是主张教学应该帮助做好信息加工的三项运作，即选择（selection）、组织（organizing）和整合（integrating），意义学习的三项条件就由此产生。

五星教学模式（或称"首要教学原理"和"五星教学设计"等；5-Star Instructional Model, First Principles of Instruction, 5-Star Instructional Design），是当代国际著名教育心理学家和教学设计理论家梅里尔教授于20世纪初在考察、比较11种教学模式的基础上提出来的（列入第一种模式的就是以赫尔巴特为代表的"教学五步"），大概有将近八年的研究史。梅里尔的五星教学模式（见图10.12）不仅关注教学的过程，同时更关注学习过程。梅里尔指出，五星教学模式中包括激活旧知、示证新知、尝试应用和融会贯通

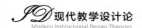
等原理，但它们还只是表层的循环圈，更深层的循环圈是由结构—指导—辅导—反思所构成的。在激活旧知阶段，教师应该鼓励学习者回忆或依据学习者的旧知识由教师提供一个知识结构（structures），然后利用这一结构来学习新知识。"指导"（guidance）的主要目的是在示证新知的阶段中帮助学习者将新知识与激活原有知识阶段已经提供的知识结构联系起来。在尝试应用阶段，"辅导"（coaching）的主要功能是帮助学习者运用新旧知识相联系的知识结构来促进应用（练习）活动。在融会贯通阶段要强调"反思"（reflection）。通过反思，帮助学习者总结提炼他们已经学到的知识技能，同时，再次检验他们依据知识结构实现新旧知识彼此联系的能力。

表 10.3　教学步骤（环节）的划分

学者代表	教学步骤
Gagné（1985）	1. 引起学习注意；2. 交代教学目标；3. 回忆相关旧知；4. 呈现新课内容；5. 提供学习指导；6. 引发行为表现；7. 给予信息反馈；8. 评估行为表现；9. 强化保持/迁移
Butler（1985）	1. 动机；2. 组织；3. 应用；4. 评价；5. 重复；6. 概括
Romiszowski（1984）	1. 引起注意与激发动机；2. 说明教学具体目标；3. 回忆与补救相关旧知能；4. 展开教学活动；5. 展开学习活动；6. 反馈活动；7. 学习迁移；8. 课的评价（必要时）；9. 总结与加深学习
Jonassen（1999）	1. 示范；2. 指导；3. 支架作用
Mayer（2003）	1. 选择；2. 组织；3. 整合
Merrill（2002b）	1. 聚焦任务；2. 激活旧知；3. 示证新知；4. 尝试练习；5. 融会贯通
McCarthy & McCarthy（2005）	1. 连接；2. 关注；3. 想象；4. 讲解；5. 练习；6. 扩展；7. 提炼；8. 表现
Marzano（1997）	讲解课——1. 激发兴趣；2. 陈述目标；3. 联系旧知；4. 示证新知；5. 概括总结 练习课——1. 教师讲解；2. 学习者操练；3. 分享交流
Schwartz（1999）	1. 前瞻筹划；2. 初始挑战；3. 形成想法；4. 观点分析；5. 研习探究；6. 检查理解；7. 公开交流；8. 反思提高
Wiggins & McTighe（1998）	1. 明确教学目标；2. 激发学习意愿；3. 逐步探究主题；4. 反思学习过程；5. 展评学习所得
Smith & Ragan（2001）	1. 注意；2. 目标；3. 动机；4. 定向；5. 原有知识；6. 加工信息；7. 聚焦注意力；8. 学习策略；9. 练习；10. 反馈；11. 巩固；12. 迁移；13. 再次激励；14. 评估；15. 反馈

学者代表	教学步骤
Yelon（1996）	1. 激发动机；2. 交代目标；3. 复习旧知；4. 提供概览；5. 精心讲解；6. 示范说明；7. 积极操练；8. 反馈调整；9. 小结提炼；10. 统整所得；11. 回顾缘由；12. 检查学业
美国国防部（2001）	1. 明确教学目标；2. 导入新课；3. 聚焦核心知识点；4.（提供举例或说明——适用于技能教学）；5. 开展练习；6. 给予反馈
皮连生（1994）	1. 引起注意与告知教学目标；2. 提示回忆原有有关知识；3. 呈现经过组织的新信息；4. 阐明新旧知识的各种关系，促进理解；5. 指导学习者复习并提供学习与记忆方法指导或引出学习者的反应，提供反馈与纠正；6. 提供知识提取的线索或提供技能应用的情境
盛群力（1993）	1. 指引注意，明确意向；2. 刺激回忆，合理提取；3. 优化呈现，指导编码；4. 尝试练习，体验结果；5. 评价反馈，调整补救；6. 强化保持，迁移扩展

梅里尔感到十分担忧的是：虽然大家都在讲遵循教学规律，但是，实际看到的很多教学产品，在实施首要教学原理所要求的表层循环圈上已经大打折扣。例如，没有提供充分的样例来示证新知；没有提供除简单记忆之外的恰当尝试应用；很少关注现实生活中的问题；等等。在激活旧知阶段和融会贯通阶段也不尽如人意。至于深层循环圈，即提供的与教学结果相一致的指导和辅导，则更是不理想。

梅里尔主张，五星教学模式并不能包打天下，它可能最适宜于教概括化的技能。所谓概括化的技能（generalizable skill）是指能应用于两种以上的具体情境的认知技能，即概念、程序或原理。概念（concept）重在对事物进行分类；程序（procedure）告诉人们如何做某一件事情；原理（principle）能够帮助人们预测发生什么事情之后的后果。概括化的技能是通过"呈现信息"（information）和"具体刻画"（portrayal）两种方式加以表征的。呈现信息用来表示一般性的和有较强包容力的各种具体情况，例如告知学习者两种以上的事物之间的联系，包括他们的名称及各个部分的描述；事物类别、情境及过程的定义特征；执行某个程序的步骤和结果或者某个过程发生的条件和后果。信息往往采用"讲解"（tell）和"提问"（ask）的手段加以呈现。具体刻画用来表示具体的、特定的情境，往往采用"展示"（show）和"练习／应用"（do）的手段加以明示。概括化技能的教学也可以统称为"讲解示范"（presentation & demonstration）。当前不少的教学中存在的共同问题是没有提供有效的示证新知和尝试应用，可以称为"讲—问教学"（T & A），这样的教学连一颗星都得不到。示证新知是对整个任务或者部分任务提供一个以上的工作样例。示证新知的特点必须与任务的类别相一致。示证新知帮助学习者构

建心理图式，仅靠呈现信息或记忆信息是不可能做到的。有必要指出，有时候虽然没有示证新知，但配有尝试应用环节，这样的尝试应用如果配上矫正型反馈，也能够起到示证新知的效果。当然，除了示证新知之外，尝试应用也至关重要。如果说示证新知的关键是"紧扣目标施教"，尝试应用的关键在于"紧扣目标操练"，到了评估阶段，如果能够做到"紧扣目标检测"，那么，教学质量的稳定可靠就不再是一件难事。看来，课程与教学改革要重视提出同知识类型相一致的教学策略，聚焦分类教学策略。不是单纯地鼓励探究发现策略或者合作学习策略，而是要将教学策略置于教学目标和教学评价的一致性中统筹考虑。

图 10.12　五星教学模式之要素（据梅里尔 2002—2007 年研究所绘）

梅里尔的五星教学模式提出了五项原理和 15 个操作要点，那么它们所起到的改进教学效果的作用是不是一样的呢？是不是有可能这些原理中的有些指标比起其他一些指标更为重要呢？这些原理之间的内在联系如何？梅里尔对此进行了探讨，指出了对于掌握复杂的学习任务而言，五星教学过程中各个成分有其各自相对的贡献。呈现信息、展示论证、尝试应用和聚焦任务四种基本的教学策略的效能等级是不同的。从图 10.13 中可以看出，呈现相关信息在完成复杂学习任务中的贡献占 40%，增加了示证新知可以提高到 60%，再增加尝试应用可以提高到 70%，再配以面向完整任务，则可以提高到

80%。如果配以激活旧知和融会贯通等"附加策略"和"片段增量"，最高可以达到95%左右的贡献率。

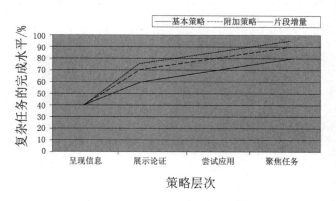

图 10.13　教学策略的效能等级（Merrill，2006）

二、基于良构问题和非良构问题解决的五星教学过程

下面简要说明我们尝试提出的"基于良构问题和非良构问题解决的五星教学过程"。这是在原有研究的基础上（盛群力、褚献华，2004）吸收了当代国际著名教学设计理论家乔纳森关于良构和非良构问题的解决方案（Jonassen，1997）、兰达关于算法问题和启发式问题的解决方案（Landa，1983）和罗米索斯基关于重复性问题和创造性问题的解决方案（Romiszowski,1981）后，结合梅里尔的五星教学模式（Merrill,2009）、巴特勒（F. Ciot Butler）提出的统一的教学过程互动模型（巴特勒,2008）和范梅里恩伯尔（Jeroen J. G. van Merriënboer）的四成分教学设计模式等（van Merriënboer et al.，2002），提出有关五星教学过程的初步构想（见图10.14），以供参考。五星教学过程以面向完整任务和聚焦解决问题为宗旨，从解决基于良构问题和非良构问题的不同需要出发，突出了激活旧知、示证新知、尝试应用和融会贯通四个环节，每一个环节有相应的操作步骤，旨在实现有价值、有效果、有效率和有吸引力的优质教学。

（一）面向完整任务

面向完整任务是教学的起点也是终点。任何教学活动，不管是一节课还是一个单元甚至是一门课程，都应该将面向完整任务作为宗旨。面向完整任务就是将聚焦教学目标、学会解决问题紧密联系在一起。任务不能简单地归结为学习内容。内容是载体，任务则是宗旨。

面向完整任务要求教师自己心里明白要教什么，如何教，如何检查学习者有没有掌

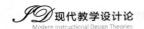
握，同时也要让学习者了解学习任务的要求是什么。把握任务要求一般是指把握问题空间——已知是什么，未知是什么，从已知到未知之间有哪些障碍需要克服，有多少通道可以行走等。问题空间越大，说明从已知到未知的距离越远，就越是需要付诸努力；问题空间越小，说明解决问题的过程可能就越迅捷。

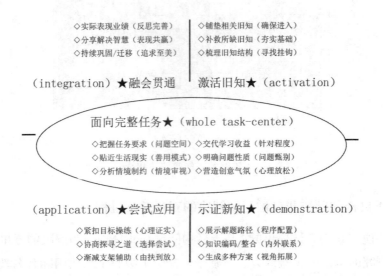

图 10.14   五星教学模式（基于良构与非良构问题解决过程）（盛群力，2009）

问题空间除了大和小的区分之外，显然还有清晰和模糊之差异。问题空间大但是清晰的未必就比问题空间小但是模糊的，解决起来更困难。问题空间的清晰与模糊，显然是与问题本身的真伪／显隐有关。针对解决非良构型问题的教学而言，有时候一个问题是不是真问题，需要澄清；需要做去伪存真、由表及里的细致工作。

长期以来，我们陷入的一个误区是教学活动的多样性和丰富性决定了学习者是不是愿意积极地投入学习中来，所以，教师实际中根深蒂固地存在着"方法优先，媒体挂帅，活动精彩"等观念。心理学研究认为，学习者只有了解自己在学习中会遇到什么样的困难，在学习后会得到什么样的收益，权衡利弊之下才会对究竟需要付出多大的心理努力或者心理投入做出决策。所以，交代学习收益绝不是一件可有可无的小事情。学习的针对性比学习活动的丰富性和学习方法的多样性更会影响学习效果和学习进程。

面向完整任务，必然要求贴近现实生活。解决生活中遇到的问题是学习的终极目标。学习就是为了解决问题的，这些问题不仅包括教材中所布置的练习，同时更要求学习者能够敏锐地发现和解决生活中所遭遇的问题。当然，贴近生活不是说将课堂统统搬到野外田间去，而是指问题要从生活中来再回到生活中去。贴近生活也完全可以依靠运用语言模拟和信息技术模拟，以及其他物理环境模拟。善用模拟是贴近生活开展教学的一大法宝。

明确问题性质，做出问题甄别是面向完整任务开展教学的十分重要一环。从学科教学内容或者知识技能点来看，教学中遇到的问题是多种多样的。但是，如果从心理学的视角加以分类，许多研究者都赞成将问题分成良构问题与非良构问题（乔纳森），重复性问题和创造性问题（罗米索斯基），以及算法问题与启发式问题（兰达）。其中兰达还特别强调了这两类问题的连续统一体性质，指出存在着半算法和半启发式问题类型。良构问题和非良构问题的基本区分特征是：（1）是不是能够找到解决答案；（2）是不是只有一个解决答案；（2）是不是只有一个同样的解决答案；（3）是不是只有一条路径才能找到一个解决答案；（4）是不是只有一条路径才能找到一个同样的解决答案。如果说不止有一个解决答案，不止有一个合理的解决答案，不止有一条路径找到一个解决答案，不止有一条路径找到某些合理的解决答案，那么，它就是非良构问题、创造性问题和启发式问题。

当然，对一个人来说是良构问题，对另一个来说未必也是良构问题；对当下的学习来说是良构问题，对后续的学习过程来说未必还是良构问题。良构还是非良构，除了有问题本身的客观评判标准之外，显然还有主体主观的因素。

针对非良构问题、创造性问题和启发式问题，审视问题性质，分析情境制约就特别重要了。非良构类的问题解决起来之所以棘手，首先是因为问题若隐若现，条件边界不清，问题空间模糊难辨。所以，此时分析情境制约是将来选择合理的解决答案的关键，离开了情境，就会难以分辨到底什么样的解决方案是合理可行的了。

为什么要强调营造创意氛围呢？这是因为课堂的心理环境往往比物理环境和技术环境更为重要，这也是更为迫切需要纠正的问题。所谓"舒心课堂，魅力教学"就是要追求这样一种境界，特别是对非良构型问题解决的教学来说，更应该如此。每一个学习者只有心情舒畅地来到课堂，能够畅所欲言地表达自己的看法和意见，根本不用担心由于发表自己的见解而受到老师或者同学的讥讽、取笑，他们才会真正参与到课堂学习中来，才会迸发出智慧火花。营造创意氛围的目的是使得学习者心理放松，心理放松离不开精神自由和交往民主，这是学习的动力源和催化剂。打造课堂的软环境，展示教师的软实力，这是创造型课堂教学的当务之急，许多新的教学理论与模式在这方面均是很有优势的。

人际环境实际上是一种心理沟通环境。尽管有了网络技术，学校之所以还会存在并发挥其应有功能，主要是靠实时面对面人际交往的影响，它本身既是一种平台，同时也

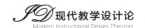

是一种最主要的教育影响力。可惜我们以往对教师这方面素养着力不多——从原来强调把握学科到基本教学技能（普通话、粉笔字等），再到现在的多媒体运用能力和心理辅导能力等，我们并没有将教师建设课堂微观心理环境能力提到核心素养的位置。随着社会发展越来越民主和变化加速，我们固然不容许在学校和课堂中出现体罚等不人道甚至违法的行为，但是，有没有"心罚"的情况呢？像冷漠、鄙视、拒绝、嘲笑、挖苦、孤立、贬低甚至侮辱的情况并非少见；不仅师生之间有，在生生之间、教师同行之间、教师和家长之间等也都存在。因此，建设人本化的课堂心理环境，使得教师有一种人格上的亲和力和吸引力，恐怕是最紧迫的。

当代人本主义心理学家和教育学家罗杰斯（Rogers）曾将以病人为中心的治疗模式迁移到教育中来，提出在"生气勃勃的课堂"（living classroom）中，需要花大力气营造心理安全和心理自由的氛围。这种氛围不是一天两天就能营造好的，但如果教师或者班级管理者全力以赴，精心规划，一旦这种人本化的心理环境营造到位后，每一个学习者的积极性都会被充分调动起来，创造力就会喷薄而发。

之所以会有生气勃勃的课堂，是因为有了心理安全和心理自由，这是一种民主和自由相依、尊重和要求互补的人本化的心理环境。请注意，这不仅仅是关乎交往技能或品质，同时也是情感态度价值观！我们希望每一位教师都能够关爱和信任学习者；能够真诚地相信每一个学习者本质上都是向上的和乐于进步的；能够与学习者彼此分享快乐和忧思；能够肯定自我和欣赏别人；能够互相支持协作而不是一心想看别人笑话；能够站在对方的立场上看问题，多一些移情式理解，体谅别人的难处；能够有一种协商的精神，甚至不妨有妥协，求同存异；等等。这是"人"的教育，这是"人师"或者"仁师"之表现。师生之间若能如此，生生之间、教师与家长之间也能受到影响，蔚为大观，我们的教育工作就会更有感召力！

不能觉得面向完整任务就是只关注认知因素。实际上，认知、情感与态度、自我调节能力等在面向完整任务的各个方面都起着十分重要的作用，无论怎样强调都是不过分的。想要学、学得懂和会学习，只有这三者真正统一，面向完整任务才有可能落到实处。总之，将面向完整任务置于中心位置，这表明在全部的教学活动中，我们必须始终牢牢地紧扣教学目标。关注预期的学习结果，轻松愉快地学习，对学习的针对性和可行性就做到了心中有数。

（二）激活旧知

激活旧知是实施教学过程的关键一步，也是教学活动的导入阶段。一般认为，教学活动总不是在真空或者零起点的状态下进行的。教学活动的序列性保证了在任何学习中总是有相应的基础可以做好铺垫。任何新知识的学习总是建立在旧知识的基础上的。所以，铺垫相关旧知，就是要求做到能够确保学习者在进入新学习状态的时候没有障碍。当然，所谓铺垫，主要还是帮助学习者回忆相关旧知识，即从长时记忆库中提取到工作记忆中。为什么要说是"激活"，而不是一般的"回忆"呢，这是因为工作记忆的即时加工能力有限，所以并不是所有的相关旧知识都已经预先从长时记忆库中提取到工作记忆中静候调用，而是根据需要实时激活、实时调用。这就要求我们在上课中既考虑安排专门的复习课，也考虑即时复习、随用随取。

"激活旧知"的主要功能在于使新旧学习任务之间能顺利地过渡衔接。教师可以通过提问、检查回家作业、演示、讨论等手段帮助学习者激活与学习新任务直接相关的旧知能。这种激活一方面起着检查的作用，同时也有复习的效用。当然，在此时教师要对激活的性质、时机和数量等方面酌情把握，以利于新任务的学习。激活旧知之所以重要，是因为任何新知能的学习都离不开同学习者已有的相关经验直接发生作用，离不开学习者依托旧经验建构新任务的意义。在激活旧知时，有时候教师往往注意到了复习刚刚学过的知识技能（例如上新课前先复习昨天学过的语词）。但是，真正重要的实际却是激活同新学习任务直接相关的旧知能，它们可能是昨天学的，也可能是一星期前、一个月前、一学期前，甚至更久远的时间学的。

有时候，旧知识难以激活，这是因为学习者可能没有学过这一知识（该学的没有学），也可能没有掌握该知识（学了却没有学会），这就需要补救所缺旧知，从而起到查漏补缺、夯实基础的作用。没有回忆或者补救相关的旧知识，绝不能就匆匆忙忙地开始示证新知识的工作。

仅仅是激活旧知或者补救旧知是不够的，我们还需要梳理旧知结构。真正有用的不是旧知识，而是旧知识中隐含的结构。按照皮亚杰的观点，掌握新知识一般是靠同化或者顺应两种方式进行的。同化就是新知识挂靠在原有的旧知识结构上，并没有从根本上推翻旧知识的结构，而是在原有结构的基础上做出一些微调，有所变通，有所增减；顺应则是原有的结构难以再吸纳新知识的挂靠，必须打破旧的平衡，形成新的结构。在激活旧知的阶段，梳理旧知识的结构看起来似乎与同化相联系，其实不然，要想弄清楚旧知识为什么不能再起到挂靠的作用，难道不需要梳理一下旧知识的结构吗？学习不只是一个传递过程，而且主要不是传递，学习是结网，学习者用自己的原有网络慢慢地拓展和更新，将别人的知识（对学习者来说是信息）转化为自己的知识。

（三）示证新知

示证新知是实施教学活动的关键环节，新知识是在这个时候出台的，掌握的效果也

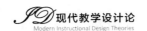
是在这个时候初见分晓的。

首先要展示解题路径，这是指教师要通过一系列的讲解示范来帮助学习者接触和领会新知识。展示解题路径，并不是说非得要做实验或者演示，非得要探究发现，而是要求教师首先把握学习结果的类型或者教学任务的类型。梅里尔在五星教学模式中强调了要根据认知学习结果的类型来运用相应的教学策略（方法）。他指出，五星教学模式并不能包打天下，它可能最适宜于教概括化的技能。所谓概括化的技能（generalizable skill）是指能应用于两种以上具体情境的认知技能，即概念、程序或原理。概念（concept）重在对事物进行分类；程序（procedure）告诉人们如何做某一件事情；原理（principle）能够帮助人们预测发生什么事情之后的后果。概括化的技能是通过"呈现信息"（information）和"具体刻画"（portrayal）两种方式加以表征的。呈现信息用来表示一般性的和有较强包容力的各种具体情况，例如告知学习者两种以上的事物之间的联系，包括它们的名称及各个部分的描述；事物类别、情境及过程的定义特征；执行某个程序的步骤和结果或者某个过程发生的条件和后果。信息往往采用"讲解"（tell）和"提问"（ask）的手段加以呈现。具体刻画用来表示具体的、特定的情境，往往采用"展示"（show）和"练习/应用"（do）的手段加以明示。概括化技能的教学也可以统称为"讲解示范"（presentation & demonstration）。对于概念、程序和原理教学而言，四种基本的教学方法的运用可以参见表10.4。从一定的意义上说，这就是一种解决教学问题的程序配置。

表10.4　与学习结果类型相一致的信息呈现和具体刻画要求（Merrill，2007：45）

概括化技能	信息呈现		具体刻画	
	呈现（讲解）	回忆（提问）	展示（示范）	应用（操练）
概念 （是什么类型）	讲解定义	回忆定义	展示若干具体事例	对新事例进行分类
程序 （应如何去做）	讲解步骤与序列	回忆步骤与序列	在若干不同的情境中展示该程序	在各种新的情境中执行该程序
原理 （发生了什么）	讲解在过程中所涉及的条件与后果	回忆在该过程中所涉及的条件与后果	在若干不同的情境中展示该过程	通过在新的情境中查明欠缺的条件来预测结果

梅里尔在谈到五星教学的示证新知环节时尤其强调：当前不少的教学中存在的共同问题虽然起到了呈现相关信息的功能，却没有提供有效的示证新知。示证新知是为整个任务或者部分任务提供一个以上的样例进行示范与说明。示证新知的特点必须与任务的

类别相一致。示证新知能帮助学习者建构心理图式。如果没有示证新知，信息只能贮存在联想记忆中，学习者难以建构起所需要的图式，或者只能建构一个不完整/不适当的图式。因而，当要求他们在新的情境中应用信息时，学习者就无法提取或者建构适当的心理模式去完成任务。

概念的讲解示范要求开展下列教学活动：（1）向学习者讲解概念的类别或者可选择的程序的名称；（2）向学习者展示论证每一个类别的事例；（3）向学习者提供每一个类别的定义（所谓定义是能够确定类别成员区分特征的条目），要强调每一个类别的区分特征；（4）向学习者呈现每一个类别的其他事例（用这些事例的细节刻画来说明区分特征），要关注每一个事例的每一个区分特征的细节刻画，既要展示论证分类的项目在非区分特征方面是相似的事例，也要展示论证在同一个类别中非区分特征是不同的各种事例，要展示论证在不同的类别中逐渐增加区分难度的事例。

程序的讲解示范要求开展下列教学活动：（1）向学习者展示论证该任务的具体事例；（2）展示论证完成该任务所要求的每一个步骤，在操作每一个步骤时应该清晰地定位和陈述；（3）展示论证每一个步骤完成之后所得到的后果，将学习者的注意力集中在后果的具体细节上，尤其是当后果比较隐蔽难以直接观察到时；（4）对程序和后果的各个步骤进行总结。

过程（原理）的讲解示范要求开展下列教学活动：（1）在一个真实的或模拟的具体情境中展示论证某个过程，要讲解过程中每一个事件的名称及针对其必要的条件做出细节说明，将学习者的注意力集中在整个过程的后果与每一个事件的后果之上；（2）在发生该过程的情境复杂程度增加时，要重复展示论证。

示证新知阶段的关键还在于能否实现知识编码/整合。知识编码又称为知识组织，这主要是指新知识被感知后能否梳理出其内部的联系，看出其中的非人为特征。知识编码的程度是知识理解程度的先决条件。知识整合是指经过编码或者组织之后的新知识还需要同相关的旧知识结合，以便于透彻地理解新知识。所以，从程序上说，先有知识编码，再有知识整合，同时也有可能再循环往复，螺旋深化。经过多次之后，实现了内外联系，才能说初步领会了新知识。

生成多种方案是为了拓展解决问题的视角。尤其是对非良构问题解决而言，由于问题本身界定的模糊性，由于解决问题情境的制约，由于解决问题的结果的不确定性和多样性等，因此我们不能仅仅局限于一种解决方案。有比较才能有鉴别；有鉴别的前提是有不同的方案。课堂是一个社会情境，也是社会交往的场所，借助头脑风暴、集思广益

和畅所欲言，定能带来各种不同的思路、各种解决问题的真知灼见。

（四）尝试应用

当学习者对新知识进行合理编码／整合之后，可以说此时他们已初步习得（领会、理解）了新知识的实质含义。然而，这种习得还不能说是深刻透彻的，贮存也尚未达到经久不忘的程度。如果这时候教师就匆匆忙忙做"巩固"的工作，难免会产生因急于求成而错误率高和因期望过高而学习效益差的情况。所以这时候教师应通过适当的指导性练习让每个学习者都动手动脑动身体尝试应用一番。借助课堂上的即时练习或讨论，一方面教师可以及时判断学习者初步习得的新知能是否透彻完整；另一方面学习者也可以从尝试练习的结果中体验自己理解或掌握的程度。总之，系统设计教学非常强调尝试练习，认为不经过尝试练习，新学到的东西往往是一知半解、生吞活剥、自以为是、似懂非懂的。

尝试应用这一环节现在非常薄弱，许多教师直接跨过了这一环节进入巩固迁移阶段。一般而言，现在的数学和物理课等尝试应用做得比较好一些，而语文、政治、历史等众多学科并没有真正落实尝试应用阶段，美其名曰学科特点如此，要边讲边练，讲练结合，以问题引路来启发思考，等等。这是因为这些老师并没有真正了解尝试应用的内涵是什么。尝试应用是每一个学习者都要动手动脑动身体，在心中得到一个证实，查明自己是不是初步领会了。有时候，学习者在听教师讲解或者看书的时候，是能够跟得上思路的，并且认为自己是已经弄懂了。实际上，一旦自己上手尝试，往往会出现卡壳和一知半解的情况，甚至是全然出错。所以，一定要经历尝试应用这一环节。我们说，要经历学习过程体验，不仅是在示证新知阶段要这样做，在尝试应用阶段也要这样做。

有些人很看重"先学后教"或者"先练后导"，好像这样做就是以学习者为中心了。实际上这完全是偏见。学在前还是教在前，练在前还是导在前，这并不重要，重要的是两者都要亮相和匹配。所谓先学后教，并不是真的先让学习者学习尝试错误后再教，而是将教的功能前置到预习和复习等环节，将教的功能部分地转移到教材、媒体和学习者自身了。

尝试应用要强调的是紧扣目标操练。所谓紧扣目标操练，是指教学目标（学习结果的类型或者任务领域的类型）是什么，那么讲解示范也应该是什么，接下来的尝试应用也应该是什么。梅里尔在五星教学模式中对概念、程序和原理的尝试应用提出了以下建议（Merrill，2009：47–49）。

对概念类（"是什么类型"，kinds-of）的技能进行尝试应用，要求学习者对新事例做出命名、分类和排序等并将其归入某一类别。此时开展矫正性反馈的做法是将学习者的注意力集中在确定类别成员的区分特征上；借助内部反馈使得学习者知道做出分类的后果是什么。当要求学习者通过指出有没有区分特征来解释类别时，能够使得分类的应用更有实效。

对程序类（"应如何去做"，how-to）的任务进行尝试应用，要让学习者在一个新的或模拟的情境中执行任务的每一个步骤。内部反馈能使学习者了解行动的后果；矫正性反馈则有助于了解学业表现的质量或者行动的进程如何。当要求学习者完成逐渐增加难度的任务，并且提供从扶到放的辅导时，能够改进技能练习和应用的效果。

对原理类（"发生了什么"，what-happens）的任务进行尝试应用，要求学习者猜想在一个新的具体情境中提供一组给定条件的后果，也可以要求学习者找出发生未曾预料的结果的欠缺条件是什么。此时的内部反馈来自改进了欠缺的条件之后或之中，预期的结果是否会发生。当学习者在一个具体的情境中完成逐渐增加难度的任务时，要求学习者做出猜测或改进欠缺的条件，能够使得此类的练习和应用更富实效。

尝试应用还有一个原则，就是要进行变式问题操练。变式问题操练和紧扣目标操练并不矛盾。变式问题操练是指在不超出讲解示范总的难度水平（问题空间）的前提下，有意识地变换问题的情境，以便进一步凸显和澄清问题的本质要素。紧扣目标操练和变式问题操练不是"两张皮"、两次尝试、两次练习等等，而是紧密结合在一起的，或者不妨这样说，变式问题操练应该融合在紧扣目标操练中。

在紧扣目标操练中融合了变式问题操练，慢慢地就要渐减支架辅助。如果说讲解示范是一个比较充分地体现"扶"的过程（在接受学习和发现学习这个连续统一体中，"扶"的力度是不一样的），那么，在尝试应用环节"扶"的力度就相对小了一些，因为尝试应用本身就是一个放手的过程。但是，尝试应用不是全放手，也不是撒手不管了，从扶到放要循序渐进，渐减支架辅助。一般来说，在尝试应用的过程中通过变式问题操练的难度系数调节，本身也在起到渐减支架辅助的作用。另外，在尝试应用环节，很少出现完全放手的情况，完全放手要在课后应用中实现。

一般来说，学习者在尝试应用环节必须通过形成性的、及时的评价反馈才能起到应有的作用，否则练习的效果会大打折扣。这种评价不是用来对学习者的课堂学习评级排序，而是传递某种信息，让学习者知道自己在尝试练习中所表现的学习行为正确与否或正确程度如何，离期望的目标还有多远，通过与预期的目标相比较为后续的学习提供激励。

在问题解决过程中，从教师包办代替到学生独立解决这样一个渐进的过程，会出现以下的具体变化（UNESCO，1994）：

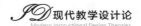
（1）教师向学生提供知识并检查学生回忆知识的程度。

（2）教师向学生提供知识并启发引导出某个问题，然后由学生利用回忆知识来解决问题，教师再检查学生回忆知识及解决由教师引发的问题的能力。

（3）教师向学生提供知识并指出学生自己可以从哪里获得更多的知识。然后由教师提出某个问题，这一问题要求学生利用教师提供的现成知识和由教师指明的知识来源来解决问题。学生在教师的帮助下解决这一问题，教师据此评价学生的相应能力。

（4）教师引发某个问题并协助学生发现解决问题的必要知识。学生独立解决问题。教师据此评价学生的相应能力。

（5）教师确认一个问题情境并帮助学生定义该问题和寻找解决问题的相关知识，师生共同评价所要求的能力。

（6）教师提供有可能让学生确认一个问题情境的经验。学生定义该问题并寻找解决该问题的知识，教师本身也同时作为学生解决问题的一种资源。学生独立解决问题。师生共同评价解决问题的能力。

（7）学生从现实生活或课堂情境中分析和综合已有经验来确认问题情境与定义问题。学生从多种来源寻求相关知识来解决问题。主要由学生进行自我评价，评价的结果与教师分享。

在尝试应用环节，还有一个协商探寻之道。这主要是针对非良构问题教学情境而言的。在非良构问题教学情境中，通过示证新知环节生成了多种解决方案，那么接下来肯定要先选择某一个方案进行尝试。尝试之后，可能基本成功了，只需要做一些细微的调整完善就可以了；如果尝试应用不成功，就会选择其他的解决方案再次试验。当然，也会出现两种以上解决方案不是串联式地有序尝试，而是并联式地同时推出，这时，就有一个选择的问题。所以，对于非良构问题教学来说，协商探寻之道是必不可少的。协商的过程就是求同存异寻求一致的过程，也是提炼本质发现谬误的过程。

（五）融会贯通

融会贯通是在尝试应用和提供反馈结束之后，学习者争取进一步熟练和迁移新知识，根据情境的变化来灵活运用新知识。融会贯通是培养学习者进一步学习的愿望和持续地付出努力的关键时机。融会贯通要求学习者实际表现业绩。如果说面向完整任务环节是"Attract me"（吸引我投入！）；激活旧知环节是"Lead me"（引导我入门！）；示证新知环节是"Show me"（教会我理解！）；尝试应用环节是"Coach me"（辅导我操练！）；那么，到了融会贯通环节就是"Watch me"（考查我运用！），以保证最后能够达到"I can，I win"（我能胜任我能赢！）的结果。当然，不是说在实际表现业绩环节学习者就不会出错，而是说，这个时候的错误已经大大减少了，此时的表现带有"秀"的成分，体现了一种深思熟虑和胸有成竹感。

实际表现业绩当然不是孤芳自赏，而是在一个友好、欣赏与鼓励、反思与完善的环境中来表现的。表现不是齐唱赞歌，也有自我辩护，有质疑，有交流，有拓展，有彼此启发。实际表现业绩也要鼓励学习者运用不同的表现手段或者途径。学习的内化和外化需要互相促进，但也不是说一点剪刀差都没有。有的学习者不善于说，但是挺能写；有的学习者擅长动手做，还有的人喜欢与人合作，而有的人愿意单枪匹马。我们要尽量允许百花齐放，就像梅里尔所倡导的"彼此交流共享"（go public）。

实际表现业绩除了让表现者有一个再次心理证实和熟练知识并且准备迁移之外，还有一个功能就是分享解决智慧，以便所有学习者都有表现共赢的机会。共赢而不是独赢，这是现代多元课堂的一个重要特点。让每一个学习者都有机会在别人面前表现自己，鼓励每一个学习者在原有的基础上进步，这就是新的学习观和学习者观的体现。

融会贯通环节中还有一个要求是希望学习者能够持续巩固/迁移所学得的知识技能、情感态度和动作技能，以追求至善至美的境界。这是促成个性化运用知识技能的一种重要方式。如果我们希望每一个学习者在创新型学习中有出色的表现，那么，我们就需要鼓励形成每一个人的学习风格和特色，这样知识技能才能转变成人的智慧。

持续巩固/迁移往往是同课后应用联系在一起的。如何确保课后应用富有实效，就要做好相应的课的结束工作。课的结束工作所占用的时间虽然不多，但却非常重要。课的结束主要是通过"小结"和"照应"起到提炼主题、概括要旨、过渡衔接的作用。小结是反映"今天"的课与"昨天"的课之间的关系，使得学习者对从这一堂课学到的本领再次有一个总体印象。照应是反映"今天"的课和"明天"的课之间的关系，使得学习者对下一堂课将要学习的新本领有所准备，有所预期。另外课的结束还要包括布置课后作业。课后作业要么是起到巩固熟练的作用，要么是起到迁移扩展的作用，后者是在适当变化的新情境中综合运用新旧知能去解决问题。

课后作业不但要精心选择，做到与教学目标或检测项目等对应匹配，同时还要给予适当指导，提出分类要求。有了这种指导和要求，可以避免因不必要的错误而造成的无效劳动，也可以使得课后作业因人而异，减少无谓的重复劳动或无效劳动。这样做在中小学生课后作业时间占整个一日学习时间相当比重的情况下，尤其显得重要。

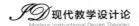

本章思考题

1. 教学设计的基本模式有什么样的共同特征?

2. 为什么在设计教学方案时要聚焦任务, 怎样聚焦任务?

3. 了解学情在设计教学方案中有什么意义, 如何了解学情?

4. 请对"教学步骤(环节)"的不同划分提出自己的看法, 查阅相关文献资料了解补充本章列举的分类办法。

5. 说明五星教学步骤的含义, 请根据学科内容设计一个教案。

本章主要参考文献

[1] Butler, F. C. (1985). The Teaching/Learning Process: A Unified, Interactive Model. *Educational Technology* 25(9-11), 9-17, 7-17, 7-17.

[2] Gagné, R. M. (1985). *The Conditions of Learning and Theory of Instruction.* 4th ed. New York, NY: Holt, Rinehart & Winston.

[3] Gagné, R. M., Wager, W. W., Golas, K. et al. (2005). *Principles of Instructional Design.* 5th ed. New York: Wadsworth Publishing Company.

[4] Jonassen, D. H. (1997). Instructional Design Models for Well-Structured and Ill-Structured Problem-Solving Learning Outcomes. *Educational Technology, Research and Development* 45(1): 65-95.

[5] Jonassen, D. (1999). Designing Constructivist Learning Environments. In Reigeluth, C. M. (Ed.) *Instructional Design Theories and Models* (Vol. II: A New Paradigm of Instructional Theory). Mahwah, NJ: Lawrence Erlbaum Associates, 215-239.

[6] Landa, L. N. (1983). The Algo-Heuristic Theory of Instruction. In Reigeluth, C. M. (Ed.), *Instructional Design Theories and Models: An Overview of Their Current Status.* Hillsdale, NJ: Lawrence Erlbaum Associates Publishers, 163-211.

[7] Mager, R. F. (1984). *Preparing Instructional Objectives.* 2nd ed. Belmont: Pitman Learning.

[8] Mager, R. F. (1997). *Making Instruction Work or Skillbloomers: A Step-by-Step to Designing and Developing Instruction That Works.* 2nd ed. Atlanta: CEP Press.

[9] Marzano, R. J., Pickering, D. J. et al. (1997). *Dimensions of Learning: Teacher's Manual.* 2nd ed. Alexandria, VA: Association for Supervision and Curriculum Development.

[10] Mayer, R. E. (2003). Elements of a Science of E-Learning. *Journal of Educational Computing Research* 29(3), 297-313.

[11] McCarthy, B. & McCarthy, D. (2005). *Teaching around the 4MAT Cycle: Designing Instruction for Diverse Learners with Diverse Learning Styles.* New York: Sage Publications.

[12] Merrill, M. D. (2002a). A Pebble-in-the-Pond Model for Instructional Design. *Performance Improvement* 41(7): 39-44.

[13] Merrill, M. D. (2002b). First Principles of Instruction. *Educational Technology Research and Development* 50(3), 43-59.

[14] Merrill, M. D. (2006). Levels of Instructional Strategy. *Educational Technology* 46(4), 5-10.

[15] Merrill, M. D. (2007). A Task-Centered Instructional Strategy. *Journal of Research on Technology in Education* 40(1), 33-50.

[16] Merrill, M. D. (2009). First Principles of Instruction: Instructional Design. In Reigeluth, C. M. & Carr, A. (Eds.), *Instructional Design Theories and Models III.* Hillsdale, NJ: Lawrence Erlbaum Associates Publishers, 41-56.

[17] Morrison, G. R., Ross, S. M. & Kemp, J. E. (2004). *Designing Effective Instruction.* 4th ed. New York: Wiley.

[18] Romiszowski, A. J. (1981). *Designing Instructional Systems: Decision Making in Course Planning and Curriculum Design.* London: Kogan, 241-268.

[19] Romiszowski, A. J. (1984). *Designing Instructional Systems: Decision Making in Course Planning and Curriculum Design.* London & New York: Routledge.

[20] Schwartz, D. L., Lin, X. et al. (1999). Toward the Development of Flexibly Adaptive Instructional Designs. In Charles M. Reigeluth (Ed.) *Instructional-Design Theories and Models* (Vol. II: A New Paradigm of Instructional Theory). Mahwah, NJ: Lawrence Erlbaum Associates, 183-213.

[21] Smith, P. L. & Ragan, T. J. (1999). *Instructional Design.* New York: Macmillan.

[22] Smith, P. L. & Ragan, T. J. (2005). *Instructional Design.* 3rd ed. New York: Macmillan.

[23] UNESCO (1994). *Becoming Enterprising.* Bangkok: ACEID, 115-116.

[24] van Merriënboer, J. J. G., Clark, R. E. & De Croock, M. B. M. (2002). Blueprints for Complex Learning: The 4C/ID-Model. *Educational Technology, Research and Development* 50(2): 39-64.

[25] Wiggins, G. & McTighe, J. (1998). *Understanding by Design.* Alexandria, VA: Association for Supervision and Curriculum Development.

[26] Yelon, S. L. (1996). *Powerful Principles of Instruction.* White Plains, NY: Longman.

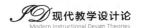

[27] 巴特勒（2008）．统一的教学过程互动模型．盛群力，译．远程教育杂志（3）：22-36.

[28] 冯曼利伯，凯斯特（2008）．四成分教学设计模式——面向复杂学习环境的多媒体原理．盛群力，徐瑞，译．远程教育杂志（2）：24-32.

[29] 马越，盛群力，编译（2007）．教学策略、方法与结构．远程教育杂志（6）：24-31.

[30] 美国国防部（2007）．教学策略、方法与结构——以知识与技能教学为例．马越，译．远程教育杂志（6）：24-31.

[31] 皮连生（1994）．智育概论——一种新的智育理论探索．华东师范大学学报（教育科学版）（4）：41-49.

[32] 单文经（2003）．教学引论．上海：上海科技教育出版社．

[33] 盛群力（1993）．"通用型课堂教学结构"概要．上海教育科研（5）：15-17，10.

[34] 盛群力（2005）．教学设计．北京：高等教育出版社．

[35] 盛群力（2006）．系统设计教学的实验与研究．载裴娣娜主编．现代教学论（第三卷）．北京：人民教育出版社．

[36] 盛群力（2008）．五星教学模式对课程教学改革的启示．教育发展研究（12B）：33-35.

[37] 盛群力（2009）．五星教学过程初探．课程·教材·教法，29（1）：35-40，55.

[38] 盛群力，褚献华（2004）．系统设计教学视野中的课堂教学结构．教育科学研究（1）：38-40.

[39] 盛群力，华煜雯（2008）．面向完整任务的教学排序与评估——四述梅里尔首要教学原理．远程教育杂志（4）：16-24.

[40] 盛群力，刘善存，俞鸣人，等（1998）．简论系统教学设计的十大特色．课程·教材·教法（5）：18-21.

[41] 盛群力，马兰（2001）．试论系统设计教学的备课程序．教育研究（5）：67-71.

[42] 盛群力，马兰（2003）．为学生的有效学习系统设计教学．人民教育（15）：13-17.

[43] 盛群力，马兰，褚献华（2008）．论目标为本的教学设计．教育研究（5）：73-78.

附：五星课程与教学评估指标

一、课程介绍 10%

1. 课程定位的清晰性

课程学习要求明确，课程定位与序列清晰（包括与先修及后续相关课程的关系），鼓励给出课程结构图示或者知识体系图示，并可通过链接进入相应的知识点。

2. 学习方式的示范性

提供比较完善的课程学习方法与路径，给予恰当的学习建议与支持，尤其说明如何进行网络 / 远程 / 多媒体学习，以及如何得到必要的帮助。

3. 教师队伍的梯队性与协同性

教师队伍富有朝气与热诚，责任心强，有梯队层次感，善于协同努力，互相取长补短。

二、教学内容 30%

4. 教学内容的适恰性

教学内容符合学科要求，知识结构合理，注意学科交叉；及时把学科最新发展成果和教改教研成果引入教学；教学内容经典与现代的关系处理得当。

5. 教学内容的针对性

教学内容符合学习者的需要，能激发学习者的学习动机和热忱，有效地培养学生的创新思维和独立分析问题、解决问题的能力。

6. 教学内容的组织性

依据学科逻辑结构和学习者心理结构的统一来组织和呈现教学内容，便于学习者联系自身经验和深度理解。

7. 教学内容的实践性

设计的各类实践活动能很好地满足学生的培养要求；实践教学在培养学生发现问题、分析问题和解决问题的能力方面有显著成效。

8. 教材的先进性和教学资源丰富性

选用优秀教材；为学习者的研究性学习和自主学习的开展提供有效的文献资料清单或链接。

na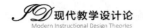

三、教学策略 20%

9. 教学方式的选择性

能够根据教学目标和内容的需要，根据学习者实际情况，灵活多样地选择不同的教学方式，尤其重视研究性学习和协作性学习。

10. 教学进度的合理性

教学节奏或速度适合大部分学习者的水平，突出重点内容而不是面面俱到，能够根据实际情况做出调整。

11. 教学指导的促进性

教师或者其他教学人员能够提供有力的教学指导，包括明确目标、激发动机、激活旧知、讲解示范新知、举例与概括，提供尝试练习与反馈等，布置巩固与迁移作业，帮助学习者内化所学东西。

四、教学评价 15%

12. 教学评价的过程性与及时性

教学中能提供及时、有效和可靠的过程性评价，包括提供各种自测题和参考答案。过程性评价强调了解学习的进步程度和提供教学的调整措施。

13. 教学评价的总结性与真实性

教学后能够对学习者达到课程目标的程度做出评估，鼓励学以致用，同工作岗位或者实践应用结合起来，提倡理解意义和灵活创新应用，提倡用多种方式来评价认知、情感、心理动作和社会交往等多样学习结果。

五、教学技术 20%

14. 网页与课件设计的通达性与便利性

网络学习材料，包括导航、定位、ppt 课件，授课录像、视频、动画及链接与退出等做到明白易懂，标识清楚，通达便捷，彼此一致有照应，美感强等要求，起到促进学习而不是干扰分心的作用。

15. 媒介技术的适宜性和激励性

教师授课录像声音清楚、语速适中，亲和力强，ppt 呈现字体字号有助于阅读和体现内容的不同层次结构，有链接和适宜的图示相配，教学技术的运用有助于减少认知负荷和学习疲劳，提高学习动力。

六、教学特色 5%

16. 教学理念的先进性和实效性

有对课程与教学的独特理解，有教学改革与科研的支撑，有同行和学生的积极肯定和良好声誉，形成了自己的特色或者优势。